Economia & Planejamento 42
Série "Teses e Pesquisas" 26

direção de

Tamás Szmrecsányi
Jorge Miglioli

ECONOMIA & PLANEJAMENTO

TÍTULOS EM CATÁLOGO

Série "Obras Didáticas"

Análise de Regressão: uma Introdução à Econometria, Rodolfo Hoffmann e Sônia Vieira
Recursos Ociosos e Política Econômica, Ignacio Rangel
Estruturas de Mercado em Oligopólio, Mario Luiz Possas
Lições de Economia Política Clássica, Maurício Chalfin Coutinho
Teoria Econômica do Desemprego, Edward Amadeo e Marcello Estevão
Raízes do Capitalismo Contemporâneo, Fernando Pedrão
Limites da Acumulação Capitalista: um Estudo da Economia Política de Michal Kalecki, Assuéro Ferreira
Marx: Notas sobre a Teoria do Capital, Maurício Chalfin Coutinho
Economia da Inovação Tecnológica, Victor Pelaez & Tamás Szmrecsányi (organizadores)

Série "Teoria Contemporânea"

Crescimento e Ciclo das Economias Capitalistas, Michal Kalecki. Ensaios organizados por Jorge Miglioli
Progresso Técnico e Teoria Econômica, Garegnani, Steindl, Sylos-Labini, Harris, Nell, Laski e Izzo & Spaventa
Origens da Economia Contemporânea, G. L. S. Shackle
Relações Entre Custo e Quantidade Produzida, Piero Sraffa
Pequeno e Grande Capital, Josef Steindl

Série "Teses e Pesquisas"

Capital Comercial, Indústria Têxtil e Produção Agrícola, Rui H. P. L. de Albuquerque
Política da Borracha no Brasil: a Falência da Borracha Vegetal, Nelson Prado Alves Pinto
Petroquímica e Tecnoburocacia: Capítulos de Desenvolvimento Capitalista no Brasil, Marcus Alban Suarez
A Grande Empresa de Serviços Públicos na Economia Cafeeira, Flávio A. M. de Saes
Condições de Trabalho na Indústria Têxtil Paulista, Maria Alice Rosa Ribeiro
Dinâmica e Concorrência Capitalista: uma Interpretação a Partir de Marx, Mario Luiz Possas
Autoritarismo e Crise Fiscal no Brasil (1964-1984), Fabrício Augusto de Oliveira
Sistema Estatal e Política Econômica no Brasil pós-64, Adriano Nervo Codato
Agroindústria Canavieira e Propriedade Fundiária no Brasil, Pedro Ramos
Concorrência e Competitividade: Notas Sobre Estratégia e Dinâmica Seletiva na Economia Capitalista, Silvia Possas
Oligopólio e Progresso Técnico no Pensamento de Joan Robinson, Cláudia Heller
Acumulação de Capital e Demanda Efetiva, Jorge Miglioli
Empresariado Fabril e Desenvolvimento Econômico, Agnaldo de Sousa Barbosa
O Mercado de Trabalho Assalariado na Agricultura Brasileira, Otavio Valentim Balsadi

O MERCADO DE TRABALHO
ASSALARIADO NA AGRICULTURA
BRASILEIRA E SUAS
DIFERENCIAÇÕES REGIONAIS
NO PERÍODO 1992-2004

economia & planejamento

&
EP

OTAVIO VALENTIM BALSADI

O MERCADO DE TRABALHO ASSALARIADO NA AGRICULTURA BRASILEIRA E SUAS DIFERENCIAÇÕES REGIONAIS NO PERÍODO 1992-2004

EDITORA HUCITEC
ORDEM DOS ECONOMISTAS DO BRASIL
São Paulo, 2008

© Direitos autorais, 2005,
de Otavio Valentim Balsadi.
Direitos de publicação reservados por
Aderaldo & Rothschild Editores Ltda.,
Rua João Moura, 433 - 05412-001, São Paulo, Brasil.
Telefone/Fax: (11)3083-7419
Atendimento ao Leitor: (11)3060-9273
lerereler@hucitec.com.br
www.hucitec.com.br
Depósito Legal efetuado.

Coordenação editorial
Mariana Nada

Assistente editorial
Mariangela Giannella

Co-edição com a

ORDEM DOS ECONOMISTAS DO BRASIL
Viaduto Nove de Julho, 26 – Centro
01050-060 – São Paulo, SP
Telefone: (11)3291-8735
E-mail: secretaria@ordenconbr.org.br
Site: www.ordeconbr.org.br
VISITE NOSSO SITE.
INFORMAÇÕES ECONÔMICAS E FINANCEIRAS,
EVENTOS DE TREINAMENTO,
LINKS IMPORTANTES.

CIP-Brasil. Catalogação-na-Fonte
Sindicato Nacional dos Editores de Livros, RJ

B157m

Balsadi, Otavio Valentim, 1966-
  O mercado de trabalho assalariado na agricultura brasileira e suas diferenciações regionais no período 1992-2004 / Otavio Valentim Balsadi. – São Paulo : Aderaldo & Rothschild : Ordem dos Economistas do Brasil, 2008.
  291p. –(Economia & planejamento ; 42) (Teses e Pesquisas ; 26)

  Inclui bibliografia
  ISBN 978-85-60438-61-7

  1. Mercado de trabalho – Brasil. 2. Brasil – Condições rurais. 3. Agricultura – Aspectos econômicos – Brasil. I. Ordem dos Economistas do Brasil. II. Título.

08-1732   CDD 338.10981
                                     CDU 338.43(81)

A luta pelas verdadeiras reformas sociais continuará, ainda que seja um processo lento, duro e doloroso. Muitas marchas sobre Brasília estão por vir e muitas oposições velhas e novas surgirão. O difícil vai ser construir, como dizia a velha esquerda gramsciana, um novo bloco histórico que não inclua os velhos detentores do poder.
Teimosamente, continuamos acreditando que Estado, Economia e Sociedade não são separáveis e que não está à vista nenhum admirável mundo novo global que deva substituir a autonomia e as funções de proteção econômica e social de um Estado democrático (Tavares, 1998, pp. 128-9).

Ao Rafael e à Elisa, pela imensa alegria nesta nova fase da minha vida.

Ao Vítor de Athayde Couto Filho, o nosso querido Vitim.

Agradecimentos

A todas as pessoas e instituições que, de alguma forma, ajudaram a tornar possível esta publicação: José Graziano da Silva; Cláudio Salvadori Dedecca; Pedro Ramos; Rodolfo Hoffmann e Walter Belik, do Instituto de Economia da Unicamp; Mauro Eduardo Del Grossi; Alan Ricardo da Silva e Hélio Doyle Pereira da Silva, da Universidade Federal de Brasília; Evandro Chartuni Mantovani; Antônio de Freitas Filho; Eliane Gonçalves Gomes; Vicente Galileu Ferreira Guedes; Ivan Sergio Freire de Sousa; Ricardo Cohen; Rosângela Arruda e Geraldo da Silva e Souza, da Empresa Brasileira de Pesquisa Agropecuária (Embrapa); Maria Rosa Borin e Roberto Novais Filho, da Fundação Sistema Estadual de Análise de Dados (Seade); Jorge Abrahão de Castro e José Celso Cardoso Jr., do Instituto de Pesquisa Econômica Aplicada (Ipea); Antonio César Ortega, da Universidade Federal de Uberlândia; Tamás Szmrecsányi, do Departamento de Política Científica e Tecnológica do Instituto de Geociências da Unicamp.

Aos professores e funcionários do Instituto de Economia da Unicamp, pelos conhecimentos transmitidos ao longo de onze anos de frutífero convívio, certamente um dos períodos mais ricos e importantes da minha vida. A todos os amigos, que de perto ou de longe, sempre torceram para que tudo desse certo.

À minha esposa e companheira, Maya Takagi, aos meus filhos amados, Rafael Takagi Balsadi e Elisa Takagi Balsadi, aos meus queridos pais, "Seu" Octavio e "Dona" Sebastiana, ao prezado tio Mandinho e aos meus adorados irmãos, Neusa, Roberto, Regina (*in memoriam*) e Isilda, por me mostrarem, nos diferentes estágios da vida, o quão fundamental são o amor, o respeito e a fraternidade.

Sumário

	pág.
Prefácio, *Claudio Salvadori Dedecca*	13
Apresentação	17

Capítulo 1 **Utilização dos índices sintéticos nas análises multidimensionais**   23
Considerações finais   45

Capítulo 2 **Desempenho da economia brasileira e do seu setor agropecuário**   47
A economia brasileira e as políticas sociais no período 1992-2004   47
A agricultura brasileira no período 1992-2004   68
Breve resgate da evolução da política agrícola e seus principais fundamentos   69
Principais indicadores de desempenho da agricultura no período 1992-2004   77
Considerações finais   93

Capítulo 3 **Evolução das ocupações e do emprego na agricultura brasileira**   97
O mercado de trabalho no Brasil no período 1992-2004   97
O mercado de trabalho agrícola no Brasil   108
Principais aspectos relacionados à saúde dos empregados na agricultura   149
Considerações finais   160

Capítulo 4 **Polarização da qualidade dos empregos**   165
O tema da polarização no mercado de trabalho brasileiro   166

		A polarização no mercado de trabalho assalariado agrícola	173
		O *ranking* para o Índice de Qualidade do Emprego (IQE)	187
		Considerações finais	190
Capítulo	5	**Condições de vida da família dos empregados**	194
		A metodologia de construção do ICV	194
		Evolução das condições de vida das famílias dos empregados agrícolas	198
		Os dados para o Brasil	198
		Os dados para as Grandes Regiões	202
		O *ranking* para o ICV	211
		Comparação das condições de vida das famílias agrícolas com as pluriativas	213
		Principais aspectos da inclusão digital	224
		Considerações finais	228

Conclusões — 231

Referências — 247

Anexo estatístico — 257

Índice das tabelas

2.1	Principais indicadores do desempenho da economia brasileira no período 1992-2004	51
2.2	Indicadores sociais selecionados. Brasil, 1992-2004	59
2.3	Evolução do gasto social federal (GSF). Brasil, 1995-2004	62
2.4	Evolução do gasto social federal (GSF), por áreas de atuação, em valores constantes de dezembro de 2005. Brasil, 1995-2004	67
2.5	Taxa de variação anual real do PIB da agropecuária. Brasil, 1992-2004	69
2.6	Evolução da produção da pecuária. Brasil, 1992-2004	85
2.7	Crédito rural do Pronaf. Contratos e montante por ano. Brasil, 1995-2004	90
2.8	Taxas anuais de crescimento da produtividade total dos fatores (PTF). Brasil, 1975-2003	91
2.9	Vendas internas de máquinas agrícolas automotrizes em unidades. Brasil, 1992-2004	93

3.1 Evolução da participação do pessoal ocupado nas atividades econômicas, em porcentagem. Brasil, 1992-2004 — 100
3.2 Evolução da participação do pessoal ocupado, segundo o grau de estruturação do mercado de trabalho, em porcentagem. Brasil, 1992-2004 — 101
3.3 Evolução da qualidade do emprego. Brasil, 1992-2004 — 102
3.4 Evolução das ocupações agrícolas, segundo a posição na ocupação. Região Norte Urbano, 1992-2004 — 113
3.5 Evolução das ocupações agrícolas, segundo a posição na ocupação. Região Nordeste, 1992-2004 — 114
3.6 Evolução das ocupações agrícolas, segundo a posição na ocupação. Região Centro-Oeste, 1992-2004 — 115
3.7 Evolução das ocupações agrícolas, segundo a posição na ocupação. Região Sudeste, 1992-2004 — 116
3.8 Evolução das ocupações agrícolas, segundo a posição na ocupação. Região Sul, 1992-2004 — 117
3.9 Pessoas ocupadas na agricultura na semana de referência na condição de empregado permanente e temporário. Brasil e Grandes Regiões, 1992-2004 — 119
3.10 Qualidade do emprego dos empregados permanentes e dos empregados temporários. Região Norte Rural, 2004 — 127
3.11. Pessoas ocupadas na agricultura na semana de referência na condição de empregado permanente e temporário, segundo a área e a cultura. Brasil, 1992-2004 — 135
3.12 Remuneração do corte de cana, no estado de São Paulo, 1969-2005 — 143
3.13 Empregados permanentes e temporários com estado de saúde ótimo ou bom, segundo a área. Brasil e Grandes Regiões, 1998-2003 — 150
3.14 Empregados permanentes e temporários que não estiveram internados nos últimos doze meses, segundo a área. Brasil e Grandes Regiões, 1998-2003 — 152
3.15 Empregados permanentes e temporários com plano de saúde ou odontológico, segundo a área. Brasil e Grandes Regiões, 1998-2003 — 153
3.16 Empregados permanentes e temporários que tiveram atendimento médico pelo SUS, segundo a área. Brasil e Grandes Regiões, 1998-2003 — 154
3.17. Empregados permanentes e temporários que nunca foram ao dentista, segundo a área. Brasil e Grandes Regiões, 1998-2003 — 155

3.18 Principais doenças que atingem os empregados permanentes e temporários rurais. Brasil e Grandes Regiões, 1998-2003 — 157

3.19 Principais doenças que atingem os empregados permanentes e temporários urbanos. Brasil e Grandes Regiões, 1998-2003 — 159

4.1 Evolução do indicador de empregados com carteira assinada (Cart), em porcentagem. Brasil, Grandes Regiões e culturas selecionadas, 1992-2004 — 176

4.2 Evolução do indicador de contribuição para a Previdência Social (Prev), em porcentagem. Brasil, Grandes Regiões e culturas selecionadas, 1992-2004 — 177

4.3 Evolução do indicador de empregados que recebiam mais de um salário mínimo por mês (Npob), em porcentagem. Brasil, Grandes Regiões e culturas selecionadas, 1992-2004 — 181

4.4 Evolução do indicador de rendimento médio do empregados (Rend), em Reais de dezembro de 2005. Brasil, Grandes Regiões e culturas selecionadas, 1992-2004 — 182

4.5 Evolução do indicador de empregados com oito anos ou mais de estudo (Indesc2), em porcentagem. Brasil, Grandes Regiões e culturas selecionadas, 1992-2004 — 183

4.6 Evolução do índice parcial de auxílios recebidos pelos empregados (Indaux). Brasil, Grandes Regiões e culturas selecionadas, 1992-2004 — 184

4.7 Índice de qualidade de emprego (IQE) e progresso relativo dos empregados permanentes e dos temporários. Brasil, Grandes Regiões e culturas, 1992-2004 — 189

5.1 Famílias agrícolas extensas de empregados permanentes na semana de referência, segundo a área. Brasil e Grandes Regiões, 1992-2004 — 199

5.2 Condições de vida das famílias agrícolas e das pluriativas extensas dos empregados permanentes e dos empregados temporários. Região Norte Rural, 2004 — 204

5.3 Índice de condições de vida (ICV) e progresso relativo das famílias agrícola dos empregados permanentes e dos empregados temporários. Brasil e Grandes Regiões, 1992-2004 — 213

5.4 Famílias pluriativas extensas de empregados permanentes e temporários na semana de referência, segundo a área. Brasil e Grandes Regiões, 1992-2004 — 214

5.5 Índice de condições de vida (ICV) das famílias agrícola e pluriativas dos empregados permanentes e dos empregados temporários. Brasil e Grandes Regiões, 1992-2004 — 216

5.6 Relação entre o índice de condições de vida (ICV) das famílias pluriativas e das famílias agrícolas dos empregados permanentes e dos empregados temporários. Brasil, 1992-2004   218

5.7 Relação entre o índice de condições de vida (ICV) das famílias pluriativas e das famílias agrícolas dos empregados permanentes e dos empregados temporários. Região Norte Urbano, 1992-2004   219

5.8 Relação entre o índice de condições de vida (ICV) das famílias pluriativas e das famílias agrícolas dos empregados permanentes e dos empregados temporários. Região Nordeste, 1992-2004   221

5.9 Relação entre o índice de condições de vida (ICV) das famílias pluriativas e das famílias agrícolas dos empregados permanentes e dos empregados temporários. Centro-Oeste, 1992-2004   221

5.10 Relação entre o índice de condições de vida (ICV) das famílias pluriativas e das famílias agrícolas dos empregados permanentes e dos empregados temporários. Região Sudeste, 1992-2004   223

5.11 Relação entre o índice de condições de vida (ICV) das famílias pluriativas e das famílias agrícolas dos empregados permanentes e dos empregados temporários. Região Sul, 1992-2004   223

5.12 Quantidade de famílias agrícolas dos empregados permanentes e temporários que têm microcomputador e acesso à Internet. Brasil e Grandes Regiões, 2001-2004   225

5.13 Quantidade de famílias pluriativas dos empregados permanentes e temporários que têm microcomputador e acesso à Internet. Brasil e Grandes Regiões, 2001-2004   226

5.14 Proporção da população residente em domicílios particulares permanentes com acesso ao computador e à Internet. Brasil, Grandes Regiões e raça ou cor, 2001-2004   227

Índice dos gráficos

2.1 Evolução do PIB real da agricultura brasileira no período 1992-2004   78

2.2 Evolução da participação da agricultura no PIB brasileiro no período 1992-2004   79

2.3 Evolução da participação das exportações do agronegócio no valor total das exportações no período 1992-2004 — 81
2.4 Evolução da balança comercial do agronegócio brasileiro no período 1992-2004 — 82
2.5 Evolução da área cultivada com as culturas selecionadas no período 1992-2004 — 83
2.6 Evolução da quantidade produzida pelas culturas selecionadas no período 1992-2004 — 84
2.7 Evolução da produtividade das culturas selecionadas no período 1992-2004 — 84
2.8 Índice de preços pagos e recebidos pelos agricultores no período 1992-2004 — 87
2.9 Índice de preços recebidos pelos agricultores no período 1994-2004 — 88
2.10 Índice de preços recebidos pelos agricultores por tipo de produto animal no período 1994-2004 — 88
2.11 Índice de preços pagos pelos agricultores, por categoria, no período 1994-2004 — 89
2.12 Evolução da venda de máquinas agrícolas automotrizes no mercado interno, no período 1994-2004 — 92
3.1 Evolução das ocupações na agricultura brasileira no período 1992-2004 — 110
3.2 Evolução das ocupações na agricultura brasileira no período 1992-2004, segundo as Grandes Regiões — 110
3.3 Evolução das ocupações na agricultura brasileira no período 1992-2004, segundo a posição na ocupação — 112

Índice das tabelas do Apêndice Estatístico

A1 Índice de qualidade do emprego (IQE) dos empregados permanentes e dos empregados temporários. Brasil, 1992-2004 — 259
A2 Progresso relativo do IQE dos empregados permanentes e dos empregados temporários, em porcentagem. Brasil, 1992-2004 — 260
A3 Índice de qualidade do emprego (IQE) dos empregados permanentes e dos empregados temporários. Região Norte Urbano, 1992-2004 — 261
A4 Progresso relativo do IQE dos empregados permanentes e dos empregados temporários, em porcentagem. Região Norte Urbano, 1992-2004 — 262

A5 Índice de qualidade do emprego (IQE) dos empregados permanentes e dos empregados temporários. Região Nordeste, 1992-2004   263

A6 Progresso relativo do IQE dos empregados permanentes e dos empregados temporários, em porcentagem. Região Nordeste, 1992-2004   264

A7 Índice de qualidade do emprego (IQE) dos empregados permanentes e dos empregados temporários. Região Centro-Oeste, 1992-2004   265

A8 Progresso relativo do IQE dos empregados permanentes e dos empregados temporários, em porcentagem. Região Centro-Oeste, 1992-2004   266

A9 Índice de qualidade do emprego (IQE) dos empregados permanentes e dos empregados temporários. Região Sudeste, 1992-2004   267

A10 Progresso relativo do IQE dos empregados permanentes e dos empregados temporários, em porcentagem. Região Sudeste, 1992-2004   268

A11 Índice de qualidade do emprego (IQE) dos empregados permanentes e dos empregados temporários. Região Sul, 1992-2004   269

A12 Progresso relativo do IQE dos empregados permanentes e dos empregados temporários, em porcentagem. Região Sul, 1992-2004   270

A13 Índice de qualidade do emprego (IQE) dos empregados permanentes e dos empregados temporários. Região Sul, 1992-2004   271

A14 Progresso relativo do IQE dos empregados permanentes e dos empregados temporários, em porcentagem. Cultura do arroz, Brasil, 1992-2004   272

A15 Índice de qualidade do emprego (IQE) dos empregados permanentes e dos empregados temporários. Cultura do café, Brasil, 1992-2004   273

A16 Progresso relativo do IQE dos empregados permanentes e dos empregados temporários, em porcentagem. Cultura do café, Brasil, 1992-2004   274

A17 Índice de qualidade do emprego (IQE) dos empregados permanentes e dos empregados temporários. Cultura da cana-de-açúcar, Brasil, 1992-2004   275

A18 Progresso relativo do IQE dos empregados permanentes e dos empregados temporários, em porcentagem. Cultura da cana-de-açúcar, Brasil, 1992-2004 ... 276
A19 Índice de qualidade do emprego (IQE) dos empregados permanentes e dos empregados temporários. Cultura da mandioca, Brasil, 1992-2004 ... 277
A20 Progresso relativo do IQE dos empregados permanentes e dos empregados temporários, em porcentagem. Cultura da mandioca, Brasil, 1992-2004 ... 278
A21 Índice de qualidade do emprego (IQE) dos empregados permanentes e dos empregados temporários. Cultura do milho, Brasil, 1992-2004 ... 279
A22 Progresso relativo do IQE dos empregados permanentes e dos empregados temporários, em porcentagem. Cultura do milho, Brasil, 1992-2004 ... 280
A23 Índice de qualidade do emprego (IQE) dos empregados permanentes e dos empregados temporários. Cultura da soja, Brasil, 1992-2004 ... 281
A24 Progresso relativo do IQE dos empregados permanentes e dos empregados temporários, em porcentagem. Cultura da soja, Brasil, 1992-2004 ... 282
A25 Índice de condições de vida (ICV) das famílias agrícolas extensas dos empregados permanentes e dos empregados temporários. Brasil, 1992-2004 ... 283
A26 Progresso relativo do IVC das famílias dos empregados permanentes e dos empregados temporários, em porcentagem. Brasil, 1992-2004 ... 284
A27 Índice de condições de vida (ICV) das famílias agrícolas extensas dos empregados permanentes e dos empregados temporários. Região Norte Urbano, 1992-2004 ... 285
A28 Progresso relativo do IVC das famílias dos empregados permanentes e dos empregados temporários, em porcentagem. Região Norte Urbano, 1992-2004 ... 286
A29 Índice de condições de vida (ICV) das famílias agrícolas extensas dos empregados permanentes e dos empregados temporários. Região Nordeste, 1992-2004 ... 287
A30 Progresso relativo do ICV das famílias dos empregados permanentes e dos empregados temporários, em porcentagem. Região Nordeste, 1992-2004 ... 288

A31 Índice de condições de vida (ICV) das famílias agrícolas extensas dos empregados permanentes e dos empregados temporários. Região Centro-Oeste, 1992-2004 — 289
A32 Progresso relativo do ICV das famílias dos empregados permanentes e dos empregados temporários, em porcentagem. Região Centro-Oeste, 1992-2004 — 290
A33 Índice de condições de vida (ICV) das famílias agrícolas extensas dos empregados permanentes e dos empregados temporários. Região Sudeste, 1992-2004 — 291
A34 Progresso relativo do ICV das famílias dos empregados permanentes e dos empregados temporários, em porcentagem. Região Sudeste, 1992-2004 — 292
A35 Índice de condições de vida (ICV) das famílias agrícolas extensas dos empregados permanentes e dos empregados temporários. Região Sul, 1992-2004 — 293
A36 Progresso relativo do ICV das famílias dos empregados permanentes e dos empregados temporários, em porcentagem. Região Sul, 1992-2004 — 294
A37 Índice de condições de vida (ICV) e progresso relativo das famílias agrícolas e pluriativas dos empregados permanentes e dos empregados temporários. Brasil e Grandes Regiões, 1992-2004 — 295

Prefácio

Segundo a Pesquisa Nacional por Amostra de Domicílios (Pnad), cerca de 17,3 milhões de pessoas encontravam-se ocupadas nas atividades agropecuárias, em 2006. Isso mostra que o Brasil convive ainda com uma parcela substantiva da população que tem sua sobrevivência dependente das atividades ligadas diretamente à agricultura. Nota-se, portanto, que a população brasileira ocupada nas atividades agropecuárias tem dimensão muito superior ao tamanho de mercados de trabalho de países de porte médio em termos populacionais.

A reprodução de um mercado de trabalho agrícola de dimensão respeitável carrega consigo, ademais, uma elevada heterogeneidade em sua estrutura ocupacional, marcada por uma presença limitada das relações de trabalho assalariado convivente com uma diversidade de outras formas de relações de trabalho. Esta heterogeneidade incorpora tanto o trabalho assalariado em atividades caracterizadas por um padrão de produtividade elevada, ponderável incorporação tecnológica e presença da grande empresa, como o trabalho em atividades destinadas a suprir a sobrevivência daquelas pessoas, e dos membros das suas famílias, que o realizam.

A evolução recente das ocupações agropecuárias evidencia prontamente tal heterogeneidade. Em 2006, a Pnad mostra que as ocupações remuneradas (empregador, empregados e conta própria) eram da ordem de 9,7 milhões de pessoas, enquanto que o trabalho não remunerado (membros não remunerados da família e trabalhadores na produção para o próprio consumo) ocupava 7,6 milhões de pessoas. Este resultado explicita tanto a recorrência do trabalho não remunerado, como sua crescente importância explicada pela redução do trabalho remunerado associado aos segmentos produtivos com maior incorporação tecnológica e produtividade.

Apesar da complexidade crescente do mercado de trabalho agrícola, ele ocupou pouco espaço no debate e nas políticas públicas nestas últimas duas décadas. A ausência de crescimento e a destruição ponderável de empregos assalariados na atividade não agrícola produzida pela racionalização perversa imposta pela estratégia de política econômica prevalecente nos anos 90, deram amplo realce ao problema do desemprego e da informalidade nos grandes centros urbanos, exigindo que as políticas públicas privilegiassem a atenuação do problema com vistas a conter possíveis ou reais crises sociais da sociedade urbano-industrial brasileira.

Enquanto o desemprego e a informalidade nos espaços urbanos dominavam a política pública, consolidavam-se as novas fronteiras de expansão da atividade agrícola e a reorganização produtiva do setor no espaço nacional. Processo econômico realizado sem a devida regulação pública, que provocou uma maior heterogeneidade do mercado de trabalho agrícola, marcada inclusive por situações de substantiva fragmentação no interior das regiões e mesmo estados.

No estado considerado mais desenvolvido da nação, observou-se a consolidação dos complexos agroindustriais sucroalcooleiro e do suco de laranja, enquanto se reproduziu a produção quase para a subsistência no Vale do Ribeira. Na Bahia e em Pernambuco, complexos agroindustriais foram implantados no Vale do São Francisco para a produção de frutas e vinho, com a presença de empresas multinacionais, enquanto em outras regiões destes estados continuou a se reproduzir a lavoura de produtos temporários de baixa produtividade e orientada para a sobrevivência daquelas pessoas que delas participam. Outros exemplos poderiam ser considerados, mas que acabariam por modificar o objetivo deste prefácio. Vale somente lembrar o processo convergente de avanço das atividades agrícolas modernas com formas arcaicas de produção, caracterizadas, por exemplo, pelo desmatamento irresponsável de parte da Amazônia.

Em suma, o Brasil adentrou o século XXI reproduzindo processos econômicos presentes no desenvolvimento nacional desde o período colonial, mesmo que se considere as especificidades históricas que os caracterizaram em cada momento. Do ponto de vista social, o resultado tem sido a articulação da modernidade com a quase barbárie. Enquanto avança o agronegócio das grandes empresas nacionais ou estrangeiras, chancela-se um mercado de trabalho profundamente heterogêneo, onde o trabalhador assalariado dos setores modernos é submetido, em determinadas atividades e regiões, às condições de trabalho degradantes e à baixa remuneração, ao mesmo tempo em que vai se reproduzindo toda um forma de trabalho não assalariado, remunerado ou não, em condições de trabalho muito precárias e que muitas vezes não permitem resultado econômico que garanta a sobrevivência mínima daqueles que o realizam.

O estudo de Otavio Balsadi procura dar visibilidade a uma das dimensões desta reiterada heterogeneidade do mercado de trabalho agrícola. Analisa seu segmento considerado mais estruturado, caracterizado pela relação de assalariamento. Adotando uma metodologia inovadora, constrói alguns indicadores sintéticos que permitem evidenciar as vantagens e desvantagens ocupacionais que caracterizam o assalariamento nas atividades agropecuárias, independentemente do grau de modernização de cada segmento produtivo.

Neste esforço, Otavio Balsadi acaba por revelar uma face social perversa no mercado de trabalho assalariado agrícola, ao evidenciar a polarização que vem se estabelecendo nas estruturas ocupacionais do setor. Ao contrário do observado no processo de industrialização, que consolidou alguns segmentos de média qualificação do trabalho manual e que tiveram papel decisivo para a construção do movimento sindical a partir dos anos 70, o Autor mostra que a modernização agrícola tem gerado uma poupança acelerada de força de trabalho assalariado, bem como tem configurado uma polarização da estrutura de emprego, com uma ampla concentração de trabalhadores de baixa qualificação, e mal remunerados, e uma pequena parcela de trabalhadores de maior qualificação e um pouco melhor remunerados.

Portanto, a consolidação do assalariamento não traz como perspectiva a redução da heterogeneidade da estrutura ocupacional do setor, mas sua ampliação, expressa pelo processo de polarização apontado pelo autor.

Ao explicitar tal tendência do mercado de trabalho agrícola, em seu segmento assalariado, Balsadi busca entender as implicações do processo para as condições de vida das famílias destes trabalhadores. O quadro social produzido, apesar dos avanços verificados, não é muito alentador, pois mostra que a precariedade ocupacional acaba por determinar igual situação em termos de condições de vida no núcleo familiar, especialmente para os empregados temporários.

As conclusões do Autor remetem para a necessidade de maior presença das políticas sociais e de emprego no meio rural, pois a modernização recente da atividade agrícola tem reiterado, e aprofundado, a polarização da qualidade do emprego dentro do mercado de trabalho assalariado, muitas vezes aumentado a precariedade das condições sociais, de trabalho e de vida, de parcelas significativas da população.

O estudo de Otavio Balsadi explicita ser inevitável que a sociedade brasileira venha dar maior atenção ao mercado de trabalho agrícola e às condições *de vida do trabalhador no campo. Se programas como o Benefício de Prestação Continuada (BPC) e o Bolsa Família amenizam este quadro social, são insuficientes para modificar a situação estrutural de precariedade, que requer políticas públicas de regulação e de fomento do trabalho agrícola digno, de qualidade, bem como de outras políticas de proteção social.*

Além do mérito do presente estudo associado à sua qualidade acadêmica, outra deve ser apontada: ele explicita a importância de se retomar o debate sobre as políticas públicas. Tenho a certeza que, ao menos por estes dois motivos, dentre outros que possam ser identificados, a leitura deste trabalho é fundamental para aqueles que tenham a preocupação em contribuir para alterar a situação social arcaica prevalecente no trabalho e nas condições de vida de parcela relevante da população brasileira que sobrevive diretamente das atividades agropecuárias.

Claudio Salvadori Dedecca
Professor do Instituto de Economia da Unicamp
Campinas, maio de 2008

Apresentação

UMA CONSULTA atenta à literatura especializada mostra que, apesar da relevância do tema, há poucos estudos sobre o mercado de trabalho na agricultura brasileira, particularmente no período mais recente. Entre eles, podem ser citados os de Ferreira et al. (2006), Rezende (2005), Ferreira Filho (2004), Belik et al. (2003) e Balsadi et al. (2002). Recentes estudos sobre o desempenho da agricultura e do agronegócio brasileiro, como os de Contini et al. (2006), Mueller (2005), Brandão, Rezende & Marques (2005), Gasques et al. (2004a) e Gasques et al. (2004b) dedicaram escasso espaço para o tema das ocupações e do emprego agrícola.

Vale dizer, ainda, que os importantes e pioneiros estudos do Projeto Rurbano, coordenados pelo Instituto de Economia da Unicamp, estiveram concentrados na análise da população economicamente ativa (PEA) rural não metropolitana, pois tinham como um dos objetivos centrais mostrar que, cada vez mais, as atividades não agrícolas, desenvolvidas tanto nos espaços urbanos quanto nos rurais, respondem pelas ocupações e pela renda de parcelas crescentes da população rural brasileira (Campanhola & Graziano da Silva, 2000).

Também escassos são os estudos analisando a qualidade do emprego na agricultura e as condições de vida das famílias com vínculo a esta atividade. Entre eles, podem ser citados os de Nascimento (2005), Barreto, Khan & Lima (2005), Medeiros & Campos (2002), Hoffmann & Kageyama (2000), Balsadi (2000), Kageyama (1999), Leone (1995) e Kageyama & Rehder (1993).

Com o presente livro, pretende-se contribuir para a análise da população economicamente ativa, rural e urbana, ocupada total ou parcialmente na agricultura. O objetivo principal é fazer esta análise para a categoria específica dos empregados no período 1992-2004, com foco no mercado de trabalho assalariado agrícola e com destaque para as evoluções diferenciadas que ocorreram entre as Grandes Regiões e entre as principais culturas, bem como traçar um quadro evolutivo das condições de vida das famílias dos empregados dedicados à atividade agrícola.

No período 1992-2004, a PEA ocupada na agricultura brasileira oscilou entre um máximo de 18,5 milhões de pessoas, em 1992, e um mínimo de 15,6 milhões, em 2001. No total do período, a redução da PEA agrícola foi de 2,0 milhões de pessoas, sendo as categorias de empregados, conta própria e não remunerados as mais atingidas pela queda no número de ocupações. Somadas, estas categorias responderam por uma redução de 1,9 milhão de pessoas. Especificamente na categoria de empregados, houve redução de 342,7 mil pessoas no período em questão (ou 6,8%). Desde 2001, os empregados são a categoria mais representativa da agricultura brasileira, superando os não remunerados e os conta própria. Em 2004, 28,7% dos ocupados eram empregados.

Além das diferentes categorias de ocupados, o comportamento geral observado também não foi homogêneo em todas as Grandes Regiões. As regiões com melhores resultados no total do período foram o Norte Urbano, com crescimento de 26,8% no número de pessoas ocupadas, e o Nordeste, com pequena redução de 0,9%. Vale salientar que estas duas regiões tiveram forte expansão da área cultivada no período 1999-2004, registrando aumentos na ocupação das categorias de empregadores e empregados, especialmente. As demais regiões (Centro-Oeste, Sudeste e Sul) tiveram reduções de 16,4%, 25,0% e 17,7%, respectivamente, no número de pessoas ocupadas na agricultura no período analisado.

Quanto à categoria de empregados, vale o mesmo comportamento verificado para o conjunto das ocupações agrícolas. No Norte Urbano, houve aumento expressivo do número de empregados no período 1992-2004 (68,9 mil pessoas, ou 88,5% a mais), enquanto no Nordeste houve pequena redução (1,5%). Todas as demais regiões registraram redução no contingente de empregados agrícolas, sendo a maior queda relativa na região Sul (17,6%). A maior redução em valores absolutos ocorreu no Sudeste: 234,6 mil empregados a menos no período 1992-2004.

No período em questão, também é possível observar comportamentos distintos em alguns subperíodos. *Grosso modo*, pode-se dividir o período 1992-2004 em dois grandes subperíodos, do ponto de vista das ocupações agrícolas, que obviamente estão na dependência do desempenho geral desta atividade:

a) primeiro subperíodo: compreendido entre 1992 e 1995 e apresentando um nível de ocupação, mais ou menos estável, de pouco mais de 18,0 milhões de pessoas. É o período pré-Real, com 1995 sendo ainda um ano de euforia com a estabilização econômica. Esta euforia transformou-se em crise nos anos imediatamente posteriores.

b) segundo subperíodo: compreendido entre 1996 e 2004 e marcado por forte redução das ocupações agrícolas, em relação ao anterior. Pelas suas características mais gerais, este subperíodo também poderia ser partilhado em dois, tendo como divisor de águas o ano de 1999, no qual houve a desvalorização do Real e uma importante recuperação das ocupações na agricultura. Entre 1996 e 1998, pode-se dizer que houve crise agrícola e redução das ocupações, ao passo que entre 1999 e 2004, pós-desvalorização, houve bom desempenho da agricultura brasileira, mas também marcado pela redução das ocupações, embora em menor magnitude (vale dizer que entre 2001 e 2004 houve até um pequeno aumento das ocupações). Ou seja, o subperíodo 1996-2004 foi marcado por reduções das ocupações na agricultura. No entanto, as causas da redução foram distintas em cada fase.

Quando se analisa especificamente a categoria de empregados, pode-se notar que o comportamento é um pouco distinto. Também poderia ser adotado o padrão de dois subperíodos para o Brasil: o primeiro, de 1992 a 2001, com redução contínua do contingente de empregados agrícolas (exceção feita ao ano de 1999, quando há uma pequena recuperação); o segundo, de 2001 a 2004, com importante recuperação do nível de emprego (foram criados 443,9 mil novos empregos, um crescimento de 10,4%). Segundo dados da Pnad, também melhorou o grau de formalidade do emprego na agricultura brasileira: em 2001, 28,1% dos empregados tinham carteira assinada, valor que subiu para 32,3%, em 2004 (Graziano da Silva & Balsadi, 2006; Balsadi & Graziano da Silva, 2006). Isto representou um aumento de 320,4 mil empregados com registro em carteira (ou 26,6% a mais).

Como foi salientado, com a desvalorização do Real, no início de 1999, iniciou-se uma fase muito favorável para o agronegócio brasileiro (Balsadi, 2005). Depois de manter a área total cultivada com grãos e oleaginosas entre 35,6 (mínimo) e 39,1 (máximo) milhões de hectares no período compreendido entre as safras 1992/93 e 2000/01, a agricultura registrou um grande salto no período posterior, chegando a 47,4 milhões de hectares na safra 2003/04, segundo dados da Companhia Nacional de Abastecimento (Conab). Na safra 2000/01, o Brasil atingiu a marca dos 100 milhões de toneladas de grãos e oleaginosas. Em 2003/2004, foram quase 120 milhões de toneladas, contra 68,3 milhões de toneladas na safra 1992/93.

Depois de sucessivos déficits na balança comercial brasileira, em função do câmbio sobrevalorizado no período 1994-98, o quadro se reverteu após 2001. Entre 1992 e 2004, o agronegócio brasileiro registrou um acréscimo de US$ 24,5 bilhões nas exportações (passando de 14,5 bilhões para 39,0 bilhões), segundo dados do Ministério do Desenvolvimento, Indústria e Comércio (MDIC). Somente no período 1999-2004 houve acréscimos de cerca de US$ 18,5 bilhões nas exportações do setor.

Entre 1999 e 2004, o PIB real da agricultura cresceu 39,0%, segundo dados do Instituto Brasileiro de Geografia e Estatística (IBGE), passando de R$ 128,3 bilhões para R$ 178,3 bilhões (participação de 10,1% no total do PIB brasileiro). Depois de momentos de indefinições, a partir da segunda metade dos anos noventa novos instrumentos de política agrícola surgiram: novas modalidades de crédito, com destaque para o Programa Nacional de Fortalecimento da Agricultura Familiar (Pronaf), e novos instrumentos de comercialização (Cédula do Produtor Rural, Contratos de Opção, Prêmio para Escoamento do Produto, Programa de Aquisição de Alimentos da Agricultura Familiar, etc.) e apoio à modernização do setor (Moderfrota, por exemplo). O Pronaf, que começou a operar em 1995, ainda como uma linha de crédito de custeio (em 1996 seria conduzido à categoria de Programa), com uma oferta de R$ 200,0 milhões, dos quais apenas R$ 30,0 milhões (15,0%) foram efetivamente utilizados,[1] atingiu a quantia de R$ 4,5 bilhões disponibilizados na safra 2003/04, dos quais cerca de 85,0% foram utilizados pelos agricultores familiares. No ano-safra de 2004/05, foram disponibilizados 7,0 bilhões para as diversas modalidades do Programa.

Se, no desempenho geral da agricultura brasileira no período 1992-2004 há bons indicadores, especialmente no período mais recente, o mesmo não se pode falar das ocupações nesta importante atividade da economia brasileira. Como foi apontado, houve forte redução delas, especialmente dos não remunerados, dos conta própria e dos empregados. Entre 1992 e 2004, 2,0 milhões de pessoas a menos estiveram ocupadas e as reduções ocorreram tanto nos anos de crise da agricultura (1996-98) quanto nos anos de alta rentabilidade (1999-2004, que foi o melhor

---

[1] Sobre os antecedentes de criação e o início de funcionamento do Programa, ver o detalhado estudo de Silva (1999).

período ao longo da série para o agronegócio brasileiro): na crise, foi pela redução da área cultivada e da produção, e no sucesso, foi pelo aumento da mecanização do processo produtivo das principais culturas, pela expansão das *commodities* e pelo deslocamento das categorias familiares, especialmente dos setores mais pauperizados e menos competitivos.

Em face do exposto, fica a pergunta: o que estas mudanças provocaram no mercado de trabalho assalariado agrícola e nas condições de vida das pessoas empregadas na agricultura, olhando-se as distintas regiões, culturas e categorias de trabalhadores? A hipótese é que os movimentos gerais da agricultura brasileira no período em questão provocaram uma polarização na qualidade do emprego, reforçando os fortes contrastes presentes neste importante setor econômico. Isto foi acarretado pelas grandes discrepâncias na melhoria da qualidade do emprego agrícola dos empregados permanentes *vis-à-vis* os temporários e também nas culturas mais dinâmicas *vis-à-vis* as culturas domésticas.

A polarização no mercado de trabalho assalariado agrícola não foi inteiramente transposta para as condições de vida das famílias dos empregados na agricultura devido à importante presença de políticas públicas que viabilizaram o maior acesso desta significativa parcela da população aos bens e serviços sociais básicos. No entanto, a melhoria das condições de vida das famílias dos empregados na agricultura também registrou diferenciações entre as regiões e categorias, segundo a condição de empregados permanentes ou temporários e a dedicação à atividade (famílias agrícolas e pluriativas).

Para lidar de maneira apropriada com o tema, o livro está estruturado em cinco capítulos. O primeiro é dedicado a uma detalhada revisão de literatura sobre a construção e a proliferação dos índices sintéticos em análises de caráter multidimensional, que se torna muito oportuna para evidenciar os contornos e a influência deles sobre o tema que será desenvolvido, que é a qualidade do emprego na agricultura brasileira e as condições de vida das famílias dos empregados nesta importante atividade econômica.

No segundo capítulo aborda-se a evolução da economia brasileira e das políticas sociais no período 1992-2004, com destaque para os seus principais condicionantes e indicadores, e a evolução da Política Agrícola e seus principais instrumentos. Neste tópico relacionado à agricultura, são tratados os distintos momentos: período pré-Plano Real e primeiro ano de euforia; Plano Real com câmbio sobrevalorizado e crise agrícola; e período pós-desvalorização cambial. Além disso, é apresentada a evolução dos principais indicadores do setor (área, produção, rendimento, PIB, exportações do agronegócio, venda de máquinas agrícolas, crédito rural, preços pagos e recebidos pelos produtores, produtividade total dos fatores, entre outros).

No terceiro capítulo são abordados alguns dos principais aspectos do mercado de trabalho no Brasil, para em seguida analisar-se, com maior riqueza de detalhes, a evolução das ocupações, em geral, e do emprego, em particular, na agricultura, aprofundando as principais características do mercado de trabalho assalariado agrícola para o total de Brasil, Grandes Regiões e culturas selecionadas. A base para as análises são os indicadores selecionados para a construção do Índice de Qualidade do Emprego (IQE), que serão abordados para as diferentes categorias de empregados (permanentes e temporários), segundo o local de moradia (rural e urbano). Além destes temas, será abordada a situação da saúde dos empregados na agricultura.

No quarto capítulo há uma continuidade das discussões do capítulo anterior, com o objetivo de comprovar a hipótese levantada: no período em questão, os movimentos mais gerais da agricultura tiveram como resultado o aumento das discrepâncias na qualidade do emprego agrícola entre as diferentes categorias de empregados, reforçando uma tendência de polarização dentro do mercado de trabalho assalariado agrícola.

Finalmente, o quinto capítulo dedica-se à análise dos dados oriundos do Índice de Condições de Vida (ICV) para as famílias dos empregados na agricultura brasileira, por Grandes Regiões, por situação do domicílio, para os empregados permanentes e temporários. O ICV também foi calculado para os diferentes tipos de famílias pluriativas de empregados, fazendo-se uma breve comparação das condições de vida destas com as verificadas para as famílias agrícolas. Além disso, serão abordados alguns dos principais aspectos da chamada inclusão digital das famílias dos empregados na agricultura nos primeiros anos deste século XXI.

CAPÍTULO 1
Utilização dos índices sintéticos nas análises multidimensionais

Nos estudos realizados sobre desenvolvimento local/regional, sustentabilidade, pobreza, condições de vida, bem-estar, entre outros temas, especialmente aqueles levados a cabo a partir dos anos noventa, é marcante a influência do Índice de Desenvolvimento Humano (IDH).

Apesar de sua reconhecida imperfeição, o IDH foi fundamental para a construção de um novo olhar sobre o caráter multidimensional das medidas de desenvolvimento, até então muito limitadas pelo uso freqüente, e dominante, do indicador relacionado ao Produto Interno Bruto (PIB) *per capita*.

Criado pelo Programa das Nações Unidas para o Desenvolvimento (Pnud), o IDH surgiu para contrastar as visões mais restritas de desenvolvimento, sedimentadas na medida clássica do PIB *per capita*. Este indicador, amplamente utilizado a partir dos anos cinqüenta, apresenta uma série de limitações por enfatizar apenas os aspectos econômicos do desenvolvimento: não considera a distribuição de renda, e portanto, as desigualdades existentes internamente aos países; é unidimensional, não captando outros aspectos importantes do desenvolvimento, como os relacionados à educação, saúde, meio ambiente, entre outros; tende a ser fortemente afetado pela variação cambial das moedas nacionais (Seade, 2001).

Na literatura especializada, é comum se observar as referências ao PIB *per capita* como um índice de primeira geração na medida do desenvolvimento. Idealizado para romper com os limites deste indicador, o IDH é classificado como um índice de segunda geração na mensuração do desenvolvimento. No entanto, como são amplamente conhecidas as próprias limitações do IDH, várias instituições têm trabalhado no sentido de dar um passo adiante em relação aos importantes avanços obtidos com ele, propondo e construindo os chamados índices de terceira geração. Como exemplos deste esforço podem ser citados, entre outros, o Índice Paulista de Responsabilidade Social (IPRS) e o Índice Paulista de Vulnerabilidade Social (IPVS), ambos desenvolvidos pela Fundação Sistema Estadual de Análise de Dados (Seade) para o estado de São Paulo.

Um detalhe que chama a atenção na forte influência do IDH nos estudos e pesquisas, acadêmicos ou não, é a crescente busca por índices sintéticos que dêem conta de explicar as condições ou o grau de desenvolvimento em vários níveis de agregação, tendo por conseqüência várias aberturas e unidades de análise. Ou seja, inicialmente o IDH foi construído para comparações entre países. Depois, dado o interesse nos níveis subnacionais, especialmente manifestado por governantes e formuladores de políticas públicas, o IDH passou a ser calculado para estados e municípios, como é o caso do Brasil, onde o Pnud e o Instituto de Pesquisa Econômica Aplicada (Ipea) fazem estes cálculos desde a segunda metade dos anos noventa. Juntamente com este movimento de maior desagregação do IDH, foram propostos novos índices para análise do desenvolvimento e do bem-estar em nível estadual e municipal.

Mas a necessidade de aprimoramentos no IDH e a busca por níveis mais desagregados ainda fizeram com que pesquisadores e instituições de pesquisa propusessem novos índices para avaliar, por exemplo, o grau de desenvolvimento em setores censitários, em assentamentos de reforma agrária e no interior das famílias (e dos domicílios).

Nesta proliferação de índices sintéticos dois fatos são marcantes: a efetiva influência do IDH e, por conseqüência, das idéias de um de seus principais idealizadores, o economista e Prêmio Nobel Amartya Sen, especialmente com o conceito de que o "desenvolvimento pode ser visto como um processo de expansão das liberdades[1] reais que as pessoas des-

---

[1] Em seu clássico livro, *Desenvolvimento como Liberdade*, o autor considera a liberdade como o fim primordial e o principal meio do desenvolvimento, chamando-os de papel constitutivo e de papel instrumental dela. "O papel constitutivo relaciona-se à importância da liberdade substantiva no enriquecimento da vida humana. As liberdades substantivas incluem capacidades elementares como por exemplo ter condições de evitar privações como a fome, a subnutrição, a morbidez evitável

frutam" (Sen, 2000, p. 17); e o tratamento multidimensional dado a todos os temas que foram objeto de construção dos índices sintéticos.

Neste capítulo, além da recuperação de aspectos essenciais do IDH, serão abordados alguns índices para exemplificar a enorme ramificação de unidades de análise, desde o agregado nacional até o nível de famílias.[2] Isto é muito relevante para mostrar os contornos e a influência dos índices sobre o tema que será desenvolvido, que é a qualidade do emprego na agricultura brasileira e as condições de vida das famílias dos empregados nesta importante atividade econômica.

Para tornar a exposição mais didática, os índices serão apresentados do seu nível maior de agregação (nacional) para o menor (domicílios e famílias), respeitando-se, quando possível, a sua cronologia. E o início não poderia deixar de ser pelo IDH, dada a sua enorme aceitação e utilização como medida alternativa do desenvolvimento.

O IDH é calculado, basicamente, a partir de três componentes (ou dimensões) e quatro indicadores: longevidade, com o indicador relacionado à esperança de vida ao nascer; educação, com os indicadores de taxa de alfabetização de adultos e de taxa de escolaridade combinada nos níveis de ensino fundamental, médio e superior; e rendimento *per capita*, com o indicador do PIB *per capita* sendo ajustado pela metodologia do dólar medido pelo poder de paridade de compra.

Nas palavras de Mahbud ul Haq, diretor do Pnud no momento de criação do novo índice e idealizador do Relatório de Desenvolvimento Humano, com esta proposta aparentemente simples de estrutura, o IDH era uma medida do mesmo nível de vulgaridade do PIB (e do PIB *per*

---

e a morte prematura, bem como as liberdades associadas a saber ler e fazer cálculos aritméticos, ter participação política e liberdade de expressão" (p. 52). Já o "papel instrumental da liberdade concerne ao modo como diferentes tipos de direitos, oportunidades e intitulamentos contribuem para a expansão da liberdade humana em geral e, assim, para a promoção do desenvolvimento. A eficácia da liberdade como instrumento reside no fato de que diferentes tipos de liberdade apresentam inter-relações entre si, e um tipo de liberdade pode contribuir imensamente para promover liberdades de outros tipos" (pp. 53-4). O autor trabalha com cinco tipos de liberdades instrumentais: liberdades políticas; facilidades econômicas; oportunidades sociais; garantias de transparência; e segurança protetora.

[2] É importante destacar que nesta revisão não serão abordados os estudos, que são extremamente abundantes, versando sobre a pobreza e sua mensuração por meio da adoção de diferentes métodos e linhas de pobreza. Uma boa revisão do tema pode ser encontrada em Takagi, Del Grossi & Graziano da Silva (2001).

capita), mas com a vantagem de não ser cega aos aspectos sociais da vida humana (Seade, 2001). Portanto, poderia ser facilmente adotado pelos países como medida de desenvolvimento complementar ao PIB *per capita*. E, para facilitar a adoção, além de os indicadores simples já serem bastante utilizados, foram propostas uma escala (de 0 a 100, ou de 0 a 1) e uma forma de ponderação dos índices parciais (média aritmética) muito simples.

Desde o início, o Pnud tratou o IDH como um índice em constante processo de construção e aprimoramento, e novas séries históricas de dados e novos indicadores têm sido introduzidos nos cálculos.[3] Isto, evidentemente, traz conseqüências para o *ranking* do IDH entre os países.

Como foi salientado, desde 1996 o Pnud e o Ipea calculam o IDH para os estados e municípios brasileiros.[4] Inicialmente, foi aplicada a mesma metodologia de construção do IDH para os países no nível estadual, obtendo-se os índices e o *ranking* dos estados brasileiros. Em um segundo momento, além de atualizar os cálculos do IDH, de 1991 para 1996, as instituições propuseram uma adequação do cálculo para os municípios e também a construção de um novo índice, chamado de Índice de Condições de Vida (ICV).

O ICV foi composto por cinco dimensões (longevidade, educação, renda, infância e habitação), ampliando desta forma as três dimensões iniciais do IDH, e incorporou uma grande diversidade de novos indicadores, além dos já tradicionalmente utilizados: taxa de mortalidade infantil;

---

[3] No interior do próprio Pnud, mais dois índices foram propostos: o IDG, Índice de Desenvolvimento Ajustado a Gênero, no qual os indicadores, que são os mesmos do IDH, são abertos para homens e para mulheres; e o IPH, Índice de Pobreza Humana, que tem uma versão para países desenvolvidos e outra para países em desenvolvimento, e incorporou novos indicadores para a longevidade, a educação e o rendimento, como por exemplo, acesso a água potável, acesso aos serviços de saúde, crianças menores de cinco anos com peso insuficiente, taxa de analfabetismo funcional de adultos, taxa de desemprego de longo prazo (doze meses ou mais) e porcentagem de pessoas vivendo abaixo de uma linha de pobreza. Portanto, a estrutura do IPH é bem diferente do IDH, como poder ser visto em Seade (2001).

[4] Antes desta experiência do Pnud e do Ipea, é importante mencionar o trabalho feito no Ceará, com a construção do Índice de Desenvolvimento Econômico e Social (Ides). Criado para mensurar a situação de carência ou privação de cada município do estado, o Ides adotou metodologia semelhante à do IDH. Foi composto por quatro dimensões: saúde (com o indicador de taxa de mortalidade infantil); educação (com o indicador de taxa de analfabetismo); renda (com a renda *per capita* e o Índice de Gini); e habitabilidade (com os indicadores de abastecimento de água, instalações sanitárias e coleta de lixo). Maiores detalhes sobre o Ides podem ser encontrados em Oliveira et al. (1995).

número médio de anos de estudo; proporções da população com menos de quatro anos, menos de oito anos e menos de onze anos de estudo; índice de Theil; porcentagem de pessoas com renda insuficiente; insuficiência média de renda; grau de desigualdade na população de renda insuficiente; porcentagem de crianças fora da escola; defasagem escolar média; porcentagem de crianças com mais de um ano de atraso escolar; porcentagem de crianças que trabalham; porcentagem da população vivendo em domicílios com densidade superior a duas pessoas por dormitório; porcentagem da população vivendo em domicílios duráveis; porcentagem de domicílios com abastecimento de água; e porcentagem de domicílios com esgotamento sanitário (Seade, 2001). A média aritmética dos cinco índices parciais determinava o ICV para cada município e estado brasileiros.

Apesar do sucesso na utilização do IDH, alguns aspectos intrinsecamente ligados à construção de índices sintéticos, e seus limites,[5] colocaram novos desafios do ponto de vista institucional e metodológico. Ou seja, a partir da rápida difusão do IDH e dos seus cálculos para países, estados e municípios, uma gama enorme de novos índices surgiu, incorporando novos temas e dimensões, quase sempre ligados à formulação, análise e avaliação de políticas públicas.

Um dos primeiros índices propostos no Brasil, na seqüência do IDH, foi o Índice de Desenvolvimento Social (IDS), elaborado por Rodrigues (1991). Segundo a autora, o desenvolvimento social é definido pelo grau de justiça social, ou seja, "a forma pela qual os resultados do desenvolvimento econômico são apropriados em benefício da sociedade como um todo, ou de frações dela" (Ibidem, p. 75). Desta forma, o desenvolvimento social seria um requisito para o desenvolvimento humano.

Para medir o desenvolvimento social do Brasil como um todo e das suas cinco Grandes Regiões (Norte, Nordeste, Centro-Oeste, Sudeste e Sul), a autora selecionou os seguintes indicadores: esperança de vida ao nascer; taxa de alfabetização de adultos; e o grau de distribuição de todos os recebimentos auferidos pela população economicamente ativa (PEA)

---

[5] Entre eles podem ser citados: quais novas dimensões incluir nos cálculos dos índices, ampliando o caráter multidimensional do desenvolvimento humano; que peso atribuir às diversas dimensões selecionadas, pois sempre há juízos de valor envolvidos; e quais as variáveis mais relevantes, dada a disponibilidade das estatísticas correntes.

remunerada, medido pelo Índice de Gini. Como pode ser observado, a diferença do IDS para o IDH é simplesmente o indicador relativo aos rendimentos.

A partir dos três indicadores, foram calculados os índices de carência social.[6] A média aritmética dos três índices fornece o índice de carência social total e seu complemento em relação à unidade é, por definição, o IDS, que varia de zero a um (quanto mais próximo de um, maior é o desenvolvimento social que o índice reflete).

Posteriormente, a autora fez uma atualização dos cálculos e uma revisão da metodologia, de forma a aprimorá-la (Rodrigues, 1993). O novo IDS continuou sendo composto por três dimensões básicas: saúde (ou longevidade, nos termos do IDH), educação e renda. No entanto, foram incluídos novos indicadores no cálculo dos índices parciais. Assim, o índice de saúde passou a contar com os indicadores de esperança de vida ao nascer e de mortalidade infantil de menores de um ano de idade. No índice de educação, os indicadores selecionados foram os de taxa de alfabetização de adultos e de escolaridade média, tal qual o IDH. Finalmente, no índice de renda, foi construído um indicador a partir da relação entre o PIB real *per capita* e a razão entre a participação na renda dos 20% mais ricos da população e dos 20% mais pobres, de forma a captar-se aspectos da distribuição de renda.

Uma novidade na metodologia foi a introdução de pesos diferenciados para cada indicador dentro dos índices parciais (média ponderada). Entretanto, no cálculo final do IDS foi mantida a média aritmética simples para os três índices parciais (saúde, educação e renda). Ou seja, todos tiveram o mesmo peso. Vale reforçar que o intuito da autora ainda era incorporar as dimensões de habitação, transportes e alimentação no IDS. No entanto, isto ainda não havia ocorrido na terceira versão do índice, cujo objetivo foi mensurar o desenvolvimento social nos estados brasileiros (Rodrigues, 1994).

---

[6] Estes índices parciais foram calculados e padronizados pelo método dos valores máximo e mínimo. Para os piores resultados de cada indicador, que representam a carência social máxima dentro do universo analisado, foi atribuído o valor igual a um. Para os resultados que correspondem à carência social mínima foi atribuído o valor igual a zero. Os valores intermediários para cada índice parcial foram obtidos por interpolação linear (Rodrigues, 1991). Uma desvantagem do método de índices padronizados é que ele não permite comparações ao longo do tempo.

O novo IDS continuou sendo composto pelas mesmas três dimensões básicas (saúde, educação e renda). A principal novidade, além da nova unidade de análise (estados), foi a inclusão de novos indicadores nos índices parciais de educação e de renda. No índice de educação, além dos indicadores de taxa de alfabetização de adultos e de escolaridade média, foram incorporadas a taxa de escolaridade superior e a taxa de escolaridade básica deficiente.[7] No índice de renda, juntamente com o PIB real *per capita* foi considerada a razão entre a participação na renda dos 10% mais ricos da população (na versão anterior eram os 20% mais ricos) e dos 20% mais pobres.

Outro trabalho de bastante repercussão na construção de novos índices sintéticos foi o de Kageyama & Rehder (1993). Preocupados em mensurar o bem-estar rural nos diferentes estados do Brasil nos anos oitenta, os autores propuseram o Índice de Bem-Estar Social Rural (Ibes), com nítida influência tanto do IDH quanto dos trabalhos de Rodrigues (1991 e 1993).

O Ibes foi construído a partir de quatro dimensões, por meio de índices parciais de educação, renda, condições de trabalho e condições do domicílio. O número de indicadores simples subiu bastante, sendo utilizados doze, a partir dos dados da Pesquisa Nacional por Amostra de Domicílios (Pnad).

Visando dar um passo adiante na construção do Ibes, os autores adotaram dois procedimentos metodológicos, elaborando, conseqüentemente, dois índices distintos. No primeiro, adotaram os procedimentos básicos do IDS, descrito anteriormente. Assim, após a seleção dos doze indicadores simples, eles foram padronizados pelo método dos valores máximo e mínimo observados entre os vinte estados analisados. Posteriormente, foram calculados os índices parciais, a partir da média ponderada dos indicadores simples padronizados. Finalmente, foi obtido o Ibes a partir da média aritmética simples dos quatro índices parciais.

É importante destacar que o índice parcial de educação foi composto pelo indicador relativo à porcentagem de pessoas de cinco anos e mais com domicílio rural alfabetizadas. O índice parcial de renda foi consti-

---

[7] A taxa de escolaridade superior diz respeito à razão entre o número de pessoas com doze anos ou mais de estudo e o número de pessoas com mais de dezenove anos de idade. A taxa de escolaridade básica deficiente refere-se à razão entre o número de pessoas com dois anos de estudo ou menos e o número de pessoas maiores de dez anos de idade (Rodrigues, 1994).

tuído pelos indicadores de rendimento médio mensal das pessoas de dez anos e mais com domicílio rural e da porcentagem de pessoas de dez anos e mais ocupadas na agricultura e com rendimento acima de um salário mínimo (renda de todos os trabalhos). Já o índice de domicílio contou com os seguintes indicadores: porcentagem de moradores em domicílios rurais com canalização interna de água; porcentagem de moradores em domicílios rurais com iluminação elétrica; porcentagem de moradores em domicílios rurais com geladeira; porcentagem de moradores em domicílios rurais com lixo coletado, enterrado ou queimado; porcentagem de moradores em domicílios rurais com instalação sanitária; porcentagem de domicílios rurais com 1,5 ou menos moradores por cômodo. E o índice de condições do trabalho foi composto pelos indicadores de: porcentagem de empregados agrícolas com carteira de trabalho assinada; porcentagem de pessoas ocupadas na agricultura que contribuíram para a previdência; porcentagem de pessoas ocupadas na agricultura com jornada de trabalho menor que quarenta e nove horas semanais.

No cálculo do segundo Ibes, a principal adaptação metodológica foi possibilitar a comparação entre os índices calculados em vários anos, algo não permitido pela metodologia anterior, que apenas fornecia as variações das suas posições relativas. Para isto, ao invés de padronizar os indicadores simples em função dos valores máximos e mínimos, optou-se pela média diretamente a partir dos indicadores originais para construir um Ibes passível de comparações intertemporais (Kageyama & Rehder, 1993).

Portanto, os passos metodológicos foram muito semelhantes aos do cálculo do primeiro Ibes, com a diferença no tratamento dos doze indicadores simples utilizados. É importante ressaltar que, de todos os indicadores, apenas o de rendimento médio mensal das pessoas de dez anos e mais com domicílio rural não estava em porcentagem e, portanto, não variando entre zero e um (ou entre zero e cem). Para este indicador foi feita uma padronização usando o mesmo método de valores máximo e mínimo para todos os anos selecionados.

Pelo menos duas contribuições metodológicas foram muito importantes na construção do Ibes: a primeira foi, justamente, permitir a comparação intertemporal entre os índices. E, para isto, os autores trabalharam com a idéia de progresso relativo, que mede a variação efetiva do índice em relação à variação máxima que seria possível, dado o ponto de partida (ou o momento *t*0), dando uma noção da "velocidade relativa" de melhorias das condições de vida ou do bem-estar da população.

A segunda contribuição foi no sentido de que, apesar de a abertura (ou unidade de análise) do Ibes ainda ser uma unidade territorial, no caso os estados e o total de Brasil, ele introduziu indicadores muito relevantes ligados às condições do trabalho e do domicílio. Isto exerceu importante influência em estudos posteriores, especialmente naqueles que mudaram a unidade de análise para segmentos sociais específicos, como é o caso de Balsadi (2000), e para as famílias (ou domicílios). Ou seja, os índices parciais do Ibes tornaram-se mais ricos e alguns deles, particularmente os de trabalho e domicílio, "subiram" para a categoria de um novo índice sintético, com os devidos aprimoramentos.

Ainda entre os índices da chamada terceira geração, que foram criados para aprimorar e ampliar os horizontes de análise iniciados com o IDH, merece menção o IPRS, da Fundação Seade. Encomendado pela Assembléia Legislativa do Estado de São Paulo, no âmbito do Fórum São Paulo Século XXI, o Índice Paulista de Responsabilidade Social deveria ser uma ferramenta de acompanhamento contínuo do grau de desenvolvimento dos municípios paulistas.

O IPRS, cuja unidade de análise é o município, foi concebido segundo três dimensões: riqueza municipal; longevidade; e educação. Ou seja, dimensões muito próximas às presentes no IDH. Em cada dimensão, foram selecionados, inicialmente, indicadores relacionados a resultados de curto prazo, a esforços realizados pelas gestões municipais no sentido de melhorar os indicadores de saúde e de educação, e à participação da sociedade civil por meio de mecanismos que tornem mais transparentes as políticas sociais (Seade, 2001).

Apesar do esforço institucional, prevaleceram os indicadores de resultados de curto prazo (dez indicadores do total de treze) na versão final do IPRS. Os outros três indicadores eram de esforço e, ao final de análises técnicas por parte dos propositores, nenhum indicador de participação permaneceu no cálculo do índice.[8]

---

[8] Os indicadores de participação diziam respeito, basicamente, à existência de Conselhos Municipais de Educação e de Saúde e das Comissões Municipais de Emprego. Além deles, buscava-se trabalhar com dados relativos à data de implantação, composição e periodicidade das suas reuniões. Especificamente no caso

Resumidamente, os índices parciais do IPRS tiveram a seguinte composição: *a*) para mensurar a riqueza municipal foram utilizados três indicadores simples de resultado de curto prazo (consumo de energia elétrica residencial; consumo de energia elétrica no comércio, agricultura e serviços; remuneração média dos empregados com carteira assinada) e um de esforço (valor adicionado municipal *per capita*); *b*) para medir a longevidade, foram selecionados, também, três indicadores de resultado de curto prazo (mortalidade infantil; mortalidade de adultos de 60 anos e mais; mortalidade de adultos de 15 a 39 anos) e um de esforço (mortalidade perinatal); *c*) para a escolaridade trabalhou-se com quatro indicadores de resultado de curto prazo (porcentagem dos jovens de 15 a 19 anos que concluíram o ensino fundamental; porcentagem dos jovens de 20 a 24 anos que concluíram o ensino médio; porcentagem de crianças de 10 a 14 anos alfabetizadas; porcentagem de adultos de 15 a 24 anos alfabetizados) e com um indicador de esforço (porcentagem de matrículas de ensino fundamental oferecidas pela rede municipal).

No cálculo final, foram adotados pesos diferenciados para cada indicador dentro dos índices parciais de riqueza municipal, longevidade e educação. No entanto, foi mantida a média aritmética simples, com pesos iguais para as três dimensões do IPRS. Com isto, foi feito o *ranking* de todos os municípios paulistas que foram agregados segundo cinco grupos com características semelhantes em termos de nível de desenvolvimento humano.[9]

Com base em dois conceitos principais, iniqüidade social e patamar mínimo de existência digna, Garcia (2003) propôs a criação do Índice de

---

da saúde, havia interesse nas Conferências Municipais realizadas. Segundo Seade (2001), estes indicadores foram excluídos do cálculo final do IPRS pelos seguintes motivos: dado não disponível para todos os anos da análise, no caso das Comissões Municipais de Emprego; falta de correlação com a esperança de vida ao nascer, que foi a variável utilizada como base para a definição operacional do índice parcial de longevidade, no caso dos indicadores de saúde; e necessidade de estudos mais detalhados para analisar o poder discriminatório e a correlação dos indicadores de participação social com os demais escolhidos para o índice parcial de educação.

[9] Os cinco grupos foram definidos, em função da combinação dos índices obtidos nas três dimensões, da seguinte forma: municípios-pólo; municípios economicamente dinâmicos e de baixo desenvolvimento social; municípios saudáveis e de baixo desenvolvimento econômico; municípios de baixo desenvolvimento econômico e em transição social; e municípios de baixo desenvolvimento econômico e social.

Iniqüidade Social (Iniq) para mensurar este fenômeno nos estados e nas Grandes Regiões brasileiras, segundo as situações urbano e rural. De acordo com o autor, "iniqüidade social é a situação de uma sociedade particular, caracterizada por distribuição extremamente desigual da renda e do patrimônio (material e não material), em que uma minoria populacional detém a maior parte destes e uma grande parte da população não alcança um patamar mínimo de existência com dignidade, quando isto seria possível com uma distribuição mais eqüitativa do patrimônio e da renda" (p. 14).

Mesmo sem ter uma resposta final e acabada sobre quais seriam os requisitos mínimos para se assegurar uma existência digna às pessoas e às famílias,[10] o autor selecionou um conjunto de indicadores para a construção do Iniq que poderiam ser agrupados em quatro dimensões: domicílio próprio adequado (situado em aglomerado normal; construído com material permanente; com densidade de até dois moradores por dormitório; com abastecimento de água com canalização, com banheiro e com esgotamento sanitário feito por rede coletora ou fossa séptica e com coleta direta ou indireta de lixo; com iluminação elétrica e com telefone; com fogão, geladeira, filtro de água, rádio e televisão); renda familiar *per capita* igual ou superior a 1,5 salário mínimo; escolaridade adequada (pessoas entre 7 e 14 anos freqüentando o ensino fundamental; pessoas entre 15 e 18 anos com oito ou mais anos de estudo; pessoas com idade entre 19 e 24 anos com onze ou mais anos de estudo); e cobertura previdenciária, ou seja, todos os indivíduos ocupados protegidos por algum tipo de seguro previdenciário.

Desta forma, o patamar mínimo de existência com dignidade ocorreria para as famílias que possuíssem, simultaneamente,[11] domicílio próprio adequado, renda familiar *per capita* igual ou superior a 1,5 salário

---

[10] Que, segundo o autor, "seria a condição social e historicamente definida a partir da qual a família e os indivíduos que a integram teriam a liberdade para escolher o que valoram e se afirmar como cidadãos".

[11] Esta idéia da simultaneidade também aparece no recente estudo de Hoffmann & Kageyama (2005), no qual há uma proposição de se classificar os pobres e não pobres de acordo uma combinação de nível de renda e três itens básicos de infra-estrutura, que indicam acessos a bens essenciais ofertados pelas políticas públicas e também pelas condições de desenvolvimento da região: água encanada, luz elétrica e saneamento.

mínimo, integrantes com escolaridade adequada e cobertura previdenciária (Garcia, 2003). Assim, o Iniq, como proposto, mostraria o contingente populacional acima de tal patamar mínimo. Sinteticamente, o Iniq seria igual a um (1) menos o número de pessoas em situação de dignidade em relação ao total de pessoas, de tal forma que quando ele alcançasse o valor igual a zero, toda a população estaria vivendo com dignidade.

Na mesma linha de aprimoramento dos índices construídos para análise municipais, Pochmann & Amorim (2003) elaboraram o Índice de Exclusão Social (IES) para todos os municípios brasileiros. Com forte influência do IPRS, da Fundação Seade, do estudo que originou o mapa da exclusão/inclusão social no município de São Paulo[12] e das experiências dos autores na Secretaria do Desenvolvimento, Trabalho e Solidariedade da Prefeitura de São Paulo, os resultados do IES foram compilados no *Atlas da Exclusão Social no Brasil*.

Com o intuito de medir os aspectos ligados a um padrão de vida digno, ao conhecimento e ao risco juvenil, os autores trabalharam com três índices parciais para o cálculo final do IES, cuja metodologia foi idêntica ao cálculo do IDH, ou seja, com a padronização dos indicadores para variar entre zero e um pelo método dos valores máximo (melhor situação) e mínimo (pior situação). Para compor o índice de padrão de vida digno foram selecionados os indicadores de pobreza dos chefes de família, de taxa de desemprego formal sobre a População em Idade Ativa (PIA) e uma *proxy* da desigualdade de renda. Para o índice de conhecimento foram utilizados os indicadores de taxa de alfabetização de pessoas acima de cinco anos e o número médio de anos de estudo do chefe do domicílio. Já para a obtenção do índice do risco juvenil foram usados o número de homicídios por 100 mil habitantes e a porcentagem de jovens na população.

O referido *Atlas* teve dois volumes: o primeiro foi, basicamente, uma fotografia da situação da exclusão social no Brasil em 2000, com base nos dados do Censo Demográfico. O segundo, organizado por Campos et al. (2003) trouxe duas novidades: *a*) o cálculo do IES não foi feito para todos os municípios, mas somente para os estados, seis municípios (Belém, Curitiba, Fortaleza, Recife, Rio de Janeiro e São Paulo) e regiões metropo-

---

[12] Sobre este estudo, ver Sposati (2001).

litanas de São Paulo e Curitiba; *b*) o IES foi calculado para os anos de 1960, 1980 e 2000, de forma a ter-se uma evolução do processo.

Na evolução do índice por um período de quarenta anos, os autores verificaram que o crescimento econômico proporcionou melhora nos indicadores, mas com uma piora nos índices de desigualdade social. No estudo, o crescimento econômico aparece como uma das variáveis-chave para a diminuição da exclusão, especialmente devido ao fator emprego, a despeito de ser absolutamente insuficiente para a sua eliminação. Também observaram o surgimento de novas formas de exclusão social no período recente, ao lado da chamada "velha exclusão social".[13] A nova exclusão é resultado tanto da não-resolução e ampliação das velhas formas de exclusão social, quanto do atingimento de novos segmentos sociais, como jovens com elevada escolaridade, pessoas com mais de quarenta anos, homens não negros e famílias monoparentais, tendo como novas fontes de exclusão o desemprego e a precarização das formas de inserção no mercado de trabalho, resultando em violência urbana e vulnerabilidade juvenil.

Após a elaboração do IPRS, a Fundação Seade ainda criou o Índice Paulista de Vulnerabilidade Social, como forma de aprimoramento do índice anterior. A principal novidade foi a mudança da unidade de análise: de município para setor censitário.[14] Também foram retrabalhados os indicadores e as dimensões no IPVS, que teve como fonte de informações o Censo Demográfico de 2000.

De acordo com Seade (2006a), ao classificar os municípios paulistas segundo os diferentes graus de desenvolvimento, "o IPRS não respondeu integralmente às questões da eqüidade e da pobreza existentes no interior destes municípios". Isto porque "há parcelas de seus territórios (mesmo nos municípios com maiores índices) que abrigam expressivos segmentos

---

[13] Caracterizada pela marginalização de amplas camadas da sociedade dos frutos do crescimento econômico e da cidadania, e expressa pelos baixos níveis de renda e escolaridade, especialmente de migrantes, mulheres, analfabetos, população negra e famílias numerosas.

[14] Os setores censitários correspondem às unidades de coleta do Censo Demográfico do IGBE, sendo definidos como um agrupamento contínuo de, aproximadamente, trezentos domicílios. Na construção do IPVS foram considerados 48.683 setores censitários normais, com domicílios particulares permanentes e com dados disponíveis. Do total, 43.509 eram setores censitários urbanos e 5.174 eram rurais.

populacionais expostos às condições de vulnerabilidade social". Daí a busca por uma unidade de análise mais desagregada (o setor censitário) que pudesse, ao ser bem estudada, tornar-se o foco das políticas sociais com vistas à redução das desigualdades.

Para mensurar a vulnerabilidade social e as condições de vida nos setores censitários, a construção do IPVS foi baseada em dois pressupostos: primeiro, as múltiplas dimensões da vulnerabilidade e da exclusão social; segundo, a dimensão espacial (territorial) destes fenômenos. Ou seja, "o local de residência de pessoas e famílias não só é resultado, mas também influencia suas condições de vida" (Seade, 2006a). E, neste ponto, a segregação espacial (ou residencial) é ocasionada pelos diferentes graus de acessibilidade aos bens e serviços públicos e privados (educação, saúde, saneamento, habitação, lazer e cultura, trabalho, etc.). Isto é, para as famílias e pessoas não estarem vulneráveis, além do nível de acumulação de ativos que possuem é fundamental que eles possam desfrutar, efetivamente, das oportunidades oferecidas pelo Estado, pelo mercado e pela sociedade.

Apesar de uma pré-seleção de indicadores ligados à questão de gênero (porcentagem de responsáveis do sexo feminino com no máximo oito anos de escolaridade no total de responsáveis do setor censitário) e ao saneamento básico (porcentagem de domicílios sem abastecimento de água; porcentagem de domicílios sem esgotamento sanitário; porcentagem de domicílios sem coleta de lixo), o cálculo do IPVS levou em consideração apenas os indicadores das dimensões de escolaridade, renda e características demográficas.

No total foram utilizados oito indicadores simples, sendo três para medir a escolaridade (porcentagem de responsáveis pelo domicílio alfabetizados no total de responsáveis do setor censitário; porcentagem de responsáveis pelo domicílio com ensino fundamental completo no total de responsáveis do setor censitário; anos médios de estudo do responsável pelo domicílio), dois para medir a renda (rendimento médio do responsável pelo domicílio; porcentagem de responsáveis com rendimento de até três salários mínimos no total de responsáveis do setor censitário) e três para mensurar os aspectos demográficos (porcentagem de responsáveis pelo domicílio com idade entre 10 e 29 anos no total de responsáveis do setor censitário; idade média do responsável pelo domicílio; porcentagem de crianças de zero a quatro anos no total da população residente no setor censitário) (Seade, 2006a).

Desta forma, o IPVS classificou os milhares de setores censitários nos municípios do estado de São Paulo e também permitiu a construção de seis grupos de setores, de acordo com a combinação dos índices obtidos pelas dimensões consideradas (escolaridade, renda e aspectos demográficos): setores sem nenhuma vulnerabilidade; setores com vulnerabilidade muito baixa; setores com vulnerabilidade baixa; setores com vulnerabilidade média; setores com vulnerabilidade alta; e setores com vulnerabilidade muito alta.

Ainda na linha de construção de índices sintéticos para níveis mais desagregados de análise, chama a atenção a proposição de índices para analisar a sustentabilidade de assentamentos da reforma agrária. Com o intuito de fazer uma avaliação socioeconômica do Programa Reforma Agrária Solidária em assentamentos localizados nos municípios de Iguatu e Quixeramobim, no estado do Ceará, Medeiros & Campos (2002) propuseram a criação de dois índices: um relacionado com o desenvolvimento humano e outro com as condições de vida dos assentados.[15]

Ambos os índices seguiram os mesmos passos metodológicos: escolha dos indicadores simples que compõem cada uma das dimensões utilizadas; padronização dos indicadores pelo método dos valores máximo e mínimo (0 corresponde à pior situação, enquanto 1 corresponde à melhor); e definição da estrutura de ponderação, que no caso foi a média ponderada para cada indicador e a média aritmética simples para o cálculo final dos índices, com o mesmo peso para cada uma das dimensões ou índices parciais.

O Índice de Desenvolvimento Humano (IDHI) nos imóveis dos assentamentos escolhidos foi composto tal como o IDH, com três dimensões e quatro indicadores: para medir a longevidade utilizou-se a esperança de vida ao nascer; para medir o nível de educação foram utilizados o número médio de anos de estudo e a taxa de analfabetismo; e para mensurar a renda trabalhou-se com a renda familiar *per capita* média.

---

[15] Segundo os autores, a construção dos índices utilizou a mesma metodologia desenvolvida por Pereira (2000), que criou o Índice de Desenvolvimento Humano em Assentamentos (IDHA) e o Índice de Condições de Vida em Assentamentos (ICVA), ambos sob forte influência dos trabalhos do Pnud e do Ipea com o cálculo do IDH e do ICV para estados e municípios.

Já o Índice de Condições de Vida (ICVI) nos imóveis foi construído a partir de seis dimensões: as três do IDHI acrescidas de infância, habitação e lazer e informação. E o número de indicadores foi bastante ampliado, sendo utilizados vinte no total. No índice de longevidade, foi acrescido o indicador de taxa de mortalidade infantil. Em educação, mais três indicadores foram utilizados: porcentagem da população com menos de quatro anos de estudo; porcentagem da população com menos de oito anos de estudo; e porcentagem da população com mais de onze anos de estudo.

Os aspectos da infância foram captados pelos indicadores de porcentagem de crianças que não freqüentam escola, defasagem escolar média, porcentagem de crianças com defasagem escolar maior que um ano e porcentagem de crianças trabalhando. Para mensurar as condições de habitação, os autores selecionaram os indicadores relacionados com a porcentagem de domicílios com abastecimento de água, a porcentagem de domicílios com água tratada, a porcentagem de domicílios com energia elétrica, a porcentagem de domicílios duráveis e a porcentagem de famílias possuidoras de bens. A dimensão do lazer e informação foi medida pela porcentagem de domicílios com rádio e pela porcentagem de domicílios com televisão.

Nesta mesma linha, Barreto, Khan & Lima (2005) propuseram um Índice de Sustentabilidade (IS) para verificar se os assentamentos de reforma agrária no município de Caucaia, no estado do Ceará, estavam contribuindo para a melhoria das condições de vida de seus habitantes. O IS foi montado a partir de um amplo conjunto de indicadores ligados aos temas de educação, saúde, habitação, renda, lazer, aspectos sanitários, capital social e meio ambiente.

De fato, o IS foi composto por três índices intermediários: o Índice de Desenvolvimento Econômico e Social (Ides); o Índice de Capital Social (ICS); e o Índice Ambiental (IA), os dois últimos com certo pioneirismo. Cada um dos índices intermediários (ou parciais) foi construído a partir de um conjunto amplo e variado de indicadores, coletados em questionário específico elaborado pelos autores para as pesquisas de campo. Vale dizer que foram obtidos pela média ponderada, tanto nos indicadores simples quanto na contribuição de cada dimensão para o resultado final.

O Ides tem uma estrutura bem semelhante ao ICVI, descrito anteriormente, embora utilize indicadores muito diferenciados para as dimensões escolhidas. Ao todo, o Ides trabalhou com seis dimensões. A de saúde foi medida pelos indicadores de ausência de atendimento médico e ambulatorial, existência de atendimento de primeiros socorros, atendimento por agentes de saúde e atendimento médico. Para mensurar o grau de escolaridade nos assentamentos, os autores optaram pelos indicadores de ausência de escolas públicas ou comunitárias, presença de escolas de curso de alfabetização, existência de escolas de ensino fundamental e existência de escolas de ensino médio. A renda foi obtida pela renda líquida mensal da família.

As condições de habitação foram mensuradas pelo tipo de construção dos domicílios (taipa, tijolo — sem reboco e piso, tijolo — com reboco e piso) e pelo tipo de energia utilizada na iluminação (energia elétrica, lampião a querosene ou a gás ou lamparina e/ou velas). As condições sanitárias e de higiene foram captadas pelo destino dado aos dejetos humanos (jogado a céu aberto ou enterrado, dirigido à fossa ou rede de esgoto), pelo tipo de tratamento dado à água para o consumo humano (nenhum tratamento, fervida, filtrada ou tratada com hipoclorito de sódio) e pelo destino dado ao lixo domiciliar (jogado ao solo ou queimado, enterrado ou coletado). Finalmente, a dimensão do lazer foi medida pelos indicadores de inexistência de infra-estrutura de lazer, existência de salões de festas ou campos de futebol, existência de salões de festas e campos de futebol, e existência de salões de festas, campos de futebol e televisor.

O Índice de Capital Social[16] foi elaborado a partir da média ponderada dos dados obtidos pelos autores a partir de doze questões feitas para os assentados, todas tendo como padrão de respostas sim ou não. Os principais temas que foram objeto das perguntas diziam respeito: ao interesse das pessoas com o bem-estar da comunidade; à participação em reuniões da associação comunitária; à participação na escolha dos líderes da associação comunitária; ao espaço onde as decisões comunitárias eram tomadas (reuniões, assembléias); à prestação de contas para os associados; à participação dos moradores na elaboração dos eventos sociais e em algum cargo em instituição ou entidade local/regional.

---

[16] Compreende características da organização social, confiança, cooperação, normas, instituições e sistemas que contribuem para aumentar a eficiência e as ações coordenadas, beneficiando toda a comunidade (Barreto, Khan & Lima, 2005).

E o Índice Ambiental foi construído a partir de informações primárias levantadas nos assentamentos, especialmente ligadas às práticas de conservação e recuperação dos solos e da água e às práticas para manutenção e ampliação da biodiversidade local. Assim, foram obtidos indicadores ligados ao método de controle de pragas utilizado, à utilização (ou não) do fogo nas atividades agropecuárias, ao plantio de árvores para fins de conservação dos solos, à existência de áreas de preservação ambiental, ao uso da rotação de culturas, ao uso da prática de calagem e de esterco animal na adubação, ao uso do solo segundo sua vocação, à existência de sistema de esgotamento sanitário.

Como a mensuração das condições das famílias já aparecia embutida em vários índices, alguns estudos propuseram que a própria família passasse a ser a unidade central de análise deles. Foi o que aconteceu com a pioneira Pesquisa de Condições de Vida (PCV), da Fundação Seade, e com o Índice de Desenvolvimento da Família (IDF), que serão abordados, sinteticamente, na seqüência.

A PCV teve sua primeira versão em 1990, mesmo ano de divulgação do primeiro IDH pelas Nações Unidas. Ela foi realizada também em 1994 e 1998, tendo, portanto, uma periodicidade quadrienal. Inicialmente, foi feita com representatividade somente para o agregado da Região Metropolitana de São Paulo. Em sua última versão, incorporou todos os municípios desta região e todos os municípios do interior do estado com população urbana superior a 50 mil habitantes. O objetivo central da PCV era fornecer subsídios para os governantes e formuladores de políticas públicas acompanharem a evolução das condições de vida das famílias e suas necessidades básicas e, com isto, tomarem decisões que contribuíssem para reduzir as disparidades sociais (Seade, 2006b).

É interessante notar que a PCV foi bastante inovadora, não só por ser uma das primeiras pesquisas no Brasil que já incorporaram a visão multidimensional do desenvolvimento,[17] mas porque foi uma das primeiras que utilizou a família como unidade central de análise. Para mensurar as condições de vida, a pesquisa utilizou uma gama enorme de indicadores,

---

[17] Segundo Seade (2006b), a PCV surgiu para suprir a falta de informações primárias para o estudo da pobreza, adotando uma perspectiva (multidimensional) diversa daquelas utilizadas tradicionalmente, centradas em um único indicador, quase sempre a renda.

que foram coletados em questionário próprio elaborado pela Fundação Seade, os quais estavam relacionados às seguintes dimensões: aspectos demográficos; caracterização das famílias; condições habitacionais; situação educacional; inserção no mercado de trabalho; renda e patrimônio familiar; acesso aos serviços de saúde; portadores de deficiências; e nível e vítimas da criminalidade.[18]

O IDF foi proposto mais recentemente por pesquisadores do Ipea com o intuito de se "obter um indicador sintético, no mesmo espírito do IDH, calculável no nível de cada família e que possa ser facilmente agregado para qualquer grupo demográfico, tais como os negros ou as famílias chefiadas por mulheres, da mesma forma como tradicionalmente é feito com os indicadores de pobreza" (Barros, Carvalho & Franco, 2003, p. 2).

O Índice de Desenvolvimento da Família trabalha com seis dimensões, 26 componentes e 48 indicadores,[19] todos tendo como fonte a Pnad. Para o cálculo final do IDF foi adotado o sistema de pesos com base na média aritmética para todos os indicadores de cada componente de uma dimensão, para todos os componentes de uma mesma dimensão, e para cada uma das seis dimensões (ou índices parciais) que o compõem. Vale dizer que, tal como foi construído, o IDF também permite analisar o progresso temporal.[20]

As seis dimensões das condições de vida mensuradas pelo IDF são as seguintes: ausência de vulnerabilidade; acesso ao conhecimento; acesso ao trabalho; disponibilidade de recursos; desenvolvimento infantil; e

---

[18] De acordo com o grau de carências expresso pelos resultados obtidos, as famílias foram agregadas em quatro grupos (A, B, C e D), segundo a sua situação socioeconômica. No grupo C estariam as famílias consideradas pobres, cujas principais carências relacionam-se aos piores indicadores de instrução (educação), emprego e renda. No grupo D estariam as famílias miseráveis, que além dos piores indicadores de educação, emprego e renda, ainda tinham carências agudas em moradia.

[19] "Tudo se passa como se fizéssemos 48 perguntas às famílias, as quais devem responder sim ou não. Cada sim é computado como algo positivo e aumenta a pontuação da família na direção de um maior índice de desenvolvimento. O IDF pode variar entre 0 (para aquelas famílias na pior situação possível) e 1 (para as famílias na melhor situação possível)" (Barros, Carvalho & Franco, 2003, p. 8).

[20] Na literatura internacional também há preocupação com a criação de índices para o nível das famílias. Como exemplo, cita-se o trabalho de Boston (2005), no qual o autor propõe a criação de um Índice de Qualidade de Vida (IQV), que é composto por dois índices parciais, sendo um deles o Índice de Desenvolvimento da Família (IDF). E o IDF é obtido por indicadores relativos ao emprego, à renda familiar, à pobreza, à insuficiência de renda e à dependência da assistência pública.

condições habitacionais. Em cada uma das dimensões foram abertos componentes mais específicos com os respectivos indicadores selecionados.[21]

Assim, para medir a ausência de vulnerabilidade das famílias, os autores incluíram as dimensões de: fecundidade, com os indicadores de nenhuma mulher teve filho nascido vivo no último ano, nenhuma mulher teve filho nascido vivo nos últimos dois anos e ausência de criança; atenção e cuidados especiais com crianças, adolescentes e jovens, com os indicadores de ausência de criança ou adolescente e ausência de criança, adolescente ou jovem; atenção e cuidados especiais com idosos, com o indicador de ausência de idoso; dependência econômica, com os indicadores de presença de cônjuge e de mais da metade dos membros da família estar em idade ativa; e presença da mãe, com os indicadores relacionados à não-existência de criança no domicílio cuja mãe tenha morrido e à não-existência de criança no domicílio que não viva com a mãe.

O acesso ao conhecimento foi composto por três componentes específicos: analfabetismo, com os indicadores de ausência de adulto analfabeto e ausência de adulto analfabeto funcional; escolaridade, com os indicadores de presença de pelo menos um adulto com ensino fundamental completo, de presença de pelo menos um adulto com ensino médio completo e de presença de pelo menos um adulto com alguma educação superior; e qualificação profissional, com o indicador de presença de pelo menos um trabalhador com qualificação média ou alta.

O acesso ao trabalho também foi construído a partir de três componentes e respectivos indicadores: disponibilidade de trabalho (mais da metade dos membros familiares em idade ativa encontra-se ocupada; presença de pelo menos um trabalhador há mais de seis meses no trabalho atual); qualidade do posto de trabalho (presença de pelo menos um ocupado no setor formal; presença de pelo menos um ocupado em atividade não agrícola); e remuneração (presença de pelo menos um ocupado com rendimento superior a um salário mínimo; presença de pelo menos um ocupado com rendimento superior a dois salários mínimos).

---

21 É importante salientar que, segundo a forma como os autores selecionaram e construíram os indicadores, algumas características são consideradas mais de uma vez. É o que eles chamam de "indicadores em cascata", que têm por objetivo atribuir, na prática, pesos maiores para algumas características julgadas mais relevantes.

A dimensão da disponibilidade de recursos foi mensurada por três indicadores, um para cada componente específico: renda familiar *per capita* superior à linha de extrema pobreza, para medir a extrema pobreza; renda familiar *per capita* superior à linha de pobreza, para medir a pobreza; e o indicador de que a maior parte da renda familiar não advém de transferências, no componente capacidade de geração de renda.

O desenvolvimento infantil foi medido por quatro componentes e 11 indicadores: trabalho precoce (ausência de criança com menos de 14 anos trabalhando; ausência de criança com menos de 16 anos trabalhando); acesso à escola (ausência de criança com até seis anos fora da escola; ausência de criança de sete a 14 anos fora da escola; ausência de criança de sete a 17 anos fora da escola); progresso escolar (ausência de criança de até 14 anos com mais de dois anos de atraso; ausência de adolescente de 10 a 14 anos analfabeto; ausência de jovem de 15 a 17 anos analfabeto); e mortalidade infantil (ausência de mãe cujo filho tenha morrido; há, no máximo, uma mãe cujo filho tenha morrido; ausência de mãe com filho nascido morto).

Já as condições habitacionais foram obtidas por meio de oito componentes e 12 indicadores: propriedade (domicílio próprio; domicílio próprio ou cedido); déficit habitacional (densidade de até dois moradores por dormitório); abrigabilidade (material de construção permanente); acesso a abastecimento de água (acesso adequado à água); acesso a saneamento (esgotamento sanitário adequado); acesso à coleta de lixo (lixo coletado); acesso à energia elétrica (acesso à eletricidade); acesso a bens duráveis (acesso a fogão e geladeira; acesso a fogão, geladeira, televisão ou rádio; acesso a fogão, geladeira, televisão ou rádio e telefone; acesso a fogão, geladeira, televisão ou rádio, telefone e computador).

Para finalizar, serão abordados dois índices criados com a preocupação de aprofundar as análises em temas mais restritos, tendo como unidades de análise segmentos sociais específicos: no primeiro índice são os empregados com residência rural e o tema central é a qualidade do emprego; no segundo, são os jovens e a preocupação é com a situação de vulnerabilidade juvenil.

Com o objetivo de analisar a inserção diferenciada de homens e mulheres residentes no meio rural não metropolitano do estado de São Paulo nas ocupações agrícolas e não agrícolas, Balsadi (2000) propôs o Índice de Qualidade do Emprego (IQE), composto por três dimensões: grau de formalidade do emprego, rendimento recebido no trabalho principal e auxílios recebidos pelos empregados. Como salientado inicialmente, a construção do IQE sofreu forte influência do trabalho de Kageyama & Rehder (1993), particularmente dos indicadores utilizados por estes autores para mensurar as condições de trabalho e dos procedimentos metodológicos que permitem a comparação intertemporal dos índices.

Para analisar o grau de formalidade do emprego, foram selecionados: porcentagem de empregados com idade acima de 15 anos, o que representa a proporção de trabalhadores não infantis empregada; porcentagem de empregados com jornada semanal de até 44 horas, o que corresponde à participação dos empregados sem sobretrabalho; porcentagem de empregados com carteira assinada; e porcentagem de empregados contribuintes da Previdência Social.

Para o rendimento obtido no trabalho principal foram selecionadas a porcentagem de empregados com remuneração acima de um salário mínimo e o rendimento médio mensal. Nos auxílios recebidos foram selecionados: porcentagem de empregados que recebiam auxílio-moradia; porcentagem de empregados que recebiam auxílio-alimentação; porcentagem de empregados que recebiam auxílio-transporte; porcentagem de empregados que recebiam auxílio-educação; e porcentagem de empregados que recebiam auxílio-saúde. Todos os indicadores tiveram como fonte os dados a Pnad e a estrutura de ponderação no cálculo final do IQE foi baseada somente no uso da média aritmética simples, tanto para os três índices parciais quanto para os indicadores dentro de cada um deles.

Com o intuito de atender a uma demanda da Secretaria de Cultura do Estado de São Paulo, a Fundação Seade, com grande tradição na construção de metodologias inovadoras, elaborou o Índice de Vulnerabilidade Juvenil (IVJ) para o município de São Paulo e seus 96 distritos administrativos. O IVJ deveria ser utilizado na priorização das ações da Secretaria junto à juventude paulistana.

Na sua construção, foram selecionados os seguintes indicadores: taxa anual de crescimento populacional entre 1991 e 2000; porcentual de jovens de 15 a 19 anos no total da população; taxa de mortalidade por homicídio da população masculina de 15 a 19 anos; porcentual de mães adolescentes, de 14 a 17 anos, no total de nascidos vivos; valor do rendimento médio mensal das pessoas com rendimento responsáveis pelos domicílios particulares permanentes; porcentual de jovens de 15 a 17 anos que não freqüentam a escola. Por meio do IVJ, que utilizou a média ponderada (com pesos distintos para cada indicador), os 96 distritos foram agrupados em cinco categorias, de acordo com o valor do índice (que varia de 0 a 100) e, conseqüentemente, do nível de vulnerabilidade (Seade, 2006c).

Considerações finais

Feita esta revisão de alguns dos principais índices sintéticos propostos para a análise dos mais variados temas, podem-se notar várias semelhanças entre eles, algumas diferenças e, principalmente, os avanços e aprimoramentos constantes, pois é quase consenso que, por melhor que seja construído o índice, é impossível eliminar suas imperfeições. Entre as semelhanças, podem ser citadas: a inegável influência do IDH em praticamente todos eles; a abordagem multidimensional de todos os temas tratados; a mesma noção de desenvolvimento que os norteia, permeando a busca por indicadores que vão além da esfera meramente econômica; a não-utilização de linhas de pobreza, embora o tema, de certa forma, circunde muitos deles; e a busca por melhores subsídios para análise, formulação, monitoramento e avaliação de políticas públicas, especialmente das políticas sociais.

No tocante às diferenças, elas aparecem nas unidades de análise, nos tipos de indicadores utilizados e suas agregações, na estrutura de ponderação e no objeto motivador da construção do índice (grau de desenvolvimento humano, pobreza, exclusão, inclusão, iniqüidade, vulnerabilidade, bem-estar, condições de vida, sustentabilidade, qualidade do emprego etc). Em função disto, cada índice tem seus limites e suas potencialidades, suas vantagens e desvantagens, não sendo possível, nem desejável, fazer escolhas de quais são os melhores e mais adequados.

Quanto aos aprimoramentos constantes, a evolução dos índices sintéticos mostra uma incorporação de mais dimensões e mais indicadores, como era a intenção original quando da criação do próprio IDH. Também houve a preocupação com o uso de pesos diferenciados na estrutura de ponderação, mesmo que somente nos indicadores dos índices parciais, na maioria dos casos. Como pôde ser visto, a maioria dos índices manteve a média aritmética simples dos índices parciais no cálculo final.

E, não menos relevante, houve a busca e a necessidade de se trabalhar com novas unidades de análise, caminhando-se de um nível inicial bem mais agregado, o total de países, para níveis bem mais pormenorizados, permitindo-se com isto a incorporação de dois aspectos da maior relevância nas políticas públicas contemporâneas de desenvolvimento: a dimensão territorial e a introdução da família como unidade primordial das ações.

Apesar das notáveis evoluções metodológicas, está longe de terminar a polêmica em torno do uso dos índices sintéticos. No entanto, a proliferação dos índices em instituições do mais alto gabarito e a utilização cada vez mais corrente dos mesmos pelos gestores públicos parecem ser indicativos de que, mesmo imperfeitos, eles têm contribuído de alguma forma para o desenho de políticas e instrumentos de promoção do desenvolvimento sustentável.

Capítulo 2
Desempenho da economia e do seu setor agropecuário

ESTE CAPÍTULO traça um panorama geral da economia, das políticas sociais e do desempenho da agricultura brasileira no período recente. Ele é extremamente relevante pelas óbvias influências que o contexto macroeconômico e as políticas sociais, em geral, e a *performance* da agricultura, em particular, exercem nos temas mais diretamente abordados no presente livro, que são o mercado de trabalho assalariado agrícola e as condições de vida das famílias dos empregados na agricultura.

A economia brasileira e as políticas sociais no período 1992-2004

Neste período de treze anos, a economia brasileira passou por momentos muito distintos, alternando euforias e crises. No período 1992-2004, foram quatro presidentes: Fernando Collor de Mello (1992), Itamar Franco (1993-94), Fernando Henrique Cardoso (1995-2002) e Luiz Inácio Lula da Silva (2003-04). Mas, em que pesem as alternâncias políticas, há um traço comum nas análises feitas pelos principais especialistas em economia brasileira contemporânea: o período foi marcado pela implementação de políticas de liberalização econômica com vistas ao estabelecimento de um modelo de desenvolvimento baseado numa nova inserção internacional do Brasil e na redefinição do papel do Estado, cujos principais resultados foram a estabilidade inflacionária e o baixo dinamismo da economia (Carneiro, 2002).

Depois de passar pelo fim do modelo calcado no Estado-desenvolvimentista e pela crise dos anos oitenta (crise da dívida externa, baixo crescimento econômico e hiperinflação), a economia brasileira adentrou a última década do século XX com uma nova agenda de reformulações. O novo modelo de desenvolvimento seria caracterizado por uma economia mais aberta, com maior integração com o resto do mundo, não apenas no que tange aos fluxos comerciais (e financeiros), como também ao investimento direto estrangeiro (Pinheiro, Giambiagi & Gostkorzewicz, 1999).

A liberalização econômica foi traduzida pela abrupta abertura comercial do início dos anos noventa, com a redução unilateral das principais tarifas de importação, e pela forte valorização cambial do período compreendido entre meados de 1994 e início de 1999, com o intuito de regulação de preços e controle de inflação ("âncora cambial"), bem como de exposição das empresas brasileiras aos competidores externos, visando dar saltos de produtividade e de qualidade na produção nacional. A nova inserção do Brasil foi materializada na globalização financeira, com as desregulamentações no sistema financeiro e no mercado de trabalho. E o novo papel do Estado foi definido pela troca do Estado-empresário pelo Estado-regulador da economia, tendo como carro-chefe o processo de privatizações das principais empresas estatais.

Com exceção do período compreendido entre 1992 e meados de 1994, todo o período restante conviveu com a atual moeda brasileira, o Real. O ano de 1992 foi marcado pelo crescimento negativo do PIB (-0,5%) e pelo *impeachment* do Presidente Fernando Collor de Mello, depois de comprovados escândalos de corrupção e do fracasso dos seus dois planos de estabilização econômica (Planos Collor I e II).

Em seu lugar assumiu o vice, Itamar Franco, para completar o mandato até o final de 1994. Durante sua gestão, embora ainda persistisse o fenômeno da hiperinflação, foram registradas as maiores taxas anuais de crescimento real do PIB (4,9% e 5,9%, respectivamente, em 1993 e 1994 — aliás, a taxa de crescimento anual de 4,9% só seria repetida no ano de 2004). Foi também na sua gestão que foi implementado o Plano Real, plano de estabilização econômica que foi muito eficaz no combate à inflação e na promoção da estabilidade monetária e que marcou os rumos da economia brasileira desde então.

Segundo Pinheiro, Giambiagi & Gostkorzewicz (1999, pp. 22-3), "o sucesso do novo plano de estabilização econômica baseou-se, principalmente, na sucessão de etapas que precederam a sua implementação:[1] a adoção de medidas destinadas a buscar o equilíbrio das contas públicas (com a criação do Fundo Social de Emergência — FSE, posteriormente chamado de Fundo de Estabilidade Fiscal — FEF); o estabelecimento de uma unidade de conta (a Unidade Real de Valor — URV) para alinhar os preços relativos da economia; e a conversão dessa unidade de valor na moeda estável da economia, o Real. Dessa maneira, a implementação do Plano Real acabou por eliminar a indexação retroativa (ou a chamada inércia inflacionária), sem a necessidade de um congelamento de preços e salários para conter a inflação. Além disso, a conjugação da apreciação cambial com a abertura comercial — e a severa concorrência externa daí resultante — permitiu que os preços dos *tradables* fossem rigidamente contidos desde o início do Plano Real, dando efetividade à âncora cambial no controle da inflação".

No entanto, juntamente com o sucesso do controle da inflação vieram os efeitos colaterais das políticas cambial e monetária. A relação umbilical entre câmbio sobrevalorizado e elevadas taxas de juros reais por vários anos seguidos (de meados de 1994 até janeiro de 1999), num contexto de economia aberta e globalizada, trouxe como resultados: o baixo crescimento econômico; o aumento das taxas de desemprego e da precarização das relações de trabalho; a deterioração da balança comercial e das transações correntes, fazendo com que o balanço de pagamentos fosse financiado pelos capitais externos de curto prazo; o crescimento exponencial da dívida líquida do setor público; e a conseqüente redução da capacidade de investimentos sociais e em infra-estrutura (Sayad, 1998; Delfim Neto, 1998; Tavares, 1998).

De acordo com Tavares & Belluzzo (s.d.), a estratégia do Real apoiou-se nos seguintes pressupostos: *a*) a estabilidade de preços cria as condições para o cálculo econômico de longo prazo, estimulando o investimento privado; *b*) a abertura comercial e a sobrevalorização cambial impõem a disciplina competitiva aos produtores domésticos, forçando-os a realizar ganhos substanciais de produtividade; *c*) as privatizações e o investimento estrangeiro removem os gargalos de oferta na indústria e na infra-estrutura,

---

[1] A necessidade, a lógica e o porquê de cada uma destas etapas são minuciosamente explicados em Bacha (1998) e Carneiro (2002).

reduzindo custos e melhorando a eficiência; *d*) a liberalização cambial, associada à previsibilidade quanto à evolução da taxa real de câmbio, atrai a poupança externa em escala suficiente para complementar o esforço de investimento doméstico e para financiar o déficit em conta corrente. Ainda segundo os autores, "o uso abusivo da âncora cambial e dos juros elevados desestimulou os projetos voltados para as exportações, promoveu um encolhimento das cadeias produtivas — afetadas por importações predatórias — e aumentou a participação da propriedade estrangeira no estoque de capital doméstico. Esses são fatores que levaram ao agravamento do desequilíbrio externo".[2]

Os dados da Tabela 2.1 sintetizam os principais indicadores da economia brasileira no período 1992-2004 e mostram com clareza os efeitos colaterais surgidos logo depois da euforia com a estabilização proporcionada pelo Plano Real.

Entre 1995 e 1999, período de valorização artificial do câmbio e das maiores taxas nominais de juros, houve: forte redução no crescimento do PIB (chegou a apenas 0,1% e 0,8%, respectivamente, em 1998 e 1999); aumento de 66,4% na taxa de desemprego medida pela Pesquisa Mensal de Emprego (PME), do IBGE (saltou de 5,0%, em 1995, para 8,3%, em 1999 — vale dizer que a quase duplicação da taxa entre 2001 e 2002 foi fruto de mudanças metodológicas na pesquisa, pois como é observado nos anos posteriores, há pequenas oscilações nas taxas de desemprego); perda de U$S 23,7 bilhões em divisas internacionais devido à balança comercial deficitária; e crescimento da participação da dívida líquida do setor público de 31,1% para 50,4% do PIB (que, aliás, continuou em

---

[2] Na mesma linha de argumentação, Delfim Neto (1998, pp. 93-4) chama a atenção para a armadilha criada na condução inicial do Plano Real. "A primeira coisa que acontece quando o câmbio é sobrevalorizado é a seguinte: o país começa a sacar sobre o exterior. Passa a financiar o déficit do governo com o déficit em contas-correntes. Rapidamente a situação começa a piorar. O país começa a perceber que ela é insustentável. Nesse instante o governo é obrigado a fazer um constrangimento do processo produtivo. Se o produto está crescendo rapidamente, as importações também crescem rapidamente; não se dá suporte ao crescimento do produto pela via do crescimento das exportações, porque as exportações estão sendo restringidas pelo câmbio real valorizado. A simples ampliação do produto vai aumentando o buraco em contas-correntes. Se o objetivo fundamental é manter a estabilidade, a escolha é reduzir o ritmo de crescimento. E, como se reduz o crescimento? Pela via da restrição do crédito e pela sustentação de altas taxas de juros. O fato estilizado nesse processo, então, é o seguinte: no início, rápida queda de preços e rápida expansão do produto e, depois, uma recessão."

ritmo ascendente até 2002, quando atingiu o pico de 57,3% do PIB). Vale dizer que, além das inúmeras fragilidades internas e externas, neste período ocorreram sucessivas crises cambiais em países emergentes (México e Argentina, no final de 1994 e em 1995, tigres asiáticos, em 1997, e Rússia, em 1998) que também prejudicaram bastante a recuperação da economia brasileira. É importante recordar que nestes períodos das crises cambiais as taxas de juros no Brasil foram elevadas para valores próximos dos 50,0%!

Tabela 2.1. Principais indicadores do desempenho da economia brasileira no período 1992-2004

Anos	PIB (variação real anual, em %)	Inflação anual, em % (INPC)	Inflação anual, em % (IPCA)	Taxa de desemprego, em % (1)	Balança comercial (emmilhões de US$)	Taxa de investimento (% do PIB) (2)	Taxas de juros Selic, em % (3)	Taxa de câmbio real (4)	Carga tributária (% PIB) (5)	Dívida líquida do setor público (% PIB) (6)
1992	-0,5	1.149,1	1.119,1	6,1	17.951	18,4	...	91	25,0	34,8
1993	4,9	2.489,1	2.477,2	5,7	13.299	19,3	...	86	25,3	33,4
1994	5,9	929,3	916,5	5,4	10.466	20,8	...	81	27,9	32,5
1995	4,2	22,0	22,4	5,0	-3.466	20,5	...	74	28,4	31,1
1996	2,7	9,1	9,6	5,8	-5.599	19,3	24,4	71	28,6	30,1
1997	3,3	4,3	5,2	6,1	-6.750	19,9	22,7	71	28,6	33,4
1998	0,1	2,5	1,7	8,3	-6.623	19,7	24,4	72	29,3	37,8
1999	0,8	8,4	8,9	8,3	-1.283	18,9	24,8	106	31,1	50,4
2000	4,4	5,3	6,0	7,8	-753	19,3	17,6	100	31,6	49,6
2001	1,3	9,4	7,7	6,8	2.637	19,5	17,4	119	33,4	52,0
2002	1,9	14,7	12,5	11,7	13.140	18,3	19,2	125	34,9	57,3
2003	0,5	10,4	9,3	12,3	24.824	17,8	23,5	125	34,0	56,6
2004	4,9	6,1	7,6	11,5	33.693	19,6	16,4	124	35,9	54,9

Fonte: Ipeadata.
Notas: ... Dado não disponível.
(1) Média anual da PME, que a partir de 2002 passou por mudanças metodológicas.
(2) Taxa de investimento a preços correntes.
(3) Média anual em valores correntes.
(4) Taxa de câmbio efetiva real (INPC, exportações — Média 2000 = 100).
(5) Dados das Contas Nacionais do IBGE.
(6) Média anual.

No tocante à questão do desemprego, que é o tema mais próximo deste estudo, vale reforçar que apresentou trajetória ascendente na segunda metade dos anos noventa. Segundo Dedecca & Rosandiski (2006), o baixo desempenho econômico em um contexto de abertura externa e valorização cambial provocaram uma destruição de empregos formais sem precedentes. Um fato interessante abordado por Pinheiro, Giambiagi &

Gostkorzewicz (1999, p. 31) é que, até 1995, "costuma-se dizer que o maior problema do mercado de trabalho no Brasil não era o desemprego, e sim a qualidade do emprego, uma vez que, com as taxas de desemprego muito abaixo das da maioria dos países, a preocupação principal das autoridades deveria estar ligada não à necessidade de empregar mais pessoas, mas ao objetivo de diminuir a precariedade das relações de trabalho, que caracterizava parte substancial dos empregos". No entanto, com o agravamento do quadro revelado pela PME ainda no ano 2000, "a afirmação de que o Brasil não tem um problema de desemprego não é pertinente".

Dedecca & Rosandiski (2006, p. 3) são mais incisivos ao analisar a postura do Governo Federal nas políticas de geração de emprego durante este período. "O Governo Federal desativou as políticas de desenvolvimento setorial (e também as regionais), abandonou qualquer veleidade de estabelecer uma política de emprego atrelada ao desenvolvimento econômico, esvaziou as funções de controle e fiscalização do Ministério do Trabalho sobre o mercado e as relações de trabalho, tudo sob o argumento da inevitabilidade da precariedade do mercado de trabalho construída no mundo globalizado. A ação do Ministério do Trabalho foi dominada pelo Plano Nacional de Formação Profissional (Planfor), que tinha como objetivo qualificar 10%, a cada ano, da força de trabalho para formas não assalariadas de ocupação".[3]

Este comportamento do mercado de trabalho, com grande aumento da taxa de desemprego, acabou comprometendo os importantes ganhos reais de salário verificados logo após o Plano Real. Segundo Carneiro (2002), nos quatro anos subseqüentes ao plano de estabilização houve ganho real médio de cerca de 32,0% no rendimento médio dos trabalhadores. Este ganho foi muito importante para a recuperação do consumo

---

[3] Reforçando este argumento, Cardoso Jr. (2006, p. 8) salienta que "ao governo não restaria muito o que fazer no âmbito do mercado de trabalho, a não ser acelerar as reformas constitucionais em curso, como forma de criar um clima de confiança nos investidores privados (nacionais e estrangeiros), estes os principais responsáveis pelo crescimento econômico do país nesta nova fase. De seu lado, o governo tentaria investir nas atividades clássicas de um sistema público de emprego, a saber: intermediação e capacitação profissional da força de trabalho ativa, reservando um sistema de seguro-desemprego para aquela fração da população inevitavelmente desempregada pelo processo de ajuste microeconômico".

interno e do nível de atividade econômica, que ainda deram um certo fôlego para o crescimento do PIB no período 1995-97.

Com todo este cenário adverso para a economia brasileira, tornou-se inevitável a desvalorização da moeda nacional, que ocorreu somente em janeiro de 1999, logo no início do segundo mandato do presidente Fernando Henrique Cardoso. Na prática, os principais efeitos positivos da desvalorização foram verificados pelo crescimento de 4,4% do PIB, em 2000, pelo arrefecimento das taxas de desemprego e pelo início da recuperação da balança comercial, que se consolidaria a partir de 2002 devido à conjugação de uma série de fatores conjunturais favoráveis na economia internacional, particularmente a recuperação dos preços e o aumento da demanda das principais *commodities* do agronegócio brasileiro.

No entanto, as amarras da política econômica, baseadas na continuidade do uso de taxas de juros reais elevadas, somadas à busca do equilíbrio fiscal mediante superávits primários crescentes para o pagamento da dívida pública, ainda continuaram impondo taxas muito baixas de crescimento no período 2001-03. Também não podem ser esquecidos os seguintes fatos: boa parte do setor produtivo nacional havia sido destruído ou sucatado durante a vigência do Real forte e, portanto, levaria um tempo para se recuperar; a grande possibilidade de vitória de um candidato da esquerda nas eleições de 2002 criou um cenário de expectativas conservadoras, em termos de novos investimentos, por parte dos agentes econômicos e financeiros; a agenda de reformas estruturais continuava a pleno vapor, atingindo novos setores, nos casos da abertura comercial, das desregulamentações, das privatizações e das fusões e aquisições das empresas nacionais, incluídas aquelas do sistema financeiro, e novos temas, como a reforma previdenciária.[4]

Configurada a vitória de Luiz Inácio Lula da Silva, alguns preceitos da política econômica foram mantidos, com a preocupação principal de consolidar a estabilidade macroeconômica, pois as projeções do segundo semestre de 2002 apontavam para o recrudescimento da inflação e para a perda de confiança e de credibilidade da economia brasileira. Assim, a

---

[4] Vale dizer que uma série de outras reformas já estavam sendo gestadas, embora ainda não implementadas. É o caso da reforma política, da reforma do judiciário, da reforma trabalhista, da reforma tributária, entre outras.

continuidade de um regime fiscal equilibrado foi sinalizada com a elevação do superávit primário para o patamar de 4,25% do PIB e a taxa de juros voltou a subir para conter o processo inflacionário.

Com isto, 2003 foi outro ano com baixíssimo crescimento da economia, devido às medidas duras para conter a inflação e para recuperar as expectativas dos agentes, medidas por exemplo, pelo famoso e popular Risco Brasil. De positivo, além da queda da inflação e da melhora na avaliação dos investidores externos, vale destacar a forte recuperação e expansão da balança comercial brasileira, que chegou a um superávit de quase US$ 25,0 bilhões, e a inflexão na participação da dívida líquida do setor público no PIB.

Pois bem, recuperada a credibilidade da economia, verificou-se que, em 2004, uma série de bons indicadores macroeconômicos propiciaram um crescimento significativo do PIB (neste ano, a taxa anual real de crescimento do PIB foi de 4,9%, fato que não se verificava havia anos). Entre estes indicadores, podem ser citados: redução importante da taxa de juros; manutenção da taxa de câmbio desvalorizada; queda substancial da inflação, que havia ultrapassado os dois dígitos nos anos anteriores; recordes nas exportações e no saldo da balança comercial; queda da participação da dívida líquida do setor público no PIB; pequena retomada da taxa de investimentos; e redução da taxa de desemprego. Com exceção do indicador da carga tributária, certamente o ano de 2004 foi um dos melhores, se não o melhor, para a economia brasileira no período analisado (Tabela 2.1).

O bom cenário macroeconômico evidentemente trouxe melhorias importantes no mercado de trabalho, com redução da taxa de desemprego e forte ampliação do emprego formal. De acordo com Dedecca & Rosandiski (2006) houve uma importante retomada das relações solidárias entre os movimentos de recuperação da economia e de recomposição do mercado de trabalho, que não eram observadas desde meados dos anos oitenta.

Os autores argumentam que desde o início do Governo Lula as políticas setoriais e, mais especificamente, os instrumentos de política de emprego têm sido valorizados, num cenário externo muito favorável às exportações e ao ingresso de capitais. No entanto, os autores advertem que tais medidas não têm criado efeitos mais robustos para a produção e o emprego devido ao freio imposto pela política econômica, seja para os gastos do governo, seja para os investimentos privados, seja para o consumo interno.[5] "Esta é a maior contradição da política do atual Governo, que busca fomentar o crescimento e o emprego e, ao mesmo tempo, reitera os instrumentos de política econômica que freiam sistematicamente o processo, colocando em risco a continuidade do movimento de recuperação econômica" (Ibidem, p. 7).

Ainda segundo Dedecca & Rosandiski (2006), no período compreendido entre 2002 e 2004, podem ser observados vários indicadores de melhora do mercado de trabalho. Entre eles, podem ser citados: a criação de 4,5 milhões postos de trabalho; a recuperação da criação de empregos em setores produtivos importantes, como a agricultura e a indústria de transformação; a predominância do emprego formal em relação ao informal[6] (68,3% dos postos que foram criados eram com contribuição previdenciária e com carteira assinada, sendo que e a menor participação foi a da região Nordeste, com 45,7%, e a maior foi do Sudeste, com 84,6%); a exigência de níveis de escolaridade mais elevados, especialmente nos empregos com carteira de trabalho (boa parte das oportunidades criadas exigiu, pelo menos, o ensino fundamental completo, sendo expressiva a criação de postos com exigência do ensino médio e do ensino superior).

Os dados da Pnad analisados pelos autores revelam que a geração de empregos formais ocorreu em estabelecimentos com alguma estruturação produtiva e administrativa. Do total de empregos gerados entre 2002 e 2004, 75,4% foram criados em estabelecimentos com onze ou mais empregados, sendo que 67,2% eram com contribuição previdenciária. A geração de empregos encontrou, portanto, menos espaço nos estabelecimentos de micro e pequeno porte.

---

[5] "Se, até o presente momento, a política econômica tem freado a recuperação, é importante ressaltar que, desde o segundo semestre de 2005, a valorização cambial por ela produzida, que tem sido utilizada novamente como âncora antiinflacionária, poderá colocar em risco a tendência de expansão do produto" (Dedeca & Rosandiski, 2006, p. 7).

[6] "Uma dimensão surpreendente da recuperação econômica no período recente tem sido sua capacidade de recompor o mercado formal de trabalho. Este movimento contraria a visão apocalíptica sobre a desaparição do mercado formal de trabalho amplamente veiculada nos anos 90 e utilizada como argumento para justificar uma suposta naturalidade do crescimento do desemprego no período. Ademais, a recuperação do mercado formal de trabalho também contraria os argumentos daqueles que, na década de 90 e mesmo ainda nos dias de hoje, reputam os problemas de emprego à regulação pública do mercado e das relações de trabalho" (Dedeca & Rosandiski, 2006, p. 10).

De acordo com Dedecca & Rosandiski (2006), é provável que este perfil de geração de emprego em estabelecimentos de maior porte decorra do papel das exportações no processo de recuperação econômica no período recente. Um maior dinamismo do mercado interno deverá favorecer a geração de ocupações nos estabelecimentos de menor porte, dado que as exportações tendem a estimular, preferencialmente, aqueles de maior porte.

"A dificuldade que este movimento pode engendrar é de exclusão dos trabalhadores de menor escolaridade dos segmentos econômicos mais dinâmicos. Neste sentido, certas políticas públicas, como as de desenvolvimento de infra-estrutura e habitacional, podem se constituir em instrumentos indutores importantes para a geração de oportunidades para os trabalhadores de menor qualificação, bem como o sistema público de emprego pode atuar sobre estas ocupações com o objetivo de elevar a qualificação daqueles que as ocupam" (Ibidem, pp. 16-7).

No campo das políticas[7] e dos indicadores sociais, cujos reflexos nas condições de vida da população são diretos, o cenário geral foi de avanços,[8] apesar de alguns movimentos refratários às políticas universais e de uma certa compressão dos gastos sociais em função das diretrizes restritivas da política econômica. De forma estilizada, pode-se dizer que o Brasil de 2004 era um país melhor do que era em 1992, apesar do *stop and*

---

[7] É importante ressaltar que, dado o escopo do presente estudo, não é objetivo fazer uma discussão de cunho mais teórico sobre a delimitação do que compõe a Política Social brasileira, nem tampouco aprofundar as discussões sobre a sua evolução recente. Os interessados nestas questões poderão consultar dois trabalhos recentes, de muito boa qualidade e alto grau de profundidade, que são referências obrigatórias: Fagnani (2005) e Cardoso Jr. & Jaccoud (2005). Nesta breve abordagem, vai-se tratar, sinteticamente, de uma revisão sobre a evolução de alguns dos principais indicadores sociais no período 1992-2004 e de uma discussão sobre os gastos sociais do Governo Federal, destacando-se algumas políticas com maior relação aos temas tratados no presente estudo.

[8] Embora deva-se concordar com Fagnani (2005, p. xii) que "é preciso considerar que (ainda) temos deficiências estruturais acumuladas nas áreas consagradas nos paradigmas clássicos de Estado do Bem-Estar: saúde pública, educação, previdência social, assistência social, seguro-desemprego e demais programas de proteção e qualificação do trabalhador desempregado. Em um país que apresenta níveis tão elevados de desigualdade e destituição, a superação desses problemas requer necessariamente a intervenção do Estado, por meio de políticas de natureza universal. Além dessas áreas, a questão social no Brasil inclui deficiências — igualmente crônicas e estruturais — acumuladas na infra-estrutura urbana (e rural) (habitação popular, saneamento básico e transporte público)". Sem contar os problemas relacionados com a estrutura agrária e com a fome, a desnutrição e a insegurança alimentar.

go das políticas macroeconômicas. No entanto, continua tão desigual quanto era no início dos anos noventa e com um contingente de pobres ainda muito elevado[9] (29,5% da população, em 2004, sendo 11,1% na condição de indigentes).

Os dados constantes da Tabela 2.2 evidenciam o quadro de melhora relativa, embora também reforcem que o Brasil pouco alterou o seu quadro de desigualdade social. A partir do conjunto de indicadores selecionados, pode-se observar que eles seguem, em linhas gerais, três tipos de trajetórias: o primeiro, representado, principalmente, pelos indicadores de saúde e de educação, corresponde a uma trajetória de melhorias constantes; o segundo, representado pelos indicadores de emprego e de pobreza, apresenta um desempenho oscilante e muito dependente da conjuntura econômica; e o terceiro, representado pelos indicadores de desigualdade, cuja trajetória no período em questão foi de pequeníssima alteração.

No caso dos indicadores de saúde e de educação, embora alguns ainda apresentem um ritmo de melhoras aquém do desejado (saneamento básico e redução do analfabetismo, para dar dois exemplos ilustrativos), vale destacar o papel fundamental das políticas universais e dos direitos sociais básicos inscritos na Constituição de 1988[10] na promoção do maior desenvolvimento social alcançado (Fagnani, 2005; Castro & Cardoso Jr., 2005a).

Assim, por meio de políticas, programas e ações que compõem o Sistema Único de Saúde (SUS) e o Fundo de Manutenção do Ensino Fundamental e de Valorização do Magistério (Fundef), por exemplo, melhorou-

---

[9] Pesquisas do Ipea mostram que se não fosse o efeito positivo da renda advinda dos benefícios da Previdência Social na composição da renda familiar (e também da renda familiar *per capita*) o índice de pobreza no Brasil seria cerca de 10,0% mais elevado.

[10] "A Constituição de 1988 representou etapa fundamental — embora inconclusa — da viabilização do projeto das reformas socialmente progressistas. Com ela, desenhou-se pela primeira vez na história do Brasil, o embrião de um efetivo Estado Social, universal e equânime. Seu âmago reside nos princípios da universalidade (em contraposição à focalização exclusiva), da seguridade social (em contraposição ao seguro social) e da compreensão da questão social como um direito da cidadania (em contraposição à caridade e ao assistencialismo). Para financiar os novos direitos, a Carta instituiu novas fontes de financiamento não reembolsáveis e vinculadas aos programas sociais. Daí a feliz alcunha de Constituição Cidadã, empregada pelo presidente do congresso constituinte, Ulysses Guimarães, em discurso histórico em defesa desses avanços" (Fagnani, 2005, p. 547).

se substancialmente os indicadores relacionados com a mortalidade infantil, a esperança de vida ao nascer, o atendimento do Programa Saúde da Família, a freqüência escolar e o número médio de anos de estudo. Obviamente, ainda há muito o que melhorar nestes programas em termos de qualidade, tanto nos atendimentos médico-hospitalares quanto no ensino ministrado nas escolas públicas.

No tocante à freqüência escolar, vale um lembrete importante: apesar de mais alunos estarem nas salas de aula, ainda há uma discrepância entre idade e nível/grau de ensino adequado, em função das repetências e abandonos. E a discrepância é maior à medida que o nível/grau de escolaridade eleva-se. Assim, de acordo com o *Boletim de Políticas Sociais* número 12, do Ipea, em 2004, embora 97,1% dos alunos de sete a 14 anos estivessem freqüentando escola, 93,8% estavam nas séries consideradas adequadas. Já para os alunos com idade entre 15 e 17 anos, os valores foram, respectivamente, 81,9% e 44,4%. E para aqueles com idade entre 18 e 24 anos, os valores respectivos foram de 32,2% e 10,5%. É importante destacar que os maiores avanços verificados na freqüência escolar no período em questão ocorreram nas áreas rurais e na região Nordeste.

Com relação aos investimentos em infra-estrutura e serviços básicos, pode-se notar que os principais avanços ocorreram na expansão dos serviços de água canalizada e coleta de lixo, sendo muito relevante neste desempenho o papel de estados e municípios. O grande gargalo ainda continua sendo o esgotamento sanitário, que registrou crescimento muito baixo no período analisado, principalmente após 1999. No entanto, em que pesem as melhoras, ainda permanece uma situação muito desfavorável das áreas rurais em relação às urbanas em termos de qualidade da infra-estrutura social básica (Beltrão & Sugahara, 2005; Silva & Resende, 2005).

Os indicadores de emprego confirmam o que foi dito anteriormente. A política macroeconômica conduzida no período 1995-99 foi muito deletéria ao emprego formal. De acordo com os dados do Caged, houve forte retração dos empregos com carteira assinada neste período. Após a desvalorização do Real o quadro se reverteu e entre 2000 e 2004 foram criados cerca de 4,2 milhões de empregos formais. No caso específico da agricultura, a recuperação dos empregos com carteira assinada só ocorreu após o ano de 2002.

Tabela 2.2. Indicadores sociais selecionados, Brasil, 1992-2004

Indicadores	1992	1993	1994	1995	1996	1997	1998	1999	2000	2001	2002	2003	2004
Taxa de mortalidade infantil (1)	44,8	42,8	41,0	39,4	38,0	37,4	33,1	31,8	28,4	27,4	26,5	25,7	25,1
Esperança de vida ao nascer 92)	66,3	66,6	66,9	67,2	67,5	67,8	68,0	68,4	70,4	70,8	71,1	71,4	71,7
Proporção de municípios com PSF (%)	...	...	1,1	3,0	4,6	10,3	20,3	34,0	56,5	66,3	74,8	80,7	83,9
Número de equipes do PSF	...	...	328	724	847	1.623	3.147	4.945	10.674	13.168	16.698	19.068	21.232
Proporção de domicílios permanentes com água canalizada (%)	83,3	84,1	...	85,4	87,8	87,4	88,6	89,2	...	88,5	89,3	89,6	90,4
Proporção de domicílios permanentes com esgotamento sanitário (5)	68,2	70,1	...	70,9	74,2	73,5	75,0	75,7	...	75,8	76,7	77,4	77,9
Proporção de domicílios permanentes com coleta de lixo (%)	81,7	85,0	...	86,7	87,4	90,7	92,4	93,7	...	94,9	95,9	96,5	96,3
Freqüência à escola — 7 a 14 anos (3)	86,6	88,6	...	90,2	91,2	93,0	94,7	95,7	...	96,5	96,9	97,2	97,1
Freqüência à escola — 15 a 17 anos (3)	59,7	61,9	...	66,6	69,4	73,3	76,5	78,5	...	81,1	81,5	82,4	81,9
Freqüência à escola — 18 a 24 anos (3)	22,6	24,9	...	27,1	28,4	29,4	32,1	33,9	...	34,0	33,9	34,0	32,2
Número médio de anos de estudo (4)	5,2	5,3	...	5,5	5,7	5,8	5,9	6,1	...	6,4	6,5	6,7	6,8
Taxa de analfabetismo (4)	17,2	16,4	...	15,6	14,7	14,7	13,8	13,3	...	12,4	11,8	11,6	11,4
Variação do nível total de emprego (5)	...	...	...	...	...	-35.731	-581.753	-196.001	675.596	591.024	762.414	645.433	1.523.276
Variação do nível de emprego na Agropecuária (5)	...	...	...	...	...	-3.758	-51.988	-119.551	9.795	-17.128	40.579	58.198	79.274
Índice de Gini	0,583	0,605	...	0,601	0,602	0,602	0,601	0,595	...	0,597	0,592	0,585	0,575
Índice de Theil	0,696	0,771	...	0,736	0,733	0,738	0,736	0,716	...	0,730	0,719	0,689	0,670
Proporção de pessoas com renda per capita menor que ½ salário mínimo (%)	40,7	41,7	...	33,0	32,7	32,6	31,9	33,0	...	32,5	32,5	31,7	29,5
Proporção de pessoas com renda per capita menor que ¼ de salário mínimo (%)	19,3	19,5	...	13,9	14,4	14,1	13,6	14,0	...	13,9	13,0	12,8	11,1
Benefícios concedidos pelo INSS (1.000)	...	...	...	15.725	16.518	17.474	18.183	18.835	19.573	20.033	21.126	21.852	23.147

Fonte: Ipea. Boletim de Política Social, n.° 6 e n.°12 e Radar Social, 2006; Ripsa — IDB, 2005.
Notas: ... Dado não disponível.
(1) Número de óbitos de crianças com menos de um ano de idade, expresso por mil nascidos vivos.
(2) Indicador medido em anos.
(3) Porcentual da população por faixa etária que freqüenta escola, independentemente do grau de ensino em que está matriculada.
(4) Indicadores calculados para a população com 15 anos e mais de idade.
(5) Indicadores calculados com base nos registros de emprego formal do Caged.

Os resultados mostrados pelos Índices de Gini e de Theil confirmam que o Brasil ainda precisa de um crescimento econômico mais acentuado e duradouro, com desenvolvimento e distribuição de renda para alterar esta chaga estrutural que acompanha a sociedade brasileira desde sempre, que é a brutal desigualdade social. Apesar das reduções verificadas nos Índices no período 2002-04, o Brasil continua entre os líderes mundiais em desigualdade social.

A persistência do elevado grau de desigualdade social evidencia que, a despeito do forte crescimento dos programas federais, estaduais e municipais de transferência direta de renda para as famílias pobres, as situações de elevação das taxas de desemprego em vários anos do período 1992-2004 e a baixíssima média de 2,6% no crescimento real anual do PIB constituíram-se em evidências empíricas de que as nossas principais políticas macroeconômicas foram desfavoráveis a uma efetiva alteração na distribuição de renda.

Outro indicador de avanços na área social foi a forte expansão dos benefícios concedidos pelo INSS. Entre 1995 e 2004, houve crescimento de 47,2% no total dos benefícios, com claro destaque para aqueles classificados como previdenciários (aposentadorias e pensões, principalmente). Em 2004, os benefícios previdenciários representaram 85,3% do total de benefícios concedidos (19,7 milhões de benefícios do total de 23,2 milhões). O total dos benefícios tinha a seguinte distribuição: 68,9% para residentes urbanos e 31,1% para residentes rurais.

Também vale mencionar a forte ampliação da cobertura das aposentadorias e pensões nas áreas rurais do Brasil. Além do crescimento do número de benefícios concedidos, é importante lembrar que após a Constituição de 1988 foi estendido para os aposentados rurais o piso de um salário mínimo para os benefícios recebidos (até então, o valor era de meio salário mínimo). Em 2004, 35,1% do total de benefícios previdenciários (ou 6,9 milhões de benefícios no total de 19,7 milhões) eram destinados para residentes rurais. Especificamente em relação às aposentadorias e pensões, os rurais respondiam por 39,2% e 31,7%, respectivamente, dos benefícios concedidos. Isto ajuda a explicar a relevância desta política social para a economia local de inúmeros pequenos municípios brasileiros. Somados os dois tipos de benefícios (aposentadorias e pensões), eram, aproximadamente, 6,7 milhões de pessoas atendidas.

Quanto aos gastos federais[11] com as políticas sociais pode-se observar, pelos dados da Tabela 2.3, que eles cresceram nos últimos dez anos, embora com algumas oscilações e com menor ritmo no período 1999-2003. Como os dados sistematizados pelo Ipea só cobrem o período 1995-2004, antes dos comentários sobre os gastos federais nas gestões dos presidentes Fernando Henrique Cardoso e Luiz Inácio Lula da Silva será feita uma breve descrição do que ocorreu nos governos Fernando Collor de Mello e Itamar Franco.

O traço comum nas análises dos especialistas em políticas sociais é que o governo do Presidente Fernando Collor de Mello foi marcado: *a*) pela forte redução do gasto social federal, estimada em 30,5% no período 1990-92, fazendo com que o mesmo recuasse significativamente em relação ao que era gasto antes da promulgação da Constituição Federal de 1988; *b*) pela descentralização descoordenada dos programas e ações e pela desorganização burocrática dos órgãos afeitos à formulação e à condução da política social; *c*) e também pelas inúmeras tentativas de obstrução dos novos direitos sociais que haviam sido conquistados com a nova Constituição, sobretudo durante o processamento da legislação complementar.[12]

---

[11] Segundo metodologia e conceitos utilizados pela Diretoria de Estudos Sociais (Disoc) do Ipea, "Gasto Público Social (GPS) compreende os recursos financeiros brutos empregados pelo setor público no atendimento das necessidades e direitos sociais, correspondendo ao pagamento dos custos de bens e serviços — inclusive bens de capital — e transferências, sem deduzir o valor de recuperação (depreciação e amortização dos investimentos em estoque, ou recuperação do principal de empréstimos anteriormente concedidos). O Gasto Social Federal (GSF), por sua vez, deriva do conceito do Gasto Público Social (GPS), e envolve os dispêndios diretamente efetuados pelo governo central, bem como as transferências negociadas de recursos para outros níveis de governo (estadual e municipal) ou para instituições privadas, referentes a programas e ações desenvolvidos nas áreas de atuação sociais" (Castro & Cardoso Jr., 2005a, p. 262).

[12] "O arsenal de manobras empregado contempla o descumprimento das regras constitucionais, o veto integral a projetos de lei aprovados pelo Congresso, a desconsideração dos prazos constitucionalmente estabelecidos para o encaminhamento dos projetos de legislação complementar de responsabilidade do Executivo, a interpretação espúria dos dispositivos legais e a descaracterização das propostas pelo veto presidencial a dispositivos essenciais" (Fagnani, 2005, p. 393). Desta forma, foram atingidas a Seguridade Social e seu orçamento, a Lei Orgânica da Assistência Social (Loas), a Lei Orgânica da Saúde (LOS), a Lei de Diretrizes e Bases da Educação Nacional (LDBE), o Seguro-Desemprego e a regulamentação dos direitos trabalhistas e da organização sindical.

Tabela 2.3. Evolução do gasto social federal (GSF). Brasil, 1995-2004

Anos	Gasto social federal			
	Valores nominais (1)	Valores constantes (2)	Número índice (3)	Evolução real anual (%)
1995	79.346,19	221.820,34	100	–
1996	92.704,76	233.612,50	105	5,3
1997	108.072,60	252.869,94	114	8,2
1998	118.528,34	267.865,90	121	5,9
1999	129.541,58	260.605,09	117	-2,7
2000	148.087,58	262.562,13	118	0,8
2001	164.967,45	264.798,43	119	0,9
2002	190.892,01	268.349,39	121	1,3
2003	220.161,10	254.798,17	115	-5,0
2004	256.292,24	270.469,67	122	6,2

Fonte: Ipea/Disoc.
Notas: (1) Em milhões de Reais.
(2) Em milhões de Reais, corrigidos pelo IGP-DI, da Fundação Getúlio Vargas, para dezembro de 2005.
(3) 1995 = 100.

Tais tentativas, que culminariam na revisão constitucional de 1993 (que não ocorreu), foram viabilizadas pela forte reaglutinação e rearticulação de um bloco político conservador que deu sustentação ao Presidente Collor e tiveram como alvos prediletos a Seguridade e a Previdência Social, com o propósito, por exemplo, de desvincular os benefícios previdenciários do valor do salário mínimo, e o Sistema Único de Saúde, que teve sua estrutura de financiamento bastante prejudicada com os vetos à Lei Orgânica da Saúde. "O *impeachment* de Collor truncou temporariamente esse processo de desconstrução.[13] Mas deixou como herança, na

---

[13] Em sua tese de doutoramento, ao analisar a trajetória da política social brasileira no período 1964-2002, Fagnani (2005, pp. xvi-xvii) definiu o período compreendido entre 1990 e 2002 como uma "fase marcada pela implementação de um ciclo de contra-reformas liberais, antagônicas ao projeto de reforma progressista que vínhamos acompanhando (desde a redemocratização até a promulgação da Constituição de 1988). Nesta quadra, caminhou-se, vigorosamente, no rumo da desestruturação do Estado Social recém-conquistado. O ambiente que se formou a partir de 1990 era absolutamente hostil à frágil cidadania conquistada. Neste contexto adverso, assiste-se à derrocada definitiva do referido projeto reformista. Abriu-se um novo ciclo de contra-reformas liberais, cujo foco privilegiado era desfigurar a Constituição de 1988. O contra-reformismo liberalizante compreendeu dois momentos. O primeiro, durante o curto governo de Collor de Mello (1990-1992). O segundo inaugura-se com a gestão de Fernando Henrique Cardoso no comando do Ministério da Fazenda (1993) e estende-se até o final do seu segundo mandato presidencial (2002). O traço marcante dessa etapa foi a retomada vigorosa do contra-reformismo iniciado em 1990 e truncado pelo *impeachment* de Collor".

área social, um conjunto de programas e políticas caracterizados pelos traços de fragmentação, clientelismo, centralização dos recursos no nível federal, e com baixo poder de combate à pobreza e à desigualdade" (Castro & Cardoso Jr., 2005a, p. 267).

Ao assumir o governo, mesmo com uma base política frágil e com pouco tempo de mandato, o Presidente Itamar Franco retomou, mesmo que parcialmente, o processo de reformas que foi interditado na gestão Collor. Segundo Castro & Cardoso Jr. (2005a), foi no Governo Itamar que começou a ser montada e aplicada a legislação infraconstitucional, formada por um conjunto de leis orgânicas, entre as quais as da Previdência Social, da Assistência Social, da Função Social da Propriedade Fundiária e as diretrizes da educação básica. Ainda de acordo com os autores, dois fatos muito positivos foram registrados nesta gestão: a inclusão dos temas da fome e da miséria na agenda política, por meio da criação do Conselho Nacional de Segurança Alimentar e Nutricional (Consea) e das atividades em parceria com a Ação da Cidadania Contra a Fome e a Miséria e pela Vida, com a liderança do Betinho; e a implantação da nova legislação da Previdência Rural, cuja extensão dos benefícios de pelo menos um salário mínimo para os aposentados rurais causou um enorme impacto na vida da população beneficiada e também na economia local de inúmeros pequenos municípios do Brasil.

No entanto, os avanços observados sofreram nova descontinuidade no momento seguinte. Como argumenta Fagnani (2005, p. 415), "no período 1993-2002, houve extrema incompatibilidade entre a estratégia macroeconômica e de reforma do Estado, central e hegemônica na agenda governamental, e as possibilidades efetivas de desenvolvimento e inclusão social. Essa estratégia simultaneamente ampliou a crise social e desestruturou as bases financeiras das políticas sociais, estreitando as possibilidades da ação estatal e determinando os rumos do processo de supressão de direitos".[14]

As políticas cambial e monetária levadas a cabo nos primeiros anos do Real causaram, como foi visto inicialmente, um crescimento vertiginoso da dívida pública, que desorganizou as finanças da União, dos estados e

---

[14] Este argumento também é compartilhado no trabalho de Castro & Cardoso Jr. (2005b).

dos municípios, com conseqüente perda de capacidade de financiamento dos gastos sociais. Isto explicaria o movimento distinto dos gastos sociais federais nos dois mandatos do Presidente Fernando Henrique Cardoso. No primeiro mandato, de 1995 a 1998, os gastos cresceram 21,0%. Segundo Castro & Cardoso Jr. (2005a), a recomposição do salário mínimo, ainda em 1995, e a antecipação de aposentadorias, em função das propostas de reforma no sistema tributário, foram fatores explicativos importantes deste aumento nos gastos federais. Com a recessão e o endividamento público[15] observados após a euforia da estabilização, pode-se perceber que, no segundo mandato, o crescimento do gasto social federal foi muito baixo, de apenas 3,5%. No entanto, mesmo com este crescimento, os valores de 2002 eram praticamente os mesmos observados no final do primeiro mandato.

A partir de um diagnóstico de que "os males" dos programas sociais estavam relacionados com a falta de planejamento e coordenação, com as superposições de competências entre os entes da Federação, com a não-definição de prioridades, com a pouca capacidade redistributiva das políticas sociais, com a carência de critérios transparentes para a alocação de recursos e com a falta de mecanismos de fiscalização e controle, o governo FHC priorizou a descentralização, a focalização e o estabelecimento de parcerias com o setor privado, lucrativo ou não, e com o terceiro setor (Castro & Cardoso Jr., 2005a). Outra marca do Governo FHC, particularmente do segundo mandato,[16] foram os programas de transferência de renda para as famílias pobres, que proliferaram por vários ministérios (Bolsa Escola, Bolsa Alimentação, Bolsa Renda, Auxílio Gás e Programa de Erradicação do Trabalho Infantil — Peti), padecendo de uma coordenação efetiva.

O Governo Lula, cujos dados para dois anos somente (2003-04) não são suficientes para uma boa caracterização do enfrentamento da ques-

---

[15] Sobre o aguçamento da crise fiscal, vale lembrar que a dívida líquida do setor público saltou de 50,4% para 57,3% do PIB no período 1999-2002 (em 1995, início do governo FHC, o valor era de 31,1%).

[16] De acordo com Fagnani (2005, p. 538), depois de esvaziada a proposta original do Programa Comunidade Solidária, assistiu-se, no segundo mandato de FHC (1999-2002) "a uma progressiva mudança no eixo da estratégia de desenvolvimento social, marcada por um acentuado reforço da importância dos programas de transferência de renda focalizados nos mais pobres, na perspectiva liberal clássica defendida pelas instituições internacionais de fomento".

tão social,[17] teve o seu início marcado por uma nova organização ministerial, com a criação do Ministério da Assistência Social (MAS) para coordenar a política social e do Gabinete do Ministro Extraordinário de Segurança Alimentar e Combate à Fome (Mesa) para coordenar o Programa Fome Zero,[18] principal bandeira do presidente, e também a construção da Política Nacional de Segurança Alimentar e Nutricional, juntamente com o Consea, que foi recriado em janeiro de 2003. Além destes, também foram criadas algumas secretarias, com *status* de ministério, para tratar de temas mais específicos, como são os casos da Secretaria de Direitos Humanos, da Secretaria de Promoção de Políticas para as Mulheres, da Secretaria de Promoção da Igualdade Racial e do Conselho de Desenvolvimento Econômico e Social.

Também foi marca do começo do governo a redução dos gastos sociais federais, em 2003, motivada tanto pelo desempenho ruim da economia (cujo crescimento real do PIB foi de apenas 0,5%) quanto pelo forte contingenciamento de recursos do orçamento para garantir o superávit primário que havia se elevado para 4,25%, no intuito de se reverter o quadro de perda de credibilidade da economia brasileira verificado no final do governo FHC. Com isto, algumas áreas foram atingidas, principalmente o funcionalismo público, que sofreu forte arrocho salarial, além da saúde e do saneamento básico.

Vale dizer que este quadro foi revertido já a partir de 2004, quando houve aumento real de 6,2% nos gastos federais (Tabela 2.3). Pelo menos três ações de grande importância no governo Lula contribuíram para isto: a recuperação do poder de compra do salário mínimo, com impactos nos gastos da Previdência Social; as ações do Fome Zero, especialmente dos programas de transferência de renda, inicialmente com o Cartão Alimentação e depois com o Bolsa Família, que unificou os programas

---

[17] Muitos programas sociais importantes começaram a operar, efetivamente, a partir de 2005, como são os casos do Luz para Todos, do Brasil Sorridente, do Prouni, do Pró-Jovem, dos programas de Habitação e de Saneamento, dos programas de qualificação profissional do Ministério do Trabalho, além da própria expansão do Bolsa Família, do Pronaf, dos Assentamentos de Reforma Agrária, do Peti e dos benefícios de prestação continuada (BPC) com a aprovação do Estatuto do Idoso.

[18] Para uma análise detalhada da concepção e da implementação do Programa Fome Zero nos dois primeiros anos do Governo Lula, ver o trabalho de Takagi (2006).

anteriores existentes, com impactos nos gastos da Assistência Social; e o fortalecimento da agricultura familiar, com grande expansão do volume de créditos do Pronaf e com a criação do Programa de Aquisição de Alimentos da Agricultura Familiar (PAA), que influenciaram os gastos para o item Desenvolvimento Agrário. Apesar da política social ainda estar sem os seus contornos bem-definidos em 2003 e 2004, as ações citadas apontam no caminho de um importante esforço governamental em resgatar a enorme dívida social com os excluídos.[19]

Para finalizar este item, é interessante pontuar algumas observações sobre a evolução dos gastos federais por áreas de atuação, de acordo com a metodologia utilizada pelo Ipea.[20] Inicialmente, chama a atenção a grande participação da Previdência Social no total de gastos e sua grande evolução no período analisado: em 2004, ela representava 50,4% do gasto social, contra 44,3%, em 1995 (Tabela 2.4). Como foi observado, o aumento dos gastos ocorreu tanto pelo crescimento significativo do número de benefícios quanto pelo ganho real do salário mínimo registrado no período, que impactou o valor dos benefícios concedidos.

A outra área que apresentou o maior crescimento em termos de participação relativa nos gastos federais foi a Assistência Social, que saltou de apenas 0,7%, em 1995, para 5,7%, em 2004. Para este comportamento contribuíram, principalmente, as expansões dos benefícios de prestação continuada (BPC), do Peti e, sobretudo, dos programas de transferência direta de renda que se iniciaram no final do Governo FHC e sofreram forte crescimento no Governo Lula.

Ainda dentro das áreas que registraram expansão dos gastos no período 1995-2004 poderia ser citada a de habitação e urbanismo, que teve a sua participação aumentada de 1,0% para 2,3%. Já as áreas de cultura, desenvolvimento agrário, emprego e defesa do trabalhador e saneamento, em que pesem as oscilações nos gastos, apresentaram participações

---

[19] Sem dúvida, o grande destaque ficou para o Bolsa Família, mas não podem ser ignorados os movimentos para priorizar a inclusão social dos trabalhadores e dos agricultores familiares, bem como das tradicionais comunidades indígenas e quilombolas. Do ponto de vista regional, o semi-árido brasileiro foi a grande prioridade no início do governo, dada a sua situação de grande bolsão de pobreza e miséria.

[20] Os detalhes da metodologia para a agregação dos gastos federais por áreas de atuação pode ser encontrado em Castro & Cardoso Jr. (2005a), mais especificamente entre as páginas 275 e 284.

Tabela 2.4. Evolução do gasto social Federal (GSF), por áreas de atuação, em valores constantes de dezembro de 2005. Brasil, 1995-2004

em milhões de reais

Áreas de atuação	Anos										Participação %	
	1995	1996	1997	1998	1999	2000	2001	2002	2003	2004	1995	2004
Alimentação e nutrição	2.159,54	1.241,76	1.915,83	2.413,08	2.309,26	2.238,96	2.059,02	1.799,01	1.730,58	1.454,26	1,0	0,5
Assistência social	1.614,63	1.925,93	3.733,85	5.348,89	6.164,81	8.368,86	9.830,87	12.461,40	12.948,07	15.462,14	0,7	5,7
Benefícios a servidores federais	48.730,40	48.705,79	51.485,25	54.374,82	52.993,24	51.743,39	54.254,47	53.903,89	47.009,11	47.466,01	22,0	17,5
Cultura	495,48	548,11	504,63	418,63	486,34	491,29	527,28	406,23	367,14	476,27	0,2	0,2
Desenvolvimento agrário	3.072,48	2.825,06	4.609,66	4.472,72	3.314,01	3.046,50	3.135,67	2.383,72	2.050,94	2.737,67	1,4	1,0
Educação (ensino fundamental)	3.187,65	3.157,97	2.199,32	3.613,04	2.821,60	2.915,64	2.636,41	1.770,10	2.210,37	1.766,71	1,4	0,7
Educação (outros)	15.596,03	13.850,98	13.976,02	13.920,89	13.717,64	15.133,49	14.521,61	13.841,49	11.728,21	13.147,05	7,0	4,9
Emprego e defesa do trabalhador	10.474,51	11.947,20	11.658,69	12.969,40	11.312,59	10.934,75	11.811,28	11.828,07	10.931,65	11.194,60	4,7	4,1
Habitação e urbanismo	2.238,76	3.643,39	9.901,14	7.335,22	5.577,50	8.941,06	6.614,76	6.899,05	5.755,94	6.118,05	1,0	2,3
Previdência social	98.232,63	111.864,90	113.467,53	124.234,08	123.793,25	121.012,72	119.193,27	126.727,39	128.305,32	136.322,47	44,3	50,4
Saneamento	659,40	1690,05	263,48	3.871,79	2.050,95	2.318,51	4.577,85	1.647,43	661,91	1.088,07	0,3	0,4
Saúde	35.358,83	32220,36	36.804,54	34.893,34	36.063,90	35.416,95	35.635,95	34.681,63	31.098,93	33.236,39	15,9	12,3
Total	221.820,34	233612,50	252.865,94	267.865,90	260.605,09	262.562,13	264.798,43	268.349,39	254.798,17	270.469,67	100,0	100,0

Fonte: Ipea/Disoc.

mais ou menos estáveis ao longo do período. Além das áreas de alimentação e nutrição[21] e benefícios a servidores públicos federais, talvez a maior fonte de preocupação seja a redução dos gastos sociais nas áreas de educação e de saúde. Em 1995, 24,3% do total dos gastos sociais estavam concentrados nestas áreas, sendo que, em 2004, tal participação caiu para 17,9%, segundo dados do Ipea. Isto é, parece ter havido um certo "ajuste" dos gastos sociais em cima destas áreas, de forma a garantirem-se os recursos necessários para as áreas em expansão, particularmente a Previdência e a Assistência Social.

Mesmo que estejam sendo garantidos os recursos mínimos previstos na Constituição para as áreas de educação e saúde, a redução de cerca de seis bilhões nos gastos sociais federais compromete as melhorias qualitativas no atendimento médico-hospitalar e no ensino público em seus diferentes níveis. Ou seja, os dados do Ipea mostram que o Brasil ainda não conseguiu estabelecer um orçamento para a sua política social que garanta o crescimento sustentado de todas as áreas concomitantemente, pois quando umas crescem outras têm que, necessariamente, ceder espaço para que se mantenha o tão almejado equilíbrio fiscal.

A Agricultura Brasileira no Período 1992-2004

Este item é dedicado ao maior detalhamento do desempenho da agricultura no período mais recente. Seu objetivo central é fornecer uma visão geral sobre este importante segmento da economia brasileira, por meio de duas frentes principais: uma visão panorâmica sobre a evolução da Política Agrícola e de seus instrumentos; e uma revisão de alguns dos principais indicadores de desempenho do setor.

---

[21] A substituição, ao longo do tempo, da distribuição massiva de cestas básicas para a população carente e/ou atingida por catástrofes climáticas (secas, enchentes, etc.) pelos programas de distribuição direta de renda ajuda em muito a explicar a redução dos gastos. Vale dizer que um programa de enorme relevância nesta área de atuação é o Programa Nacional de Alimentação Escolar (Pnae), que teve importante aumento de recursos por aluno matriculado no Governo Lula e atinge cerca de 37 milhões de crianças e adolescentes.

Breve resgate da evolução da política agrícola e seus principais instrumentos[22]

Uma leitura minimamente atenta de alguns dos principais estudos dedicados à compreensão da evolução recente da Política Agrícola no Brasil,[23] auxiliada pelos dados da Tabela 2.5, que resumem o desempenho do setor, permitem fazer uma periodização da agricultura nas duas últimas décadas. Pode-se perceber, claramente, que há dois períodos bem-definidos: de 1992 até 1998, no qual o comportamento é muito oscilante, com vários anos de baixo crescimento do PIB agropecuário, sucedendo alguns momentos de euforia. A média anual de crescimento real neste período foi de apenas 2,6%, sendo também marcado pela "fadiga" dos tradicionais instrumentos de política agrícola, especialmente os de crédito rural e da Política de Garantia de Preços Mínimos (PGPM).

Tabela 2.5. Taxa de variação anual real do PIB da agropecuária. Brasil, 1992-2004

Anos	Variação (% a.a.)
1992	4,9
1993	–0,1
1994	5,5
1995	4,1
1996	3,1
1997	–0,8
1998	1,3
1999	8,3
2000	2,2
2001	5,8
2002	5,5
2003	4,5
2004	5,3

Fonte: IBGE. Contas Nacionais

---

[22] Para uma análise de maior qualidade e profundidade sobre a evolução da Política Agrícola no Brasil e seus principais instrumentos, ver os trabalhos de Coelho (2001) e Wedekin (2005).

[23] Entre eles podem ser citados: Buainain (2005); Mueller (2005); Brandão, Rezende & Marques (2005); Bacha (2004); Gasques et al. (2004a); Gasques et al. (2004b); Rezende (2003).

O segundo período, de 1999 a 2004, é marcado por crescimento contínuo do PIB do setor, cuja média anual foi de 5,3% (o dobro da registrada no período anterior). Com certeza, foi um dos melhores momentos para a agricultura nacional, o qual também coincidiu com um ciclo muito favorável do comércio internacional. Neste período, iniciado com a desvalorização da moeda após a adoção do regime de câmbio flutuante em janeiro de 1999, uma série de novos instrumentos foi implementada e/ou fortemente ampliada, pois alguns já haviam começado a operar a partir da segunda metade dos anos noventa. É também marca deste período a ampliação de políticas orientadas para segmentos mais específicos, como a agricultura familiar, e para a promoção de uma agricultura de bases mais sustentáveis.

No primeiro período, os anos de 1992, 1994 e 1995 são os mais positivos. Na realidade, 1992 é um ponto destoante do comportamento observado nos primeiros anos da década de noventa (período pré-Real). Depois de quebras de safra em 1990 e 1991, o Governo Federal lançou um pacote emergencial para socorrer o setor. Segundo Rezende (2003, pp. 178-9), "a crise de escassez de alimentos do final de 1991, que resultou da redução do nível de atividade e de quebras de safra em 1990 e em 1991, levou o governo, em outubro de 1991, temeroso do impacto da alta dos preços de alimentos sobre a inflação, a reativar a política de preços mínimos e a expandir o crédito rural para o ano agrícola 1991-1992. A mudança de estratégia ocorreu em outubro de 1991, alterando o Plano de Safra anunciado em agosto, e que mantinha a mesma estratégia do Plano de Safra 1990-91. A mudança consistiu, basicamente, em reunificar os preços mínimos, que tinham sido regionalizados no Plano de Safra 1990-1991, reajustando-os ao mesmo tempo e introduzindo a sua correção pela taxa referencial de juros (TR). Decidiu-se, também, expandir o crédito rural, permitindo, para isso, que o Banco do Brasil captasse fundos no mercado financeiro e os emprestasse ao setor agrícola, com o Tesouro cobrindo a diferença de taxas de juros".

A resposta dos agricultores a estes estímulos foi positiva e, em 1992, foi obtida uma safra bem superior à do ano anterior, que também foi ajudada pelas boas condições climáticas. No entanto, como os instrumentos recuperados esporadicamente nesse ano (PGPM e crédito subsidiado) estavam em declínio histórico desde o final dos anos oitenta, o fôlego foi curto e já em 1993 o PIB da agropecuária recuou 0,1%, basicamente pela forte baixa dos preços.

O ano de 1994 foi marcado pelo lançamento do Plano Real. Reconhecidamente eficiente no combate à inflação e na promoção da estabilidade monetária, o Plano teve um efeito dual na agricultura: de um momento inicial de euforia, marcado pela significativa recuperação do PIB da agropecuária em 1994 e 1995, passou-se a um período de forte crise entre 1996 e 1998, caracterizado pela queda dos preços dos produtos agropecuários e da terra, com conseqüente endividamento agrícola. "Se por um lado a agricultura beneficiou-se do sucesso do combate à inflação, por outro ela teve de se defrontar com uma política cambial que lhe era desvantajosa, uma vez que a taxa de câmbio era mantida valorizada. Não bastasse isto, ocorreu o aumento da abertura comercial e a desregulamentação de setores importantes. Note-se, ainda, que ocorreu um aumento do grau de concorrência dentro do setor e entre o setor agrícola e os demais setores da economia, graças à saída do governo dos setores de açúcar e álcool, café, leite e trigo, o que permitiu um desenvolvimento mais livre das relações entre o setor agrícola *stricto sensu* e os demais setores comerciais e industriais a jusante e a montante da agricultura" (Gasques et al., 2004a, pp. 19-20).

Entre os fatores positivos que proporcionaram a recuperação da agricultura no período 1994-96, quando lhe foi atribuído o papel de "âncora verde" do Plano Real, podem ser citados: o controle da inflação e o ambiente de estabilidade da moeda; o aumento real do poder aquisitivo dos trabalhadores, que impulsionou a demanda por produtos agrícolas e agroindustriais; o aumento do montante destinado ao crédito rural e a definição de taxas de juros mais compatíveis; a introdução do instrumento de equivalência-produto no sistema de crédito rural; e a renegociação das dívidas dos agricultores.

No entanto, como salientado, as políticas comercial, com a abertura indiscriminada de alguns setores, e cambial, com a valorização artificial do Real, foram muito perversas para a economia, em geral, e para a agricultura, em particular, fazendo com que novamente houvesse queda no desempenho do setor, que voltou a crescer após 1999. Some-se a estes fatores, a oscilante situação, com clara tendência de redução, dos gastos públicos com o setor, principalmente com as políticas de crédito rural e de sustentação de preços e de renda, que são aquelas em que os países que protegem suas agriculturas mais concentram seus gastos (Gasques & Villa Verde, 2003).

Nas principais análises feitas sobre a Política Agrícola brasileira no período recente, particularmente a partir dos anos noventa, é bastante consensual a constatação de que seus instrumentos tradicionais foram perdendo, gradativamente, espaço, de tal forma que a partir da segunda metade da década passada eles já não tinham muita eficácia. De acordo com Rezende (2003, p. 241), "foi a estabilização, também, que permitiu o redesenho das políticas agrícolas, criando instrumentos não só mais eficientes e menos contraditórios com o quadro de pobreza e de fome no país, como também mais viáveis, dada a sua maior consistência com a restrição fiscal e com a abertura da economia, que vieram para ficar".

Vários trabalhos apontam a criação das novas modalidades e instrumentos para a comercialização da produção (Cédula do Produtor Rural — CPR, Contratos de Opção, Prêmio para Escoamento do Produto — PEP, Linha Especial de Crédito de Comercialização — LEC, Programa de Aquisição de Alimentos da Agricultura Familiar — PAA, entre outros).[24] Com isto, a "nova cara" da Política Agrícola ainda estaria em construção, com o desenho de novas formas de intervenção do Estado, a maior participação do mercado no provimento de recursos e, também, um avanço da construção de instrumentos mais direcionados para segmentos mais específicos, como os agricultores familiares (Buanain, 2005).

Juntamente com estes novos instrumentos, é importante frisar que no período 1999-2004 uma série de fatores favoráveis ocorreram concomitantemente: a desvalorização do Real permitiu a recuperação e a ampliação das exportações brasileiras, principalmente as do agronegócio, que cresceram 90,2%; os aumentos expressivos da área cultivada e da quantidade produzida de grãos e oleaginosas fizeram com que a safra brasileira ultrapassasse a barreira das 100 milhões de toneladas; os ganhos de produtividade em todos os fatores de produção (terra, trabalho e capital)

---

[24] Para um aprofundamento sobre estes novos instrumentos, que foge ao escopo do presente estudo, ver os trabalhos de Buainain (2005), Conceição (2003) e Gasques & Spolador (2003). Especificamente sobre o Programa de Aquisição de Alimentos da Agricultura Familiar, iniciado em 2003 no âmbito do Programa Fome Zero, ver os trabalhos de Schmitt (2005) e Balsadi (2004).

propiciaram maior eficiência e eficácia nos sistemas produtivos; a recuperação dos preços internacionais de algumas *commodities* fez aumentar a renda do setor; o incremento real no volume de recursos destinados ao crédito rural, especialmente os do Programa Nacional de Fortalecimento da Agricultura Familiar (Pronaf), cujo aumento foi de 64,5% entre 1999 e 2004, favoreceu os investimentos; o crescimento real de 36,4% do PIB da agropecuária no período fez saltar de 8,3% para 10,1% sua participação no PIB total. Certamente, um dos aspectos negativos do período foi a redução das ocupações agrícolas, principalmente das categorias familiares (conta própria e não remunerados).

Para finalizar este item, é importante mencionar uma mudança institucional na condução da Política Agrícola: a existência de dois Ministérios para o setor. Além do tradicional e centenário Ministério da Agricultura, Pecuária e Abastecimento (Mapa), foi criado, no final dos anos noventa, o Ministério do Desenvolvimento Agrário (MDA) com o objetivo de traçar as políticas específicas para a chamada agricultura de base familiar.

A importância da agricultura familiar no Brasil é facilmente observada por meio de algumas estatísticas básicas. Segundo o *Novo Retrato da Agricultura Familiar — o Brasil Redescoberto*, que trabalhou os microdados do Censo Agropecuário 1995/96, são 4,1 milhões de estabelecimentos familiares, representando 85,2% dos estabelecimentos agropecuários do país. Esses estabelecimentos familiares empregam mais de 70% da mão-de-obra, ocupam 30,5% da área total dos estabelecimentos agropecuários (cerca de 107,8 milhões de hectares) e respondem por 37,9% do valor bruto da produção agropecuária brasileira.

A agricultura familiar também responde pela maior parte da produção de importantes alimentos consumidos pelos brasileiros (84% da mandioca, 67% do feijão, 58% dos suínos, 54% da bovinocultura de leite, 49% do milho, 40% de aves e ovos, 32% da soja, 31% do arroz e 25% do café).

Apesar de sua relevância, a principal, e praticamente a única, política pública diferenciada e específica para a agricultura familiar, nos anos noventa, foi o Programa Nacional de Fortalecimento da Agricultura Familiar, que foi criado em 1996 com algumas modalidades de crédito (custeio, investimento, comercialização, infra-estrutura e agroindústria).

No início dos anos 2000, surgiram alguns novos programas, basicamente voltados para atender os agricultores familiares do semi-árido brasileiro atingidos pelo problema da seca. Os destaques são: o Seguro Safra, instituído pela Lei 10.420/2002, que foi alterado pela Lei 10.700/2003 e transformou-se no Garantia Safra; e o Bolsa Renda, que era a transferência direta de renda para os agricultores familiares do semi-árido e funcionou em 2002 e início de 2003 (como seu cadastro era de péssima qualidade, foi abandonado e os agricultores familiares que se encaixavam nos critérios dos novos programas de transferência de renda do Governo Federal migraram para eles, principalmente para o Cartão Alimentação e depois para o Bolsa Família, que unificou todos os programas).

Com o início do Governo Lula, a partir de janeiro de 2003, novas diretrizes, novos programas e a ampliação de programas já existentes, nos âmbitos do inédito instrumento do Plano de Safra da Agricultura Familiar, da construção de uma Política Nacional de Segurança Alimentar e Nutricional e da reinstalação do Conselho Nacional de Segurança Alimentar e Nutricional (Consea), colocaram a temática da agricultura familiar num novo contexto articulado de políticas públicas, contribuindo para se compor um novo marco de atuação do Governo Federal no fortalecimento dos agricultores familiares.

Além do significativo aumento dos recursos do Pronaf, em suas novas modalidades e novas formas de contratação do crédito, outros programas e ações ganharam relevo na formulação e implementação das políticas públicas:[25]

— a retomada de uma política de assistência técnica e extensão rural voltada para a agricultura familiar;

— a implementação do Garantia Safra, visando a sustentação de renda para os agricultores familiares do semi-árido em caso de frustração de safra;

— a implementação do Seguro da Agricultura Familiar, articulado ao Pronaf, visando não somente a garantia total do financiamento, mas também uma parte significativa da renda esperada e não obtida pela frustração de safra;

— a implementação do Programa de Aquisição de Alimentos (PAA), que é um programa pioneiro de compra de alimentos oriundos da agri-

---

[25] A descrição minuciosa desses programas pode ser obtida nos sítios da Secretaria da Agricultura Familiar (SAF) e da Secretaria de Desenvolvimento Territorial (SDT), ambas do Ministério do Desenvolvimento Agrário (www.mda.gov.br).

cultura familiar, associado ao Fome Zero e com diretrizes claras de promoção de segurança alimentar e nutricional;

— o reforço da pesquisa pública para a agricultura familiar, com papel de destaque para a Embrapa e para as Organizações Estaduais de Pesquisa Agropecuária (Oepas);

— a implementação do Programa Nacional de Produção e Uso do Biodiesel, programa de combustíveis renováveis (biocombustíveis) a partir de produtos oriundos, prioritariamente, da agricultura familiar;

— a implementação do programa de agroindustrialização dos produtos da agricultura familiar, visando agregar valor e qualidade à produção e, portanto, uma melhor inserção nos mercados;

— a definição de uma política de desenvolvimento territorial calcada em áreas rurais com forte presença de agricultores familiares.

É de se esperar que este novo conjunto articulado de políticas públicas para a agricultura familiar brasileira, que vai além do binômio tradicional constituído pelo crédito rural mais a assistência técnica e extensão rural, deve ser mais potente para promover as melhorias na renda dos agricultores familiares, a recuperação das ocupações agrícolas e pecuárias, a redução do nível de êxodo rural, especialmente nas áreas de agricultura familiar e pequenos municípios, além de um maior dinamismo econômico em áreas rurais.[26] No entanto, a real efetividade deste novo conjunto de políticas precisa ser acompanhada por indicadores adequados para se verificar se elas lograrão o sucesso esperado.

Se no MDA houve importante reestruturação e criação de novos programas nos anos mais recentes, o mesmo ocorreu no Mapa,[27] que apresentava a mesma estrutura desde a década de setenta. Quanto às mudanças institucionais, vale destacar a reestruturação e o fortalecimento da Secretaria de Defesa Agropecuária, juntamente com as Superintendências

---

[26] Algumas destas evidências podem ser obtidas no trabalho exploratório de Del Grossi & Graziano da Silva (2006).

[27] "O vigor da agropecuária brasileira exige, portanto, contrapartida do setor público para torná-la um investimento ainda mais atrativo. Precisamos nos preparar para enfrentar os desafios inerentes à atividade agrícola e nos fortalecer para fazer valer, no comércio global, nossas vantagens competitivas. Por isso, fizemos a reestruturação do Mapa, que atende a necessidade estrutural de um agronegócio forte, sem distinção entre pequenos e grandes, eficiente e competitivo, multifuncional e sustentável. O projeto tem também o propósito de aumentar a riqueza do País e de promover a democracia e a paz" (Rodrigues, 2005, p. 3).

Federais de Agricultura, Pecuária e Abastecimento, e a criação de três novas estruturas: a Assessoria de Gestão Estratégica, vinculada diretamente ao gabinete do ministro; a Secretaria de Relações Internacionais do Agronegócio; e a Secretaria de Produção e Agroenergia (Rodrigues, 2005). Também passaram por importantes mudanças a antiga Secretaria de Apoio Rural e Cooperativismo, rebatizada com o nome de Secretaria de Desenvolvimento Agropecuário e Cooperativismo, e a Comissão Executiva do Plano da Lavoura Cacaueira (Ceplac), que passou a ter uma atuação mais voltada para o desenvolvimento e a diversificação regional e, portanto, não mais exclusiva de um único produto.

No tocante aos novos programas e instrumentos, explicitados nos vários Planos Agrícolas e Pecuários, vale a pena citar que a maioria deles está em operação desde o final dos anos noventa e início deste século XXI. A grande maioria dos programas de investimento (Prodefruta, Moderagro, Prodeagro, Moderinfra, Prodecoop, Propflora, Proleite, Moderfrota, Proger Investimento e Finame Agrícola Especial)[28] é bancada com recursos do Banco Nacional do Desenvolvimento Econômico e Social (BNDES), dos Fundos Constitucionais do Centro-Oeste, do Norte e do Nordeste, e do Fundo de Amparo ao Trabalhador (FAT).

Quanto aos novos instrumentos,[29] além dos já mencionados anteriormente, ainda podem ser mencionados alguns outros em fase de elaboração:[30] Certificado de Recebíveis do Agronegócio (CRA); Letra de Comércio Agrícola (LCA); Fundos de Investimento no Agronegócio (FIA); Certificado de Depósito Agropecuário (CDA) e *Warrant* Agropecuário

---

[28] Uma descrição detalhada destes programas pode ser obtida em Mapa (2004).

[29] "No plano estratégico do governo, a competitividade do agronegócio depende de políticas e ações em 3 C's: Capital, Comercialização e Condução ao Mercado. No Capital, estão os mecanismos para atrair poupança interna e externa para aplicação na produção, processamento e comercialização, ou seja, em toda a cadeia dos produtos do agronegócio. Um dos grandes gargalos da agropecuária é a Comercialização: aprimorar os mecanismos do mercado físico é fundamental para alavancar as operações nos mercados futuros, em bolsas. Da mesma forma, é crítico melhorar a Condução ao Mercado por meio de investimentos na infra-estrutura e, especialmente, de avanços nas condições de armazenagem e circulação das mercadorias e de papéis delas representativos. A partir desse entendimento, o governo desenvolveu, em estreita interação com o setor privado, uma série de novos instrumentos" (Mapa, 2004, p. 8).

[30] Uma descrição detalhada destes instrumentos pode ser obtida em Mapa (2004).

(WA); Lei do Seguro Rural e reformulação do Proagro; Contrato de Opção de Venda de produto agrícola pelo setor privado; Contrato de Opção de Compra dos estoques públicos.

Nestas mudanças do Mapa pode-se perceber claramente a orientação para a modernização do setor, com a conseqüente "profissionalização" dos agricultores, e também para a abertura de novos mercados no cenário internacional (ações pró-exportação). Isto é corroborado pela seleção das prioridades estratégicas do Ministério: controle sanitário; tecnologia para o agronegócio, com destaque para a biotecnologia, a bioenergia e a nanotecnologia; plano nacional de agroenergia; agregação de valor, rastreabilidade e certificação; negociações internacionais, defesa e promoção comercial; implementação das câmaras setoriais; novos instrumentos de política agrícola e seguro rural; desenvolvimento sustentável; e cooperativismo e associativismo como instrumentos de inclusão social (Medeiros et al., 2005).

Principais indicadores de desempenho da agricultura no período 1992-2004

O objetivo deste item é, à luz do que foi exposto anteriormente, apresentar alguns dos principais indicadores de desempenho da agricultura brasileira no período mais recente, de forma a se ter um panorama mais completo de sua evolução.

Produto interno bruto (PIB)

No período 1992-2004, o PIB da agropecuária cresceu 84,2% em valores reais, segundo dados das Contas Nacionais do IBGE, passando de R$ 96,8 bilhões para R$ 178,3 bilhões (em valores de 2004). Nesse mesmo período, o PIB total do Brasil cresceu 40,8%.

Pelos dados do Gráfico 1 pode-se notar que este crescimento foi muito mais vigoroso a partir do início do presente século. Entre 1999, ano da desvalorização do Real, e 2004, o crescimento real do PIB foi de 39,0%, enquanto o registrado para o PIB total foi de 13,7%.

Depois de um salto significativo no seu desempenho com o início do Plano Real em 1994, a agricultura brasileira mergulhou em crise, que

Gráfico 2.1. Evolução do PIB real da agricultura brasileira no período 1992-2004 (índice 1992 = 100)

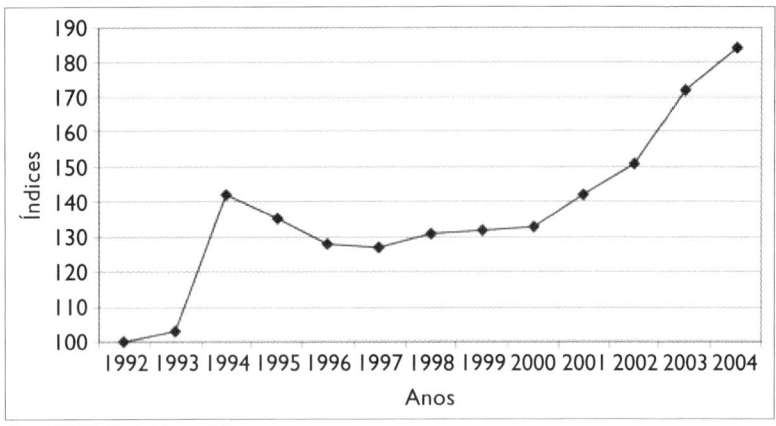

Fonte: IBGE. Contas Nacionais.

pode ser observada pela queda constante do PIB até 1997. A partir de 1998, até o ano de 2000, o comportamento foi bastante tímido, com uma leve recuperação. No entanto, somente em 2001 é que o PIB da agricultura recuperou o mesmo patamar que havia sido alcançado em 1994.

A partir daí, conforme já foi mencionado, uma série de fatores positivos ocorreram simultaneamente e o resultado foi o melhor desempenho da agricultura observado no período em questão. Entre eles, podem ser citados: os benefícios da desvalorização do Real no início de 1999, que permitiu a recuperação das exportações brasileiras; os aumentos expressivos da área cultivada e da quantidade produzida de grãos e oleaginosas, com claro destaque para a soja;[31] os ganhos de produtividade em todos os fatores de produção (terra, trabalho e capital); a recuperação dos preços internacionais de algumas *commodities*; o incremento no volume de recursos destinados ao crédito rural, especialmente os do Programa Nacional de Fortalecimento da Agricultura Familiar (Balsadi, 2005).

No período analisado, a participação média da agricultura no PIB brasileiro foi de 8,6%. Os dados do Gráfico 2.2 mostram um comportamen-

---

[31] Um trabalho que analisa o desempenho da agricultura brasileira no período 1999-2004, com destaque para os fatores explicativos da grande expansão da soja, é o de Brandão, Rezende & Marques (2005).

to oscilante, com a menor participação (7,6%) tendo ocorrido em 1993 e a maior em 2004 (10,1%). Vale salientar que os anos de 2003 e de 1994 também foram marcados por participações significativas da agricultura no PIB total (9,9%).

Recente estudo apontou que a agricultura familiar respondeu por 3,6% do PIB, em 2003, e a agricultura patronal por 5,7%, totalizando os 9,3% da participação da agropecuária no PIB brasileiro (Guilhoto, Silveira & Azzoni, 2004).[32] O mesmo estudo mostrou que o agronegócio de base familiar foi responsável por 10,1% do PIB brasileiro (cerca de R$ 156,6 bilhões). A participação total do PIB do agronegócio no PIB brasileiro foi de 30,6%, sendo que o agronegócio de base patronal respondeu pelos 20,5% restantes, considerando-se aí as empresas que fornecem insumos às unidades agropecuárias, as unidades agropecuárias em si, as empresas processadoras de produtos agropecuários e as empresas distribuidoras.[33]

Gráfico 2.2. Evolução da participação da agricultura no PIB brasileiro no período 1992-2004

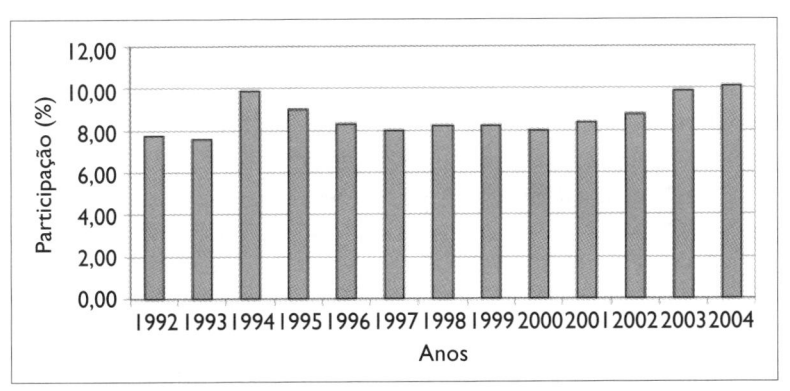

Fonte: IBGE. Contas Nacionais.

---

[32] É importante mencionar que segundo os dados das Contas Nacionais do IBGE, a participação do PIB da agropecuária no PIB total foi de 9,9%, em 2003.

[33] Vale dizer que sempre há controvérsias em torno das metodologias e, conseqüentemente, dos resultados que espelham a participação do PIB do agronegócio no PIB total brasileiro. Para uma nova proposta de metodologia de cálculo do PIB do agronegócio, cujos resultados mostram uma participação no PIB total bem abaixo da citada acima, ver o trabalho de Sena e Silva & Nonnemberg (2006).

Exportações do agronegócio

A análise do comportamento das exportações brasileiras, em geral, e do agronegócio, em particular, não pode desconsiderar os movimentos de valorização e desvalorização do Real no período em questão. Entre meados de 1994 e janeiro de 1999, foram quase cinco anos de extrema valorização do Real. Essa valorização artificial, juntamente com a acelerada abertura da economia brasileira no início dos anos noventa, expôs os principais segmentos a uma concorrência muitas vezes desleal. No caso específico da agricultura, muitos produtos que contavam, e ainda contam, com fortes subsídios nos seus países de origem, entraram no país com extrema facilidade, provocando grandes crises nas principais cadeias produtivas.

O câmbio valorizado, juntamente com a elevada taxa de juros real, mantida para combater a inflação e para atrair os capitais estrangeiros que ajudavam no fechamento do balanço de pagamentos, e com a redução abrupta das tarifas de importação produziram saldos crescentemente negativos na balança comercial brasileira no período 1995-2000. Segundo dados do Ministério do Desenvolvimento, Indústria e Comércio (MDIC), em 1994, o saldo da balança comercial foi de US$ 10,5 bilhões. Já em 1995, o déficit foi de US$ 3,5 bilhões. Entre 1995 e 2000, o Brasil perdeu US$ 24,5 bilhões em divisas internacionais por conta da balança comercial deficitária.

A desvalorização cambial ocorrida no início do ano de 1999 trouxe reflexos positivos diretos no comportamento das exportações e a balança comercial passou a ser novamente superavitária a partir de 2001. Em 2004, o saldo da balança comercial atingiu o valor de US$ 33,7 bilhões, com presença marcante do agronegócio. É importante registrar que do crescimento de, aproximadamente, US$ 60,0 bilhões nas exportações brasileiras no período 1992-2004, cerca de US$ 24,6 bilhões vieram do agronegócio, que foi responsável, em média do período, por 41,8% do total exportado (Gráfico 2.3).

Gráfico 2.3. Evolução da participação das exportações do agronegócio no valor total das exportações no período 1992-2004

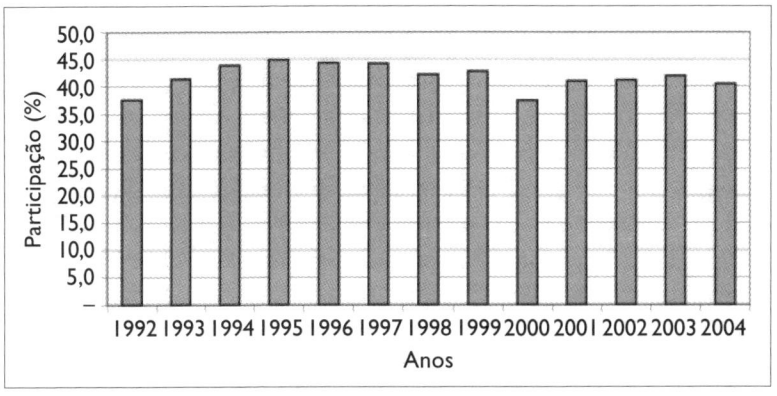

[Gráfico de barras mostrando Participação (%) no eixo Y de 0 a 50,0 e Anos de 1992 a 2004 no eixo X]

Fonte: MDIC, Secex

Um fato interessante é que, mesmo nos momentos de valorização da moeda brasileira, como ocorreu entre meados de 1994 e início de 1999, as exportações do agronegócio foram bem menos afetadas do que aquelas do restante da economia. Os dados do Gráfico 2.4 mostram que somente em três anos da série (1998, 1999 e 2000) houve queda no crescimento das exportações. Ou seja, é bem provável que as condições favoráveis do mercado internacional (recuperação de preços de *commodities* por conta de quedas na produção de países competidores, de aumentos abruptos na demanda por grãos, como se verificou quando da descoberta da doença da "vaca louca" na Europa, e/ou pela entrada de novos compradores no mercado, como é o caso da China) são mais relevantes do que a situação cambial.

Outro dado relevante que aparece no Gráfico 2.4 é que a valorização cambial teve um efeito mais acentuado nas importações do agronegócio. O período compreendido entre 1994 e 1998 foi o de maior nível de importações, que chegaram a US$ 8,9 bilhões, em 1996, o maior valor já registrado. No período, o valor médio anual das importações foi de R$ 7,9 bilhões.

Como foi salientado, após a desvalorização cambial de 1999 o cenário tornou-se bem mais favorável. Pode-se notar que houve um aumento significativo e um salto qualitativo das exportações do agronegócio, sobretudo no período posterior a 2002. Entre 2001 e 2004 houve um acréscimo de cerca de US$ 15,2 bilhões no volume exportado, reforçando o papel do agronegócio na obtenção dos saldos positivos da balança comercial brasileira. E o saldo seguiu isso de perto, pois, praticamente, não houve alteração no volume importado nesse período (ficou próximo dos US$ 5,0 bilhões, menos de 10,0% do total das importações brasileiras).

Gráfico 2.4. Evolução da balança comercial do agronegócio brasileiro no período 1992-2004

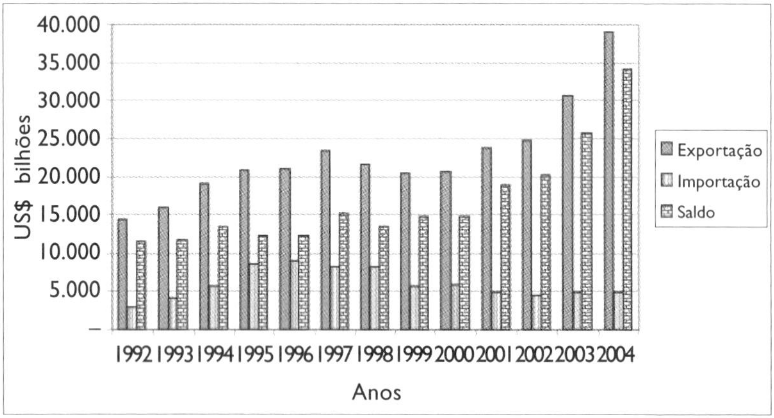

Fonte: MDIC, Secex

Área, produção e produtividade das principais culturas

A análise dos dados sobre a evolução da área cultivada com algumas das principais culturas mostra que, no período 1992-2004, os maiores crescimentos foram registrados para o conjunto dos grãos e oleaginosas e para a cana-de-açúcar (Gráfico 2.5). As demais, apesar do comportamento oscilante, fecharam o período com área cultivada menor do que aquela observada em 1992.

Entre os grãos e oleaginosas, o principal destaque foi a ampliação de cerca de 9,3 milhões de hectares com o cultivo da soja no período 2000-2004. Vale destacar que entre 1992 e 2004, a variação da área cultivada com esta cultura foi de 12,6 milhões de hectares. Ou seja, 74,2% dessa expansão ocorreu nos primeiros anos deste século. Para se ter uma ordem de grandeza da magnitude da expansão da soja, vale dizer que, segundo dados da Conab, no período 1992-2004 a variação da área total de grãos e oleaginosas foi de 13,3 milhões de hectares (isto é, 94,9% desse aumento foi devido à forte expansão da soja). Desse crescimento, 11,0 milhões de hectares foram expandidos somente entre os anos de 2000 e 2004. Neste período, além da soja, os principais destaques foram para as culturas de trigo e algodão, que tiveram aumentos de, respectivamente, 1,0 milhão de hectares e 0,3 milhão de hectares em seus cultivos.

Gráfico 2.5. Evolução da área cultivada com as culturas selecionadas no período 1992-2004 (1992=100)

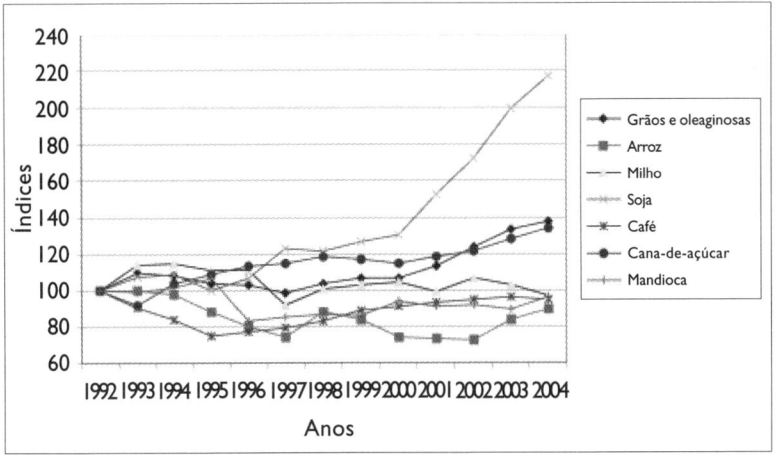

Fonte: MDIC, Produção agrícola municipal

O aumento da área cultivada redundou em grande crescimento da quantidade produzida. Na safra 2000/01, o Brasil superou a barreira dos 100 milhões de toneladas de grãos e oleaginosas. Com exceção da safra seguinte que, por motivos climáticos (forte seca no Nordeste), caiu para 96,7 milhões de toneladas, nas demais colhidas neste século XXI a barreira anterior foi superada. O recorde histórico de produção ocorreu na safra 2002/03, com a colheita de 123,2 milhões de toneladas (80,5% superior à quantidade colhida em 1992/93, que foi de 68,3 milhões de toneladas).

O Gráfico 2.6 mostra que todas as culturas selecionadas apresentaram aumento da quantidade produzida: arroz (33,6%); café (90,5%); cana-de-açúcar (52,9%); mandioca (9,2%); milho (19,8%) e soja (123,3%).

Desempenho da economia e do setor agropecuário

Gráfico 2.6. Evolução da quantidade produzida pelas culturas selecionadas no período 1992-2004 (1992=100)

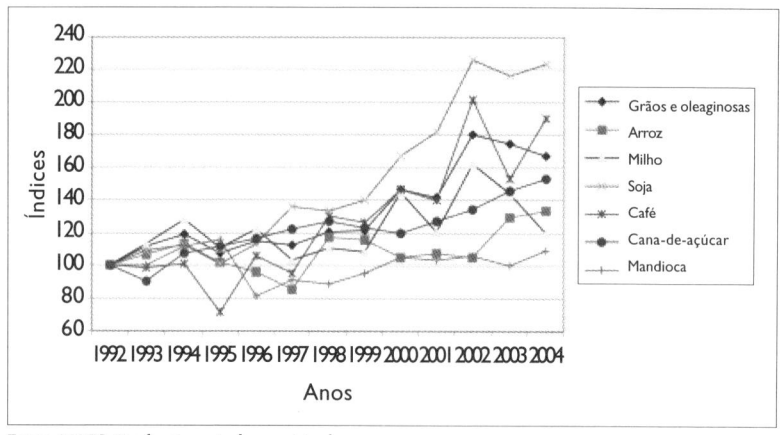

Fonte: MDIC, Produção agrícola municipal

Gráfico 2.7. Evolução da produtividade das culturas selecionadas no período 1992-2004 (1992=100)

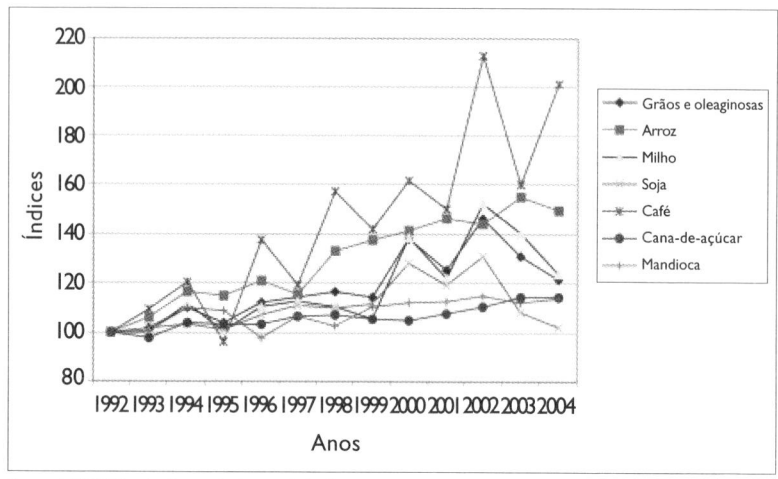

Fonte: MDIC, Produção agrícola municipal

Um fato a ser ressaltado é que apenas duas culturas, milho e soja, responderam por 75,9% da produção de grãos e oleaginosas na safra 2003/04. Este comportamento pôde ser observado ao longo do período mais recente. A extrema dependência desses produtos, num cenário que ocorra reversão do quadro de bons preços internacionais pode trazer sérios prejuízos aos agricultores e à economia brasileira.

Além do efeito da expansão de área (válido especialmente para a soja), muitas culturas registraram ganhos importantes de produtividade no período analisado (Gráfico 2.7). Ou seja, mesmo sem terem aumentos expressivos de área, obtiveram produções bem mais elevadas. Os casos mais emblemáticos, especialmente no período 2000-04, são os do arroz, do café e do milho. Paradoxalmente, as culturas da soja e da cana-de-açúcar não tiveram ganhos muito significativos de produtividade entre 1992 e 2004, evidenciando que, para elas, a expansão de área foi mais relevante para explicar o aumento da quantidade produzida.

Tabela 2.6. Evolução da produção da pecuária. Brasil, 1992-2004

Atividades	1992	1993	1994	1995	1996	1997	1998
Bovinocultura (1)	154.229	155.134	158.243	161.228	158.289	161.416	163.154
Produção de leite (2)	15.784	15.591	15.784	16.474	18.515	18.666	18.694
Suinocultura (1)	34.532	34.184	35.142	36.062	29.202	29.637	30.007
Ovinocultura (1)	19.956	18.008	18.436	18.336	14.726	14.534	14.268
Caprinocultura (1)	12.160	10.619	10.879	11.272	7.436	7.968	8.164
Avicultura (1)	642.114	656.585	683.512	732.471	732.306	764.925	769.929
Avicultura de corte (1)	435.465	452.382	473.549	541.164	549.559	580.993	589.370
Avicultura de postura (1)	204.160	201.785	207.539	188.367	178.528	179.629	175.852
Produção de ovos (3)	2.229	2.254	2.339	2.402	2.334	2.501	2.375
Produção de mel (4)	18.841	18.367	17.514	18.123	21.173	19.062	18.308

Atividades	1999	2000	2001	2002	2003	2004	2004/1992 (%)
Bovinocultura (1)	164.621	169.876	176.389	185.349	195.552	204.513	32,6
Produção de leite (2)	19.070	19.767	20.510	21.643	22.254	23.475	48,7
Suinocultura (1)	30.839	31.562	32.605	31.919	32.305	33.085	−4,2
Ovinocultura (1)	14.400	14.785	14.639	14.277	14.556	15.058	−24,5
Caprinocultura (1)	8.623	9.347	9.537	9.429	9.582	10.047	−17,4
Avicultura (1)	809.413	848.515	888.934	889.720	927.303	950.542	48,0
Avicultura de corte (1)	624.381	659.246	692.655	703.718	737.523	759.512	74,4
Avicultura de postura (1)	180.194	183.495	190.234	180.427	183.800	184.786	−9,5
Produção de ovos (3)	2.508	2.603	2.659	2.672	2.715	2.797	25,5
Produção de mel (4)	19.751	21.865	22.220	24.029	30.022	32.290	71,4

Fonte: IBGE, Produção da Pecuária Municipal.
(1) Rebanho em mil cabeças.
(2) Produção em milhões de litros.
(3) Produção em milhões de dúzias (inclui ovos de galinha e de codorna).
(4) Produção em toneladas.
Obs.: Avicultura = galinhas, galos, frangos, frangas, pintos e codornas;
Avicultura de corte = galos, frangos, frangas e pintos;
Avicultura de postura = galinhas.

No tocante à produção da pecuária, apesar dos momentos de crise, os dados do IBGE mostram um quadro relativamente favorável para o total do período 1992-2004. Com exceção dos efetivos dos rebanhos ligados às atividades de suinocultura, caprinocultura, ovinocultura e avicultura de postura, que apresentaram desempenho negativo, todas as demais registraram crescimento na produção, como pode ser observado na Tabela 2.6.

Um fato relevante é que o nível de qualidade dos produtos da pecuária brasileira melhorou muito nos últimos anos, impulsionado pela ampliação das exportações. Além das tradicionais exportações de carnes de bovinos, suínos e aves, recentemente o Brasil tem aumentado seu espaço nas vendas internacionais de novos produtos, como é o caso do mel, cuja produção aumentou 71,4% no período considerado.

Preços pagos e recebidos

Os dados referentes aos índices mensais de preços pagos e preços recebidos pelos agricultores, elaborados pela Fundação Getúlio Vargas (FGV), mostram que após 1999, com a desvalorização do Real, houve uma mudança significativa no patamar deles. Os três índices — preços recebidos pelos produtos agrícolas, preços recebidos pelos produtos animais e preços pagos — apresentaram crescimento significativo, embora deva ser observado que os preços pagos tiveram maiores aumentos em, praticamente, todo o período 1994-2004.

Com isto, a relação de trocas entre o setor agropecuário e o setor de insumos permaneceu mais favorável para o segundo (Gráfico 2.8). Pode-se observar que a situação dos produtos da pecuária foi bem mais desfavorável do que aquela observada para as lavouras, que em alguns momentos chegaram a igualar ou até passar ligeiramente o índice de preços pagos.

Olhando-se mais detalhadamente o índice de preços recebidos pelas principais lavouras, é possível notar que, com exceção do café, todas as demais tiveram aumentos, especialmente no período 2002-04 (Gráfico 2.9). Chama a atenção o comportamento de produtos de mercado interno, como a mandioca e o arroz, que tiveram bom desempenho. Entre as *commodities* internacionais, o principal destaque ficou com a soja.

Como foi mencionado anteriormente, os produtos da pecuária não foram tão favorecidos com a recuperação dos preços. No entanto, também registraram aumentos importantes no período mais recente. Dois produtos de menor expressão na pecuária nacional, mel e lã, tiveram desempenhos destacados. O mel em todo o período e a lã nos últimos anos. Os dados do Gráfico 2.10 mostram que o mel teve um importante aumento dos preços recebidos em meados dos anos noventa, ficando mais ou menos estabilizado no período seguinte (segunda metade dos anos noventa). A partir do início deste século houve outra importante recuperação de preços. Já a lã teve um comportamento extremamente oscilante, com o maior aumento dos preços recebidos tendo ocorrido após 2002.

Entre as principais atividades, vale destacar que a carne de frango, que ficou conhecida como a "vedete" do Plano Real devido aos baixos preços pagos pelos consumidores, só registrou aumentos de preços recebidos pelos produtores a partir de meados de 2000, com maior destaque no período 2002-04.

A suinocultura teve um desempenho bastante semelhante ao da avicultura de corte e só registrou uma recuperação de preços nos primeiros anos deste século XXI, especialmente em 2003 e 2004, muito provavelmente devido às vendas externas para os novos compradores, como a Rússia. A conquista de novos mercados também influenciou o bom desempenho dos preços da pecuária de corte nos últimos três anos.

Gráfico 2.8. Índice de preços pagos e recebidos pelos agricultores no período 1994-2004 (agosto de 1994 = 100)

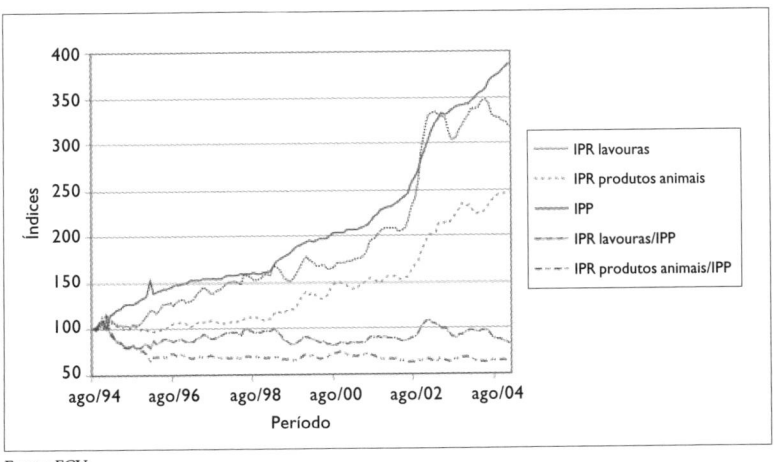

Fonte: FGV.

Gráfico 2.9. Índice de preços recebidos pelos agricultores no período 1994-2004 (agosto de 1994 = 100)

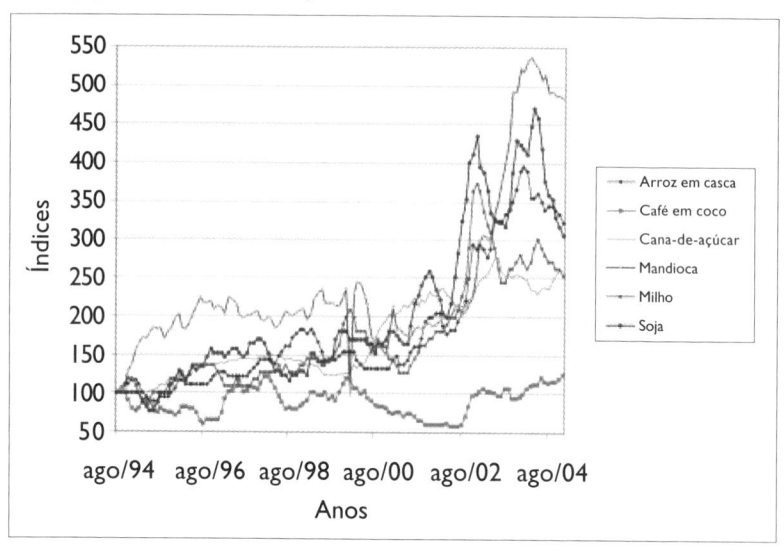

Gráfico 2.10. Índice de preços recebidos pelos agricultores, por tipo de produto animal no período 1994-2004 (agosto de 1994 = 100)

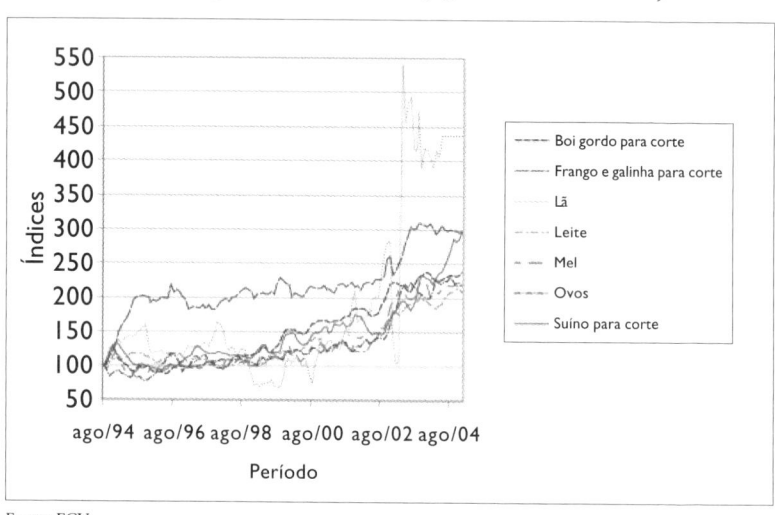

Fonte: FGV.

Com relação aos principais itens do custo de produção dos agricultores, pode-se perceber que houve uma elevação substancial dos preços de todos eles nos últimos anos, marcadamente no período pós-1999. O índice específico da mão-de-obra foi o que teve maior destaque no período 1994-2004, refletindo os ganhos reais dos trabalhadores em dois momentos principais: logo após o Plano Real, entre 1994 e 1996, e no período 2001-04.

Gráfico 2.11. Índice de preços pagos pelos agricultores, por categoria, no período 1994-2004 (agosto de 1994 = 100)

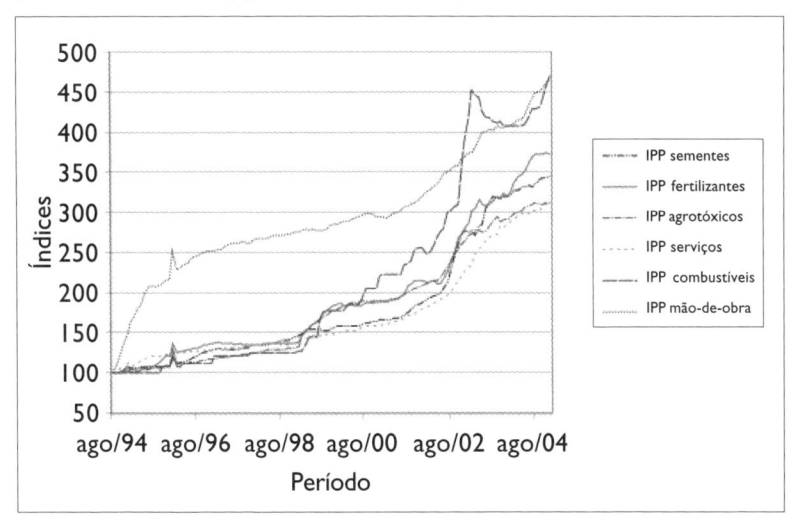

Fonte: FGV.

A alta do preço do petróleo influenciou diretamente a escalada verificada no índice de preços pagos pelos combustíveis nos últimos anos. Quanto aos demais insumos (fertilizantes, sementes e agrotóxicos), é amplamente conhecido que todos são fabricados e comercializados por empresas que atuam em mercados oligopolizados. Portanto, elas conseguem ajustar mais facilmente os preços de seus produtos e repassá-los aos produtores, que são, na prática, mais tomadores do que formadores de preços.

Crédito rural

A análise dos dados sobre o crédito rural no Brasil no período 1992-2004 mostra uma certa estagnação ao longo dos anos 90, tendo 1994 como o ano de pico, com o maior valor disponibilizado (algo em torno de 25,0 bilhões de Reais). Em contraste, os anos de 1995 e 1996, com a crise da agricultura após a euforia inicial do Plano Real, foram os piores da década (valores inferiores a 10,0 bilhões de Reais). A partir de 2000 houve uma recuperação e um incremento real do volume de crédito disponível para os agricultores (Gasques et al., 2004b; Figueiredo & Corrêa, 2006).

Além do crescimento do montante para a agricultura empresarial previstos nos planos de safra elaborados pelo Mapa, particularmente o Pronaf obteve aumentos expressivos tanto de recursos quanto de contratos, principalmente a partir de 2003 (Tabela 2.7). Pode-se notar, também, que depois de um início relativamente tímido, em 1995 e 1996, o Programa deu um salto nos dois anos seguintes. No entanto, entre 1999 e 2002, em que pese o aumento do número de contratos, os valores reais dos recursos aportados no Pronaf sofreram redução, sendo que teriam uma recuperação no momento seguinte (após 2003).

Tabela 2.7. Crédito rural do Pronaf. Contratos e montante por ano. Brasil, 1995-2004

Ano	Contratos	Montante (R$ 1.000) (1)	Montante (R$ 1.000) (2)
1995	30.496	89.962,00	253.045,02
1996	311.634	558.895,00	1.415.057,87
1997	515.726	1.746.160,00	4.096.926,15
1998	658.836	1.793.365,00	4.050.239,53
1999	802.849	1.829.731,60	3.712.179,59
2000	969.727	2.188.635,00	3.902.837,41
2001	910.466	2.153.351,26	3.479.415,11
2002	953.247	2.404.850,77	3.423.471,01
2003	1.138.112	3.806.899,25	4.413.269,77
2004	1.611.463	5.761.476,00	6.105.176,85

Fonte: Ipea. *Boletim de Políticas Sociais*, n.º 12; Bacen, Bancoob, Bansicredi, Basa, Banco do Brasil, Banco do Nordeste e BNDES.
(1) Valores correntes.
(2) Valores reais de 2005, corrigidos pelo IGP-DI médio anual.

Fatores de produção

Exposta à competição internacional desde o início dos anos noventa, a agricultura brasileira intensificou muito a produtividade dos fatores de produção (trabalho, terra e capital) no período mais recente. Este aumento de produtividade pode ser obtido de várias formas (por meio de inovações tecnológicas, de mudanças nos padrões organizacionais, de melhorias na gestão do processo produtivo, entre outras), mas, busca-se, em última instância, obter maiores crescimentos do produto com o uso mais eficiente e eficaz dos fatores de produção. O trabalho de Contini et al. (2006) apresenta os cálculos da produtividade total dos fatores na agricultura brasileira para o período 1975-2003, os quais estão resumidos na Tabela 2.8.

O importante a ressaltar é que, para o período mais próximo, as taxas anuais de crescimento foram muito superiores à média registrada para o período 1975-2003. Entre 2000 e 2003, a produtividade da mão-de-obra cresceu 6,2% ao ano e a produtividade do capital cresceu 5,3% ao ano. Ambas as taxas verificadas foram pelo menos duas vezes maiores que a média para todo o período. Com exceção da produtividade da terra, as taxas também foram muito superiores às registradas para os anos noventa.

Tabela 2.8. Taxas anuais de crescimento da produtividade total dos fatores (PTF). Brasil, 1975-2003

PTF e seus Componentes	Períodos		
	1975-2003 (%)	1990-1999 (%)	2000-2003 (%)
Produtividade da mão-de-obra	3,4	3,1	6,2
Produtividade da terra	2,5	2,0	1,9
Produtividade do capital	2,0	1,1	5,3
Produtividade total dos fatores (PTF)	2,3	1,6	3,7

Fonte: Contini & al., 2006.

Os dados de produtividade total dos fatores, somados ao forte crescimento de culturas altamente mecanizadas e, portanto, pouco intensivas em mão-de-obra (algodão, milho, soja e trigo) certamente tiveram influência na redução das ocupações na agropecuária brasileira no período 1992-2004, como será visto no capítulo seguinte.

Venda de máquinas agrícolas

Um dos itens que mais influenciam a produtividade do trabalho é a mecanização das diversas etapas do processo produtivo. Os dados do Gráfico 2.12 mostram a evolução da venda de máquinas agrícolas no período 1992-2004.

É possível notar dois anos de pico nas vendas: 1994, com a venda de 46.487 unidades, e 2002, com a venda de 42.568 unidades. Alguns fatores são comuns aos dois períodos: de um lado, aqueles que permitiram um aumento da renda dos agricultores e maior capacidade de investimentos (recuperação de preços das principais *commodities*, aumento da demanda internacional); de outro, aqueles que possibilitaram um maior acesso ao mercado de máquinas (câmbio valorizado que barateou a importação de componentes das máquinas, juros subsidiados pelo governo federal para a aquisição de máquinas por meio de programas como o Finame Agrícola e o Moderfrota).

Gráfico 2.12. Evolução da venda de máquinas agrícolas automotrizes no mercado interno, no período 1994-2004 (1992 = 100)

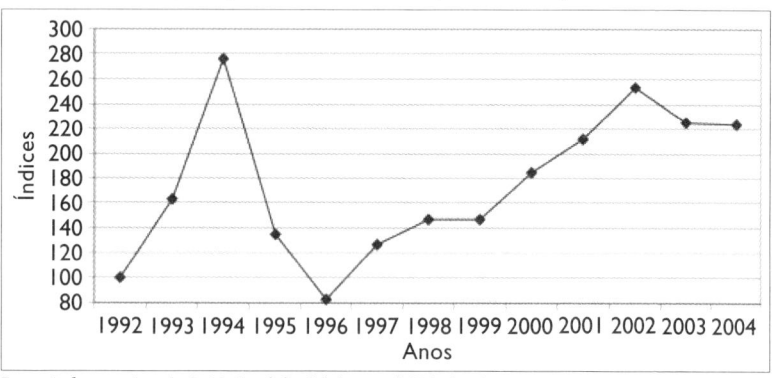

Fonte: Anfavea — Associação Nacional dos Fabricantes de Veículos Automotores.

A Tabela 2.9 mostra que a principal participação no total das vendas para o mercado interno é dos tratores de rodas, seguido pelas colheitadeiras. Juntos, responderam por 88,8%, em média para o período, do total das vendas. De acordo com Figueiredo e Corrêa (2006), 40,0% do número de tratores e 50% do de colheitadeiras foram vendidos na Região Sul no ano de 2002. Nesse mesmo ano, o Centro-Oeste respondeu por, respectivamente, 18,0% e 37,0% das vendas de tratores e colheitadeiras.

Tabela 2.9. Vendas internas de máquinas agrícolas automotrizes, em unidades. Brasil, 1992-2004

Ano	Cultivadores motorizados	Tratores de rodas	Tratores de esteiras	Colheitadeiras	Retroescavadeiras	Total por ano	Participação de tratores de rodas e colheitadeiras (%)
1992	1.570	11.727	532	2.004	1.011	16.844	81,5
1993	1.096	21.396	908	2.735	1.272	27.407	88,0
1994	1.308	38.518	1.184	4.049	1.428	46.487	91,6
1995	1.210	17.594	1.178	1.423	1.334	22.739	83,6
1996	714	10.312	505	900	1.493	13.924	80,5
1997	707	16.049	842	1.709	2.158	21.465	82,7
1998	587	18.677	795	2.524	2.270	24.853	85,3
1999	629	19.205	646	2.906	1.310	24.696	89,5
2000	722	24.591	592	3.780	1.377	31.062	91,3
2001	856	28.203	496	4.098	1.870	35.523	90,9
2002	1.050	33.217	551	5.648	2.102	42.568	91,3
2003	1.585	29.405	449	5.434	1.045	37.918	91,9
2004	1.682	28.636	526	5.598	1.174	37.616	91,0
Total no período	13.716	297.530	9.204	42.808	19.844	383.102	88,8

Fonte: Anfavea — Associação Nacional dos Fabricantes de Veículos Automotores.
Nota: As vendas internas são de produtos nacionais e importados.

Considerações Finais

Partindo-se do pressuposto de que o comportamento das políticas macroeconômicas e das políticas sociais, em geral, e da política agrícola e do desempenho da agricultura, em particular, tem relação direta com o mercado de trabalho assalariado agrícola e com as condições de vida das pessoas e das famílias, foi elaborado um panorama geral sobre estes temas no período 1992-2004.

No período em questão, o traço marcante da economia brasileira, particularmente após o lançamento do Plano Real, em 1994, foi a estabilidade monetária e inflacionária, com o baixo dinamismo econômico (a média anual de crescimento real do PIB no período 1992-2004 foi de apenas 2,6%).

Logo depois da euforia com o controle da inflação, começaram a surgir os principais efeitos deletérios da combinação, por um longo período de tempo, de uma política de câmbio sobrevalorizado artificialmente com uma política monetária calcada em elevadas taxas de juros reais, em um contexto de economia aberta e globalizada: baixo crescimento econômico; aumento das taxas de desemprego e da precarização das relações de trabalho; deterioração da balança comercial e das transações correntes; crescimento exponencial da dívida líquida do setor público; e redução da capacidade de investimentos sociais e em infra-estrutura.

Com a desvalorização da moeda, em janeiro de 1999, alguns indicadores deram sintomas de melhoria, particularmente aqueles ligados ao mercado de trabalho, com a redução das taxas de desemprego, e ao comércio exterior, com a forte reversão dos saldos comerciais, principalmente a partir de 2002. No entanto, as amarras da política econômica, com a continuidade das taxas de juros reais elevadas e a busca do equilíbrio fiscal mediante superávits primários crescentes para o pagamento da dívida pública, continuaram impondo taxas muito baixas de crescimento do PIB no período 2001-03.

Em 2004, a combinação de: redução da taxa de juros; taxa de câmbio desvalorizada; queda substancial da inflação, que havia ultrapassado dois dígitos nos anos anteriores; recordes nas exportações e no saldo da balança comercial; queda da participação da dívida líquida do setor público no PIB; pequena retomada da taxa de investimentos; redução da taxa de desemprego; e crescimento de 4,9% do PIB, o que não acontecia desde 1994; fez deste ano um dos melhores, se não o melhor, para a economia brasileira no período analisado.

Nas políticas sociais, o quadro geral foi de "jogar um pouco de água fria" nos ânimos que se sucederam aos avanços registrados na Constituição de 1988, particularmente durante o governo do Presidente Fernando Collor de Mello e no segundo mandato de Fernando Henrique Cardoso. Nestes momentos, houve forte reação às políticas de caráter universal, várias tentativas de desconfigurar os direitos sociais básicos inscritos na Carta Magna e um comprometimento dos gastos sociais.

O crescimento vertiginoso da dívida pública no período após o Plano Real, que saiu de 31,1%, em 1995, para o pico de 57,3% do PIB, em 2002, desorganizou totalmente as finanças da União, dos estados e dos municípios, com conseqüente perda de capacidade de financiamento dos gastos sociais, principalmente no período posterior a 1999. Isto também comprometeu em muito a possibilidade de se colocar em prática o Estado de Bem-Estar Social esboçado na Constituição de 1988.

Como marcas das políticas sociais no final do século passado e no início deste, podem ser citadas: a crescente descentralização, que ainda padece de melhor coordenação e de melhor repartição dos recursos públicos entre os entes da Federação; as iniciativas focalizadas nas famílias mais pobres; o crescimento das parcerias com o terceiro setor e com a iniciativa privada; a crescente importância dos programas de transferência direta de renda; e, porque não, a falta de um contorno claro do que realmente é, no interior do Estado brasileiro, a verdadeira Política Social e da definição de qual é o seu efetivo órgão coordenador.

Apesar de tudo, muitos indicadores sociais melhoraram bastante no período 1992-2004, principalmente aqueles relacionados com a educação e com a saúde, cujos resultados espelham claramente a importância dos direitos e dos gastos sociais previstos na Carta de 1988. O que continuou praticamente inalterado foi o grave quadro de desigualdade social existente no Brasil. No entanto, deve-se registrar a situação mais favorável e alentadora no final do período analisado, pois em 2003 e 2004 foram observados os menores valores para os Índices de Gini e de Theil, sinalizando alguma perspectiva de mudança relevante na distribuição de renda.

Quanto à agricultura, vale dizer que também passou por momentos de crise e de euforia. Em comparação com o restante da economia, o setor até que pôde respirar um pouco melhor, pois teve um pequeno ciclo virtuoso no período compreendido entre 1999 (pós-desvalorização) e 2004, com um cenário externo muito favorável para as principais *commodities* e um crescimento contínuo do PIB agropecuário. Também neste período, uma série de novas políticas e instrumentos foram criados ou ampliados, como resultado das importantes reformas estruturais que ocorreram tanto no centenário Mapa quanto no novíssimo MDA, no qual foi gestado um novo conjunto de políticas articuladas para a agricultura familiar, em forte consonância com a implantação de uma política nacional de segurança alimentar e nutricional.

Este período favorável refletiu-se nos principais indicadores de desempenho do setor: crescimento do produto agropecuário bem acima da média do produto nacional; aumento significativo das exportações do agronegócio, com forte influência nos saldos recordes da balança comercial brasileira; obtenção de safras recordes de grãos e oleaginosas; aumento do volume de crédito para os agricultores; crescimento da produtividade dos fatores de produção; e aumento da venda de máquinas agrícolas.

Um dos aspectos negativos do período 1992-2004 foi a forte redução das ocupações agrícolas, principalmente das categorias familiares (conta própria e não remunerados) e dos empregados. A evolução destas ocupações, bem como as principais características do mercado de trabalho assalariado na agricultura brasileira serão os principais objetos de análise do capítulo seguinte.

Capítulo 3
Evolução das ocupações e do emprego na agricultura brasileira

ESTE CAPÍTULO compõe-se de duas partes: uma primeira, que aborda, em linhas muito gerais, alguns aspectos do mercado de trabalho no Brasil; e a segunda, que analisa com maior riqueza de detalhes a evolução das ocupações e do emprego na agricultura, aprofundando as principais características do mercado de trabalho assalariado agrícola.

Além destes temas, será abordada a situação da saúde dos empregados na agricultura. Para isto, serão apresentadas algumas das informações principais coletadas pela Pnad em dois suplementos específicos levados a campo nos anos de 1998 e 2003.

O mercado de trabalho no Brasil no período 1992-2004[1]

Neste item serão abordados, resumidamente, alguns aspectos do mercado de trabalho brasileiro no período recente, de tal forma a criar-se um pano de fundo para as considerações que serão feitas na seqüência, quando serão tratadas algumas questões pertinentes ao mercado de trabalho agrícola.

Obviamente, a análise do mercado de trabalho deve estar inserida no contexto das políticas macroeconômicas e sociais que foram levadas a

---

[1] Este item está fortemente baseado no trabalho de Cardoso Jr. (2006), particularmente no tópico "O mercado de trabalho brasileiro no período 1992/2004: política econômica, reestruturação produtiva e desregulação social do trabalho".

cabo no período em questão, bem como do processo de reestruturação produtiva adotado pelas empresas nacionais e transnacionais com a crescente abertura da economia brasileira, principalmente a partir do início dos anos noventa.

Um primeiro ponto a ser destacado é que, neste movimento de inserção do Brasil na economia global, com forte predomínio dos ideais liberalizantes, uma das condições para o sucesso do novo modelo de desenvolvimento anunciado era justamente a desregulação[2] do mercado de trabalho, tido como muito rígido e pouco propício à atração dos novos investimentos, nacionais e estrangeiros.

Segundo Cardoso Jr. (2006), no período 1995-2002 foram feitas alterações importantes na legislação trabalhista, que alteraram bastante o quadro até então vigente no campo da regulação do mercado de trabalho. Entre elas, são citadas: *a*) a permissão de contratos por tempo determinado e a tempo parcial, além da criação do banco de horas extras, por meio do qual os empregadores processam o ajuste de horas a mais trabalhadas sem a necessidade de remunerá-las; *b*) a desindexação do salário mínimo da inflação passada, a substituição de qualquer política salarial pela livre negociação, num contexto francamente desfavorável aos trabalhadores, e a primazia da participação dos trabalhadores nos lucros e resultados das

---

[2] A partir dos anos noventa, "a desregulação do trabalho se dá no bojo do aprofundamento da crise econômica mais geral. A especificidade da trajetória de desregulação do trabalho pela década de 90 é que, nesta década, os dois vetores de sua determinação caminharam na mesma direção. Ou seja, em paralelo à desestruturação do mercado de trabalho que se intensifica nos anos 90, é posto em marcha o processo de desregulamentação do mercado de trabalho, que vem como parte integrante e indissociável de uma ampla agenda de reformas ditas estruturais por seus formuladores, das quais a reforma trabalhista seria uma das mais importantes" (Cardoso Jr., 2006, p. 9).

Apenas para harmonizar conceitos, "o vetor da estruturação do mercado laboral é fundamentalmente dependente do padrão de desenvolvimento que se instala na sociedade, ou mais especificamente, da natureza do capitalismo que se constitui (e põe em operação) determinadas bases produtivas de valorização do capital. Por sua vez, o vetor da progressiva regulamentação do mercado de trabalho depende do grau de organização política e social da nação e se apresenta como um conjunto de instituições públicas (estatais e civis) e normas legais que visam fornecer os parâmetros mínimos de demarcação e funcionamento do mercado de trabalho, notadamente no que diz respeito ao uso do trabalho (regulamentação das condições de contratação, demissão e jornada de trabalho), sua remuneração (regulamentação das políticas e reajustes salariais em geral e do salário mínimo) e proteção ou assistência social aos ocupados e desempregados (regulamentação dos direitos sociais e trabalhistas, da política previdenciária, das práticas de formação e requalificação profissional, da ação sindical e da Justiça do Trabalho)" (Ibidem).

empresas, em detrimento das negociações salariais que incorporassem ganhos de produtividade aos salários-base, sobre os quais incidem grande parte dos benefícios sociais; c) o afrouxamento da fiscalização sobre as condições e relações de trabalho e a possibilidade de suspensão temporária do contrato de trabalho, e dos seus custos, para atividades de requalificação do trabalhador.

Um traço comum nas análises de especialistas é que ocorreram, a partir dos anos noventa, as seguintes transformações, estreitamente interligadas, que ampliaram o processo específico de desestruturação do mercado de trabalho: crescimento das ocupações no setor terciário (comércio e serviços), particularmente do emprego doméstico; aumento da informalidade nas relações de trabalho; aumento dos níveis de desocupação e de desemprego, especialmente na segunda metade dos anos noventa; precarização ou piora na qualidade dos postos de trabalho; estagnação dos rendimentos médios oriundos do trabalho; piora da situação distributiva, tanto do ponto de vista da distribuição funcional da renda[3] quanto da distribuição pessoal dos rendimentos do trabalho; alteração no padrão de mobilidade social; aumento da contratação flexibilizada e das jornadas de trabalho superiores à legal; ampliação da rotatividade, da terceirização e da subcontratação (Fagnani, 2005; Cardoso Jr., 2006).

Especificamente em relação ao crescimento do setor terciário,[4] os dados da Tabela 3.1 mostram que tal expansão se deu em detrimento das ocupações na agricultura e na indústria de transformação, principalmente. Se a participação do setor terciário era de 49,4%, em 1992, ela subiu constantemente no período, atingindo 58,1%, em 2004 (com crescimento importante de todos os seus componentes). Por outro lado, a maior redução de ocupações ocorreu na agricultura, ou no setor primário da

---

[3] Segundo dados das Contas Nacionais apresentados por Cardoso Jr. (2006), a participação dos rendimentos do trabalho (empregados mais autônomos) no PIB brasileiro era de 49,8%, em 1992, e caiu para 40,1%, em 2003.

[4] "As novas inserções setoriais (no terciário) seriam fruto mais da perda de dinamismo econômico da estrutura produtiva brasileira, que de seu reordenamento rumo a um novo padrão de desenvolvimento sustentável. Por outro lado, as novas inserções ocupacionais representariam muito mais estratégias de sobrevivência dos trabalhadores diante do colapso das alternativas de empregabilidade formal com proteção social, que uma livre escolha para alcançar ascensão profissional ou pessoal, ainda que muitas dessas novas atividades autônomas possam redundar em certo prestígio ou mesmo em rendimentos médios mais elevados nas fases ascendentes dos ciclos econômicos" (Cardoso Jr., 2006, p. 5).

economia brasileira. Em 1992, 28,6% do pessoal ocupado estava trabalhando nas atividades agropecuárias, valor que caiu para 21,0%, em 2004. A redução na participação da indústria foi menor no período analisado, de 22,0% para 20,9%, sendo a indústria de transformação a principal responsável por este desempenho.

Tabela 3.1. Evolução da participação do pessoal ocupado nas atividades econômicas, em porcentagem. Brasil, 1992-2004

Atividades econômicas	Anos										
	1992	1993	1995	1996	1997	1998	1999	2001	2002	2003	2004
Setor primário	28,6	27,6	26,3	24,7	24,5	23,8	24,6	21,1	20,6	20,7	21,0
Agricultura	28,6	27,6	26,3	24,7	24,5	23,8	24,6	21,1	20,6	20,7	21,0
Setor secundário	22,0	22,2	21,3	21,5	21,6	21,7	20,9	21,4	21,3	20,8	20,9
Indústria de transformação	15,6	15,5	14,9	14,8	14,7	14,2	13,8	14,5	14,2	14,3	14,6
Indústria da construção	6,4	6,7	6,4	6,7	6,9	7,5	7,1	6,9	7,1	6,5	6,3
Setor terciário	49,4	50,2	52,4	53,8	53,9	54,5	54,5	57,5	58,1	58,5	58,1
Serviços produtivos e distributivos	18,6	19,1	19,8	20,4	20,5	20,6	20,6	21,8	21,8	22,4	21,9
Serviços sociais e pessoais privados	13,7	13,8	14,8	14,7	15,0	15,0	15,0	15,8	15,0	15,0	14,9
Serviços sociais públicos	12,2	12,3	12,5	13,1	12,9	13,2	13,3	13,8	14,3	14,3	14,2
Outros serviços	4,9	5,0	5,3	5,6	5,5	5,7	5,6	6,1	7,0	6,8	7,1
Total	100,0	100,0	100,0	100,0	100,0	100,0	100,0	100,0	100,0	100,0	100,0

Fonte: Cardoso Jr. (2006).

Sobre o grau de estruturação do mercado de trabalho,[5] os dados da Tabela 3.2 mostram que, apesar da perda de importância nos primeiros anos deste século, o segmento pouco estruturado ainda é o predominante. Dentro dele, pode-se notar uma queda constante de participação dos trabalhadores não remunerados (de 15,6%, em 1992, para 11,1%, em 2004) e um pequeno crescimento dos empregados sem carteira assinada (eram 22,2%, em 1992, e 23,9%, em 2004). Os conta própria apresentaram um desempenho praticamente constante ao longo do período.

---

[5] "Para efeitos analíticos, é possível dividir o mercado de trabalho em dois grupos de trabalhadores, segundo o seu grau de estruturação: de um lado, estariam os trabalhadores envolvidos em relações de assalariamento legal, ou seja, os trabalhadores com registro em carteira assinada, mais os funcionários públicos e militares; de outro, agruparíamos os trabalhadores classificados como integrantes do conjunto de relações pouco estruturadas de trabalho, isto é, os trabalhadores sem carteira, os autônomos e os trabalhadores não remunerados. Ao primeiro grupo chamamos de segmento estruturado do mercado de trabalho, e ao segundo chamamos de segmento pouco estruturado" (Cardoso Jr., 2006, p. 14).

Já o segmento estruturado apresentou aumento de participação no mercado de trabalho brasileiro, passando de 36,8%, em 1992, para 38,9%, em 2004. Depois de passar a década de noventa praticamente estagnado, este segmento registrou um comportamento mais positivo nos anos recentes, principalmente com a maior participação dos empregados com carteira assinada. Estes dados reforçam o argumento de Dedecca & Rosandiski (2006) de que após a desvalorização do Real, no início de 1999, houve um movimento de recomposição do mercado formal de trabalho no Brasil: no período compreendido entre 1999 e 2004, a participação do segmento estruturado do mercado de trabalho subiu de 35,9% para 38,9%, enquanto a participação do segmento pouco estruturado caiu de 60,1% para 57,0%.

Tabela 3.2. Evolução da participação do pessoal ocupado, segundo o grau de estruturação do mercado de trabalho, em porcentagem. Brasil, 1992-2004

Grau de estruturação e posição na ocupação	Anos										
	1992	1993	1995	1996	1997	1998	1999	2001	2002	2003	2004
Núcleo estruturado	36,9	36,4	36,3	37,2	36,9	36,7	35,9	37,9	37,7	38,6	38,9
Empregado com carteira	30,8	30,2	29,7	30,5	30,4	30,2	29,3	31,4	31,3	32,0	32,3
Funcionário público e militar	6,1	6,2	6,6	6,7	6,5	6,5	6,6	6,5	6,4	6,6	6,6
Núcleo pouco estruturado	59,5	60,1	59,8	59,1	59,1	59,6	60,1	57,9	58,1	57,3	57,0
Empregado sem carteira	22,2	22,9	22,3	23,2	22,8	23,0	22,9	24,2	24,3	23,5	23,9
Conta própria	21,7	21,7	22,6	22,3	22,7	23,0	23,2	22,3	22,3	22,4	22,0
Não remunerado	15,6	15,5	14,9	13,6	13,6	13,3	14,0	11,4	11,5	11,4	11,1
Empregadores	3,7	3,6	3,9	3,7	4,0	4,1	4,1	4,2	4,2	4,2	4,1
Empregador	3,7	3,6	3,9	3,7	4,0	4,1	4,1	4,2	4,2	4,2	4,1
Total	100,0	100,0	100,0	100,0	100,0	100,0	100,0	100,0	100,0	100,0	100,0

Fonte: Cardoso Jr. (2006).

Em relação à evolução da qualidade dos postos de trabalho, mais do que chamar a atenção para a sua precarização ou piora, o que os dados da Tabela 3.3 parecem indicar é que no período 1992-2004 houve um distanciamento das condições de trabalho entre os trabalhadores do segmento estruturado em relação ao trabalhadores do segmento pouco estruturado. Ou seja, o segmento estruturado obteve melhores condições e maior qualidade do trabalho ao longo de todo o período, sendo que em alguns indicadores (seguridade social e benefícios recebidos, por exemplo) as discrepâncias aumentaram.

Tabela 3.3. Evolução da qualidade do emprego. Brasil, 1992-2004

Grau de estruturação e posição na ocupação		Indicadores selecionados, 1992 (%)									
		Cobertura de seguridade social	Moradia	Benefícios recebidos				Jornada semanal >44h	Único trabalho	Um ano ou mais no mesmo trabalho	Tem filiação sindical
				Alimentação	Transporte	Educação	Saúde				
Núcleo estruturado	Empregado com carteira	98,0	7,0	38,0	43,0	3,0	22,0	59,0	97,0	65,0	30,0
	Funcionário público e militar	87,0	5,0	31,0	25,0	4,0	20,0	18,0	89,0	88,0	31,0
Núcleo pouco estruturado	Empregado sem carteira	5,0	14,0	28,0	13,0	1,0	3,0	56,0	96,0	43,0	4,0
	Conta própria	19,0	–	–	–	–	–	52,0	93,0	77,0	14,0
	Não remunerado	1,0	–	–	–	–	–	20,0	99,0	75,0	4,0
Empregadores	Empregador	65,0	–	–	–	–	–	71,0	90,0	86,0	21,0
Total		43,0	10,0	33,0	30,0	2,0	15,0	49,0	96,0	67,0	17,0
		Indicadores selecionados, 1998 (%)									
Núcleo estruturado	Empregado com carteira	100,0	7,0	45,0	48,0	3,0	23,0	60,0	97,0	65,0	26,0
	Funcionário público e militar	93,0	5,0	37,0	32,0	5,0	33,0	18,0	89,0	89,0	35,0
Núcleo pouco estruturado	Empregado sem carteira	7,0	11,0	28,0	16,0	1,0	3,0	50,0	96,0	46,0	4,0
	Conta própria	16,0	–	–	–	–	–	51,0	92,0	82,0	12,0
	Não remunerado	1,0	–	–	–	–	–	16,0	98,0	80,0	8,0
Empregadores	Empregador	60,0	–	–	–	–	–	69,0	92,0	87,0	21,0
Total		44,0	8,0	37,0	34,0	3,0	17,0	47,0	95,0	69,0	16,0

Indicadores selecionados, 2004 (%)

Núcleo estruturado	Empregado com carteira	100,0	6,0	49,0	51,0	3,0	25,0	60,0	97,0	66,0	27,0
	Funcionário público e militar	95,0	3,0	41,0	33,0	3,0	31,0	17,0	88,0	90,0	38,0
Núcleo pouco estruturado	Empregado sem carteira	9,0	7,0	31,0	18,0	1,0	3,0	44,0	96,0	48,0	5,0
	Conta própria	14,0	–	–	–	–	–	45,0	93,0	82,0	14,0
	Não remunerado	1,0	–	–	–	–	–	13,0	98,0	82,0	15,0
Empregadores	Empregador	57,0	–	–	–	–	–	66,0	91,0	90,0	21,0
Total		46,0	6,0	41,0	37,0	2,0	17,0	45,0	95,0	70,0	18,0

Fonte: Cardoso Jr. (2006).

Especificamente em relação aos empregados assalariados, que é o que mais interessa para os propósitos deste estudo, são claras as diferenças entre os empregados com carteira e os empregados sem carteira assinada. Em 1992, 98,0% dos empregados com carteira tinham cobertura da seguridade social (contra somente 5,0% dos empregados sem carteira); 38,0% dos empregados com carteira recebiam auxílio-alimentação, 43,0% recebiam auxílio-transporte e 22,0% recebiam auxílio-saúde (contra 28,0%, 13,0% e 3,0%, respectivamente dos empregados sem carteira); 65,0% dos empregados com carteira estavam no mesmo emprego há um ano ou mais (contra 43,0% dos sem carteira); 30,0% dos empregados com carteira eram filiados a algum sindicato (contra apenas 4,0% dos sem carteira).

Em 2004, a situação era a seguinte, ainda de acordo com os dados da Tabela 3.3: 100,0% dos empregados com carteira tinham cobertura da seguridade social (contra 9,0% dos empregados sem carteira); 49,0% dos empregados com carteira recebiam auxílio-alimentação, 51,0% recebiam auxílio-transporte e 25,0% recebiam auxílio-saúde (contra 31,0%, 18,0% e 3,0%, respectivamente dos empregados sem carteira); 66,0% dos empregados com carteira estavam no mesmo emprego há um ano ou mais (contra 48,0% dos sem carteira); 27,0% dos empregados com carteira eram filiados a algum sindicato (contra apenas 5,0% dos sem carteira).

Um fato comum a ambos, empregados com e sem carteira, é a questão do sobretrabalho, com extensas jornadas que ultrapassam as 44 horas semanais. Em 1992, 59,0% dos empregados com e 56,0% dos empregados sem carteira apresentaram jornadas acima da regular. Em 2004, os valores foram, respectivamente, 60,0% e 44,0%, indicando uma melhora para os empregados sem carteira.

Este indicador de jornada de trabalho, juntamente com o pequeno recuo da participação dos trabalhadores com filiação sindical, particularmente dos empregados com carteira assinada, e com a estagnação dos rendimentos médios advindos do trabalho, são sintomas de um outro aspecto importante do mercado de trabalho brasileiro nas duas últimas décadas: o enfraquecimento do movimento sindical.

Para Fagnani (2005, pp. 428-9), "o longo processo de restabelecimento e fortalecimento das negociações coletivas, da organização sindical e do seu papel na regulação do trabalho, iniciado no final dos anos setenta, foi interrompido com a ofensiva liberal intensificada a partir de meados dos anos noventa. Desde então, começou a se tornar mais clara a perda de dinamismo sindical, em virtude dos impactos das políticas econômica e trabalhista,[6] pelo desmonte sistemático do Estado e pelos processos de reestruturação produtiva, que elevaram o desemprego, a informalidade e a flexibilidade das relações de trabalho. Com a vigência dessas políticas houve declínio do ciclo de greves,[7] pulverização sindical (com o aparecimento de sindicatos cada vez menores e menos representativos), descentralização das negociações coletivas e estreitamento dos espaços de interlocução política que vinham sendo preenchidos pelas centrais sindicais".

Ainda segundo o autor, a restrição do poder de pressão e de barganha dos sindicatos fez com que os rumos das negociações coletivas caminhassem na direção de pautas defensivas, nas quais a preservação do emprego passou a ocupar o centro das atenções. Assim, foram suprimidas das convenções coletivas: cláusulas de compensação das perdas salariais; cláusulas sobre garantia de emprego, insalubridade e periculosidade; cláusulas sobre a redução da gratificação por tempo de serviço, programas de qualidade e produtividade e antecipação salarial; cláusulas sobre auxílio-creche, seguro de vida em grupo, estabilidade temporária, vale-transporte, comissão paritária para segurança do trabalho, garantia de piso salarial, entre outras.[8]

No caso específico dos sindicatos rurais[9] a situação não foi diferente.

---

[6] Marcada pela intensificação dos processos de desregulamentação e de flexibilização das relações de trabalho, com foco na redução dos encargos sociais, cujo elevado custo do trabalho era forte componente do chamado Custo Brasil.

[7] "Entre 1985 e 1990 foi registrada uma média anual de 2.203 greves. Essa média declinou para 978, entre 1991-1992, e para 561, entre 1996-1999. Nesses mesmos intervalos de tempo, a média anual de jornadas perdidas por conta das greves, que havia chegado a 130,7 milhões entre 1985 e 1990, declinou para 124,4 milhões e 11,3 milhões, respectivamente" (Ibidem, p. 429).

[8] Apesar de tudo isto, ainda há férreos defensores de que a política trabalhista no Brasil é extremamente intervencionista no mercado de trabalho, devendo passar por um processo de maior grau de desregulamentação. Para uma destas visões, com foco na política trabalhista para o meio rural e com severas críticas à CLT, ver os trabalhos de Rezende (2005 e 2006).

[9] De acordo com Favareto (2004:2), "dados da Pesquisa Sindical do IBGE de 2001 indicavam que, na virada do século, dos 10.286 sindicatos de trabalhadores existentes no Brasil, 3.911 eram sindicatos rurais, algo em torno de 38,0% do total. Estavam nestes sindicatos rurais 9,1 milhões de associados, o que corresponde a 47,0% do total de trabalhadores associados no país à época, perfazendo uma média de 2.336 trabalhadores por sindicato. Destas 3.911 organizações, 37,0% estavam filiadas a uma central sindical, com 33,0% reunidas na Central Única dos Trabalhadores (CUT) e os 4,0% restantes nas demais".

Se a institucionalidade e a socioeconomia nos setores industrial, de comércio e de serviços estavam passando por profundas transformações, com a agricultura e com o rural brasileiro o quadro era semelhante,[10] o que obrigou o sindicalismo rural a também atualizar sua agenda política e suas prioridades de luta, num contexto histórico de grande diversidade de suas bases (assalariados, pequenos proprietários, arrendatários — parceiros e meeiros —, posseiros, todos sob a mesma denominação de trabalhadores rurais ou trabalhadores do campo).

A reorganização dos sindicatos rurais foi impulsionada pela necessidade de horizontalizar a ação política, em contraposição ao verticalismo constituído de acordo com a organização por ramos de atividade econômica; pela necessidade de reconsiderar a base social, sobretudo incluindo uma multiplicidade de formas sociais de trabalho, para além da tradicional situação de assalariamento; e pela necessidade de conferir um tom mais propositivo à ação sindical, em contraposição ao caráter marcadamente reivindicatório dos períodos anteriores (Favareto, 2004; Medeiros, 1997).

"Com relação às bandeiras de luta, o novo sindicalismo abandona as antigas — reforma agrária e direitos trabalhistas, ou reforma agrária, política agrícola e direitos trabalhistas — e assume outras,[11] um Projeto Alternativo de Desenvolvimento Rural, ancorado na expansão e fortalecimento da agricultura familiar, segmento que passa a ser considerado prioritário nessa nova estratégia para o meio rural que o sindicalismo se propõe a construir (Favareto, 2004, p. 20).[12] Ainda de acordo com o autor,

---

[10] Compilando as contribuições de vários especialistas, Favareto (2004) elenca as principais transformações no meio rural: acentuada diminuição da importância da agricultura (rendas agrícolas) na formação das rendas das famílias rurais; processo de concentração e especialização na agricultura de *commodities*; aumento do desemprego, acompanhado da flexibilização do trabalho assalariado; adensamento da malha de municípios, com uma aproximação entre os espaços urbanos e rurais motivada tanto pela busca de novas atividades e produtos por parte de segmentos da população urbana como pela evolução do padrão de urbanização em várias regiões brasileiras; descentralização de várias políticas públicas com impacto para a qualidade de vida das populações dos pequenos municípios e também para a participação social nos mecanismos de gestão destas políticas.

[11] "Em síntese, as que foram as principais bandeiras do sindicalismo nos anos setenta e oitenta, por diferentes razões, não se constituem mais em fonte de visibilidade e de força do movimento sindical" (Medeiros, 1997, p. 71).

[12] "Se nos anos 80 a polêmica se situava em saber se era ou não papel de uma central sindical organizar produtores autônomos, na condição de peque-

além das reorientações estruturais do movimento sindical (incluindo a filiação da Confederação Nacional dos Trabalhadores na Agricultura — Contag — à Central Única dos Trabalhadores — CUT, em meados dos anos noventa), uma série de fatores conjunturais do início dos anos noventa contribuíram para esta guinada: as experiências na organização das lutas no Sul e no Norte do país, nas quais foi desenhado um novo jeito de compor alianças e construir as pautas de reivindicação; o papel de novos mediadores, do governo e da sociedade civil, que introduziram os debates sobre a agricultura familiar e os modelos de desenvolvimento; a derrota da candidatura Lula, em 1989, que afastou a possibilidade de mudanças mais significativas no horizonte próximo; e a crise do modelo agrícola, que abriu a possibilidade para se discutir e propor projetos alternativos de desenvolvimento.

Outra marca do sindicalismo rural nas duas últimas décadas foi a tendência de criação (e proliferação) de organizações específicas de representação, tanto dos agricultores familiares[13] quanto dos assalariados rurais,[14] sem contar a diversidade de representação dos sem terra, embora o Movimento dos Trabalhadores Rurais Sem Terra (MST) ainda seja o principal (Medeiros, 1997). Isto, por um lado, recoloca a questão de possíveis novas fraturas no interior das representações dos movimentos sociais organizados, mas, por outro, pode ampliar as possibilidades de se dar melhores encaminhamentos a questões tão diversas como direitos trabalhistas e melhores condições de emprego, acesso à terra e reforma agrária e acesso aos programas e ações de uma política agrícola diferenciada para os agricultores familiares, que durante muito tempo foram temas que estiveram sob a égide de uma única estrutura sindical.

---

nos proprietários, o debate que aparece nos documentos sindicais na década seguinte trata da dificuldade oposta, a de atender às demandas dos assalariados rurais e criar mecanismos que aumentem sua participação numa estrutura sindical em que a larga maioria dos cargos de direção é ocupada por agricultores familiares e onde as principais políticas desenvolvidas são também a esse público direcionadas" (Favareto, 2004, p. 20).

[13] De acordo com Favareto (2006) a expressão mais forte deste movimento foi a criação da Federação dos Trabalhadores na Agricultura Familiar da Região Sul do Brasil (Fetraf-Sul). À semelhança desta organização, já existiam, em 2004, outras dez federações da agricultura familiar em diferentes estados, que deveriam se reunir na Federação Nacional dos Trabalhadores na Agricultura Familiar.

O mercado de trabalho agrícola no Brasil

Evolução das ocupações e do emprego na agricultura no período 1992-2004

Como este é o tema central do presente livro, a análise da evolução das ocupações, em geral, e do emprego, em particular, na agricultura brasileira no período 1992-2004 será feita com maior nível de detalhamento, não só para as principais posições na ocupação como também para as Grandes Regiões.

De acordo com os dados do Gráfico 3.1, o número de pessoas ocupadas na agricultura reduziu-se em 2,0 milhões no período em questão (-10,9%). A categoria que mais contribuiu para essa redução foi a dos membros não remunerados da família,[15] que registrou queda de 1,3 milhão no número de pessoas ocupadas (-25,2%). Somando-se os empregados,[16] cuja redu-

---

[14] Talvez o movimento mais importante neste sentido foi a criação da Federação dos Empregados Rurais do Estado de São Paulo (Feraesp), no início dos anos noventa. Segundo Graziano da Silva (1997:10) "surgiu daí um movimento sindical específico de trabalhadores assalariados volantes nas zonas canavieiras e não apenas um fortalecimento do movimento de trabalhadores rurais tradicional. Apareceu também a primeira cisão no movimento sindical rural do Estado, reunindo apenas os sindicatos de trabalhadores assalariados do Estado em oposição à Federação dos Trabalhadores na Agricultura (Fetaesp), que continuou a abrigar também os pequenos produtores".

[15] Pessoas que trabalham sem remuneração, durante pelo menos uma hora na semana, em ajuda a membro da unidade familiar que era conta própria, empregador ou empregado na produção de bens primários. Nesta categoria também estão as pessoas que trabalham sem remuneração, durante pelo menos uma hora na semana, como aprendiz ou estagiário ou em ajuda a instituição religiosa, beneficente ou de cooperativismo.

[16] Pessoas que trabalham para um empregador (pessoa física ou jurídica), geralmente obrigando-se ao cumprimento de uma jornada de trabalho e recebendo em contrapartida uma remuneração em dinheiro, mercadorias, produtos ou benefícios (moradia, alimentação, roupas, etc.). Em função da sua inserção, os empregados são classificados em temporários e permanentes.

Ainda segundo o IBGE, o empregado é considerado temporário quando a duração do contrato ou acordo (verbal ou escrito) de trabalho tem um término estabelecido, que pode ser, ou não, renovado. Ou seja, o empregado que foi contratado por tempo determinado ou para executar um trabalho específico que, ao ser concluído, o contrato ou acordo de trabalho estaria encerrado. O trabalhador temporário pode, de acordo com a região, receber uma das seguintes denominações: bóia-fria, volante, calunga, turmeiro, peão de trecho, clandestino, etc. Em contraposição, o empregado é considerado permanente quando a duração do contrato ou acordo (verbal ou escrito) de trabalho não tem um término estabelecido.

ção no número de pessoas foi de 342,7 mil (-6,8%), e os conta própria,[17] que apresentaram queda de 296,0 mil (-6,5%) no número de ocupados, tem-se que estas três categorias foram responsáveis por 95,5% do total da redução das ocupações agrícolas.

No período 1992-2004, a PEA ocupada na agricultura brasileira oscilou entre um máximo de 18,5 milhões de pessoas, em 1992, e um mínimo de 15,6 milhões, em 2001. *Grosso modo*, pode-se dividir o período em dois grandes subperíodos, do ponto de vista das ocupações agrícolas: *a)* o primeiro subperíodo é compreendido entre 1992 e 1995 e apresenta um nível de ocupação, mais ou menos estável, de 18,3 milhões de pessoas, em média; *b)* o segundo subperíodo é compreendido entre 1996 e 2004 e marcado por forte redução das ocupações agrícolas, em relação ao anterior (média anual de 16,5 milhões de pessoas).

É interessante notar que o segundo subperíodo, dadas as suas características, também poderia ser partilhado em dois, tendo como divisor de águas o ano de 1999, quando houve a desvalorização do Real e uma importante recuperação das ocupações na agricultura. Entre 1996 e 1998, pode-se dizer que houve crise agrícola e redução das ocupações, ao passo que entre 1999 e 2004, pós-desvalorização, houve bom desempenho da agricultura brasileira, mas também marcado pela redução das ocupações, embora em menor magnitude. Vale dizer que, apesar de não ter recuperado o nível de ocupação verificado no final dos anos noventa, entre 2001 e 2004 houve um pequeno aumento das ocupações na agricultura brasileira.

O comportamento geral observado não foi homogêneo em todas as Grandes Regiões (Gráfico 3.2). As regiões com melhores resultados no total do período foram o Norte Urbano, com crescimento de 26,8% no número de pessoas ocupadas, e o Nordeste, com pequena redução de 0,9%. Vale salientar que essas duas regiões tiveram forte expansão da área cultivada no período 1999-2004, registrando aumentos na ocupação das categorias de empregadores[18] e empregados, especialmente. As demais regiões (Centro-Oeste, Sudeste e Sul) tiveram reduções de 16,4%, 25,0% e 17,7%, respectivamente, no número de pessoas ocupadas na agricultura no período analisado.

---

[17] Pessoas que trabalham explorando o seu próprio empreendimento, sozinhas ou com sócio, sem ter empregado e contando, ou não, com a ajuda de trabalhador não remunerado.

[18] Pessoas que trabalham explorando o seu próprio empreendimento, com pelo menos um empregado.

A posição relativa de cada região no total de ocupações não sofreu alteração nesse período. Ou seja, entre 1992 e 2004, a região Nordeste sempre ficou em primeiro lugar, seguida pelo Sudeste. Na seqüência aparecem, respectivamente, as regiões Sul, Centro-Oeste e Norte Urbano.

Gráfico 3.1. Evolução das ocupações na agricultura brasileira no período 1992-2004

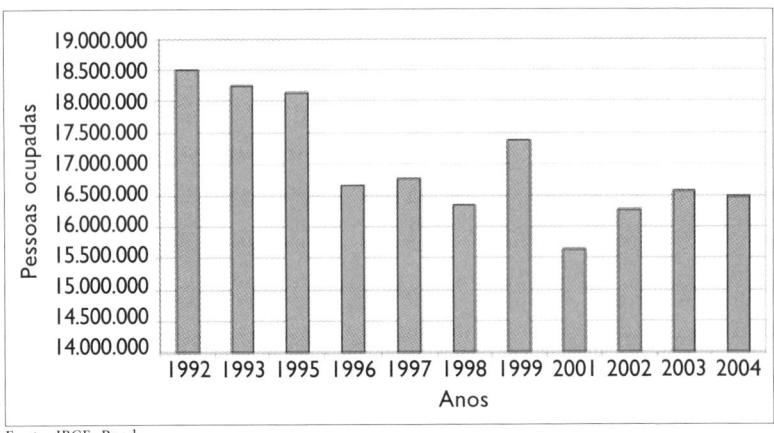

Fonte: IBGE, Pnad.

Gráfico 3.2. Evolução das ocupações na agricultura brasileira no período 1992-2004, segundo as Grandes Regiões (1992 = 100)

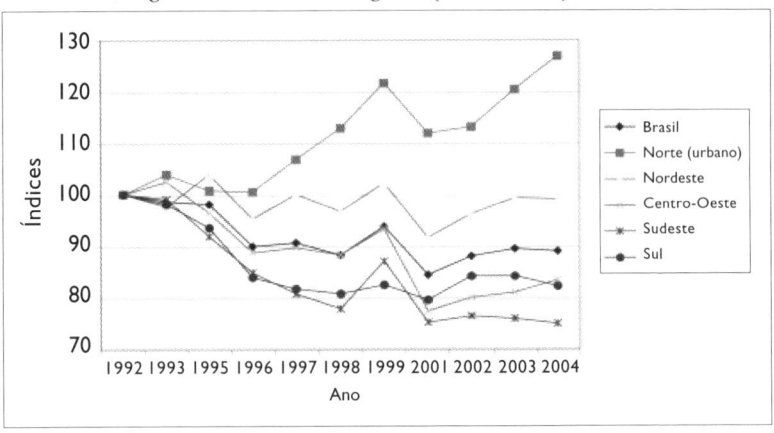

Fonte: IBGE, Pnad.

Em 2004, 49,2% do total das ocupações agrícolas estavam concentradas no Nordeste brasileiro, evidenciando que o comportamento da região influencia diretamente o desempenho observado para o total do Brasil. Nesse mesmo ano, o Sudeste respondeu por 21,4% das ocupações, seguido de perto pelo Sul, cuja participação foi de 19,3%. Em posição bem distante das demais aparecem o Centro-Oeste e o Norte Urbano que responderam por, respectivamente, 6,4% e 2,6% das ocupações na agricultura.

Se na participação das regiões não houve mudanças, o mesmo não aconteceu com as categorias de ocupados. E as alterações marcantes ocorreram nas participações de empregados e de membros não remunerados da família. Em 1992, as duas categorias tinham participações muito próximas no total das ocupações agrícolas (27,7% para os não remunerados e 27,4% para os empregados). A terceira categoria mais relevante era a dos conta própria, que respondia por 24,5% das ocupações. A seguir vinham os trabalhadores na produção para o próprio consumo,[19] com participação de 17,4%, e os empregadores (apenas 3,1%).

Os dados do Gráfico 3.3 auxiliam a compreender o ocorrido. Enquanto os não remunerados tiveram redução constante no número de ocupados (com exceção do ano de 1999), a categoria de empregados apresentou importante recuperação nos primeiros anos do século XXI. Com isso, pode-se notar que o nível de ocupação dos empregados em 2004 era muito próximo daquele observado em 1995.

Quando se analisa especificamente a categoria de empregados, observa-se que o comportamento geral no período 1992-2004 foi um pouco distinto do padrão verificado para o total das ocupações. Há, claramente, dois subperíodos para o Brasil: o primeiro, de 1992 a 2001, com redução contínua do contingente de empregados agrícolas (exceção feita ao ano de 1999, quando há uma pequena recuperação); o segundo, de 2001 a 2004, com importante recuperação do nível de emprego (foram criados 443,9 mil novos empregos na agricultura, um crescimento de 10,4%).

Em função disto, em 2004, os empregados eram a principal categoria em termos de participação no total das ocupações agrícolas (28,7%), seguido pelos conta própria (25,7%). Os não remunerados, a principal categoria em 1992, caíram para a terceira posição, com participação de 23,3%.

---

[19] Pessoas que trabalham, durante pelo menos uma hora na semana, na produção de bens do ramo que compreende as atividades da agricultura, silvicultura, pecuária, extração vegetal, pesca e piscicultura, para a própria alimentação de pelo menos um membro da unidade domiciliar.

Evolução das ocupações e o do emprego | 111

Os empregadores continuaram respondendo por 3,1% das ocupações na agricultura brasileira e os trabalhadores na produção para o próprio consumo registram pequeno aumento de participação, subindo para 19,3%.

Gráfico 3.3. Evolução das ocupações na agricultura brasileira no período 1992-2004, segundo a posição na ocupação (1992 = 100)

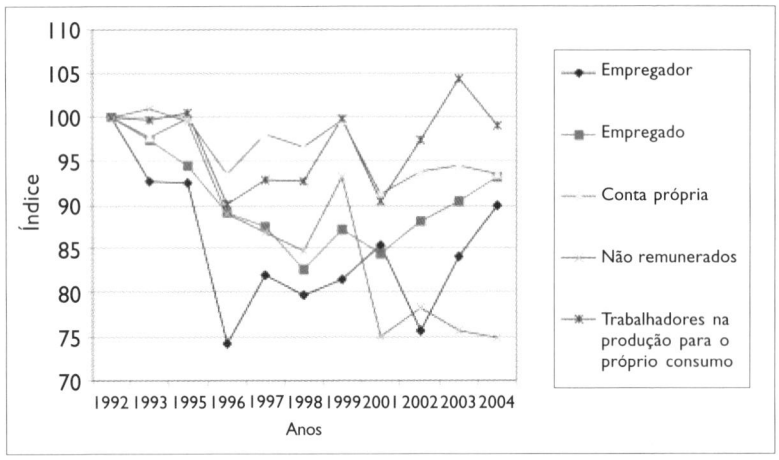

Fonte: IBGE, Pnad.

A seguir, será feito um detalhamento da evolução das ocupações agrícolas dentro das cinco regiões brasileiras, de modo a compor-se um cenário mais completo sobre estes importantes indicadores.

A análise da região Norte fica prejudicada pelo fato de se contar apenas com os dados da PEA agrícola com residência urbana para todo o período considerado.[20] Apesar de a Pnad pesquisar a área rural do estado de Tocantins, tais dados não estão agregados na Tabela 3.4.

Um primeiro aspecto a ser destacado é o crescimento de 91,4 mil ocupações na PEA agrícola urbana (26,8%). As principais categorias responsáveis por esse desempenho foram as de empregadores, que cresceu

---

[20] Segundo a Pnad 2004, que pela primeira vez pesquisou a área rural de toda a região Norte, havia 1.412.333 pessoas ocupadas na agricultura e com residência rural, distribuídas da seguinte forma: conta própria, 450.944 (31,9%); não remunerados, 449.900 (31,9%); trabalhadores na produção para o próprio consumo, 266.980 (18,9%); empregados, 206.539 (14,6%); empregadores, 37.970 (2,7%). Estes dados corroboram o fato de que, realmente, havia uma grande lacuna no estudo da PEA agrícola no Norte brasileiro, pois 76,6% dos ocupados estavam em áreas rurais, contra apenas 23,4% em áreas urbanas, em 2004.

103,5% no período 1992-2004, e de empregados, cujo aumento do número de pessoas ocupadas foi de 88,5% (ou 68,9 mil pessoas a mais). Pode-se notar que o período de maior crescimento dessas duas categorias da PEA agrícola no Norte Urbano foi entre 2001 e 2004, quando houve forte expansão da produção de café e grãos e oleaginosas nos estados do Acre, do Pará e de Rondônia, principalmente. O crescimento destas categorias, em detrimento das familiares (conta própria e não remunerados), parece indicar o transbordamento da "moderna" agricultura de perfil empresarial de outras regiões mais tradicionais na produção de *commodities* para o Norte brasileiro, uma nova fronteira agrícola em expansão.

Tabela 3.4. Evolução das ocupações agrícolas, segundo a posição na ocupação. Região Norte Urbano, 1992-2004

Anos	Posição na ocupação						
	Total	Empregador	Empregado	Conta própria	Não remunerados	Trab. prod. próprio consumo	Sem declaração
1992	340.942	15.543	77.857	96.604	67.777	83.161	–
1993	354.338	11.716	83.439	101.213	66.628	90.980	362
1995	343.692	12.849	82.118	104.978	59.704	83.666	377
1996	343.139	11.309	83.623	99.672	49.892	98.643	–
1997	364.766	11.112	86.511	126.435	66.428	74.280	–
1998	384.618	14.970	97.036	129.337	57.002	85.291	982
1999	414.776	13.472	94.978	143.646	77.233	85.447	–
2001	381.584	23.359	134.750	96.745	54.587	71.751	392
2002	385.329	23.675	122.513	105.711	41.204	90.457	1.769
2003	410.529	25.933	153.640	96.310	45.294	89.352	–
2004	432.379	31.631	146.765	103.014	55.321	95.648	–
Var. 1992-2004	91.437	16.088	68.908	6.410	–12.456	12.487	–
Var. 1992-2004 (%)	26,2	103,5	88,5	6,6	–18,4	15,0	–

Fonte: IBGE, Pnad.

Em 2004, os empregados eram a principal categoria dos ocupados na agricultura nortista, com participação de 33,9%, seguidos pelos conta própria (23,8%). Chama a atenção a importante participação dos trabalhadores na produção para o próprio consumo, que foi de 22,1%, constituindo-se na terceira categoria mais relevante. Pode-se notar que no período 1992-2004 ela teve aumento de 15,0% no número de pessoas ocupadas.

No Nordeste houve uma pequena redução de 0,9% nas ocupações agrícolas no período em questão, como pode ser visto na Tabela 3.5. Diferentemente do Norte Urbano, mas também do Centro-Oeste e do Sudeste, e similarmente ao Sul, as categorias mais relevantes na agricultura nordestina são as familiares. Em 2004, os conta própria e os não remunerados representavam 57,2% do total da PEA agrícola. A terceira categoria mais importante era a dos empregados, com participação de 22,8% no total de ocupados.

Entre 1992 e 2004, a categoria dos não remunerados foi a que sofreu a maior redução, 272,5 mil pessoas (ou –10,9%). Em contrapartida, aquela que mais cresceu foi a de trabalhadores na produção para o próprio consumo (27,1%, ou 307,4 mil pessoas a mais). Em 2004, 17,8% das pessoas ocupadas na agricultura nordestina pertenciam a esta categoria.

Tabela 3.5. Evolução das ocupações agrícolas, segundo a posição na ocupação. Região Nordeste, 1992-2004

Anos	Posição na ocupação						
	Total	Empregador	Empregado	Conta própria	Não remunerados	Trab. prod. próprio consumo	Sem declaração
1992	8.182.059	168.601	1.876.845	2.495.902	2.505.728	1.134.983	–
1993	8.000.287	164.275	1.702.125	2.441.134	2.576.998	1.115.755	–
1995	8.498.822	134.186	1.782.152	2.578.560	2.722.568	1.281.356	–
1996	7.797.448	133.593	1.604.880	2.346.401	2.355.786	1.355.713	1.075
1997	8.184.448	134.011	1.579.471	2.563.562	2.488.122	1.419.282	–
1998	7.924.279	147.764	1.432.301	2.555.913	2.445.140	1.341.103	2.058
1999	8.373.632	146.044	1.478.124	2.699.104	2.775.473	1.274.387	500
2001	7.505.928	172.001	1.633.456	2.342.221	2.077.740	1.280.510	–
2002	7.870.747	151.759	1.813.387	2.365.852	2.277.377	1.262.372	–
2003	8.135.826	171.098	1.860.749	2.411.047	2.263.573	1.429.359	–
2004	8.111.827	182.818	1.849.280	2.404.033	2.233.278	1.442.418	–
Var. 1992-2004	–70.232	14.217	–27.565	–91.869	–272.450	307.435	–
Var. 1992-2004 (%)	–0,9	8,4	–1,5	–3,7	–18,4	27,1	–

Fonte: IBGE, Pnad.

Um fato semelhante ao ocorrido no Norte Urbano foi o significativo crescimento das categorias de empregadores e empregados nos primeiros anos do século XXI. O total de pessoas ocupadas e que pertenciam a estas duas categorias em 2003 e 2004 foram os maiores verificados em toda a série histórica (a exceção foi o total de empregados, cujo maior valor foi observado em 1992). Esse comportamento deve-se, muito provavelmente, à expansão da produção de café e de grãos e oleaginosas (especialmente algodão, feijão e soja) nas áreas de cerrado nos estados da Bahia, do Maranhão e do Piauí.

Os dados da Tabela 3.6 mostram que no Centro-Oeste o principal destaque foi o crescimento dos conta própria (5,2%, ou 11,6 mil pessoas a mais nesta categoria de agricultores familiares). Todas as demais categorias tiveram queda no número de ocupados, o que contribuiu decisivamente para a redução de 16,4% da PEA agrícola. A forte expansão de culturas altamente mecanizadas em todo o processo produtivo, como é o caso do algodão, da soja e, mais recentemente, da cana-de-açúcar, auxilia a compreensão do comportamento observado nas ocupações agrícolas.

As reduções foram significativas em quase todas as categorias: –36,9% para os empregadores; –36,5% para os não remunerados; e –31,0% para os trabalhadores na produção para o próprio consumo. Os empregados, que sempre foram a categoria predominante no período em questão, registram queda de 5,4% no número de pessoas ocupadas. Em 2004, 42,2% da PEA agrícola ocupada no Centro-Oeste eram integrantes desta categoria. A seguir apareciam os conta própria e os trabalhadores na produção para o próprio consumo, com participações de, respectivamente, 22,2% e 17,3%.

Tabela 3.6. Evolução das ocupações agrícolas, segundo a posição na ocupação. Região Centro-Oeste, 1992-2004

Anos	Posição na ocupação					
	Total	Empregador	Empregado	Conta própria	Não remunerados	Trab. prod. próprio consumo
1992	1.270.432	71.356	473.677	223.657	235.588	266.154
1993	1.303.782	74.385	484.458	227.996	250.889	266.054
1995	1.227.293	59.841	479.337	237.602	212.157	238.157
1996	1.129.112	49.456	454.402	218.098	183.260	223.896
1997	1.139.345	49.151	475.385	223.357	166.145	225.307
1998	1.122.687	58.268	441.005	215.864	175.716	231.834
1999	1.185.252	52.593	481.850	219.382	184.270	274.157
2001	985.008	45.439	426.861	196.404	161.497	154.807
2002	1.019.077	52.565	426.338	227.676	139.310	173.188
2003	1.031.205	54.432	423.483	248.590	137.178	167.522
2004	1.061.511	45.052	447.908	235.280	149.641	183.630
Var. 1992-2004	–208.921	–26.304	–25.769	11.623	–85.947	–82.524
Var. 1992-2004 (%)	–16,4	–36,9	–5,4	5,2	–36,5	–31,0

Fonte: IBGE, Pnad.

A região Sudeste foi, isoladamente, a que mais contribuiu para a redução das ocupações na agricultura brasileira no período 1992-2004. Foram 1,2 milhão de pessoas a menos, ou 58,1% do total observado para o Brasil. Os dados da Tabela 3.7 evidenciam que todas as categorias, sem exceção, registraram queda no número de pessoas ocupadas. É sabido que o Sudeste vem registrando crescentes aumentos na mecanização da colheita das culturas de café e cana-de-açúcar, especialmente nos estados de Minas Gerais e São Paulo, o que causa importantes rebatimentos sobre o nível global da demanda da força de trabalho nas atividades agrícolas.

A categoria mais atingida foi a dos não remunerados, com redução de 436,2 mil pessoas (−53,0%). O número de trabalhadores na produção para o próprio consumo foi reduzido em 275,9 mil (−26,9%) e o de empregados em 234,6 mil (−12,2%). Finalmente, os empregadores tiveram queda de 30,7% no total de ocupados (ou 65,1 mil pessoas a menos) e os conta própria sofreram redução de 22,5% (ou 162,8 mil agricultores familiares a menos).

Em 2004, os empregados, que sempre foram a categoria preponderante no período analisado, responderam por 47,8% do total da PEA agrícola do Sudeste. Os trabalhadores na produção para o próprio consumo vinham a seguir, com participação de 21,3% no total de ocupados.

Tabela 3.7. Evolução das ocupações agrícolas, segundo a posição na ocupação. Região Sudeste, 1992-2004

Anos	Posição na ocupação						
	Total	Empregador	Empregado	Conta própria	Não remunerados	Trab. prod. próprio consumo	Sem declaração
1992	4.708.064	212.178	1.923.033	722.267	823.441	1.027.145	–
1993	4.671.932	189.416	1.992.205	699.704	819.812	970.795	–
1995	4.328.366	207.452	1.760.888	702.111	715.991	904.272	1.652
1996	3.998.144	155.763	1.743.475	690.787	752.676	654.720	723
1997	3.804.388	171.650	1.667.947	657.683	600.190	706.918	–
1998	3.665.405	172.316	1.597.048	619.374	584.945	691.722	–
1999	4.098.220	171.947	1.744.225	635.330	663.670	883.048	–
2001	3.546.297	155.527	1.566.538	584.209	537.732	702.291	–
2002	3.601.818	128.145	1.575.571	593.673	477.869	826.560	–
2003	3.578.167	145.834	1.575.234	601.888	439.344	815.867	–
2004	3.533.351	147.061	1.688.397	559.425	387.205	751.263	–
Var. 1992-2004	−1.174.713	−65.117	−234.636	−162.842	−436.236	−275.882	–
Var. 1992-2004 (%)	−25,0	−30,7	−12,2	−22,5	−53,0	−26,9	–

Fonte: IBGE, Pnad.

Finalmente, no comportamento da região Sul valem dois comentários principais: primeiro, foi a segunda região que mais contribuiu com a redução da PEA agrícola no período 1992-2004. Ao todo, foram 684,6 mil pessoas a menos ocupadas na agricultura, ou 33,9% do total verificado no Brasil (Tabela 3.8).

Segundo, é que, tal como no Nordeste, as principais categorias de ocupados são as familiares. Em 2004, 59,0% da PEA agrícola do Sul do país era formada por conta própria e não remunerados, evidenciando o peso da agricultura de base familiar na região. A terceira categoria mais relevante era a dos trabalhadores na produção para o próprio consumo, com participação de 20,3%. Diferentemente das demais regiões, no Sul os empregados ocupavam apenas a quarta posição na PEA agrícola, com 17,4% do total de pessoas ocupadas.

Pode-se notar que no período em questão as categorias de não remunerados e de empregados foram as mais atingidas pelas reduções na PEA agrícola (–32,7% e –17,6%). Somadas, as duas categorias perderam 597,3 mil pessoas, ou 87,2% do total registrado no encolhimento da PEA agrícola sulina.

Tabela 3.8. Evolução das ocupações agrícolas, segundo a posição na ocupação. Região Sul, 1992-2004

Anos	Posição na ocupação						
	Total	Empregador	Empregado	Conta própria	Não remunerados	Trab. prod. próprio consumo	Sem declaração
1992	3.866.991	102.347	670.922	957.494	1.466.171	670.057	–
1993	3.795.627	91.578	626.577	920.491	1.436.785	720.196	–
1995	3.616.156	111.827	639.909	867.111	1.319.874	677.435	–
1996	3.250.420	74.282	589.959	856.485	1.201.970	504.197	23.527
1997	3.161.656	101.868	590.662	830.332	1.109.406	528.585	793
1998	3.127.339	61.756	581.017	823.875	1.061.784	598.907	–
1999	3.192.673	81.647	589.874	785.122	1.047.786	688.244	–
2001	3.083.917	91.607	487.404	865.741	987.593	651.572	–
2002	3.256.356	77.323	497.313	905.260	1.041.330	735.130	–
2003	3.256.282	84.483	532.684	883.587	971.509	784.019	–
2004	3.182.434	105.806	552.668	889.562	987.153	647.245	–
Var. 1992-2004	–684.557	3.459	–118.254	–67.932	–479.018	–22.812	–
Var. 1992-2004 (%)	–17,7	3,4	–17,6	–7,1	–32,7	–3,4	–

Fonte: IBGE, Pnad.

Feita esta análise da evolução das ocupações e do emprego agrícola no período 1992-2004, para o Brasil e Grandes Regiões, é importante reter que, desde 2001, os empregados são a principal categoria de ocupados. Trata-se de uma categoria em processo de expansão no período recente, sendo a mais importante também em três das cinco regiões brasileiras:

Norte Urbano, Centro-Oeste e Sudeste. É desta categoria que os próximos itens e capítulos se ocuparão, de forma mais detalhada, com a evolução das características e da qualidade do emprego nas regiões e principais culturas selecionadas e com a evolução das condições de vida das famílias dos empregados na agricultura.

Características do mercado de trabalho assalariado na agricultura brasileira

Este item analisa, com mais detalhes, o mercado de trabalho assalariado na agricultura brasileira no período 1992-2004. Os dados da Tabela 3.9 mostram o universo dos empregados permanentes e temporários para o qual é feita a análise de algumas das principais características do trabalho assalariado agrícola.

A análise a seguir está baseada nos dados apresentados nas Tabelas de números A.1 a A.24, no Anexo Estatístico. Por uma questão didática, a análise será feita inicialmente para o total de Brasil e depois para as cinco regiões e também para as culturas selecionadas (arroz, café, cana-de-açúcar, mandioca, milho e soja). É importante destacar que as dimensões do mercado de trabalho assalariado que serão contempladas são as de nível educacional dos empregados, de grau de formalidade, de rendimentos obtidos no trabalho principal e de benefícios recebidos pelos empregados.

Sempre é bom lembrar que tais dimensões não esgotam, obviamente, os temas em torno da qualidade do emprego, mas certamente constituem-se em aspectos de grande relevância. A base para os comentários analíticos são os indicadores selecionados e o Índice de Qualidade do Emprego (IQE) construído, que serão abordados para as diferentes categorias de empregados (permanentes e temporários), segundo o local de moradia (rural e urbano).

A metodologia de construção do IQE

De acordo com Balsadi (2006), para construir o IQE, os procedimentos básicos são os seguintes: obtenção dos indicadores simples; construção dos índices parciais, a partir das médias ponderadas dos indicadores simples, no sentido de captar as dimensões da qualidade do emprego; cálculo do IQE a partir das médias ponderadas dos índices parciais.

Tabela 3.9. Pessoas ocupadas na agricultura na semana de referência na condição de empregado permanente e temporário, segundo a área. Brasil e Grandes Regiões, 1992-2004

Brasil e Grandes Regiões	Empregado permanente									
	Urbano					Rural				
	1992	1995	1998	2001	2004	1992	1995	1998	2001	2004
Centro-Oeste	91.756	102.134	90.910	104.425	101.516	208.127	213.631	221.488	175.462	194.333
Nordeste	237.738	261.829	146.314	185.436	209.897	623.798	555.520	450.623	460.754	439.342
Norte Urbano	22.452	30.759	26.659	38.558	39.015	–	–	–	–	–
Sudeste	424.846	379.837	377.037	322.481	362.378	682.814	647.363	580.168	537.448	464.127
Sul	97.477	108.079	88.992	83.084	92.490	248.477	225.547	219.355	195.996	200.263
Total de Brasil	874.269	882.638	729.913	733.984	805.296	1.763.216	1.642.061	1.471.634	1.369.660	1.298.065
	Empregado temporário									
Centro-Oeste	98.227	97,056	68.117	92.272	87.312	67.249	52.105	47.276	40.099	53.405
Nordeste	250.992	250.315	185.699	306.805	375.667	700.512	640.458	587.715	608.025	748.732
Norte Urbano	47.238	45.917	52.676	79.972	92.987	–	–	–	–	–
Sudeste	471.717	350.390	287.375	302.786	484.127	263.402	291.398	283.953	295.790	291.542
Sul	154.926	127.889	118.150	90.804	113.946	129.968	120.530	122.484	84.705	99.872
Total de Brasil	1.023.100	871.565	712.017	872.639	1.154.039	1.161.131	1.104.491	1.041.428	1.028.619	1.193.551

Fonte: Elaboração do autor com base nos microdados da Pnad.

A seguir, são descritos os indicadores simples e os índices parciais para as quatro dimensões selecionadas para avaliar a evolução da qualidade do emprego agrícola: nível educacional dos empregados; grau de formalidade do emprego; rendimento recebido no trabalho principal; e auxílios recebidos pelos empregados.

Para analisar o nível educacional das pessoas empregadas foram selecionados indicadores relacionados a dois aspectos: alfabetização e nível de escolaridade. Para isto, foram escolhidos os seguintes indicadores simples: porcentagem de pessoas empregadas não analfabetas ou com mais de um ano de estudo (Indalf); porcentagem de pessoas ocupadas com até quatro anos de estudo (Indesc1); e porcentagem de pessoas ocupadas com oito ou mais anos de estudo (Indesc2). Assim, o índice parcial de educação foi calculado da seguinte forma, com o auxílio da técnica de análise multicritério:[21] Indeduc = 0,45 Indesc2 + 0,36 Indesc1 + 0,19 Indalf.

---

[21] O Apoio Multicritério à Decisão (AMD) consiste em um conjunto de métodos e técnicas para auxiliar ou apoiar pessoas e organizações a tomarem decisões, quando da presença de uma multiplicidade de critérios. No AMD são construídos modelos que legitimam os juízos de valor subjetivos. Ou seja, pressupõe aceitar que a subjetividade está presente em todo o processo de decisão, pois é consensual que nenhum método consegue eliminá-la totalmente, especialmente no processo de definição das estruturas de ponderação. Para a construção do IQE, e também do ICV, foi escolhido um método da escola americana de multicritério, o Macbeth (*Measuring Attractiveness by a Categorical Based Evaluation Technique*). Para maiores detalhes, ver Balsadi (2006).

Na formalidade do emprego, foram selecionados: porcentagem de empregados com idade acima de quinze anos, o que representa a proporção de trabalhadores não infantis empregada (Ninf); porcentagem de empregados com jornada semanal de até 44 horas, o que corresponde à participação dos empregados sem sobretrabalho (Jorn); porcentagem de empregados com carteira assinada (Cart); e porcentagem de empregados contribuintes da Previdência Social (Prev). O índice parcial de formalidade foi calculado da seguinte forma: Indformal = 0,35 Cart + 0,29 Prev + 0,24 Ninf + 0,12 Jorn.

Para o rendimento obtido no trabalho principal foram selecionadas a porcentagem de empregados com remuneração acima de um salário mínimo (Npob) e o rendimento médio mensal (Rend). O índice parcial de rendimento foi calculado da seguinte forma: Indrend = 0,60 Npob + 0,40 Rend.

Para a construção do índice parcial dos auxílios recebidos foram selecionados: porcentagem de empregados que recebiam auxílio-moradia (Auxmor); porcentagem de empregados que recebiam auxílio-alimentação (Auxalim); porcentagem de empregados que recebiam auxílio-transporte (Auxtrans); porcentagem de empregados que recebiam auxílio-educação (Auxeduc); e porcentagem de empregados que recebiam auxílio- saúde (Auxsau). É importante destacar que neste índice parcial foi feita uma diferenciação entre as áreas urbanas e as rurais no tocante à importância relativa dos auxílios recebidos pelos empregados. Assim, para os residentes urbanos o índice foi calculado da seguinte forma: Indaux = 0,26 Auxmor + 0,23 Auxsau + 0,20 Auxalim + 0,17 Auxtrans + 0,14 Auxeduc. Já para os residentes rurais o cálculo foi feito assim: Indaux = 0,29 Auxmor + 0,22 Auxsau + 0,20 Auxeduc + 0,17 Auxalim + 0,12 Auxtrans.

De todos os indicadores selecionados, apenas o rendimento médio mensal precisou ser padronizado para variar de 0 a 100, segundo a fórmula: ([valor – mínimo]/[máximo – mínimo]), onde o mínimo e o máximo são, respectivamente, os valores mínimo e máximo do rendimento médio encontrados em toda a série, possibilitando a comparação intertemporal.

Vale salientar que, antes de ser feita a padronização, os rendimentos médios foram corrigidos para dezembro de 2005, por meio do INPC, do IBGE. A escolha do índice de preços deu-se pelo fato de ele ser obtido para famílias com renda na faixa de um a oito salários mínimos, o que é muito mais próximo da realidade das famílias dos empregados na agricultura brasileira. Para a correção dos rendimentos médios foi utilizado o mesmo método descrito em Hoffmann & Kageyama (2005).

Os IQEs obtidos são passíveis de comparação intertemporal. Para a comparação, trabalhou-se com a idéia de progresso relativo, calculado pela fórmula:

$$\frac{\text{valor do índice em } t1 - \text{valor em } t0}{100 - \text{valor em } t0}$$

O denominador mostra o máximo crescimento que seria possível a partir do ano inicial (progresso possível) e o numerador indica o crescimento obtido de fato no período considerado (progresso efetivo). A razão entre os dois valores compreende a velocidade relativa da melhoria nas condições e qualidade do emprego (Kageyama & Rehder, 1993).

Com o auxílio de técnicas de multicritério, o cálculo final do índice foi feito da seguinte forma: IQE = 0,35 Indrend + 0,29 Indformal + 0,21 Indeduc + 0,15 Indaux, onde os índices parciais são, respectivamente, os de rendimento, de grau de formalidade, de nível educacional dos empregados e de auxílios recebidos pelos empregados.

Os dados para o total de Brasil

Inicialmente, vale salientar que, em linhas gerais, houve importantes avanços na melhoria da qualidade do emprego na agricultura brasileira, principalmente nos indicadores relativos às dimensões da formalidade e dos rendimentos. No entanto, é de fundamental relevância dizer que ainda prevalecem condições muito mais favoráveis para os empregados permanentes, em relação aos temporários. Estes resultados são determinados, mais fortemente, pelos componentes vinculados ao grau de formalidade do emprego (carteira assinada e contribuição previdenciária, principalmente), ao rendimento médio mensal e a alguns benefícios recebidos, o que tem contribuído, em várias situações, para ampliar as diferenças entre tais categorias de trabalhadores, reforçando uma tendência de polarização entre os segmentos mais e menos estruturados no mercado de trabalho agrícola.

Também é importante destacar que o comportamento dos indicadores não foi homogêneo em todo o período analisado, sobressaindo-se alguns subperíodos de maior destaque. Em linhas gerais, os subperíodos 1992-95, que inclui o início do Plano Real, e 2001-04, que registrou desempenho muito bom da agricultura, foram os mais favoráveis para os empregados agrícolas. No entanto, há variações importantes, dependendo da categoria de empregado e do indicador em questão.

Como foi comentado anteriormente, os indicadores relacionados ao rendimento e ao grau de formalidade foram os mais relevantes para todas as categorias de empregados. No tocante ao rendimento oriundo do trabalho principal houve avanços muito importantes tanto na participação dos empregados que recebem mais de um salário mínimo por mês quanto nos aumentos reais de rendimento médio, como será destacado adiante.

Para os indicadores que medem o grau de formalidade do emprego, merecem destaque o aumento da participação dos empregados com carteira assinada e com contribuição para a Previdência Social no período 1992-2004, que são fatores cruciais para a aposentadoria (urbana e rural), que se têm constituído em política social de caráter universal da maior importância para o bem-estar dos idosos no Brasil, especialmente daqueles residentes nas regiões menos desenvolvidas.[22]

Apesar de todas as categorias terem registrado aumento nos indicadores de formalidade, é muito distante a realidade dos empregados temporários daquela observada para os empregados permanentes. Enquanto os temporários rurais e urbanos tiveram apenas 4,8% e 14,2%, respectivamente, de carteira assinada em 2004, os permanentes rurais e urbanos tiveram 49,6% e 50,0%, respectivamente. Em 1992, os valores observados foram de 2,7% para os temporários rurais, 10,6% para os temporários urbanos, 36,8% para os permanentes rurais e 35,0% para os permanentes com residência urbana. Para a contribuição previdenciária, o quadro foi muito semelhante (Tabela A1 do Anexo Estatístico).

Embora os temporários rurais tenham registrado importante ganho real no rendimento médio mensal no período analisado (30,2%), seus ganhos continuam muito distantes das demais categorias. Em 2004, eles

---

[22] Sobre a importância dos benefícios da aposentadoria, especialmente da aposentadoria rural, ver os trabalhos de Delgado (1997) e Delgado & Cardoso Jr. (1999).

recebiam, em média, R$ 197,25 (preços reais de dezembro de 2005), contra R$ 283,08 dos temporários urbanos, R$ 364,53 dos permanentes rurais e R$ 432,09 dos permanentes urbanos.

Quanto aos auxílios recebidos pelos empregados (moradia, alimentação, transporte, educação e saúde), seus indicadores foram os que tiveram menor impacto nas melhorias registradas no emprego agrícola, pois o quadro observado no ano de 2004 não foi substancialmente distinto daquele registrado em 1992. Vale dizer, inclusive, que em algumas situações, houve até uma piora no recebimento dos auxílios.

Para finalizar este item, vale a pena fazer mais alguns comentários sobre os indicadores selecionados:

— os empregados permanentes urbanos, que possuem as melhores condições de emprego, foram também os que apresentaram o maior progresso no período, enquanto os empregados temporários rurais, que possuem as condições mais desfavoráveis, foram os que tiveram o menor progresso. Para os empregados permanentes urbanos e para os temporários, rurais e urbanos, os subperíodos 1992-95 e 2001-04 foram os mais favoráveis, com maior destaque para o primeiro. Já para os permanentes rurais, os melhores subperíodos foram os de 1992-1995 e 1995-98. É interessante observar que entre 1992 e 1995 o componente mais importante para a melhoria da qualidade do emprego foi o ganho real dos rendimentos, enquanto no subperíodo 2001-04, os maiores avanços ocorreram no grau de formalidade, com exceção dos temporários rurais.

— nos indicadores de educação merecem destaque positivo: o aumento da participação dos empregados alfabetizados ou com mais de um ano de estudo (ou seja, os empregados não analfabetos) em todas as categorias (em 2004, a menor participação dos empregados alfabetizados foi observada entre os temporários rurais, com 73,0%, contra 58,8%, em 1992); e o aumento da participação dos empregados com oito anos ou mais de estudo em todas as categorias, com destaque para os permanentes urbanos (em 2004, 13,3% tinham este nível de escolaridade, contra apenas 4,1%, em 1992). Estes fatos compensaram a redução dos empregados com até quatro anos de estudo.

— no grau de formalidade também houve melhoria na participação dos empregados com jornada regular de até quarenta e quatro horas semanais, especialmente para os temporários rurais e urbanos, e na redução do trabalho infantil, cuja maior participação, em 2004, foi de 4,1% entre os temporários rurais (em 1995, esta participação atingiu 12,3%).

— no rendimento médio mensal, os valores observados para a participação de empregados recebendo mais de um salário mínimo apresentaram desempenho significativo, embora tais participações ainda sejam muito discrepantes entre as categorias: em 2004, 27,7% dos temporários rurais recebiam mais de um salário mínimo mensal (eram 15,9%, em 1992), contra 38,2% dos temporários urbanos (eram 26,3%, em 1992), 56,1% dos permanentes rurais (eram 40,2%, em 1992) e 62,4% dos permanentes urbanos (46,8%, em 1992).

— ainda na dimensão do rendimento, vale destacar o aumento real dos rendimentos médios mensais de todas as categorias no período 1992-2004: 24,9% para os permanentes urbanos; 27,6% para os permanentes rurais; 23,1% para os temporários urbanos; e 30,2% para os temporários rurais, que apesar do ganho ainda continuam recebendo menos da metade do que recebem os permanentes urbanos (Tabela A1 do Anexo Estatístico). Vale destacar que os permanentes urbanos tiveram ganhos reais em todos os subperíodos, ao passo que os permanentes rurais só não os tiveram no subperíodo 1998-2001. Já os temporários, rurais e urbanos, registraram perdas reais nos subperíodos 1995-98 e 1998-2001 (este, aliás, foi o pior momento para os empregados na agricultura brasileira em melhorias na qualidade do emprego) e ganhos nos demais. É importante notar que entre 1995 e 2004 houve, praticamente, estagnação no rendimento médio mensal recebido pelos empregados temporários da agricultura brasileira.

— para os auxílios recebidos, além de dizer que apresentaram progresso muito baixo no período 1992-2004 (e até mesmo negativo em alguns casos), vale reforçar também que: o auxílio moradia, como era de se esperar, é o mais relevante para os empregados permanentes com residência rural (68,6% o recebiam, em 2004), seguido pelo auxílio-alimentação (31,8%); os auxílios-alimentação, transporte e moradia, têm participações relativamente próximas para os permanentes urbanos, com maior destaque para o primeiro (40,4%, em 2004); os auxílios-alimentação e transporte são os mais relevantes para os temporários urbanos (26,7% e 28,5%, respectivamente, dos empregados os recebiam, em 2004); o auxílio-alimentação é, destacadamente, o mais importante para os temporários rurais (23,3% dos empregados o recebiam, em 2004); o auxílio-educação é inexpressivo em todas as categorias e o auxílio-saúde têm maior relevância para os empregados permanentes urbanos e rurais (6,9% e 6,1%, respectivamente, o recebiam, em 2004).

Os dados para as Grandes Regiões

Neste item, o intuito é tecer alguns comentários para as cinco Grandes Regiões. A relevância disto reside no fato de se fazer uma melhor qualificação da análise do trabalho assalariado na agricultura, indo além do nível mais agregado para um nível mais detalhado, podendo-se verificar as diferenciações regionais de comportamento.

Região Norte Urbano

Inicialmente, vale ressaltar que tanto os empregados permanentes quanto os temporários do Norte Urbano ocupados na agricultura apresentaram melhorias na qualidade no emprego no período 1992-2004. Da mesma forma como foi observado para o total de Brasil, os maiores avanços foram registrados para os permanentes urbanos, motivados pelos significativos avanços ocorridos nos indicadores relacionados ao rendimento e ao grau de formalidade, especialmente nos subperíodos 1992-95 e 2001-04, conforme os dados da Tabela A3 do Anexo Estatístico. Com isto, aumentaram as discrepâncias em relação às condições de trabalho observadas para os empregados temporários.

No rendimento médio mensal, o subperíodo 1992-95 foi o de maior destaque para os empregados permanentes, com ganho real de 45,7%. Pode-se notar que no total do período 1992-2004 o aumento real foi de 65,2%. Também é possível perceber que entre 1998 e 2001 ocorreu o pior cenário em termos de avanços na qualidade do emprego. Para o período como um todo, também houve aumento da participação dos empregados que recebiam mais de um salário mínimo por mês (59,4%, em 2004, contra 37,3%, em 1992).

Para o grau de formalidade é importante destacar que todos os indicadores (redução do trabalho infantil, melhoria da jornada regular de trabalho, empregados com carteira assinada e empregados com contribuição para a Previdência Social) apresentaram bom desempenho. Em 1992, somente 7,6% dos empregados permanentes tinham registro em carteira e eram contribuintes previdenciários, enquanto em 2004 esse valor subiu para 35,5% (Tabela A3 do Anexo Estatístico). Vale salientar que o maior salto em termos de formalidade do emprego ocorreu entre 2001 e 2004. Também pode ser citada a baixa participação dos empregados com quinze anos ou menos (trabalho infantil), de apenas 0,4%, em 2004.

No tocante ao nível educacional dos empregados permanentes, em que pesem o pequeno aumento dos empregados alfabetizados e a queda da participação daqueles com até quatro anos de estudo, é importante registrar que melhorou bastante a participação dos empregados com oito anos ou mais de estudo, de apenas 3,3%, em 1992, para 13,3%, em 2004.

Quanto aos empregados temporários, o modesto avanço na qualidade do emprego foi conseqüência, principalmente, dos progressos registrados nos indicadores de rendimento, de formalidade e de educação. O subperíodo 1992-95 foi o mais relevante para esta categoria em termos de melhoria na qualidade do emprego. No rendimento, houve aumento da participação dos empregados que recebiam mais de um salário mínimo, de 32,4%, em 1992, para 37,7%, em 2004, além de um ganho real de 16,6% no rendimento médio mensal. Apesar disso, em 2004, os temporários recebiam, em média, 68,1% do que recebiam os empregados permanentes.

Também no grau de formalidade, a melhoria foi generalizada em todos os indicadores. No entanto, é preciso observar a grande discrepância dos indicadores de carteira assinada e contribuição previdenciária dos empregados temporários em relação aos permanentes. Em 2004, apenas 3,9% dos temporários tinham registro em carteira e só 4,2% eram contribuintes da Previdência Social (Tabela A3 do Anexo Estatístico). No nível educacional, houve avanços na participação dos empregados alfabetizados (69,8%, em 2004, contra 56,8%, em 1992) e também dos empregados com oito ou mais anos de estudo (6,6%, em 2004, contra apenas 0,8%, em 1992).

Região Norte Rural em 2004

Como a Pnad começou a pesquisar toda a área rural da região Norte apenas em 2004, o objetivo aqui é tão-somente deixar um retrato das principais características do mercado de trabalho assalariado, de forma a subsidiar futuros trabalhos de pesquisa.

Tabela 3.10. Qualidade do emprego dos empregados permanentes e dos empregados temporários. Região Norte Rural, 2004

Dimensões e indicadores selecionados	Empregado permanente	Empregado temporário
Nível educacional (%)		
Indalf	71,9	79,3
Indesc1	47,3	51,7
Indesc2	2,9	5,6
Grau de formalidade (%)		
Ninf	98,1	93,4
Jorn	35,5	52,9
Cart	29,2	2,2
Prev	29,2	2,6
Rendimento		
Npob (%)	51,4	33,3
Rend (1)	363,70	246,80
Rendc (2)	387,37	262,86
Auxílios recebidos (%)		
Auxmor	70,7	15,1
Auxalim	34,6	35,3
Auxtrans	3,7	1,6
Auxeduc	0,0	0,0
Auxsau	3,9	0,0

Fonte: Elaboração do Autor a partir dos microdados da Pnad.
(1) Rendimento médio mensal, em Reais, em valores correntes.
(2) Rendimento médio mensal, em Reais, corrigido pelo INPC, do IBGE, para dezembro de 2005.

Pelos dados da Tabela 3.10, pode-se observar que, de modo geral, também havia melhores condições de emprego para os empregados permanentes, com exceção dos indicadores de educação e de jornada regular de trabalho, que eram bem mais favoráveis para os empregados temporários.

No grau de formalidade, chama a atenção o fato de 29,2% dos permanentes terem carteira assinada e contribuição previdenciária, contra apenas 2,2% e 2,6%, respectivamente, dos empregados temporários. É possível notar, também, que o rendimento médio mensal dos permanentes, em 2004, foi bem superior ao observado para os temporários e que, uma porcentagem maior de empregados permanentes recebiam mais de um salário mínimo por mês (51,4%, contra 33,3% dos temporários).

Quanto aos auxílios recebidos, além da já esperada vantagem dos permanentes sobre os temporários em relação ao auxílio-moradia, também nos auxílios-transporte e saúde houve pequeno favorecimento dos primeiros. Nos demais auxílios a situação era muito próxima: o auxílio-educação era inexistente para as duas categorias e o auxílio-alimentação era recebido por cerca de 35,0% dos trabalhadores (permanentes e temporários).

Região Nordeste

Na região Nordeste também houve melhoria da qualidade do emprego de todas as categorias de empregados ocupados na agricultura no período 1992-2004. No entanto, os progressos verificados não foram suficientes para tirar do Nordeste a condição de ter os indicadores mais desfavoráveis do mercado de trabalho assalariado agrícola, principalmente para os empregados temporários.

Os empregados permanentes urbanos, que possuem a melhor qualidade do emprego, foram os que tiveram o maior progresso no período, proporcionado, mais fortemente, pelos avanços ocorridos nos indicadores de formalidade, de educação e de rendimento. Com exceção do subperíodo 1998-2001, todos os demais foram favoráveis para esta categoria.

Quanto ao grau de formalidade, houve crescimento na participação dos empregados permanentes urbanos com carteira assinada e com contribuição para a Previdência Social, cujos valores respectivos, em 2004, foram 43,0% e 43,5% (Tabela A5 do Anexo Estatístico). Em 1992, essas participações eram de 27,5% e 23,7%. Também vale mencionar a pequena participação de 2,2% dos empregados com quinze anos ou menos no total, em 2004.

No nível educacional, verificou-se importante melhora em todos os indicadores. O maior salto qualitativo foi na participação dos empregados alfabetizados, que passou de 34,2%, em 1992, para 64,0%, em 2004. Mas, também merecem destaque o crescimento dos empregados com até quatro anos de estudo (36,0%, em 2004, contra 26,4%, em 1992) e com oito anos ou mais de estudo (9,8%, em 2004, contra 2,5%, em 1992). Ainda vale a pena mencionar o aumento real de 52,8% no rendimento médio mensal no período 1992-2004 e o crescimento da participação dos empregados que recebiam mais de um salário mínimo por mês (31,9%, em 2004, contra 24,2%, em 1992).

Os empregados permanentes rurais registraram melhoria nas condições de emprego devido aos avanços nos indicadores de formalidade, de educação e de rendimento. Para a melhoria do grau de formalidade as principais contribuições foram dos indicadores de carteira assinada e de contribuição previdenciária. No nível educacional, o maior avanço foi na participação dos empregados alfabetizados e com mais de um ano de estudo (53,2%, em 2004, contra 30,8%, em 1992). Quanto ao rendimento, houve ganho real de 36,3% no rendimento médio mensal no período 1992-2004, bem como pequeno aumento da participação dos empregados que recebiam mais de um salário mínimo (23,1%, em 2004, contra 17,6%, em 1992).

Os empregados temporários nordestinos, apesar de registrarem progressos no período, tanto para os urbanos quanto para os rurais, ainda possuem os piores indicadores do Brasil. Além da pequena participação dos empregados com carteira assinada (9,7% e 5,7%, respectivamente, para os urbanos e rurais, em 2004) e com contribuição para a Previdência Social (10,2% e 6,0%, respectivamente, para os urbanos e rurais, em 2004), e da baixa participação dos auxílios recebidos, o que chama muito a atenção é a disparidade na questão da renda. Em 2004, apenas 11,5% dos temporários urbanos e 6,5% dos temporários rurais recebiam mais de um salário mínimo por mês. Neste mesmo ano, as duas categorias, apesar dos ganhos reais verificados no período analisado, tiveram os menores rendimentos médios mensais do Brasil: R$ 168,90 para os temporários rurais e R$ 187,87 para os temporários urbanos (Tabela A5 do Anexo Estatístico). Também vale mencionar que, no período 1995-2004, as duas categorias tiveram ou perda real nos rendimentos (caso dos urbanos) ou estagnação deles (casos dos rurais).

Região Centro-Oeste

Na região Centro-Oeste, o primeiro aspecto a ressaltar é que o mercado de trabalho assalariado agrícola foi muito mais favorável aos empregados permanentes, urbanos e rurais, comparativamente aos temporários. Pode-se notar pelos dados da Tabela A7 do Anexo Estatístico que estas categorias apresentaram desempenho positivo ao longo de todo o período 1992-2004, evidenciando que elas foram muito beneficiadas com a expansão dos grãos e oleaginosas, especialmente soja e algodão, verificada na região. Tanto para os permanentes urbanos quanto para os permanentes rurais, os indicadores que mais influenciaram a melhoria na qualidade do emprego foram, claramente, os de rendimento e de formalidade do emprego.

No índice de rendimento, dois resultados chamam muito a atenção: primeiro, que, em 2004, 82,4% dos empregados permanentes urbanos e rurais recebiam mais de um salário mínimo por mês (em 1992, eram 56,9% e 52,4%, respectivamente); segundo, que, em 2004, as duas categorias tinham o maior rendimento médio mensal do Brasil — R$ 574,32 para os urbanos e R$ 543,24 para os rurais.

As melhorias no grau de formalidade foram decorrência, basicamente, do aumento da participação dos empregados com carteira assinada e com contribuição para a Previdência Social. Para os permanentes urbanos, essas participações variaram de, respectivamente, 26,0% e 24,2%, em 1992, para 49,2% e 49,9%, em 2004. Para os permanentes rurais, essas participações variaram de, respectivamente, 34,5% e 32,9%, em 1992, para 56,8% e 57,6%, em 2004.

Um detalhe que merece ser destacado no Centro-Oeste brasileiro é a forte presença de extensas jornadas de trabalho, bem acima da média nacional e dos valores observados nas demais regiões. Apesar de melhoras no período em questão, em 2004, somente 21,7% dos empregados permanentes com residência urbana tinham jornada semanal de até 44 horas. Para os permanentes rurais o valor registrado foi de 19,1%. Entre os temporários a situação era um pouco melhor: 25,4% e 29,3%, respectivamente, dos empregados com residência urbana e rural tinham jornada regular de trabalho.

No nível educacional dos empregados permanentes, os principais avanços ocorreram na maior participação dos empregados alfabetizados e dos com oito anos ou mais de estudo. Em 2004, 10,3% dos residentes urbanos (eram apenas 4,5%, em 1992) e 9,0% dos residentes rurais (somente 2,3%, em 1992) tinham escolaridade igual ou acima dos oito anos. Já nos auxílios recebidos, os maiores progressos foram nos auxílios-transporte e saúde, mas no geral o quadro não se alterou muito em relação ao que era no início dos anos noventa.

A dimensão que, efetivamente, contribuiu para o avanço das condições de emprego dos empregados temporários, urbanos e rurais, foi a de rendimento, seguida de longe pela de formalidade. As demais (nível educacional e auxílios recebidos) sofreram pouca alteração, e até mesmo alguns indicadores apresentaram retrocesso em relação a 1992. Pode-se notar que o subperíodo 1992-95 foi o mais favorável para estas categorias de trabalhadores.

No período analisado, houve ganhos reais de 23,9% e 34,2%, respectivamente, no rendimento médio mensal dos temporários urbanos e rurais, e também registrou-se aumento na participação dos empregados que recebiam mais de um salário mínimo. Em 1992, 36,8% dos empregados temporários com residência urbana e 23,5% daqueles com residência no meio rural recebiam mais de um salário mínimo por mês no trabalho principal. Em 2004, essas participações subiram para 58,7% e 51,6%, respectivamente (Tabela A7 do Anexo Estatístico). Apesar do progresso verificado, estes valores estão bem abaixo daqueles registrados para os empregados permanentes. Também vale dizer que, em 2004, os temporários rurais recebiam 54,6% e 57,7%, respectivamente, do que recebiam os empregados permanentes urbanos e rurais. Para os temporários urbanos, os valores respectivos foram de 61,5% e 65,0%.

Quanto ao grau de formalidade do emprego, pode-se observar que: diminuiu o uso de trabalho infantil (em 2004, as participações eram de 5,8% entre os urbanos e 3,7% entre os rurais); melhorou o indicador de jornada regular de trabalho, embora os valores de 2004 ainda fossem muito baixos (25,4% para os urbanos e 29,3% para os rurais), indicando um grande sobretrabalho dos empregados, que também penaliza os empregados permanentes; melhorou o grau de formalidade entre os temporários urbanos (em 2004, 10,7% tinham carteira assinada, contra 5,5%, em 1992, e 11,1% contribuíam com a Previdência Social, contra 7,0%, em 1992) e piorou o dos rurais (em 2004, apenas 0,6% tinham estes direitos trabalhistas). Comparativamente aos empregados permanentes, os dados mostram a situação claramente desfavorável destas categorias.

Região Sudeste

Para a Região Sudeste, valem dois importantes comentários iniciais: primeiro, os maiores progressos verificados no período 1992-2004 foram para os empregados temporários urbanos; segundo, a qualidade do emprego dos temporários urbanos, em 2004, aproximou-se muito daquela observada para os permanentes rurais. Estas tendências distoam um pouco daquilo que vinha sendo observado para as demais regiões.

Os avanços nas condições do emprego dos temporários urbanos foram determinados, sobretudo, pelos progressos verificados nos indicadores de formalidade, cujo maior salto ocorreu no subperíodo 2001-04, e de rendimento, cujo maior crescimento deu-se entre os anos de 1992 e 1995. Aqui vale dizer que no período 1995-2004, esta foi a única categoria que obteve algum ganho real no rendimento médio mensal. As demais (empregados permanentes urbanos e rurais e empregados temporários rurais) registraram uma estagnação nos rendimentos do trabalho principal.

No grau de formalidade dos temporários urbanos, todos os indicadores registraram elevados progressos no período 1992-2004 (redução do trabalho infantil, que havia chegado a 11,5%, em 1992; aumento da jornada regular de trabalho, que chegou a 45,9% dos empregados, em 2004; aumento de carteira assinada e contribuição da Previdência Social). Quanto ao aumento da participação dos empregados com carteira assinada e com contribuição previdenciária, percebe-se que, em 2004, 44,0% dos temporários urbanos tinham registro em carteira, contra 20,6%, em 1992. Para os contribuintes da Previdência Social, os valores foram muito próximos (Tabela A9 do Anexo Estatístico).

Quanto aos rendimentos, no período em questão, houve ganhos reais de 33,6% no rendimento médio mensal dos temporários urbanos e, também, aumento da participação dos empregados que recebiam mais de um salário mínimo por mês (51,2%, em 2004, contra 29,1%, em 1992).

O progresso observado para os temporários rurais seguiu, basicamente, os mesmos passos do que foi verificado para os temporários urbanos, só que numa proporção bem mais modesta. Ou seja, os indicadores de formalidade e de rendimento foram os que mais influenciaram o comportamento verificado. No entanto, vale citar que alguns indicadores para a categoria dos temporários rurais são muito desfavoráveis, comparativamente aos urbanos: em 2004, apenas 9,5% dos temporários rurais tinham registro em carteira; somente 9,9% contribuíam para a Previdência Social; e, apesar do ganho real de 35,6% no rendimento médio mensal, eles recebiam 66,6% do que recebiam os temporários urbanos.

Para os empregados permanentes com residência urbana, vale a pena destacar que o avanço na qualidade do emprego foi ocasionado pelo desempenho positivo dos indicadores de formalidade, com destaque para a redução do trabalho infantil e o aumento dos empregados com registro em carteira e com contribuição previdenciária (diga-se, de passagem, que são os maiores índices de formalidade do Brasil — próximos a 67,0%), e de rendimentos, com destaque para o aumento da participação dos empregados que recebiam mais de um salário mínimo (67,4%, em 2004, contra 52,1%, em 1992). Apesar do baixo progresso verificado nos indicadores de educação e de auxílios recebidos, ainda pode ser dito que, em 2004, 13,7% dos empregados tinham oito ou mais anos de estudo e que 10,0% recebiam auxílio-saúde (Tabela A9 do Anexo Estatístico), evidenciando uma situação melhor do que a observada em outras regiões e também para outras categorias.

O progresso observado para os permanentes rurais seguiu, basicamente, os mesmos passos do que foi verificado para os urbanos. Os indicadores de formalidade e de rendimento foram os que mais influenciaram o comportamento da qualidade do emprego. No entanto, vale dizer que alguns indicadores para a categoria dos permanentes rurais são mais desfavoráveis, comparativamente aos urbanos. Em 2004, 52,0% dos permanentes rurais tinham registro em carteira (contra 66,5% dos urbanos), 53,0% contribuíam para a Previdência Social (contra 67,7% dos urbanos), somente 6,8% tinham oito anos ou mais de estudo e, apesar do ganho real de 17,6% no rendimento médio mensal, eles recebiam 83,6% do que recebiam os permanentes urbanos.

Região Sul

Na região Sul, os principais destaques são os seguintes: o maior progresso na qualidade do emprego foi verificado para a categoria dos empregados permanentes rurais; o indicador de rendimento foi, disparado, o principal responsável pelos avanços em todas as categorias; os empregados permanentes tinham, em 2004, condições de emprego muito mais favoráveis do que as verificadas para os temporários, situação cujas discrepâncias também foram observadas na região Centro-Oeste.

Para o indicador de rendimento, os permanentes urbanos tiveram aumento real de 22,2% no rendimento médio mensal no período analisado e, em 2004, eles receberam o terceiro maior valor do Brasil, R$ 533,22. Para os permanentes rurais, o aumento real no período foi de 14,0%, sendo que, em 2004, eles possuíam o quinto maior rendimento médio mensal, R$ 430,55 (Tabela A11 do Anexo Estatístico). Já os temporários registraram ganhos reais de 25,9% para os urbanos e 21,3% para os rurais.

Mas, apesar disso ainda recebiam um salário bem mais baixo que os empregados permanentes e no período 1995-2004 tiveram um desempenho relativamente desfavorável do rendimento no trabalho principal.

Os indicadores do mercado de trabalho foram mais favoráveis para os empregados permanentes com residência rural, motivados pelo bom desempenho dos rendimentos e do grau de formalidade. No rendimento, além dos ganhos reais no salário, houve crescimento da participação dos empregados que recebiam mais de um salário mínimo por mês (69,6%, em 2004, contra 54,1%, em 1992). Quanto aos indicadores de formalidade do emprego, os maiores progressos foram verificados na redução do trabalho infantil e no aumento da contribuição para a Previdência Social, embora os demais indicadores também tenham registrado desempenho positivo (Tabela A12 do Anexo Estatístico).

Para os empregados permanentes urbanos, vale destacar que, apesar do fraco desempenho global dos indicadores de educação, 19,6% tinham oito anos ou mais de estudo, em 2004, o maior valor entre as regiões brasileiras e bem acima da média nacional. Em 1992, eram apenas 4,3%. Nas dimensões de grau de formalidade e de auxílios recebidos, os indicadores não sofreram grandes mudanças, pois foram poucas as alterações de participação (os principais destaques positivos ficaram com a Previdência Social e com o recebimento do auxílio-transporte).

Os empregados temporários, urbanos e rurais, por sua vez, tiveram um modesto progresso na qualidade do emprego. Para ambos, contou o desempenho positivo do indicador de rendimento. Os indicadores para a região Sul mostram claramente as melhores condições de emprego para os permanentes, independentemente do seu local de moradia. Alguns indicadores auxiliam nesta explicação, principalmente os ligados aos baixos salários, ao baixíssimo grau de formalidade (em 2004, apenas 2,9% dos temporários urbanos e 3,5% dos rurais tinham carteira assinada) e às discrepâncias nos principais auxílios recebidos pelos trabalhadores.

Os Dados para as Culturas Selecionadas

Os dados da Tabela 3.11 mostram o universo dos empregados permanentes e temporários para o qual é feita a análise dentro das culturas selecionadas.

Tabela 3.11. Pessoas ocupadas na semana de referência na condição de empregado permanente e temporário, segundo a área e a cultura. Brasil, 1992-2004

Culturas	Empregado permanente								
	Urbano					Rural			
	1992	1995	1998	2001	2004	1992	1995	1998	2001	2004
Arroz	22.147	24.559	13.653	8.092	15.971	44.193	30.634	20.572	22.884	20.769
Café	58.861	51.315	45.537	56.183	58.631	162.984	144.542	173.904	183.730	130.520
Cana-de-açúcar	164.403	179.634	155.883	115.186	139.044	202.445	203.875	164.123	98.455	112.436
Mandioca	15.585	11.945	5.600	11.527	16.287	32.459	18.338	17.250	15.201	22.943
Milho	45.026	53.195	30.134	26.503	17.816	120.483	85.197	69.302	44.183	35.245
Soja	44.057	20.734	25.179	25.636	43.255	56.639	45.488	38.183	34.669	74.557
	Empregado temporário								
Arroz	46.629	20.590	31.437	13.257	33.550	59.201	23.005	27.676	11.308	36.185
Café	109.744	74.574	131.385	106.851	148.516	76.904	74.838	105.774	108.527	109.861
Cana-de-açúcar	196.551	160.884	82.151	118.108	166.026	111.405	78.440	51.217	74.563	75.656
Mandioca	56.470	36.559	39.007	40.177	68.573	103.196	107.232	98.159	85.577	112.117
Milho	94.928	61.776	59.762	70.204	60.418	182.785	136.843	141.692	128.878	137.661
Soja	22.828	12.678	15.271	19.739	32.406	19.657	12.128	16.010	10.865	15.917

Fonte: Elaboração do autor com base nos microdados da Pnad.

Neste item, o intuito é tecer alguns comentários sobre o trabalho assalariado nas seis culturas selecionadas: arroz, café, cana-de-açúcar, mandioca, milho e soja. A relevância disto reside no fato de se fazer uma melhor qualificação da análise, saindo do nível mais agregado das categorias para um nível mais detalhado, que são as culturas. Além disto, será possível verificar as diferenças de comportamento entre as próprias culturas, umas "mais modernizadas e de comércio exterior", outras "menos modernizadas e de comércio interno".

Cultura do arroz

Inicialmente, vale ressaltar que todas as categorias de empregados ocupados na cultura do arroz apresentaram melhorias na qualidade do emprego no período 1992-2004, como pode ser visto nas Tabelas A13 e A14 do Anexo Estatístico. O grande destaque na cultura do arroz foi a melhoria para os empregados permanentes rurais, que tiveram os maiores progressos nos subperíodos 2001-04 e 1995-98, com destaque para os indicadores ligados ao grau de formalidade e de rendimento. Nos indicadores de formalidade, os principais avanços foram na redução do trabalho infantil (ausente em 2004 e também em 1995 e 1998), e no aumento da participação dos empregados com carteira assinada e com contribuição para a Previdência Social, que registraram valores de 57,1% e 59,9%, respectivamente, em 2004. Em 1992, tais valores eram 39,2% e 39,1%.

No rendimento, o grande destaque foi o aumento real dos rendimentos médios mensais, que passaram de R$ 379,85, em 1992, para R$ 656,56, em 2004 (valores reais de dezembro de 2005), ou seja, um ganho de 72,8%. Com isso, a porcentagem de empregados que ganhavam mais de um salário mínimo subiu de 56,8% para 86,1%. É importante salientar que esta foi a única categoria de empregados na cultura do arroz com aumento real no período, pois todas as demais tiveram redução ou estagnação no rendimento médio mensal oriundo do trabalho principal.

Apesar do desempenho agregado negativo dos indicadores de educação, é importante citar o grande avanço na participação dos empregados alfabetizados no total, que era de 71,3%, em 1992, e subiu para 94,3%, em 2004. Também vale referir que aumentou a participação dos empregados permanentes rurais que recebiam os auxílios-alimentação, transporte e saúde.

A segunda categoria com maior progresso foi a dos empregados permanentes urbanos, para os quais merecem destaque: o aumento da participação dos empregados que recebiam mais de um salário mínimo por mês, de 61,2%, em 1992, para 70,6%, em 2004; a ausência de trabalho infantil desde 1998; o aumento da participação dos empregados com carteira assinada e contribuintes da Previdência Social, que chegou a 45,9%, em 2004; a maior participação dos empregados alfabetizados, dos com até quatro anos de estudo e dos com oito anos ou mais de estudo, que tiveram impacto positivo no nível educacional; e o aumento de participação no recebimento de alguns auxílios. O principal retrocesso na qualidade do emprego ocorreu na queda real do rendimento médio mensal, particularmente depois de 1998.

Os empregados temporários, que já possuíam os piores indicadores, tiveram os menores progressos no período, especialmente os temporários rurais. Para estes, os indicadores de educação e de grau de formalidade foram os principais responsáveis pelas melhores condições de emprego, seguidos pelo recebimento de alguns auxílios (moradia, alimentação e saúde). Quanto ao rendimento médio mensal, houve queda real no período, especialmente após 1995. Outro destaque negativo para os empregados temporários rurais na cultura do arroz é que, em 2004, eles possuíam o menor rendimento médio mensal entre todos os empregados nas culturas selecionadas, apenas R$ 151,27 (valores reais de dezembro de 2005).

No nível educacional, podem ser destacados os aumentos de participação dos empregados alfabetizados (72,5%, em 2004, contra 51,4%, em 1992) e dos empregados com até quatro anos de estudo (48,3%, em 2004, contra 39,8%, em 1992). Para a melhoria do grau de formalidade contribuíram os indicadores de redução do trabalho infantil e de aumento da jornada regular de trabalho, pois a participação dos empregados com carteira assinada e com contribuição previdenciária sofreu pequena redução no período analisado (Tabela A13 do Anexo Estatístico).

Já para os temporários urbanos, os melhores desempenhos foram para os indicadores de formalidade, de auxílios recebidos e de rendimento. Os destaques positivos foram a redução do trabalho infantil, a melhoria na jornada regular de trabalho, o leve crescimento da participação dos empregados que recebiam mais de um salário mínimo e do ganho real no rendimento médio mensal, além do crescimento dos empregados que recebiam auxílio-moradia e alimentação no período 1992-2004.

Cultura do café

De início, são feitas duas observações que diferenciam um pouco o comportamento do emprego assalariado na cultura do café, em relação ao que foi analisado até agora: primeiro, todas as categorias tiveram importantes melhorias na qualidade do emprego; segundo, os empregados temporários (urbanos e rurais) tiveram progressos elevados no período, que foram superiores aos dos permanentes rurais. No entanto, é preciso dizer que isso não alterou o quadro de melhores condições de emprego para os empregados permanentes, que ainda possuem os melhores indicadores.

Os indicadores de formalidade do emprego, de rendimento e de educação foram os principais responsáveis pelos avanços verificados para os empregados permanentes urbanos no período 1992-2004. Os avanços no grau de formalidade foram determinados, principalmente, pelo crescimento da participação dos empregados com registro em carteira (de 29,0%, em 1992, para 63,2%, em 2004) e com contribuição para a Previdência Social (de 26,2%, em 1992, para 63,2%, em 2004). No período em questão, cresceu de 25,0% para 53,3% a participação dos empregados que recebiam mais de um salário mínimo por mês e também houve ganho real de 17,0% no rendimento médio mensal. No entanto, é preciso ressaltar que após 1995 houve queda nos ganhos reais destes trabalhadores, com exceção do ano de 2001, no qual houve uma recuperação salarial.

No nível educacional também pode-se notar progressos em todos os indicadores: em 2004, 77,8% dos empregados eram alfabetizados (eram 50,0%, em 1992); 44,5% tinham até quatro anos de estudo (contra 37,2%, em 1992); e 10,7% tinham oito anos ou mais de estudo (em 1992, eram apenas 3,4%). Apesar de ter registrado um progresso menor nos auxílios recebidos, vale destacar que 7,1% dos empregados recebiam auxílio-saúde, em 2004 (Tabela A15 do Anexo Estatístico).

Os permanentes rurais apresentaram uma trajetória semelhante à dos permanentes urbanos, mas com desempenho bem mais modesto. Os indicadores de formalidade, com destaque para o aumento dos empregados com carteira assinada e contribuintes da Previdência Social (cujas participações chegaram a 46,0% e 46,9%, respectivamente, em 2004), e de rendimento, com destaque para o aumento da participação dos empregados que recebiam mais de um salário mínimo e para o aumento real de 16,4% no rendimento médio (embora houvesse pequena queda entre 1995 e 2004), foram os principais responsáveis pelas melhorias verificadas. Também merecem destaque os indicadores de auxílio-moradia e auxílio-saúde, além da maior participação dos empregados alfabetizados e daqueles com oito anos ou mais de estudo.

A melhoria na qualidade do emprego dos empregados temporários, urbanos e rurais, foi decorrência, especialmente, dos progressos verificados nos indicadores de formalidade e de rendimento, seguidos de longe pelo nível educacional dos empregados.

No grau de formalidade, é possível notar que todos os indicadores tiveram boa evolução no período analisado. Houve redução do trabalho infantil, que registrou participação de apenas 1,4%, em 2004, tanto para os rurais quanto para os urbanos. Também aumentou a participação dos empregados com jornada regular de trabalho, que foi de 54,8% para os urbanos (era 36,6%, em 1992) e de 68,5% para os rurais (era 46,8%, em 1992). No entanto, o principal destaque foi o aumento dos empregados temporários com carteira assinada e com contribuição previdenciária. Entre os urbanos, os valores para estes indicadores passaram de 2,6% e

1,5%, em 1992, para 32,6% e 32,6%, em 2004. Já para os rurais, os valores subiram de 0,7% e 0,0%, em 1992, para 12,7% e 12,7%, em 2004 (Tabela A15 do Anexo Estatístico).

Com relação aos rendimentos, houve tanto aumento da participação dos empregados que recebiam mais de um salário mínimo por mês (de 12,1%, em 1992, para 34,2%, em 2004, entre os urbanos, e de 6,4% para 22,6% entre os rurais), como ganho real significativo nos rendimentos médios mensais: 55,9% para os temporários urbanos e 89,8% para os temporários rurais. Quando se observa somente o período após 1995, é possível perceber que os temporários urbanos tiveram pequena queda real nos rendimentos mensais, enquanto ou rurais seguiram a trajetória de ganhos reais, com exceção do ano de 2001.

Cultura da cana-de-açúcar[23]

A partir dos dados das Tabelas A17 e A18 do Anexo Estatístico, é possível observar que todas as categorias de empregados na cultura da cana-de-açúcar tiveram melhorias na qualidade do emprego e que o maior progresso foi para os permanentes urbanos. Mas, o fato que talvez chame mais a atenção é a grande diferença nos indicadores entre os residentes urbanos e os rurais, na mesma condição de ocupação. Isto é, os permanentes urbanos têm indicadores muito melhores do que os permanentes rurais, enquanto os temporários urbanos têm indicadores bem melhores do que os temporários rurais. Além disto, também chama a atenção o fato de os temporários urbanos terem melhores indicadores do que os dos permanentes rurais, evidenciando a importância das lutas históricas dos trabalhadores canavieiros, principalmente no estado de São Paulo,[24] que é o maior produtor nacional.

Para os empregados permanentes urbanos, o progresso foi muito influenciado pelo desempenho dos indicadores de formalidade, de rendimento e

---

[23] Para outras análises sobre o mercado de trabalho, em geral, e sobre o emprego, em particular, na cultura da cana-de-açúcar, e também nos setores agroindustriais do açúcar e do álcool, tendo como base os dados da Pnad e da Rais, ver os trabalhos de Moraes (2004 e 2005) e Hoffmann (2004).

[24] Sobre este tema, ver o importante trabalho de Graziano da Silva (1997). As lutas se intensificaram desde as famosas greves de Guariba e Leme, entre 1984 e 1986, até a constituição de uma organização específica dos trabalhadores canavieiros, a Federação dos Empregados Rurais do Estado de São Paulo (Feraesp).

de auxílios recebidos. Na questão da formalidade, chama a atenção o elevadíssimo porcentual de empregados com carteira assinada e com contribuição previdenciária: 93,0% e 93,4%, respectivamente, em 2004. Certamente, a cultura da cana-de-açúcar é uma das atividades da agricultura brasileira com maior nível de formalidade do emprego, em todas as categorias de empregados (permanentes e temporários, urbanos e rurais).[25] Quanto aos rendimentos, aumentou de 57,6%, em 1992, para 69,6%, em 2004, a participação dos empregados que recebiam mais de um salário mínimo e também houve ganho real de 14,8% no rendimento médio mensal.

Nos auxílios recebidos, merecem destaque os aumentos de participação nos auxílios-alimentação, transporte e saúde, este com significativa importância (18,8%, em 2004), constituindo-se em outro diferenciador da cana-de-açúcar em relação às demais culturas. Mesmo com um progresso menor, pode-se notar que melhorou o nível educacional dos empregados, principalmente dos alfabetizados e dos com oito anos ou mais de estudo, que já eram 11,3%, em 2004 (Tabela A17 do Anexo Estatístico).

Os avanços observados para os temporários rurais foram muito influenciados pelo progresso verificado no grau de formalidade do emprego, pois houve importante redução do trabalho infantil (participação de apenas 0,8%, em 2004, contra 14,7%, em 1992), aumento do número de empregados com carteira assinada (de 19,3%, em 1992, para 39,7%, em 2004) e aumento dos contribuintes para a Previdência Social (de 18,8%, em 1992, para 42,8% em 2004). Quanto aos indicadores de educação e de rendimento, os principais avanços foram os aumentos de participação dos empregados alfabetizados e também dos com oito anos ou mais de estudo e o ganho real de 23,2% no rendimento médio mensal no período.

As melhorias no grau de formalidade também foram as mais relevantes para o progresso dos temporários urbanos. Também vale dizer que, em 2001 e 2004, os indicadores ligados ao nível educacional e ao rendimento desta categoria eram melhores do que os registrados para os permanentes rurais. No nível educacional, era bem maior a participação dos

---

[25] Segundo dados da Pnad, 32,3% dos empregados na agricultura brasileira tinham carteira assinada em 2004. Para os empregados permanentes urbanos ocupados na cultura da cana-de-açúcar, este valor, no mesmo ano, foi de 93,0%. Para os permanentes rurais, temporários urbanos e temporários rurais, os valores foram, respectivamente: 64,9%, 66,8% e 39,7%. Ou seja, os temporários rurais ocupados na cana-de-açúcar têm um nível de formalidade maior do que a média da agricultura nacional.

empregados temporários urbanos alfabetizados, em relação aos permanentes rurais (76,0%, em 2004, contra 50,4%). No tocante aos rendimentos, era maior o rendimento médio mensal dos temporários urbanos — R$ 399,94, em 2004, contra R$ 334,93 dos permanentes rurais. Em função disto, também havia maior participação dos empregados que recebiam mais de um salário mínimo entre os temporários urbanos (53,3%, em 2004, contra 41,6% dos permanentes rurais). Os demais indicadores eram bastante próximos, com exceção de alguns ligados aos auxílios recebidos, que eram mais favoráveis aos permanentes rurais.

Dada a relevância econômica da cultura da cana-de-açúcar e também a grande disponibilidade de estudos e informações sobre ela, é oportuno fazer neste momento uma importante qualificação do debate em torno da qualidade do emprego nesta atividade. Primeiro, porque isto permite reafirmar e recolocar as limitações inerentes à construção metodológica dos índices sintéticos, conforme abordado com detalhes no início deste estudo. Segundo, porque, apesar dos indiscutíveis avanços na qualidade do emprego na atividade, como evidenciado pelos indicadores acima tratados, é sabido que, lamentavelmente, tem havido mortes de trabalhadores nos canaviais, particularmente no estado de São Paulo.[26]

"As mortes, a maioria por parada cardiorrespiratória, mostraram a face sombria do modelo de produção que sustenta o setor sucroalcooleiro. Pagos por produtividade, os cortadores de cana se submetem a uma extensa rotina de trabalho para ganhar mais do que o piso salarial, que fica em torno de R$ 300,00 a R$ 400,00, para uma média de seis toneladas de cana cortadas por dia. Para ganhar mais, os trabalhadores cortam de 10 a 12 toneladas de cana por dia" (Vialli, 2005, p. H7). Segundo a autora, as condições de trabalho são muito mais precárias nos estabelecimentos que recorrem à terceirização da mão-de-obra para a colheita.

Esta ampliação perversa do sobretrabalho na colheita da cana já era apontada no estudo de Graziano da Silva (1997, pp. 157-8), quando

---

[26] Ver a respeito as reportagens publicadas no jornal *O Estado de S. Paulo* (Vialli, 2005 e Tomazela, 2005). Estas reportagens abordam a morte de treze trabalhadores nos canaviais paulistas em 2004 e 2005, com suspeitas de que as elas ocorreram por excesso de esforço na atividade de corte manual da cana-de-açúcar. Em uma das reportagens é dito que um dos trabalhadores, vindo de Minas Gerais e com 47 anos de idade, morreu após ter cortado 25 toneladas de cana em um dia de trabalho (Vialli, 2005).

observava que "há uma clara relação inversa entre a queda do valor pago pela cana e a quantidade de cana cortada e amontoada por trabalhador por dia. Isso reflete, de um lado, a tentativa dos canavieiros de compensarem o seu ganho diário intensificando a jornada de trabalho. De outro, mostra que as alterações no processo de corte da cana-de-açúcar introduzidos na região trouxe efetivamente os benefícios esperados pelos usineiros. Além da polêmica mudança no sistema de corte de 5 para 7 ruas, proibido pelo Acordo de Guariba, em 1984, mas que gradativamente foi sendo imposto de novo na região, os usineiros de Ribeirão Preto conseguiram implantar ao longo dos anos 80 sistemas informatizados que permitem o controle individualizado dos trabalhadores, facilitando a seleção dos melhores, seja em termos de produção, seja em termos de submissão e docilidade".

Os dados da Tabela 3.12, obtidos do estudo de Ramos (2006), que cobrem uma longa série histórica sobre a remuneração do corte manual de cana no estado de São Paulo, mostram com clareza o problema abordado. "Depois de um patamar em torno de quase dez Reais (por dia), entre o final da década de 1970 e o início da de 1980, tal remuneração tem-se situado em torno de 7 Reais na atualidade, mas isto graças à enorme elevação do rendimento médio do corte em toneladas por dia, o qual passou de 3, em 1969, para 8 toneladas, em 2005. Estima-se que na atual safra (2006/07) a média atingirá dez toneladas" (Ibidem, p. A3).

As questões apontadas reforçam também o enfraquecimento da representação sindical, como foi abordado no início deste capítulo. E deixam muito atuais as preocupações de Graziano da Silva (1997, pp. 11 e 162), no sentido de que "passado o período das grandes mobilizações dos anos de 1984 a 1987, muitas das conquistas obtidas foram sendo revertidas, a começar pela volta das 7 ruas. Novas mudanças da base técnica impuseram uma maior estabilidade à demanda de força de trabalho, através da crescente mecanização da colheita. Generalizou-se o uso das turmas firmes, grupos de trabalhadores (quase sempre os mesmos) que são contratados temporariamente o ano todo por um grupo de propriedades vizinhas. A introdução da informática permitiu aos usineiros exercerem um controle individual do rendimento de cada trabalhador, selecionando assim os mais capazes e também os mais submissos. E, para piorar ainda mais as coisas, as cooperativas de mão-de-obra foram ressuscitadas em

1996... Mas nem tudo se perdeu... Ficou o reconhecimento da categoria: eles não são mais bóias-frias, nem trabalhadores volantes quaisquer. Eles agora são canavieiros com reivindicações e formas de luta específicas: têm, enfim, uma identidade própria e sem dúvida esse é um passo importante na luta pela conquista da cidadania".

Tabela 3.12. Remuneração do corte de cana no estado de São Paulo, 1969-2005

Anos	Pagamento da colheita (em R$ por tonelada)	Rendimento médio (em ton/homem/dia)	Remuneração diária (em R$/dia)
1969	2,73	2,99	8,16
1970	2,02	3,05	6,16
1972	2,50	3,00	7,50
1973	2,51	3,30	8,28
1977	2,57	3,77	9,69
1980	2,29	3,97	9,09
1982	2,17	4,50	9,77
1985	1,92	5,00	9,60
1988	1,25	5,00	6,25
1990	0,96	6,10	5,86
1992	0,84	6,30	5,29
1994	0,83	7,00	5,81
1996	1,05	7,00	7,35
1998	1,06	7,00	7,42
2000	0,88	8,00	7,04
2002	0,88	8,00	7,04
2004	0,86	8,00	6,88
2005	0,86	8,00	6,88

Fonte: Ramos (2006).
Nota: Valores corrigidos de acordo com o IGP-DI da *Conjuntura Econômica*/FGV (em Reais de julho de 1994).

Lamentavelmente, também há constatações de exploração do trabalho na colheita manual da cana-de-açúcar nas novas áreas de expansão da cultura. É o que pode ser visto em recente reportagem veiculada pelo jornal *Valor Econômico*. De acordo com Scaramuzzo (2006), "na nova fronteira de expansão da cana-de-açúcar, o sotaque de índios guarani mistura-se ao dos trabalhadores nordestinos. Em franco desenvolvimento no segmento sucroalcooleiro, mas sem tradição e com escassez de mão-de-obra especializada, Mato Grosso do Sul assiste à explosão de projetos de construção de novas usinas de açúcar e álcool no país. Serão pelo menos 15 até 2010, prevê o governo, o que tende a elevar a área de cana no Estado de 150 mil para 600 mil hectares. O *boom* é impulsionado por forasteiros e produtores locais decepcionados com os mercados de grãos e carne bovina. E já atrai a atenção da Procuradoria do Trabalho do Estado, que passou a receber denúncias de abuso do trabalho indígena e de migrantes nas lavouras. Com o aquecimento dos negócios, nos canaviais de Naviraí índios e nordestinos já são quase artigo de luxo. Falta cortador na região, diz Celso Fernandes, 34 anos, fiscal de mão-de-obra que há 16 anos trabalha em canaviais".

Em outra parte do texto, Scaramuzzo (2006) aponta mais problemas com as condições de trabalho. "Em uma das visitas aos canaviais de Naviraí, a reportagem conversou com um cortador nordestino que teve seu dedo arrancado pelo podão (facão) naquele mesmo dia. O trabalhador, que preferiu não se identificar, havia sido medicado, mas voltou para o canavial para esperar o ônibus que o levaria até sua casa. Ele iria ficar por lá ainda por cerca de seis horas. O cortador pernambucano Francisco Carlos da Silva, 34 anos, diz que constantemente tem cãibras na boca do estômago, mas não pára. Ele revela que ganha por volume cortado e que não pode parar. Seu salário é de R$ 700 mensais — boa parte destinado à família, em Trindade. As usinas ao oeste do Mato Grosso do Sul foram alvo de denúncias nos últimos meses por condições insalubres de trabalho, alojamentos precários e maus-tratos com mão-de-obra indígena e nordestina, segundo a Procuradoria do Trabalho do Estado". Obviamente, tais constatações põem em dúvida a sustentabilidade social da expansão da atividade para novas áreas de produção.

Cultura da mandioca

Para a cultura da mandioca, valem dois comentários iniciais: primeiro, seus empregados possuem indicadores de qualidade do emprego que estão entre os mais baixos dentre as culturas selecionadas; segundo, apesar de todas as categorias de empregados registrarem algum progresso no período 1992-2004, tais avanços foram muito tímidos, fazendo com que não existam diferenças muito elevadas entre os indicadores, independentemente da categoria e do local de moradia. Ou seja, há um "nivelamento por baixo" nas condições de emprego nesta atividade.

A melhoria das condições de trabalho para os permanentes rurais foi proporcionada, em grande medida, pelos progressos verificados nos indicadores de educação e de formalidade. Isso porque os indicadores de rendimento tiveram pequeno progresso no período 1992-2004, graças ao ganho real de 36,5% no rendimento médio mensal, e os de auxílios recebidos apresentaram desempenho negativo.

Na melhoria do nível educacional dos empregados chama a atenção os aumentos da participação dos alfabetizados, de apenas 26,5%, em 1992, para 59,1%, em 2004, e também daqueles com até quatro anos de estudo (41,6%, em 2004, contra 23,2%, em 1992), além da presença de 10,1% de empregados com oito anos ou mais de estudo, em 2004 (Tabela A19 do Anexo Estatístico). Quanto ao grau de formalidade, houve avanços em todos os indicadores: desde 2001, praticamente, não há mais uso de trabalho infantil; aumentou a participação dos empregados com jornada regular de trabalho; aumentou a participação de empregados com carteira assinada e contribuintes da Previdência Social (8,7%, em 2004, contra 3,8%, em 1992), embora os dados mais recentes indiquem uma inflexão em relação ao movimento de maior formalidade observado entre 1995 e 2001 (neste ano, 21,8% dos empregados tinham registro em carteira e contribuição previdenciária).

O progresso dos permanentes com residência urbana deveu-se aos avanços nos indicadores de auxílios recebidos, de rendimento e de educação, pois houve retrocessos no grau de formalidade do emprego, principalmente pela redução dos empregados com registro em carteira e contribuição previdenciária. Nos auxílios recebidos pelos empregados houve aumento de participação nos três que são os mais representativos para esta categoria: moradia, alimentação e transporte.

No período analisado observou-se crescimento da participação dos empregados que recebiam mais de um salário mínimo e um aumento real de 29,8% no rendimento médio mensal. Já no nível educacional, o principal destaque foi o aumento dos empregados com oito anos ou mais de estudo (14,3%, em 2004, contra 0,0%, em 1992), embora também deva ser registrado o crescimento da participação dos empregados alfabetizados.

O pequeno avanço na qualidade do emprego dos temporários urbanos no período foi determinado pelos progressos verificados nos indicadores de rendimento e de educação, pois o grau de formalidade teve crescimento pífio e os indicadores de auxílios recebidos registraram desempenho negativo. No nível educacional, pode-se notar que aumentaram as participações dos empregados alfabetizados (de 57,9%, em 1992, para 74,6%, em 2004) e dos empregados com oito anos ou mais de estudo (de 0,7%, em 1992, para 7,2%, em 2004). Quanto ao rendimento, 16,8% dos empregados recebiam mais de um salário mínimo, em 2004 (eram 7,5%, em 1992) e no período 1992-2004 registrou-se aumento real de 26,9% no rendimento médio mensal.

O progresso menor ainda observado para os temporários rurais foi impulsionado por alguns indicadores: no nível educacional, pelos pequenos aumentos de participação dos empregados alfabetizados, dos com até quatro anos de estudo e dos com oito anos ou mais de estudo; no grau de formalidade, pela redução do trabalho infantil e pela melhoria na jornada regular de trabalho; e no rendimento, pelo ganho real de 36,5% no rendimento médio mensal. Ainda neste item, vale destacar que os temporários rurais empregados na cultura da mandioca registraram, em 2004, o segundo menor valor recebido pelos empregados nas culturas selecionadas, R$ 152,72 (valores reais de dezembro de 2005). Em função disso, apenas 3,4% dos empregados recebiam mais de um salário mínimo por mês (eram 2,8%, em 1992). É importante salientar que, no extremo oposto da cana-de-açúcar, a cultura da mandioca certamente está entre as atividades da agricultura brasileira com os menores índices de formalidade do emprego (o maior valor observado em 2004 foi de 8,7% para os permanentes rurais, sendo que para os temporários a carteira assinada e a contribuição para a Previdência Social eram inexistentes).

Cultura do milho

Na cultura do milho também houve progressos na qualidade do emprego de todas as categorias de empregados. Outro detalhe importante é que, apesar de possuírem a pior qualidade do emprego, os empregados temporários com residência rural foram os que registraram o menor progresso no período 1992-2004, aumentando as distâncias em relação aos empregados permanentes, principalmente.

Para os permanentes urbanos, vale a pena destacar o aumento real de 71,9% no rendimento médio mensal, que impactou positivamente o progresso dos rendimentos recebidos, que também foi beneficiado pelo crescimento da participação dos empregados que recebiam mais de um salário mínimo (43,2%, em 2004, contra 25,3%, em 1992). No grau de formalidade, os maiores avanços foram verificados na duplicação da porcentagem dos empregados com registro em carteira e contribuintes da Previdência Social. Diferentemente do que se verificou para a maioria das regiões e culturas analisadas, o progresso nos indicadores de auxílios recebidos foi bastante expressivo para esta categoria, devido ao aumento no recebimento de todos os auxílios (Tabela A21 do Anexo Estatístico).

Os permanentes rurais tiveram avanços devido, principalmente, ao bom desempenho dos indicadores de grau de formalidade, de educação e de rendimento. Quanto ao grau de formalidade, os destaques foram a redução do trabalho infantil (ausente em 2004), a melhoria na jornada regular de trabalho e, principalmente, a duplicação da participação dos empregados com carteira assinada e com contribuição para a Previdência Social. No nível educacional, houve aumentos nas participações dos empregos alfabetizados e dos empregados com até quatro anos de estudo. E, no rendimento houve ganho real de 27,7% no rendimento médio mensal e também aumento da participação dos empregados que recebiam mais de um salário mínimo por mês.

O progresso registrado para os temporários urbanos foi influenciado pelos seguintes indicadores: ganho real de 36,5% no rendimento médio mensal no total do período (embora houvesse pequena queda real entre 1995 e 2004) e aumento da participação dos empregados que ganhavam mais de um salário mínimo, no tocante ao rendimento; aumento da participação dos empregados alfabetizados e com mais de um ano de estudo, no nível educacional; e melhoria em todos os indicadores ligados ao grau de formalidade (redução do trabalho infantil, melhoria na jornada regular de trabalho, aumento dos empregados com carteira assinada e contribuintes previdenciários, que, no entanto, ainda estão muito distantes dos níveis observados para os empregados permanentes).

Finalmente, no modesto progresso dos temporários rurais pode-se ressaltar os avanços no nível educacional, com desempenho positivo de todos os seus indicadores, e no grau de formalidade do emprego. Neste índice, os destaques foram a redução do trabalho infantil e o aumento da participação dos empregados com jornada regular (72,7%, em 2004, contra 46,3%, em 1992). Apesar do ganho real de 24,5% no período 1992-2004 (mas também com queda real entre 1995 e 2004), vale registrar que os temporários rurais tiveram, neste último ano, o terceiro menor rendimento médio mensal entre os empregados nas culturas selecionadas, R$ 158,86 (Tabela A21 do Anexo Estatístico). Além disso, apenas 3,7% recebiam mais de um salário mínimo por mês e somente 0,4% tinham carteira assinada e contribuíam para a Previdência Social.

Cultura da soja

Na cultura da soja houve melhoria nas condições de emprego de todas as categorias, com exceção dos temporários rurais. Trata-se de uma cultura que apresenta diferenças muito perceptíveis entre a qualidade do emprego dos empregados permanentes e dos temporários. É evidente, pelos dados da Tabela A23 do Anexo Estatístico, que os indicadores dos empregados permanentes, urbanos e rurais, estão entre os mais altos dentre as culturas selecionadas no presente estudo.

Chama a atenção, inicialmente, o elevado progresso dos empregados permanentes urbanos, com destaque para os indicadores de rendimento e de formalidade do emprego. No rendimento, houve um aumento real de 65,3% no rendimento médio mensal dos permanentes urbanos. Com isso, em 2004, 91,3% dos empregados recebiam mais de um salário mínimo por mês (eram 70,7%, em 1992). Quanto ao grau de formalidade, houve aumento de, aproximadamente, 45,0%, em 1992, para 62,9%, em 2004, na participação dos empregados com registro em carteira e com contribuição para a Previdência Social. No nível educacional, os destaques positivos foram o aumento da participação dos empregados alfabetizados (de 87,7%, em 1992, para 92,6%, em 2004) e o crescimento dos empregados com oito ou mais anos de estudo (de 1,3%, em 1992, para 15,1%, em 2004).

Os empregados permanentes rurais tiveram um progresso mais modesto no período. E, este avanço foi conseqüência, principalmente, do comportamento dos indicadores de rendimento, pois os demais tiveram desempenho pouco satisfatório. Além do pequeno ganho real (2,5%) no rendimento médio mensal, houve importante aumento da participação dos empregados que recebiam mais de um salário mínimo por mês, de 69,2%, em 1992, para 86,9%, em 2004. A melhoria no grau de formalidade ocorreu pelo progresso na jornada regular de trabalho e pela eliminação do trabalho infantil. Mesmo assim, é importante destacar que, em 2004, apenas 20,0% dos empregados trabalhavam até 44 horas semanais, o que indica um fortíssimo grau de sobretrabalho na cultura da soja (e isso vale para todas as categorias de empregados).

Os temporários urbanos, por sua vez, registraram um progresso que foi determinado, basicamente, pelos avanços nos indicadores de rendimento e de auxílios recebidos. No rendimento, houve ganho real de 54,2% no rendimento médio mensal e aumento importante dos empregados que recebiam mais de um salário mínimo (65,2%, em 2004, contra 34,8%, em 1992). Nos auxílios, destaque para os aumentos nos quesitos moradia, alimentação, transporte e saúde (Tabelas A23 e A24 do Anexo Estatístico).

Para os temporários rurais, o progresso foi negativo para todas as dimensões, com exceção do rendimento, que se manteve estável. Pode-se notar que o único subperíodo no qual houve algum avanço na qualidade do emprego foi o de 2001-04. Em todos os demais, houve retrocessos. Apesar disto, os temporários rurais ocupados na cultura da soja ainda se encontram em situação bem mais favorável do que aqueles ocupados nas "culturas domésticas" (arroz, mandioca e milho).

Principais aspectos relacionados à saúde dos empregados na agricultura[27]

O propósito de incluir este item no presente estudo é trazer algumas informações importantes a respeito das condições de saúde e também a respeito do acesso aos serviços de saúde por parte dos empregados permanentes e temporários ocupados na agricultura brasileira no período recente. Além de serem absolutamente escassos os trabalhos sobre estas questões, a dimensão da saúde na vida do trabalhador e as formas como a população trabalhadora tem acesso a este direito social, tanto pelas políticas públicas quanto pelos contratos de trabalho, justificam a sua inclusão quando o tema em debate é o mercado de trabalho agrícola.

---

[27] Para outras formas de abordagem dos dados presentes no suplemento de saúde da Pnad, ver os trabalhos de Oliveira & Corrêa (2006) e Kassouf (2005).

Tabela 3.13. Empregados permanentes e temporários com estado de saúde ótimo ou bom, segundo a área. Brasil e Grandes Regiões, 1998-2003

Brasil e Grandes Regiões	Rural							
	Permanente				Temporário			
	1998		2003		1998		2003	
	n.º	%	n.º	%	n.º	%	n.º	%
Centro-Oeste	184.064	83,1	134.506	77,7	35.358	74,8	28.908	71,5
Nordeste	360.562	80,0	383.340	77,0	479.572	81,6	543.784	77,6
Norte	–	–	–	–	–	–	–	–
Sudeste	458.003	78,9	355.691	78,9	206.664	72,8	210.222	78,0
Sul	171.565	78,2	148.847	78,6	90.624	74,0	80.583	75,2
Total do Brasil	1.174.194	79,8	1.022.384	78,0	812.218	78,0	863.497	77,2
	Urbana							
Centro-Oeste	68.256	75,1	78.721	81,0	50.477	74,1	64.051	68,1
Nordeste	114.900	78,5	127.762	70,2	144.363	77,7	303.463	75,1
Norte	19.281	72,3	33.161	72,1	32.874	62,4	64.702	68,9
Sudeste	306.733	81,4	258.215	79,7	214.609	74,7	311.583	71,2
Sul	74.110	83,3	52.446	79,3	81.384	68,9	75.483	72,3
Total do Brasil	583.280	79,9	550.305	77,0	523.707	73,6	819.282	72,3

Fonte: Elaboração do Autor a partir dos microdados da Pnad.

Um primeiro aspecto que chama a atenção é que, de acordo com os dados da Tabela 3.13, o estado geral de saúde dos empregados permanentes e temporários era satisfatório. Em 2003, para o total de Brasil, 78,0% dos permanentes com residência rural e 77,0% dos urbanos declararam possuir um estado de saúde ótimo ou bom.[28] Para os empregados temporários, os valores foram de 77,2% e 72,3%, respectivamente, para os rurais e urbanos. Embora deva ser ressaltado que esses valores foram ligeiramente inferiores aos registrados em 1998. Ou seja, mesmo com um cenário bem mais favorável para a agricultura nos primeiros anos do século XXI, o nível de saúde dos empregados não passou por mudanças sensíveis.[29]

---

[28] Em seu trabalho, Oliveira & Côrrea (2006, p. 3) chamam a atenção, com base em análises de especialistas em saúde, para o fato de que "a auto-avaliação do estado de saúde gera uma resposta subjetiva, pois depende da expectativa que o indivíduo possui sobre sua própria saúde, sem necessariamente ter a garantia de um diagnóstico médico. Além disso, a pergunta relacionada à autopercepção do estado de saúde apresenta certas deficiências, uma vez que diferentes grupos sociais têm percepções distintas sobre seu estado de saúde, em função de questões socioeconômicas, culturais e geográficas".

[29] No estudo de Oliveira & Côrrea (2006), que trabalhou com todas as categorias de ocupados e não somente com os empregados, foi constatado que o

Olhando-se mais atentamente para as Grandes Regiões, é possível notar que, em linhas gerais, não há grandes diferenças nos valores relativos observados entre os empregados com residência rural (com exceção dos temporários do Centro-Oeste, em 2003). Entre os residentes urbanos, as regiões Norte e Nordeste ficaram em situação um pouco mais desfavorável do que as demais, até mesmo com média abaixo da nacional, quando se observam os dados para os empregados permanentes, em 2003.

Para os empregados temporários com residência rural, a maior porcentagem de trabalhadores com estado de saúde ótimo ou bom foi registrada nas regiões Sudeste (78,0%) e Nordeste (77,6%), em 2003. Entre os residentes urbanos, os melhores índices foram registrados no Nordeste e no Sul. Evidentemente, o melhor ou pior estado de saúde dos empregados deve-se a vários fatores, tanto os inerentes à própria atividade em si (extensão da jornada, exposição aos produtos químicos, condições de ergonomia das máquinas e equipamentos, etc.) quanto os ligados às condições de higiene e saneamento do local de residência.

Se o estado geral de saúde era satisfatório, é de se esperar que uma baixa porcentagem de trabalhadores tivesse recorrido aos serviços de internação no período analisado.[30] E os dados da Tabela 3.14 confirmam isto: em 2003, para o total de Brasil, o maior índice de internação foi registrado para os empregados temporários com residência urbana, com uma participação de 6,2% apenas, nos últimos doze meses anteriores à pesquisa, que foi realizada na última semana de setembro.

Obviamente, deve-se considerar que a existência de hospitais, públicos e privados, é condição necessária para haver internação. Isto é, pode ser que em alguma região o índice tenha sido menor do que o realmente existente pelo fato dos doentes não terem onde solicitar o serviço. Quando se analisam as diferentes categorias de trabalhadores nas distintas regiões, pode-se perceber que o maior índice de internação ocorreu entre os empregados permanentes urbanos da região Norte, seguido pelos empregados

---

porcentual de trabalhadores ocupados no setor agrícola que declararam um estado de saúde ótimo ou bom ficou abaixo dos valores registrados para os setores industrial e de serviços, tanto para o total de Brasil quanto para as cinco grandes regiões analisadas.

[30] O estudo de Kassouf (2005) mostrou que o estado de saúde do indivíduo é o fator mais importante na procura, ou não, por atendimento à saúde, tanto na área urbana quanto no meio rural.

Evolução das ocupações e o do emprego | 151

temporários, rurais e urbanos da região Centro-Oeste. No entanto, vale a pena ressaltar que em nenhuma região os valores foram superiores a 10,0% do total de empregados.

Tabela 3.14. Empregados permanentes e temporários que não estiveram internados nos últimos doze meses, segundo a área. Brasil e Grandes Regiões, 1998-2003

Brasil e Grandes Regiões	Rural							
	Permanente				Temporário			
	1998		2003		1998		2003	
	n.º	%	n.º	%	n.º	%	n.º	%
Centro-Oeste	209.078	94,4	161.452	93,3	44.338	93,8	37.417	92,6
Nordeste	436.566	96,9	480.711	96,5	565.937	96,3	674.664	96,3
Norte	–	–	–	–	–	–	–	–
Sudeste	551.442	95,0	430.365	95,5	270.015	95,1	354.672	94,5
Sul	205.153	93,5	180.416	95,3	115.367	94,2	103.914	96,9
Total do Brasil	1.402.239	95,3	1.252.944	95,6	995.657	95,6	1.070.667	95,8
	Urbana							
Centro-Oeste	84.480	92,9	89.328	92,8	62.856	92,3	86.073	91,6
Nordeste	138.858	94,9	175.520	96,4	175.580	94,6	380.679	94,3
Norte	24.296	91,1	41.999	91,3	48.770	92,6	87.538	93,3
Sudeste	357.392	94,8	310.540	95,9	266.750	92,8	409.229	93,6
Sul	85.374	95,9	63.196	95,6	105.949	89,7	99.670	95,4
Total do Brasil	690.400	94,6	680.583	95,3	659.905	92,7	1.063.189	93,8

Fonte: Elaboração do Autor a partir dos microdados da Pnad.

Apesar dos aspectos positivos revelados pelo bom estado geral de saúde dos empregados agrícolas e pelas baixas taxas de internação, é preocupante constatar que uma parcela muito pequena dos trabalhadores possui cobertura de algum plano de saúde para assistência médica ou odontológica. Em 2003, apesar de algum avanço em relação ao ano de 1998, apenas 8,8% dos empregados permanentes urbanos tinham plano de saúde. Para as demais categorias a situação era bem mais dramática, pois os valores observados foram 3,7%, 1,9% e 1,0%, respectivamente, para os permanentes rurais, temporários urbanos e temporários rurais (Tabela 3.15). Ou seja, a situação dos empregados permanentes, apesar de precária, ainda era muito superior à dos temporários.

As regiões com maior destaque na cobertura dos planos de saúde para os empregados agrícolas são o Centro-Oeste, o Sul e o Sudeste. Em 2003,

15,4%, 13,8% e 9,6%, respectivamente, dos empregados permanentes urbanos tinham algum tipo de plano para assistência médica ou odontológica. Estes dados sobre a cobertura dos planos de saúde têm estreita relação com o quadro observado para outros dois aspectos que serão comentados a seguir: a importância do SUS no atendimento desta parcela significativa da população; e a porcentagem de trabalhadores que nunca foram ao dentista.[31]

Tabela 3.15. Empregados permanentes e temporários com plano de saúde médico ou odontológico, segundo a área. Brasil e Grandes Regiões, 1998-2003

Brasil e Grandes Regiões	Rural							
	Permanente				Temporário			
	1998		2003		1998		2003	
	n.º	%	n.º	%	n.º	%	n.º	%
Centro-Oeste	11.315	5,1	9.908	5,7	0	0,0	338	0,8
Nordeste	3.539	0,8	5.632	1,1	1.697	0,3	5.382	0,8
Norte	–	–	–	–	–	–	–	–
Sudeste	27.667	4,8	22.430	5,0	1.698	0,6	3.170	1,2
Sul	8.760	4,0	10.020	5,3	1.344	1,1	2.565	2,4
Total do Brasil	51.281	3,5	47.990	3,7	4.739	0,5	11.455	1,0
	Urbana							
Centro-Oeste	6.652	7,3	14.829	15,4	1.310	1,9	5.627	6,0
Nordeste	3.291	2,2	7.577	4,2	1.029	0,6	3.450	0,9
Norte	1.821	6,8	373	0,8	1.921	3,6	548	0,6
Sudeste	28.913	7,7	31.148	9,6	15.539	5,4	11.618	2,7
Sul	6.984	7,8	9.146	13,8	1.240	1,0	0	0,0
Total do Brasil	47.661	6,5	63.073	8,8	21.039	3,0	21.243	1,9

Fonte: Elaboração do Autor a partir dos microdados da Pnad.

Em 2003, 87,4% dos empregados temporários brasileiros com residência rural que precisaram de algum atendimento médico foram socorridos pelo Sistema Único de Saúde. No Centro-Oeste, a totalidade dos atendimentos foi feita pelo sistema público de saúde (Tabela 3.16). Para

---

[31] "Diante disso, consolida-se no Brasil um modelo de saúde segmentado: de um lado tem-se o sistema público de saúde para aqueles que não têm recursos e, de outro, há o sistema de saúde particular, que envolve cobertura de planos e seguros de saúde e desembolsos diretos para aqueles com melhores condições de rendimentos, que certamente procuram por um atendimento de saúde diferenciado" (Oliveira & Corrêa, 2006, p. 13).

Evolução das ocupações e o do emprego | 153

os temporários urbanos, a média nacional foi de 79,1%, com pequenas discrepâncias entre as regiões. Ou seja, de cada cinco trabalhadores, quatro foram atendidos nos postos de saúde e hospitais públicos.[32]

Mesmo para os empregados permanentes, que possuem maior cobertura dos planos de saúde, a participação do SUS nos atendimentos ficou acima dos 70,0%, com exceção dos rurais no Centro-Oeste e dos urbanos no Sul do país. Vale a pena destacar que, com raras exceções, em todas as regiões e categorias de empregados houve aumento de participação do SUS nos atendimentos no período 1998-2003.

Tabela 3.16. Empregados permanentes e temporários que tiveram atendimento médico pelo SUS, segundo a área. Brasil e Grandes Regiões, 1998-2003

Brasil e Grandes Regiões	Rural							
	Permanente				Temporário			
	1998		2003		1998		2003	
	n.º	%	n.º	%	n.º	%	n.º	%
Centro-Oeste	5.133	30,0	4.580	51,7	2.353	63,9	3.046	100,0
Nordeste	20.431	84,5	21.945	79,4	18.585	71,3	33.699	88,4
Norte	–	–	–	–	–	–	–	–
Sudeste	24.678	72,7	27.929	75,6	11.210	91,3	17.176	82,1
Sul	11.357	65,4	12.147	74,5	4.195	63,3	6.488	91,8
Total do Brasil	61.599	66,5	66.601	74,2	36.343	74,7	60.409	87,4
	Urbana							
Centro-Oeste	3.021	70,0	5.251	69,4	2.850	58,6	8.566	81,2
Nordeste	4.021	79,6	13.503	74,9	11.091	90,7	20.256	84,4
Norte	775	42,4	2.915	77,0	6.024	68,5	7.166	81,1
Sudeste	24.251	82,9	26.334	75,4	19.248	73,4	39.176	75,3
Sul	2.728	50,9	3.331	53,4	11.057	81,7	8.123	82,0
Total do Brasil	34.796	76,0	51.334	72,8	50.270	76,6	83.287	79,1

Fonte: Elaboração do Autor a partir dos microdados da Pnad.

É importante registrar que o atendimento odontológico, mesmo tendo uma das agriculturas mais dinâmicas e competitivas do mundo, uma

---

[32] Esta constatação da importância do SUS no atendimento da população brasileira também foi registrada nos estudos de Oliveira & Corrêa (2006) e Kassouf (2005). Segundo Oliveira & Corrêa (2006, p. 14), "é preciso destacar a inequívoca dependência dos trabalhadores ocupados nos setores industrial e serviços, e, principalmente, entre os agricultores, relativamente ao sistema público de saúde, o que implica que o SUS é essencialmente importante no financiamento da saúde entre esses trabalhadores, pois percentuais elevados de pessoas recorrem a esse sistema para atendimento básico de saúde e atendimento de média e alta complexidade".

parcela não desprezível de seus empregados nunca sentou numa cadeira de dentista (Tabela 3.17).

Em 2003, para o total de Brasil, 23,1% dos empregados temporários residentes em áreas rurais disseram que nunca tinham ido ao dentista. No Nordeste, que é a região mais carente, essa porcentagem foi de 29,0%. Muito semelhante foi a situação observada para os permanentes rurais e para os temporários urbanos: nesse mesmo ano, 13,2% e 14,1%, respectivamente, dos trabalhadores destas categorias declararam que jamais foram atendidos por um dentista. Novamente, o Nordeste registrou os piores valores, superiores a 20,0%.

A melhor situação foi registrada para os empregados permanentes com residência urbana, para os quais 8,8% nunca foram ao dentista. Entre as regiões, o Nordeste e o Norte foram as que apresentaram as maiores taxas.

Somando-se todas as categorias de trabalhadores e regiões, pode-se perceber que, em 2003, 655,6 mil pessoas nunca foram atendidas por um dentista em toda a vida, o que não deixa de ser um alerta em termos de saúde pública em pleno século XXI. Especialmente num país que tanto se orgulha dos grandes feitos da agricultura.

Tabela 3.17. Empregados permanentes e temporários que nunca foram ao dentista, segundo a área. Brasil e Grandes Regiões, 1998-2003

Brasil e Grandes Regiões	Rural							
	Permanente				Temporário			
	1998		2003		1998		2003	
	n.º	%	n.º	%	n.º	%	n.º	%
Centro-Oeste	17.975	8,1	15.434	8,9	4.718	10,0	3.265	8,1
Nordeste	120.400	26,7	101.852	20,5	176.516	30,0	203.047	29,0
Norte	–	–	–	–	–	–	–	–
Sudeste	55.332	9,5	37.462	8,3	48.136	17,0	38.100	14,1
Sul	24.067	11,0	18.789	9,9	17.377	14,2	14.154	13,2
Total do Brasil	217.774	14,8	173.537	13,2	246.747	23,7	258.566	23,1
	Urbana							
Centro-Oeste	5.031	5,5	8.310	8,6	6.214	9,1	8.930	9,5
Nordeste	22.986	15,7	23.928	13,1	41.851	22,5	90.616	22,4
Norte	2.655	10,0	5.127	11,1	10.339	19,6	13.373	14,2
Sudeste	23.858	6,3	20.455	6,3	31.726	11,0	34.046	7,8
Sul	6.235	7,0	5.385	8,1	10.494	8,9	13.347	12,8
Total do Brasil	60.765	8,3	63.205	8,8	100.624	14,1	160.312	14,1

Fonte: Elaboração do Autor a partir dos microdados da Pnad.

Para finalizar este item, foram selecionadas informações acerca das principais doenças crônicas[33] que atingem os empregados agrícolas brasileiros, as quais foram escolhidas em função do seu grau de importância. Por este critério, serão abordadas cinco doenças entre as pesquisadas pela Pnad: de coluna ou costas; artrite ou reumatismo; hipertensão; doença renal crônica; e bronquite ou asma.

Nos residentes rurais, com exceção da hipertensão e da bronquite ou asma, verificou-se um quadro bem mais favorável em 2003, comparativamente ao ano de 1998. Para os empregados permanentes, 14,3% tinham doenças de coluna ou costas, em 2003. A região Centro-Oeste foi a que registrou a maior taxa (18,7%), seguida pelo Sudeste (16,2%). Já entre os temporários, a média nacional foi de 12,4%, e o Centro-Oeste apresentou participação bem mais elevada, e também crescente no período (21,4%).

É importante registrar que as doenças de coluna ou costas foram as mais significativas entre os empregados agrícolas no período 1998-2003. Isso certamente tem a ver com as características do processo de trabalho na atividade, na qual o grande esforço físico e repetitivo, seja nas operações feitas manualmente ou nas mecanizadas, e a falta de ergonomia, são aspectos freqüentes.

No entanto, também é preciso registrar que foi o tipo de doença com o maior grau de melhoria no período analisado, pois os índices foram reduzidos para praticamente a metade dos verificados em 1998. Certamente, os empregadores, a medicina do trabalho e os fabricantes de máquinas e equipamentos têm tomado providências no sentido de proporcionar melhores condições para os trabalhadores desenvolverem suas atividades.

O Centro-Oeste também foi a região que registrou os maiores índices de empregados agrícolas com residência rural e com artrite ou reumatismo: 6,0% e 7,3%, respectivamente, para os permanentes e para os temporários. Merece registro ainda a queda substantiva de empregados com esse tipo de doença no período analisado. Para o total de Brasil, a redução foi de 9,2% para 4,9% para os empregados permanentes e de 9,4% para 4,4% para os temporários. Tal comportamento ocorreu de forma semelhante em todas as Grandes Regiões, à exceção dos temporários do Centro-Oeste.

---

[33] Na definição do IBGE, doença crônica é aquela que acompanha a pessoa por um longo período de tempo, podendo ter fases agudas, momentos de piora ou melhora sensível.

Como salientado antes, o quadro de hipertensão praticamente não foi alterado no período em questão, conforme os dados da Tabela 3.18 para o Brasil e as Grandes Regiões. Para uma média nacional de 8,9% para os empregados permanentes e de 7,6% para os temporários, os maiores níveis de hipertensão foram registrados nas regiões Sudeste e Sul, em 2003.

Tabela 3.18. Principais doenças que atingem os empregados permanentes e temporários rurais. Brasil e Grandes Regiões, 1998-2003

Brasil e Grandes Regiões	Rural							
	Permanente				Temporário			
	1998		2003		1998		2003	
	n.º	%	n.º	%	n.º	%	n.º	%
Coluna ou costas	372.303	25,3	187.302	14,3	250.730	25,1	136.586	12,2
Centro-Oeste	53.222	24,0	32.352	18,7	8.309	17,6	8.633	21,4
Nordeste	108.923	24,2	54.845	11,0	136.634	23,2	79.620	11,4
Norte	–	–	–	–	–	–	–	–
Sudeste	151.766	26,2	72.847	16,2	77.486	27,3	34.316	12,7
Sul	38.392	26,6	27.258	14,4	28.301	23,1	14.017	13,1
Artrite ou reumatismo	135.729	9,2	64.245	4,9	97.475	9,4	49.221	4,4
Centro-Oeste	22.999	10,4	10.456	6,0	3.621	7,7	2.967	7,3
Nordeste	42.667	9,5	21.528	4,3	55.194	9,4	27.583	3,9
Norte	–	–	–	–	–	–	–	–
Sudeste	51.867	8,9	24.795	5,5	28.645	10,1	13.538	5,0
Sul	18.196	8,3	7.466	3,9	10.015	8,2	5.133	4,8
Hipertensão	120.834	8,2	116.487	8,9	87.205	8,4	84.522	7,6
Centro-Oeste	13.738	6,2	14.703	8,5	5.661	12,0	3.324	8,2
Nordeste	30.724	6,8	35.365	7,1	36.682	6,2	40.793	5,8
Norte	–	–	–	–	–	–	–	–
Sudeste	56.641	9,8	48.817	10,8	34.700	12,2	29.751	11,0
Sul	19.731	9,0	17.602	9,3	10.162	8,3	10.654	9,9
Doença renal crônica	50.987	3,5	30.439	2,3	37.451	3,6	17.881	1,6
Centro-Oeste	16.787	7,6	7.229	4,2	3.632	7,7	3.302	8,2
Nordeste	8.364	1,9	8.540	1,7	18.548	3,2	9.276	1,3
Norte	–	–	–	–	–	–	–	–
Sudeste	18.643	3,2	10.127	2,2	6.824	2,4	4.699	1,7
Sul	7.200	3,3	4.543	2,4	8.447	6,9	604	0,6
Bronquite ou asma	30.053	2,0	22.294	1,7	24.027	2,3	23.920	2,1
Centro-Oeste	4.233	1,9	4.274	2,5	1.955	4,1	1.650	4,1
Nordeste	5.077	1,1	2.442	0,5	12.085	2,1	9.514	1,4
Norte	–	–	–	–	–	–	–	–
Sudeste	15.489	2,7	8.144	1,8	7.296	2,6	8.061	3,0
Sul	5.254	2,4	7.434	3,9	2.691	2,2	4.695	4,4

Fonte: Elaboração do Autor a partir dos microdados da Pnad.

As doenças crônicas renais e a bronquite ou asma têm incidência sobre os empregados agrícolas rurais bem menos significativa do que as anteriores. Em 2003, apenas 2,3% dos empregados permanentes e 1,6%

dos temporários sofriam das doenças renais crônicas. O destaque negativo, de novo, fica com o Centro-Oeste, que além de ter índices bem superiores à média nacional, registrou aumento da incidência da doença entre empregados temporários com residência rural no período 1998-2003.

Finalmente, a bronquite ou asma atacou 1,7% dos empregados rurais permanentes e 2,1% dos temporários, em 2003. As maiores incidências da doença foram registradas nas regiões Sul, com os empregados permanentes e temporários, Centro-Oeste, com os empregados temporários, e Sudeste, com os empregados temporários.

Para os residentes urbanos, valem dois comentários iniciais, com base nos dados da Tabela 3.19: o primeiro é que, com raras exceções, os índices de incidência das doenças selecionadas são maiores entre os empregados agrícolas do que aqueles observados para os residentes rurais, ou seja, relativamente, há mais problemas de saúde nas cidades do que no meio rural; o segundo é que para algumas doenças, especialmente as de coluna ou costas e a hipertensão, a melhoria no quadro de incidência delas não foi tão positiva quanto a verificada nas áreas rurais.

Apesar da redução no período em questão, 17,8% e 17,9%, respectivamente, dos empregados permanentes e dos temporários ainda tinham problemas na coluna ou costas, em 2003. Em algumas regiões, como é o caso do Sudeste e do Centro-Oeste, as participações foram superiores a 20,0%, ou seja, um em cada cinco trabalhadores estavam doentes.

Quanto à hipertensão, pode-se notar que ela aumentou entre os empregados permanentes e praticamente manteve-se estável entre os temporários (pelo menos na média nacional, embora algumas regiões tenham registrado crescimento). As maiores incidências foram registradas para os trabalhadores permanentes e temporários do Sudeste, em 2003, inclusive com significativa elevação em relação a 1998. Mas, também foram importantes entre os empregados permanentes da região Sul e entre os temporários do Sudeste, que ficaram bem acima da média brasileira.

Quanto à artrite ou reumatismo, a situação observada em 2003 foi bem mais favorável para os empregados agrícolas do que aquela registrada em 1998. As reduções foram significativas em todas as regiões e categorias de trabalhadores. A média nacional para os empregados permanentes foi de 4,6%, sendo as maiores incidências nas regiões Norte e Sul. Já para os temporários, a média foi mais elevada, 7,3%, com as maiores incidências da doença no Norte e no Sudeste.

A região Norte também foi a que registrou o maior nível de incidência das doenças renais crônicas: 6,5% entre os empregados permanentes e 4,6% entre os temporários. Os empregados permanentes da região Sul e os temporários e permanentes do Centro-Oeste também registraram incidência superior à media nacional. Para finalizar, vale a pena citar que a bronquite ou asma atacou, principalmente, os empregados permanentes do Sul e do Centro-Oeste e os temporários do Sudeste e do Sul.

Tabela 3.19. Principais doenças que atingem os empregados permanentes e temporários urbanos. Brasil e Grandes Regiões, 1998-2003

Brasil e Grandes Regiões	Urbana							
	Permanente				Temporário			
	1998		2003		1998		2003	
	n.º	%	n.º	%	n.º	%	n.º	%
Coluna ou costas	**175.221**	**24,0**	**127.195**	**17,8**	**186.626**	**26,2**	**202.751**	**17,9**
Centro-Oeste	20.322	22,4	16.119	16,7	14.833	21,8	19.854	21,1
Nordeste	40.260	27,5	28.212	15,5	43.136	23,2	56.713	14,0
Norte	9.049	33,9	6.115	13,3	17.775	33,7	14.860	15,8
Sudeste	88.844	23,6	65.019	20,1	80.745	28,1	94.119	21,5
Sul	16.746	18,8	11.730	17,7	30.137	25,5	17.205	16,5
Artrite ou reumatismo	**62.732**	**8,6**	**33.764**	**4,6**	**80.011**	**11,2**	**82.854**	**7,3**
Centro-Oeste	7.878	8,7	4.617	4,8	9.009	13,2	6.968	7,4
Nordeste	15.259	10,4	6.755	3,7	18.227	9,8	22.671	5,6
Norte	3.965	14,9	2.785	6,1	9.289	17,6	8.332	8,9
Sudeste	29.053	7,7	14.849	4,6	29.510	10,3	37.748	8,6
Sul	6.577	7,4	3.758	5,7	13.976	11,8	7.135	6,8
Hipertensão	**67.516**	**9,2**	**84.054**	**11,8**	**76.450**	**10,7**	**119.581**	**10,5**
Centro-Oeste	8.053	8,9	10.147	10,5	5.298	7,8	11.957	12,7
Nordeste	7.687	5,3	13.097	7,2	17.747	9,2	28.813	7,1
Norte	1.997	7,5	2.536	5,5	5.043	9,6	7.776	8,3
Sudeste	40.670	10,8	47.959	14,8	33.672	11,7	61.329	14,0
Sul	9.109	10,2	10.315	15,6	14.690	12,4	9.706	9,3
Doença renal crônica	**30.680**	**4,2**	**21.829**	**3,1**	**39.560**	**5,6**	**32.566**	**2,9**
Centro-Oeste	6.078	6,7	4.252	4,4	7.337	10,8	3.952	4,2
Nordeste	4.579	3,1	2.764	1,5	6.112	3,3	11.862	2,9
Norte	4.079	15,3	2.971	6,5	9.872	18,7	4.285	4,6
Sudeste	14.186	3,8	8.542	2,6	10.040	3,5	10.090	2,3
Sul	1.758	2,0	3.300	5,0	6.199	5,2	2.377	2,3
Bronquite ou asma	**22.194**	**3,0**	**11.792**	**1,7**	**26.048**	**3,7**	**27.096**	**2,4**
Centro-Oeste	3.024	3,3	1.974	2,1	2.206	3,2	2.031	2,2
Nordeste	2.410	1,6	1.469	0,8	2.604	1,4	7.481	1,9
Norte	1.785	6,7	0	0,0	749	1,4	748	0,8
Sudeste	12.397	3,3	5.766	1,8	15.006	5,2	13.921	3,2
Sul	2.578	2,9	2.583	3,9	5.483	4,6	2.915	2,8

Fonte: Elaboração do Autor a partir dos microdados da Pnad.

Considerações finais

O presente capítulo abordou alguns aspectos mais gerais do mercado de trabalho brasileiro nas duas últimas décadas para, em seguida, tratar de forma mais aprofundada a evolução das ocupações e do emprego na agricultura brasileira no período 1992-2004, bem como as características do mercado de trabalho assalariado agrícola em suas dimensões de nível de escolaridade dos empregados, de grau de formalidade do emprego, de rendimentos oriundos do trabalho principal e de auxílios recebidos pelos empregados. Além dos referidos temas, foram analisados alguns dos principais aspectos da saúde dos trabalhadores empregados na agricultura brasileira, com base nos dados dos suplementos de saúde levados a campo pela Pnad nos anos de 1998 e 2003.

Em um contexto de crescente abertura econômica e de amplo processo de reestruturação técnico-produtiva adotado pelas empresas nacionais e transnacionais, principalmente a partir do início dos anos noventa, somado aos períodos de crise da economia brasileira, o que se assistiu no mercado de trabalho foi uma agudização dos movimentos de desregulamentação e de desestruturação. Especialmente na década de noventa, uma série de alterações foram feitas na legislação trabalhista de forma a reduzir-se o grau de regulação. Tais alterações eram relativas ao uso do trabalho (regulamentação das condições de contratação, demissão e jornada de trabalho), sua remuneração (regulamentação das políticas e reajustes salariais em geral e do salário mínimo) e proteção ou assistência social aos ocupados e desempregados (regulamentação dos direitos sociais e trabalhistas, da política previdenciária, das práticas de formação e requalificação profissional, da ação sindical e da Justiça do Trabalho).

Paralelamente a isto, um conjunto de transformações, concomitantes e articuladas entre si, ampliaram o processo específico de desestruturação do mercado de trabalho: crescimento das ocupações no setor terciário; aumento da informalidade nas relações de trabalho; aumento dos níveis de desocupação e de desemprego; precarização ou piora na qualidade dos postos de trabalho; estagnação dos rendimentos médios oriundos do trabalho; piora da situação distributiva; alteração no padrão de mobilidade social; aumento da contratação flexibilizada e das jornadas de trabalho superiores à legal; ampliação da rotatividade, da terceirização e da subcontratação; e enfraquecimento do movimento sindical.

A desvalorização cambial do início de 1999 trouxe benefícios para o mercado de trabalho, particularmente no tocante à recomposição do trabalho formal. Apesar de ainda não ser o predominante, entre 1999 e 2004, a participação do segmento estruturado do mercado de trabalho subiu de 35,9% para 38,9%, enquanto a participação do segmento pouco estruturado caiu de 60,1% para 57,0%.

Outra tendência apontada no mercado de trabalho brasileiro no período 1992-2004 foi o aumento das distâncias entre a qualidade dos postos de trabalho do segmento classificado como estruturado, comparativamente ao segmento pouco estruturado. Esta tendência à polarização na qualidade do trabalho também foi observada para os empregados com e sem carteira assinada, que são as categorias mais próximas ao objeto de estudo da presente pesquisa.

Com relação ao mercado de trabalho agrícola, em particular, a evolução das ocupações na agricultura brasileira mostrou uma redução de 2,0 milhões de pessoas na atividade no período em questão, principalmente nas categorias de membros não remunerados da família (que sofreu a maior queda, de 1,3 milhão de pessoas ocupadas), de conta própria e de empregados. Com isto, a participação do setor primário da economia no total de pessoal ocupado caiu de 28,6%, em 1992, para 21,0%, em 2004.

Conforme salientado, o comportamento não foi homogêneo para todas as regiões, sendo o Norte Urbano e o Nordeste as que apresentaram os melhores desempenhos. Entre 1992 e 2004, pouco se alterou o quadro de participação das cinco regiões no total das ocupações. Ou seja, neste período o Nordeste sempre ficou em primeiro lugar, seguido pelo Sudeste. Na seqüência aparecem, respectivamente, as regiões Sul, Centro-Oeste e Norte Urbano. Em 2004, 49,2% do total das ocupações agrícolas ainda estavam concentradas no Nordeste brasileiro.

Especificamente em relação aos empregados, vale dizer que, apesar da redução de 6,8% no número de pessoas ocupadas no período, desde 2001, eles são a principal categoria de ocupados na agricultura brasileira. Trata-se de uma categoria em processo de expansão no período recente, sendo a mais importante também em três das cinco regiões brasileiras: Norte Urbano, Centro-Oeste e Sudeste.

Em função disto, tornou-se relevante e justificável o aprofundamento das características do mercado de trabalho assalariado na agricultura brasileira, considerando-se as diferentes categorias (empregados permanentes e temporários), segundo o local de moradia (rural e urbana). E os dados mostraram, em linhas gerais, importantes melhorias para as categorias, num comportamento relativamente distinto do observado para o mercado de trabalho assalariado urbano, principalmente o metropolitano. No entanto, não só prevalecem condições e qualidade do emprego bastante superiores para os empregados permanentes em relação aos temporários, como em várias situações aumentaram as discrepâncias entre os indicadores para as duas categorias. Estes resultados foram determinados, principalmente, pelos indicadores de grau de formalidade do emprego (carteira assinada e contribuição previdenciária), de rendimento médio mensal e de alguns benefícios recebidos.

Também vale destacar que o comportamento dos indicadores não foi homogêneo em todo o período analisado. Em linhas gerais, os subperíodos 1992-95, que inclui o início do Plano Real, e 2001-04, que registrou desempenho muito bom da agricultura, foram os mais favoráveis para os empregados agrícolas.

A tendência à polarização no mercado de trabalho, mais presente nas pesquisas e análises do mercado de trabalho urbano, também esteve presente no mercado de trabalho assalariado agrícola. As melhores condições e a maior qualidade do emprego observadas para os empregados permanentes (segmento estruturado) em relação aos temporários (segmento pouco estruturado) são a evidência da referida tendência. E a polarização da qualidade do emprego ocorreu tanto para o total de Brasil quanto para as regiões e culturas selecionadas. Além da polarização entre as duas categorias de trabalhadores agrícolas dentro das regiões e das culturas, também houve aumento das discrepâncias entre as regiões e as culturas.

Estes aspectos serão mais bem explicitados no capítulo seguinte. Mas, de modo caricato, pode-se dizer que as melhores condições de trabalho, medidas pelos indicadores selecionados e pelo Índice de Qualidade do Emprego (IQE) proposto, foram registradas para os empregados permanentes da região Centro-Oeste ocupados na cultura da soja, enquanto as piores foram para os empregados temporários da região Nordeste ocupados na cultura da mandioca. Ou seja, houve um claro favorecimento dos empregados permanentes das regiões de agricultura mais dinâmica ocupados nas principais *commodities* internacionais, em detrimento dos empregados temporários das regiões mais desfavorecidas ocupados nas tradicionais culturas de mercado interno.

Finalmente, com relação aos principais aspectos da saúde e do acesso aos serviços de saúde por parte dos empregados na agricultura brasileira, pode-se relembrar que, entre os aspectos positivos estão o bom quadro relativo do estado geral de saúde declarado pelos próprios trabalhadores, o relativamente baixo índice de internações e a redução de incidência das principais doenças no período 1998-2003. Certamente, tais indicadores estão bem mais relacionados com as políticas e programas nacionais, estaduais e municipais de saúde do que propriamente com o desempenho do setor agrícola. O fato de a grande maioria dos empregados recorrer ao SUS para o atendimento médico-hospitalar é uma grande evidência disto.

Como aspectos preocupantes apareceram: a pequena participação de empregados com cobertura por plano de saúde e/ou odontológico (em 2003, apenas 8,8% dos empregados permanentes urbanos tinham plano de saúde, sendo que para as demais categorias a situação era bem mais desfavorável); e o elevado contingente de trabalhadores que nunca foram atendidos por um dentista em toda a vida (em 2003, foram 655,6 mil pessoas, o que não deixa de ser um alerta em termos de saúde pública), sendo a categoria dos empregados temporários e as regiões Norte Urbano e Nordeste as que apresentaram os piores resultados.

No tocante ao tema dos planos de saúde e do tratamento odontológico é preciso iniciativas do governo e das próprias empresas agrícolas para aumentar a cobertura dos mesmos para os trabalhadores na agricultura brasileira. Enquanto isto não ocorre, o Sistema Único de Saúde continua sendo a principal forma de atendimento desta população. O elevado número de empregados agrícolas que nunca foram ao dentista mostram que os programas específicos de saúde bucal, como o Brasil Sorridente,[34] devem

---

[34] Segundo dados divulgados pelo Governo Federal, o Programa Brasil Sorridente triplicou o número de equipes de saúde bucal no país. Foram implantadas 14,8 mil novas equipes, totalizando 19,2 mil equipes em meados de 2006. As equipes estão presentes em 4.155 municípios brasileiros, cobrindo 69,7 milhões de pessoas. Até agosto de 2006, foram implantados 419 Centros de Especialidades Odontológicas (CEO) e entraram em funcionamento 205 novos sistemas de fluoretação de água para abastecimento público, em 106 municípios.

estar atentos a este público, que muitas vezes encontra-se residindo nas áreas rurais de pequenos e médio municípios das regiões Norte e Nordeste.

Com relação às principais diferenças regionais, estas se manifestaram justamente nestes dois pontos: cobertura dos planos de saúde e atendimento odontológico, além, obviamente, das diferenças de importância das principais doenças crônicas. Na auto-avaliação do estado de saúde, na interrupção de atividades rotineiras de trabalho por motivo de saúde, no nível de internação, no uso dos hospitais públicos e filantrópicos ligados ao SUS e na avaliação do atendimento recebido no sistema público de saúde as diferenças regionais não foram tão gritantes.

Embora no geral os dados quantitativos captados pelos suplementos especiais de saúde, os quais foram a campo com as Pnads de 1998 e 2003, mostrem um quadro evolutivo relativamente positivo, as políticas públicas de saúde não podem desconsiderar que, de acordo com Oliveira & Corrêa (2006), o sistema público universal no Brasil ainda apresenta sérios problemas de qualidade do atendimento em muitas de suas unidades. E, mesmo naquelas onde o atendimento é de inegável qualidade, o acesso aos serviços de saúde é muito restritivo para a maioria da população trabalhadora. Este aspecto da qualidade dos serviços públicos de saúde, juntamente com o maior espaço dado à medicina preventiva,[35] poderão ser bem equacionados quando o Brasil contar, nos seus três níveis de governo, com fontes de financiamento estáveis para o setor.

---

[35] "O modelo de saúde no Brasil é centrado no atendimento em postos de saúde e hospitais, onde a ênfase é dada ao tratamento de doenças. Defende-se, atualmente, como sendo ideal, dar prioridade à prevenção de doenças e maior ênfase ao modelo de saúde da família. Os resultados econométricos confirmam que a prevenção, a melhoria da infra-estrutura do domicílio e o aumento da escolaridade elevam o nível de saúde da população e conseqüentemente reduzem a procura por atendimento" (Kassouf, 2005, p. 43).

Capítulo 4
A polarização da qualidade dos empregos

O OBJETIVO DESTE CAPÍTULO é apresentar, de forma comparativa, alguns dos principais indicadores de qualidade do emprego na agricultura. Com isto, espera-se comprovar a hipótese central do estudo: no período em questão, os movimentos mais gerais da agricultura tiveram como resultado o aumento das discrepâncias na qualidade do emprego agrícola entre as diferentes categorias de empregados, reforçando uma tendência de polarização dentro do mercado de trabalho assalariado agrícola.

Para isto, serão utilizados os seguintes indicadores: empregados com carteira assinada e empregados com contribuição para a Previdência Social, na dimensão do grau de formalidade; empregados que recebiam mais de um salário mínimo por mês no trabalho principal e rendimento médio mensal dos empregados no trabalho principal, na dimensão dos rendimentos; empregados com oito anos ou mais de estudo, na dimensão do nível de escolaridade; e índice parcial de auxílios recebidos pelos empregados. Também será construído um *ranking* para o IQE, de modo a obter-se uma ordenação das melhores e piores situações de emprego na agricultura brasileira.

O que se pretende mostrar é que há fortes contrastes entre a qualidade do emprego dos empregados permanentes e dos empregados temporários. Isto é, os empregados pertencentes ao segmento mais estruturado do mercado de trabalho assalariado agrícola foram os principais beneficiários pelo desempenho da agricultura brasileira no período 1992-2004. A polarização da qualidade do emprego pode ser observada tanto no nível agregado do Brasil quanto nas desagregações por Grandes Regiões e culturas selecionadas. E mais: além da polarização dentro dos agregados, também houve este movimento entre as regiões e entre as culturas selecionadas. Como poderá ser visto, de forma geral e com raras exceções, os maiores benefícios foram para os empregados permanentes das regiões de agricultura mais dinâmica e ocupados nas *commodities* internacionais.

O tema da polarização no mercado de trabalho brasileiro

As discussões sobre a polarização no mercado de trabalho brasileiro podem ser remontadas ao início dos anos noventa, embora ainda sem as suas principais caracterizações. Um primeiro ponto a destacar é que elas surgiram, também, no bojo das análises sobre os efeitos da reestruturação produtiva no mundo do trabalho, particularmente nos setores da indústria de transformação e dos serviços especializados, e tinham como foco principal o mercado de trabalho urbano (não raro com um olhar mais específico sobre as regiões metropolitanas brasileiras). Quanto ao mercado de trabalho agrícola, em particular, os estudos e análises eram e ainda são absolutamente raros.

Estas discussões também foram alimentadas por outros temas emergentes na época, como os novos rumos da chamada sociedade da informação e o papel do conhecimento na nova economia que se afirmava com a globalização e com os enormes avanços no setor da telemática. Os pressupostos do debate eram que, por um lado, a reestruturação produtiva acarretava um crescimento acelerado do setor de serviços, em detrimento da perda de importância da indústria de transformação, e que, por outro lado, a polarização do mercado de trabalho tenderia a aumentar com o desenvolvimento da sociedade da informação em função dos diferenciais por qualificação e por nível de escolaridade (trabalhadores muito qualificados *versus* trabalhadores pouco qualificados) nos novos postos de trabalho gerados. Com isto, o principal efeito seria uma polarização na estrutura ocupacional e nos salários recebidos, além de uma perda da qualidade dos empregos (ou uma precarização), pois seriam criados mais empregos nas categorias ocupacionais de pouca qualificação comparativamente com os empregos criados para os trabalhadores mais qualificados e especializados.

Em um importante estudo organizado pelo Centro Brasileiro de Análises e Pesquisas (Cebrap, 1994) na primeira metade dos anos noventa, é possível perceber o tema da polarização nas análises de dois especialistas sobre mercado de trabalho. Ao analisar as principais informações sobre o mercado de trabalho na década de oitenta e início dos anos noventa, Edward Amadeo diz: "a partir dos dados, a tese que eu defendo é de que houve, ao longo da década de 80, mas principalmente nos últimos três anos, um crescimento acentuado da heterogeneidade do mercado de trabalho no Brasil. Não houve, fundamentalmente, ao contrário do que se poderia imaginar, um crescimento do emprego no setor industrial entre o final da década de 70 e o final da década de 80. Ou seja, se houve algum tipo de reestruturação na década de 80, ela não se traduziu em aumento de emprego no setor industrial mas, pelo contrário, em queda. E, recentemente, com a recessão, com a abertura e as pressões que esses dois fatores exercem sobre o esforço de racionalização das empresas, o que se teve foi um crescimento formidável do setor informal. Todos os que ingressaram no mercado de trabalho ao longo da década de 80 ingressaram no setor terciário, não no setor industrial. E nos últimos três anos, houve uma transferência de trabalhadores do setor moderno industrial para o setor de serviços e comércio; e, no que diz respeito à dicotomia formal-informal, um crescimento muito grande do setor informal".

"Há duas coisas acontecendo. De um lado, uma redução do tamanho do setor moderno e um crescimento do setor tradicional e, de outro, uma intensificação das diferenças qualitativas. É para isso que quero chamar a atenção. Que diferenças são essas? Os trabalhadores que permaneceram empregados no setor industrial passaram a estabelecer um tipo de relacionamento com as empresas muito diferente do que tinham antes. Por quê? Porque para esses trabalhadores as empresas passaram a incorporar um tipo de atitude e um tipo de comportamento muito diferentes do que tinham antes. Esses sim são a nata, o núcleo do setor empregado que merece um tipo de tratamento diferenciado quando se vai entrar num período de competitividade com base na qualidade dos recursos humanos. Na minha opinião houve uma acentuação da heterogeneidade do mercado de trabalho, tanto do ponto de vista quantitativo, com o enxugamento do setor formal e ampliação do setor informal, quanto com a ampliação das diferenças qualitativas" (Cebrap, 1994, pp. 30-1).

Cláudio Dedecca, observando os princípios que nortearam a reestruturação industrial nas décadas posteriores à de setenta e seus efeitos sobre o mercado de trabalho, planteia o seguinte questionamento: como as empresas realizaram este processo? Nas palavras do autor: "em primeiro lugar, introduzindo novas tecnologias e novos métodos organizacionais. Em segundo lugar, tentando fugir do controle sindical e buscando romper os contratos coletivos de trabalho. Em terceiro lugar, fechando e relocalizando plantas produtivas com o objetivo de criar uma relação de trabalho nova que fugisse daquele padrão anterior. Pois bem, quais foram os efeitos desse processo? Eu elencaria alguns, apesar de serem muito mais complexos e extensos. Em primeiro lugar, verifica-se um crescimento substantivo da heterogeneidade do mercado de trabalho nos países desenvolvidos, marcada pela precarização das relações de trabalho, pela polarização do mercado de trabalho e pela informalização" (Cebrap, 1994, p. 42).

Em alguns estudos mais recentes, a expressão polarização do mercado de trabalho tem sido utilizada, predominantemente, para identificar um fenômeno que coloca em extremos opostos dois núcleos de trabalhadores: um núcleo mais ou menos estável e com alta qualificação profissional e um outro núcleo, bem maior, muito instável e composto de trabalhadores de baixa qualificação e com uma qualidade do trabalho muito precária. Desta forma, amplia-se o fosso entre os setores ditos formais, nos quais os empregados estão relativamente bem protegidos, do ponto de vista da legislação trabalhista e da seguridade social, e os setores informais, nos quais os empregados não possuem garantias mínimas e auferem os menores salários.[1]

---

[1] Isto pode ser facilmente captado nas palavras de um sindicalista espanhol, acerca dos movimentos recentes no mercado de trabalho europeu: "el tránsito de la sociedad industrial a la sociedad de información, de la sociedad del trabajo a la sociedad del saber está produciendo riesgos de polarización entre dos modelos de organización del trabajo: el *neotaylorista* para las tareas más estandarizadas y banalizadas y una organización del trabajo flexible y enriquecedora para las tareas más cualificadas y creativas. La polarización del mercado de trabajo entre empleos seguros y bien valorados, en el núcleo estable de la economía, y constelación de empleos periféricos, precarios y subcontratados a través de la estrategia empresarial creciente de la externalización de tareas. También se está produciendo una nueva polarización entre distintas formas de trabajo flexible: jornadas laborales cada vez más prolongadas (trabajador accesible las 24 horas); ritmos de trabajo cada vez más intensos (desincronización entre tiempo de trabajo y otros tiempos sociales); riesgos de exclusión dado el analfabetismo funcional de muchos trabajadores, fruto del llamado *apartheid* tecnológico" (Trevilla, 2003).

Na seqüência, são expostas algumas citações dos referidos estudos, que servem para ilustrar o que foi dito acima e também para melhorar os contornos da polarização:

a) analisando a reestruturação produtiva e a polarização do mercado de trabalho em Paranaguá, município portuário do estado do Paraná, Godoy (2000, p. 21) concluiu: "ocorre, conseqüentemente, a tendência de que a presença do serviço informal e temporário seja bem maior entre os trabalhadores que não estão ligados ao porto do que entre aqueles que estão ligados. Levando em consideração o histórico realizado da cidade e as tabelas apresentadas, pode-se dizer que há indicações de que a reestruturação econômica ocorrida, tanto nos anos 70 quanto recentemente, deu-se no sentido de acelerar a formação de segmentos no mercado de trabalho: um que se encontra em melhores condições de trabalho (maior predominância de trabalho permanente e formal), em grande parte ligado direta ou indiretamente ao porto, e outro constituído pela maioria de trabalhadores desvinculados das atividades portuárias, que tendem a ter piores condições de trabalho, ou seja, trabalho temporário e informal. Nesse contexto, ocorreu a diminuição do trabalho direto e a formação de um segmento vinculado à nova dinâmica internacional com melhores condições de trabalho e a formação de um outro segmento que tende a estar alijado do processo e a possuir piores condições de trabalho".

b) estudando os efeitos das transformações produtivas e das mudanças na estrutura ocupacional da região metropolitana de São Paulo (RMSP) nas décadas de oitenta e noventa, Araújo (2001) notou que as alterações no mercado de trabalho acirraram as históricas dificuldades de inserção dos trabalhadores na estrutura ocupacional da região, sendo que a evolução das ocupações no setor de serviços aprofundou a heterogeneidade, indicando uma tendência à polarização do mercado de trabalho, com graves conseqüências sociais.[2] Ainda segundo a autora, as principais alterações ocorridas no mercado de trabalho da região metropolitana de São Paulo no período 1988-1999 foram as seguintes: redução da participação

---

[2] "A natureza excludente das transformações em curso sinalizam para a tendência, em formação, de uma estrutura ocupacional polarizada, caracterizada pelas altas taxas de crescimento, em termos relativos, das ocupações em serviços auxiliares e produtivos, que contém parcela significativa das ocupações que exigem ensino médio e superior, e, em termos absolutos, dos postos de trabalho em prestação de serviços pessoais, com baixas qualificação e remuneração" (Araújo, 2001, p. 3).

dos ocupados no setor industrial, de 32,0% para 20,0%; ampliação da participação dos ocupados no setor de serviços, de 60,0% para 74,%, com destaque para o crescimento dos ocupados nos serviços relacionados à produção e nos serviços pessoais e domésticos; perda de capacidade de geração de ocupações assalariadas com carteira de trabalho assinada. "A resultante das transformações ocupacionais na RMSP, durante a década de 90, pode ser sintetizada nos movimentos de dois segmentos do setor de serviços: produtivos/especializados, de um lado, pessoais/domésticos, de outro" (Ibidem, p. 25), nos quais predominaram as inserções mais flexíveis e não regulamentadas.

c) tendo como tema principal as crescentes tensões urbanas nas regiões metropolitanas do mundo globalizado, Soja (2001, pp. 4-5) descreve que "a reestruturação industrial pós-fordista também produziu grandes efeitos sobre a paisagem urbana. Por exemplo, levou a mudanças radicais na estrutura, na composição e na organização espacial dos mercados de trabalho urbanos, contribuindo para uma ainda maior fragmentação, desigualdade e polarização. Uma vez descrita como uma pirâmide com um setor médio particularmente relevante, a estrutura da distribuição de renda e da ocupação na maioria das cidades e regiões do primeiro mundo tem desenvolvido um novo formato, como uma pequena saliência no topo, refletindo o aumento no número de empregos de alta renda na nova economia, e um volume expressivo na parte inferior, composto por uma enorme população de trabalhadores pobres. A parte mediana antes saliente tem sido reduzida, na medida em que um número crescente de trabalhadores da classe média vem sendo pressionado para baixo em direção à linha de pobreza. Este novo mercado de trabalho marcadamente polarizado, freqüentemente preenchido por nichos étnicos especializados, é mais proeminente nos EUA, mas também é parte da nova economia urbana na maioria dos países industriais avançados. Nas cidades que não possuem uma faixa de classe média destacada e significativa nos seus mercados de trabalho, a polarização é tipicamente intensificada".

d) ao discutir a integração européia e as novas políticas de regulação social, Tapia & Gomes (2002, pp. 3-4) observam que "há uma crescente interdependência entre as políticas de proteção social, as políticas para o mercado de trabalho e as principais dimensões da orientação macroeconômica adotadas no plano comunitário. Essa interdependência significa, de um lado, que o êxito dos objetivos macroeconômicos como redução do déficit público e dos custos do trabalho dependem em boa medida da ampliação das concertações para os temas ligados ao *Welfare State*. De outro lado, que há necessidade de examinar os efeitos combinados das decisões adotadas no âmbito das políticas sociais ou daquelas do mercado de trabalho, pois seus resultados podem ter efeitos perversos não desejáveis, como exemplificam os casos em que há uma polarização do mercado de trabalho entre um núcleo estável de trabalhadores qualificados e uma grande periferia constituída por trabalhadores de baixa qualificação".

e) estudando as principais características da população economicamente ativa feminina nos anos noventa, com destaque para a parcela ocupada no emprego doméstico, Andrade (2004, pp. 15-6) concluiu que "a continuidade do crescimento das taxas de atividade feminina, frente ao perfil dos postos de trabalho gerados, bem como da inserção desigual das mulheres ao longo da década de 90, marcada por uma forte clivagem de cor/raça, pode também ser lida como uma forma de polarização do mercado de trabalho. Ou seja, enquanto o emprego doméstico, considerada uma das mais precárias posições na estrutura de ocupações, quer seja do ponto de vista sócio-ocupacional, dos rendimentos ou ainda da proteção social, incorporou 19,0% da variação da PEA branca das mulheres casadas, no caso das chefes negras dos arranjos monoparentais respondeu por 48,0%".

f) ao debater o problema do desemprego nas regiões metropolitanas, em geral, e na de São Paulo, em particular, Dedecca (2006, p. 2) ponderou que a introdução de novas tecnologias e/ou de novas técnicas gerenciais, no âmbito da reestruturação produtiva, teve como resultado o aumento do desemprego e da precarização das relações de trabalho. Ainda segundo o autor, "as ocupações semi-qualificadas da indústria e de certos segmentos dos serviços (como os bancários) foram as mais atingidas por esse processo, o que levou ao desemprego muitas pessoas relativamente escolarizadas e qualificadas, em faixas etárias avançadas e com experiência de trabalho. Entretanto, tais credenciais não se adequavam aos novos postos de trabalho que foram criados, em sua maioria com baixas exigências de qualificação — como vigias, pessoal de limpeza e manutenção de edifícios, vendedores no comércio varejista (inclusive ambulantes), atendentes em vários segmentos do setor de serviços etc. Tampouco se adequavam aos postos mais qualificados que também foram gerados nos últimos anos, notadamente nos serviços especializados e auxiliares às empresas, nas instituições financeiras etc. Pode-se dizer que ocorreu uma espécie de polarização do mercado de trabalho, no sentido de que os postos de trabalho criados, além de serem em menor número do que os destruídos, concentravam-se (em maior medida) em ocupações com poucas (qua-lificações) ou, em menor medida, com elevadas exigências de qualificação".

Neste resgate sobre o tema da polarização no mercado de trabalho, pode-se perceber que este fenômeno está intimamente ligado com o aumento da heterogeneidade e com a desestruturação do mercado de trabalho em geral, medida pelos indicadores de informalização, de precarização das relações de trabalho, de aumento das desigualdades, entre outros.

Também é possível notar que a polarização é aprofundada pela diferença no perfil de trabalhador exigido pelas atividades econômicas mais dinâmicas (não raro associadas ao mercado externo) e pelas atividades mais tradicionais. Isto ocorre porque, entre outros motivos, as atividades econômicas mais dinâmicas e modernizadas foram as que mais introduziram as inovações tecnológicas e gerenciais requeridas pelo processo de reestruturação produtiva. E, se tais atividades estavam articuladas ao mercado internacional, não se pode deixar de considerar as recentes exigências de certificações que comprovem o respeito aos direitos humanos, aos direitos trabalhistas e à preservação e conservação do meio ambiente, que as pressionam para oferecerem melhores condições de trabalho e emprego.

Uma terceira observação seria no sentido de que, para vários especialistas, juntamente com a maior instabilidade e o aumento expressivo do desemprego, a crescente polarização é também apontada como um dos principais problemas do mercado de trabalho. Com o agravante de que é comum observar-se, no grupo de trabalhadores menos qualificados, pessoas com nível de escolaridade relativamente alto (ou seja, mesmo com mais educação, as pessoas estão trabalhando em atividades que exigem baixa qualificação, as quais são as que mais crescem no mercado de trabalho).

Dadas as nuanças e a escassez de estudos sobre o mercado de trabalho agrícola, vai se tratar da polarização da qualidade do emprego ainda como um tema de pesquisa que merecerá mais atenção no futuro próximo. No entanto, independentemente da raridade de estudos, os dados captados pela Pnad e tabulados no presente estudo são bastante elucidativos para mostrar que o fenômeno da polarização, perceptível por estudiosos do mercado de trabalho urbano já há algum tempo, também está presente no mercado de trabalho assalariado agrícola, como será visto na seqüência.

A polarização no mercado de trabalho assalariado agrícola

Antes da análise propriamente dita é importante ressaltar o seguinte: diferentemente dos estudos acima mencionados, que foram orientados para o mercado de trabalho urbano e que analisaram todas as categorias de ocupados, com ênfase na comparação entre a evolução de dois setores, no caso a indústria de transformação e os serviços, no presente estudo os dados estão circunscritos a apenas um setor: a agricultura brasileira. Também vale dizer que as comparações estão restritas aos ocupados em uma mesma posição na ocupação, no caso os empregados (permanentes e temporários).

Por isso, conforme já assinalado, a polarização da qualidade do emprego será explorada no contexto geral de Brasil, suas Grandes Regiões e algumas culturas selecionadas. E somente para o mercado de trabalho assalariado e não para o mercado agrícola em geral, que também inclui as demais categorias de ocupados (empregadores, conta própria, membros da família não remunerados e trabalhadores na produção para o próprio consumo). Em função do exposto, obviamente, os resultados terão um alcance mais limitado do que os obtidos nos estudos sobre o mercado de trabalho urbano. No entanto, cumprem um importante papel ao descortinarem um tema da maior relevância para futuros estudos acerca do mercado de trabalho na agricultura brasileira.

A polarização no grau de formalidade

Os dados da Tabela 4.1 mostram que, para o total de Brasil, todas as categorias tiveram taxas de crescimento positivas na participação dos empregados com carteira, sendo o período 2001-04 o mais favorável para a expansão do trabalho formal. Este movimento está de acordo com o que foi observado nos capítulos anteriores, quando se tratou da recomposição do mercado de trabalho formal após a desvalorização cambial do início de 1999.

No entanto, ainda prevaleciam condições muito mais favoráveis para os empregados permanentes: em 2004, 50,0% e 49,6%, respectivamente, dos permanentes com residência urbana e rural tinham registro em carteira, contra apenas 14,2% dos temporários urbanos e 4,8% dos temporários rurais. É possível perceber que este quadro se repetiu para as cinco regiões, com apenas uma exceção: os empregados temporários com residência urbana da região Sudeste, que apresentaram uma participação de 44,0% de carteira assinada, em 2004. Este valor foi três vezes maior que a média nacional da categoria (14,2%) e muito superior às médias verificadas para os empregados temporários nas demais situações.

Como pode ser visto pelos dados para as culturas selecionadas, o crescimento do grau de formalidade dos empregados temporários do Sudeste, principalmente dos residentes urbanos, foi determinado pelo desempenho das culturas do café e da cana-de-açúcar, nas quais já existe um mercado mais estruturado e um movimento sindical com maior histórico e tradição de lutas por melhores condições de trabalho. Em 2004, 66,8% e 32,6%, respectivamente, dos empregados temporários urbanos ocupados nas culturas da cana-de-açúcar e do café tinham carteira assinada. Pode-se notar que os temporários rurais ocupados nestas culturas também possuíam níveis de formalidade (39,7% e 12,7%, respectivamente) bem maiores do que aqueles registrados para as médias regionais e das demais culturas selecionadas.

Se nas regiões o quadro de melhores condições para os empregados permanentes se repetiu, o mesmo ocorreu nas culturas selecionadas. Com exceção das culturas do café e da cana, era abissal a diferença do grau de formalidade dos empregados temporários das demais culturas em relação aos permanentes.

Esta situação permite detalhar as discrepâncias entre as regiões, entre as culturas e mesmo entre as mesmas categorias de empregados. Em que pese o fato de todas as regiões terem apresentado taxas de crescimento positivas na participação dos empregados com carteira assinada (as exceções foram o Sul nas categorias de empregados permanentes urbanos e de temporários, urbanos e rurais, e o Centro-Oeste, na categoria de temporários rurais), os maiores índices de formalidade estavam no Centro-Sul, principalmente para os empregados permanentes, cujas médias de participação ficaram acima da média nacional.

Entre as culturas, com raras exceções, os maiores níveis de formalidade do emprego foram registrados para a cana-de-açúcar, o café e a soja. Já os menores ficaram com a mandioca, o milho e o arroz. É possível perceber que, nas culturas da cana e do café, a participação dos empregados temporários com registro em carteira foi maior que a participação dos empregados permanentes formais ocupados nas culturas da mandioca e do milho.

Com isto, pode-se afirmar que, mesmo entre os temporários, aqueles que estavam ocupados na cana e no café estavam em situação melhor do que aqueles ocupados nas demais culturas. Este raciocínio também vale para os permanentes, ou seja: nesta categoria, os indicadores para aqueles ocupados nas principais *commodities* eram bem melhores do que os verificados para as culturas alimentares de mercado doméstico.

Em linhas gerais, os dados da Tabela 4.2, referentes à participação dos empregados na agricultura brasileira com contribuição para a Previdência Social, mostram um quadro muito semelhante ao apresentado para o indicador de carteira assinada e, por isso, não será repetida sua análise. Isto porque a formalidade do trabalho é uma das importantes condições para a obtenção das aposentadorias pelos empregados. Apenas mereceria ser reafirmada a importância de se tomarem medidas que possibilitem a expansão da base dos contribuintes da Previdência Social, não só pelo fato de se garantir a sustentabilidade do sistema de seguridade social, mas também porque, como já foi visto, os benefícios previdenciários, urbanos e rurais, têm-se constituído em recursos da maior relevância para a melhoria do bem-estar da população e para a dinamização de muitas economias locais. De acordo com a Tabela 4.2, se é verdade que quase a metade dos empregados permanentes na agricultura brasileira estão cobertos pela seguridade social, também é fato a situação dramática dos empregados temporários, principalmente dos residentes nas regiões menos desenvolvidas e ocupados nas culturas mais tradicionais.

Tabela 4.1. Evolução do indicador de empregados com carteira assinada (Cart), em porcentagem. Brasil, Grandes Regiões e culturas selecionadas, 1992-2004

Brasil, Regiões e Culturas	Empregado permanente													Empregado temporário												
	Urbano					Taxa de crescimento (1)		Rural					Taxa de crescimento (1)		Urbano					Taxa de crescimento (1)		Rural				Taxa de crescimento (1)	
	1992	1995	1998	2001	2004	1992-2004	2001-2004	1992	1995	1998	2001	2004	1992-2004	2001-2004	1992	1995	1998	2001	2004	1992-2004	2001-2004	1992	1995	1998	2001	2004	1992-2004	2001-2004
Brasil Grandes Regiões	35,0	34,9	38,4	41,2	50,0	3,0	6,6	36,8	40,8	43,7	44,9	49,6	2,5	3,4	10,6	11,5	8,0	11,1	14,2	2,5	8,8	2,7	5,0	4,1	2,9	4,8	5,0	19,0
Norte Urbano	7,6	10,2	13,1	20,3	35,5	13,7	20,5	–	–	–	–	–	–	–	0,0	–	0,6	0,8	3,9	–	73,2	–	–	–	–	–	–	–
Nordeste	27,5	32,3	41,1	36,6	43,0	3,8	5,5	22,2	26,4	28,0	29,1	33,4	3,5	4,7	8,5	4,6	4,2	5,6	9,7	1,1	20,4	3,1	3,3	2,9	2,6	5,7	5,3	29,6
Centro-Oeste	26,0	27,1	31,8	38,9	49,2	5,5	8,2	34,5	36,2	43,5	48,6	56,8	4,3	5,4	5,5	2,7	1,4	13,2	10,7	5,7	-6,7	0,8	0,7	0,0	1,6	0,6	-1,9	-27,1
Sudeste	55,0	54,1	54,1	62,8	66,5	1,0	2,0	38,9	45,4	44,8	51,0	52,0	2,5	0,6	20,6	24,3	16,6	29,0	44,0	6,5	14,9	2,3	5,2	6,4	4,4	9,5	12,7	29,4
Sul	58,7	51,0	52,0	47,5	55,5	-0,5	5,4	51,6	55,1	58,6	50,9	56,0	0,7	3,2	7,7	24,4	17,2	6,9	2,9	-7,7	-24,8	4,8	10,9	3,0	0,0	3,5	-2,4	–
Culturas																												
Arroz	38,0	42,7	41,4	44,5	45,9	1,6	1,1	39,2	43,9	70,3	34,3	57,1	3,2	18,5	0,0	4,4	1,8	5,9	1,7	–	–	5,1	2,5	2,1	0,0	4,8	-0,4	–
Café	29,0	43,1	44,3	54,3	63,2	6,7	5,2	27,0	30,8	37,8	43,5	46,0	4,5	1,9	2,6	13,6	13,3	14,3	32,6	23,6	–	0,7	11,5	11,1	3,8	12,7	26,7	49,2
Cana-de-açúcar	75,3	78,5	82,6	90,5	93,0	1,8	0,9	60,3	66,0	64,6	65,4	64,9	0,6	-0,3	47,9	59,2	57,1	63,8	66,8	2,8	–	19,3	31,3	34,9	26,8	39,7	14,0	–
Mandioca	8,9	11,6	15,8	0,0	2,1	-11,5	–	–	0,0	15,1	21,8	8,7	7,3	-26,4	0,0	0,0	0,0	0,0	0,0	–	–	0,0	0,0	0,5	0,0	0,0	0,0	14,0
Milho	16,1	11,8	20,8	31,3	30,5	5,5	-0,8	11,4	13,7	20,5	24,5	20,7	5,1	-5,4	0,0	3,1	0,0	3,4	5,9	–	–	0,3	0,0	0,0	0,9	0,4	3,1	-21,9
Soja	44,8	59,6	45,6	59,0	62,9	2,9	2,1	61,8	57,0	75,3	64,8	62,5	0,1	-1,2	5,2	5,5	0,0	7,7	13,0	7,9	–	0,0	0,0	0,0	0,0	0,0	–	–

Fonte: Elaboração do autor a partir dos microdados da Pnad.
Nota: (1) Taxa geométrica de crescimento, em % a.a.

Tabela 4.2. Evolução do indicador de contribuição para a Previdência Social (Prev), em porcentagem. Brasil, Grandes Regiões e culturas selecionadas, 1992-2004

Brasil, Regiões e Culturas	Empregado permanente															Empregado temporário													
	Urbano					Taxa de crescimento (1)		Rural					Taxa de crescimento (1)		Urbano					Taxa de crescimento (1)		Rural					Taxa de crescimento (1)	
	1992	1995	1998	2001	2004	1992-2004	2001-2004	1992	1995	1998	2001	2004	1992-2004	2001-2004	1992	1995	1998	2001	2004	1992-2004	2001-2004	1992	1995	1998	2001	2004	1992-2004	2001-2004
Brasil Grandes Regiões	32,1	33,9	39,5	41,7	50,6	3,0	6,6	34,5	39,3	44,3	46,1	50,4	3,2	3,0	10,3	11,5	8,4	11,7	14,6	2,9	7,6	2,5	5,2	3,4	3,3	5,2	6,2	16,1
Norte Urbano	7,6	9,0	14,6	20,7	35,5	13,7	19,6	—	—	—	—	—	—	—	0,0	0,8	0,6	1,0	4,2	—	61,7	—	—	—	—	—	—	—
Nordeste	23,7	30,6	41,8	37,4	43,5	5,1	5,2	17,7	25,1	28,4	29,3	33,8	5,5	4,8	7,7	4,7	4,4	6,3	10,2	2,4	17,7	3,2	3,2	2,9	2,8	6,0	5,4	29,4
Centro-Oeste	24,2	24,7	32,5	39,5	49,9	6,2	8,1	32,9	35,2	43,6	49,3	57,6	4,8	5,3	7,0	2,7	1,9	13,9	11,1	3,9	-7,2	1,3	1,3	0,7	2,4	0,6	-5,7	-36,4
Sudeste	51,8	55,2	55,5	63,5	67,7	2,2	2,2	38,5	45,7	46,4	52,7	53,0	2,7	0,2	20,4	25,2	17,7	29,4	44,7	6,8	15,0	2,5	5,5	6,8	4,7	9,9	12,0	28,0
Sul	53,3	49,9	55,3	47,5	56,4	0,5	5,9	49,1	51,2	58,9	53,2	57,0	1,3	2,4	6,2	24,0	17,2	8,2	2,9	-6,1	-28,9	3,0	10,9	3,0	0,0	4,1	2,7	—
Culturas																												
Arroz	40,5	42,7	41,4	44,5	45,9	1,0	1,1	39,1	40,3	70,3	34,3	59,9	3,6	20,4	0,7	1,8	1,8	5,9	1,7	7,7	-33,4	5,1	2,5	2,1	0,0	4,8	-0,4	—
Café	26,2	42,5	46,2	54,3	63,2	7,6	5,2	25,3	31,0	38,1	45,8	46,9	5,3	0,8	1,5	14,2	13,7	14,5	32,6	29,0	30,9	0,0	12,1	3,8	12,7	29,2	—	49,2
Cana-de-açúcar	65,0	76,2	84,0	91,4	93,4	3,1	0,7	48,9	65,2	65,4	66,0	65,3	2,4	-0,3	45,9	58,7	57,1	64,8	68,8	3,4	2,0	18,8	30,2	34,9	28,2	42,8	7,1	15,0
Mandioca	8,9	11,6	15,8	0,0	2,1	-11,5	—	3,8	0,0	15,1	21,8	8,7	7,3	-26,4	0,0	0,0	0,0	0,0	0,0	—	—	0,0	0,0	0,5	0,0	0,0	—	—
Milho	14,9	13,9	20,8	32,5	33,1	6,9	0,7	12,3	13,5	20,5	24,5	23,0	5,3	-2,1	0,6	3,1	0,6	5,0	6,6	22,7	10,0	0,3	0,4	0,0	1,2	0,4	3,1	-28,7
Soja	44,1	56,6	49,9	59,0	62,9	3,0	2,1	60,7	55,2	75,3	64,8	62,9	0,3	-1,0	6,1	5,5	0,0	9,5	13,0	6,5	11,3	0,0	0,0	2,0	0,0	0,0	—	—

Fonte: Elaboração do autor a partir dos microdados da Pnad.
Nota: (1) Taxa geométrica de crescimento, em % a.a.

A polarização nos rendimentos do trabalho principal

Os dados para o total de Brasil mostram importante avanço na maior participação dos empregados que recebiam mais de um salário por mês em todas as categorias (Tabela 4.3). Mas, para os temporários os valores ficaram bem abaixo das médias observadas para os permanentes. Em 2004, 27,7% e 38,2%, respectivamente, dos empregados temporários com residência rural e urbana recebiam mais de um salário mínimo mensalmente (contra 56,1% e 62,4%, respectivamente, dos permanentes rurais e urbanos).

Para as regiões e culturas selecionadas, a situação foi bastante semelhante, mas algumas diferenciações importantes devem ser pontuadas, como é o caso dos temporários, rurais e urbanos, no Centro-Oeste, dos temporários urbanos no Sudeste e dos temporários urbanos ocupados nas culturas da cana, da soja e, em menor proporção, do café.

Quando se olha para as diferentes regiões, três resultados chamam a atenção: *a*) os melhores indicadores para os empregados permanentes em todas elas; *b*) a situação muito desfavorável da região Nordeste, cujos indicadores para todas as categorias estão sistematicamente bem abaixo das médias nacionais; *c*) a situação muito discrepante dos empregados temporários rurais de duas regiões desenvolvidas, o Sudeste e o Sul, cujos indicadores ficaram abaixo do Centro-Oeste.

Aliás, em termos regionais, o Centro-Oeste e o Nordeste são os extremos em relação ao indicador de participação dos empregados que recebiam mais de um salário mínimo por mês. Em 2004, enquanto 82,4% dos empregados permanentes com residência urbana no Centro-Oeste tinham rendimentos acima do salário mínimo, no Nordeste o valor foi de 31,9%. Para os empregados permanentes com residência rural os valores respectivos foram de 82,4% e 23,1. Já para os empregados temporários, os valores foram de 58,7% e 11,5% e de 51,6% e 6,5%, respectivamente para os residentes urbanos e rurais das duas regiões.

Novamente, vale destacar que o comportamento favorável para os empregados temporários com residência urbana no Sudeste foi muito influenciado pelos resultados obtidos pelas culturas da cana e do café, para as quais a região é a principal produtora nacional (em 2004, 53,3%

e 34,2%, respectivamente, dos temporários recebiam mais de um salário mínimo mensal). Da mesma forma, o comportamento diferenciado dos temporários rurais e urbanos do Centro-Oeste foi influenciado pelos indicadores da cultura da soja, principal atividade da região (em 2004, 41,7% e 65,2%, respectivamente, dos empregados temporários tinham rendimento médio mensal acima do mínimo vigente).

Entre as culturas selecionadas, a mandioca e o milho foram as que apresentaram os piores indicadores, particularmente para os empregados residentes nas áreas rurais (tanto os permanentes quanto os temporários). Em 2004, somente 3,4% e 3,7%, respectivamente, dos empregados temporários rurais ocupados nestas culturas receberam mais de um salário mínimo por mês. Para os permanentes rurais, os valores foram de 11,8% e 26,1%, respectivamente. Também para os residentes urbanos, os valores estiveram muito aquém dos verificados para as médias nacional, regional e das demais culturas. O extremo na polarização da qualidade do emprego, vista por este indicador, foi a cultura da soja, cujos valores foram de 41,7% para os temporários rurais, 65,2% para os temporários urbanos, 86,0% para os permanentes rurais e 91,3% para os permanentes urbanos.

Obviamente, o comportamento verificado para o indicador acima tem influência no outro indicador de rendimento no trabalho principal selecionado, que é o rendimento médio mensal.[3] Pelos dados da Tabela 32, pode-se observar que, para o total de Brasil, os temporários rurais recebiam, em 2004, 69,7%, 54,1% e 45,7% do que recebiam, respectivamente os temporários urbanos, os permanentes rurais e os permanentes urbanos.

Este comportamento também foi o padrão dominante nas regiões e nas culturas selecionadas. Como exceções, podem ser citados os casos dos empregados temporários urbanos ocupados nas culturas da cana e da mandioca, que tiveram um rendimento médio mensal maior que os empregados permanentes rurais nas mesmas atividades.

Os dados regionais evidenciam que a região Centro-Oeste teve, em 2004 (mas também em quase toda a série analisada), os maiores rendimentos médios mensais para todas as categorias de empregados, ao passo

---

[3] Pelas controvérsias que sempre aparecem na questão do rendimento dos trabalhadores no período 1992-95, em função da correção da inflação no período imediatamente anterior à conversão da URV no Real, e de como os índices de preços captaram isto, optou-se por montar a série com o indicador de rendimento médio mensal somente com o período 1995-2004, para o qual o problema levantado não ocorre.

que o Nordeste apresentou os menores rendimentos para todas as categorias de empregados na agricultura brasileira.

Para as culturas, os dados de rendimento médio mensal exemplificam bem a situação mais desfavorável dos empregados temporários residentes nas áreas rurais e ocupados nas culturas tradicionais. Em 2004 (mas também em quase toda a série), os três piores rendimentos foram registrados para os empregados temporários rurais ocupados nas culturas do arroz (R$ 151,27), da mandioca (R$ 152,72) e do milho (R$ 158,86). Do outro lado, os três melhores rendimentos foram observados para os empregados permanentes (urbanos e rurais) ocupados na cultura da soja e para os empregados permanentes rurais ocupados na cultura do arroz, cujo crescimento foi muito expressivo no período 2001-04.

Apenas como ilustração, as culturas da soja, do arroz e da cana-de-açúcar foram as que proporcionaram os maiores rendimentos médios para os empregados permanentes, tanto para os residentes urbanos quanto para os rurais. Para os temporários (urbanos e rurais), os maiores rendimentos médios foram obtidos nas culturas da cana, da soja e do café.

A polarização no nível educacional

Para o total de Brasil, os dados da Tabela 4.5 mostram o crescimento contínuo da participação dos empregados com oito anos ou mais de estudo. As maiores diferenças neste indicador parecem ser a favor dos empregados permanentes com residência urbana, os quais, independentemente do nível de agregação (Brasil, Grandes Regiões e culturas selecionadas) sempre apresentam um nível de participação maior que as demais categorias. Em função da expansão do ensino público, é comum se observar condições de participação semelhantes entre os permanentes rurais e os temporários urbanos e rurais, o que torna a polarização mais branda neste caso, comparativamente aos indicadores anteriormente analisados.

Em 2004, 13,3% dos empregados permanentes com residência urbana tinham oito ou mais anos de estudo. Para as demais categorias, os valores foram, praticamente, a metade (6,6% para os permanentes rurais, 5,9% para os temporários urbanos e 5,0% para os temporários rurais). Nas regiões Norte Urbano, Sudeste e Sul, o quadro foi bem parecido com a situação nacional.

Tabela 4.3. Evolução do indicador de empregados que recebiam mais de um salário mínimo por mês (Npob), em porcentagem. Brasil, Grandes Regiões e culturas selecionadas, 1992-2004

Brasil, Regiões e Culturas	Empregado permanente																Empregado temporário														
	Urbano						Taxa de crescimento (1)		Rural						Taxa de crescimento (1)		Urbano						Taxa de crescimento (1)		Rural						Taxa de crescimento (1)	
	1992	1995	1998	2001	2004	1992-2004	2001-2004	1992	1995	1998	2001	2004	1992-2004	2001-2004	1992	1995	1998	2001	2004	1992-2004	2001-2004	1992	1995	1998	2001	2004	1992-2004	2001-2004
Brasil Grandes Regiões	**46,8**	**61,5**	**66,0**	**60,0**	**62,4**	**2,4**	**1,3**	**40,2**	**55,8**	**59,0**	**57,2**	**56,1**	**2,8**	**-0,06**	**26,3**	**48,7**	**45,6**	**38,6**	**38,2**	**3,2**	**-0,3**	**15,9**	**35,8**	**32,2**	**24,2**	**27,7**	**4,7**	**4,5**
Norte Urbano	37,3	61,8	61,8	55,4	59,4	3,9	2,3	—	—	—	—	—	—	—	32,4	51,9	39,2	44,7	37,7	1,3	-5,6	—	—	—	—	—	—	—
Nordeste	24,2	36,7	40,1	32,0	31,9	2,3	-0,1	17,6	32,7	31,2	27,2	23,1	2,3	-5,3	14,6	24,8	11,6	10,1	11,5	-1,9	4,5	7,7	14,6	10,0	4,9	6,5	-1,4	9,8
Centro-Oeste	56,9	73,9	79,3	77,5	82,4	3,1	2,0	52,4	67,7	78,8	81,6	82,4	3,8	0,3	36,8	56,5	63,1	58,3	58,7	4,0	0,2	23,5	56,4	47,2	45,2	51,6	6,8	4,5
Sudeste	52,1	65,9	71,2	67,4	67,4	2,2	0,0	36,5	58,3	58,8	54,4	49,4	2,5	-3,2	29,1	63,4	65,2	46,1	51,2	4,8	3,6	11,6	32,8	34,0	18,6	21,8	5,4	5,4
Sul	63,4	69,3	77,3	67,7	70,9	0,9	1,5	54,1	64,5	67,2	65,7	69,6	2,1	2,0	18,7	46,7	49,0	34,0	32,1	4,6	-1,8	20,8	39,6	37,6	28,1	30,7	3,3	3,0
Culturas																												
Arroz	61,2	77,8	86,7	72,2	70,6	1,2	-0,8	56,8	60,7	71,4	60,9	86,1	3,5	12,2	21,3	41,2	36,8	16,7	27,8	2,3	18,6	12,9	32,6	30,2	15,0	15,2	1,3	0,3
Café	25,0	57,0	69,2	50,5	53,3	6,5	1,8	32,7	56,1	55,8	46,5	43,2	2,4	-2,4	12,1	54,4	62,5	29,7	34,2	9,0	4,8	6,4	42,1	39,7	12,5	22,6	11,1	21,8
Cana-de-açúcar	57,6	72,2	74,0	73,1	69,6	1,6	-1,6	41,8	56,6	49,3	43,4	41,6	0,0	-1,4	44,9	60,1	56,5	56,3	53,3	1,5	-1,8	26,7	34,6	44,1	23,2	26,0	-0,2	3,8
Mandioca	20,0	26,1	45,5	45,8	25,6	2,1	-17,6	10,9	17,1	17,7	20,6	11,8	0,6	-17,0	7,5	33,3	25,0	13,8	16,8	6,9	6,9	2,8	9,4	10,4	3,9	3,4	1,6	-4,2
Milho	25,3	54,3	43,1	42,9	43,2	4,6	0,3	20,9	36,8	36,1	30,0	26,1	1,8	-4,5	12,0	41,4	34,7	18,6	27,6	7,2	5,9	5,9	21,8	20,0	8,9	3,7	-3,8	-25,4
Soja	70,7	87,0	86,2	72,6	91,3	2,2	7,9	69,2	81,9	87,8	88,9	86,0	1,8	-1,1	34,8	59,3	63,6	37,5	65,2	5,4	20,3	41,7	45,8	43,3	37,5	41,7	0,0	3,6

Fonte: Elaboração do autor a partir dos microdados da Pnad.
Nota: (1) Taxa geométrica de crescimento, em % a.a.

Tabela 4.4. Evolução do indicador de rendimento médio dos empregados (Rend), em Reais de dezembro de 2005. Brasil, Grandes Regiões e culturas selecionadas, 1992-2004

Regiões e Culturas	Empregado permanente												Empregado temporário											
	Urbano				Taxa de crescimento (1)		Rural				Taxa de crescimento (1)		Urbano				Taxa de crescimento (1)		Rural				Taxa de crescimento (1)	
	1995	1998	2001	2004	1995-2004	2001-2004	1995	1998	2001	2004	1995-2004	2001-2004	1995	1998	2001	2004	1995-2004	2001-2004	1995	1998	2001	2004	1995-2004	2001-2004
Brasil																								
Grandes Regiões																								
Norte Urbano	378,19	397,01	406,06	432,09	1,1	2,1	–	–	–	–	–	–	281,41	271,31	252,71	283,08	0,0	3,9	–	–	–	–	–	–
Nordeste	385,31	406,26	374,66	436,86	1,1	5,3	318,11	348,34	348,47	364,53	1,1	1,5	322,05	270,25	295,48	297,43	-0,7	0,2	196,33	195,32	174,99	197,25	0,0	4,1
Centro-Oeste	237,63	299,53	285,28	321,33	2,5	4,0	225,33	225,26	248,17	260,70	1,2	1,7	204,82	171,93	173,76	187,87	-0,7	2,6	166,61	161,64	149,09	168,90	0,1	4,2
Sudeste	471,16	508,33	566,93	574,32	1,7	0,4	392,28	472,57	523,68	543,24	2,8	1,2	304,96	326,03	333,39	352,93	1,2	1,9	298,22	278,07	271,23	313,65	0,4	5,0
Sul	427,61	400,07	435,26	430,07	0,0	-0,4	359,22	378,95	367,70	359,62	0,0	-0,7	328,57	333,94	304,25	347,67	0,5	4,5	232,14	241,50	204,96	231,53	0,0	4,1
	455,80	427,67	375,25	533,22	1,3	12,4	358,45	395,24	375,23	430,55	1,5	4,7	269,58	244,15	229,15	258,53	-0,3	4,1	224,95	218,29	211,63	247,09	0,8	5,3
Culturas																								
Arroz	458,84	505,92	436,82	414,85	-0,8	-1,7	316,42	359,66	409,10	656,56	6,3	17,1	242,57	228,25	162,38	199,09	-1,6	7,0	212,33	190,42	131,75	151,27	-2,8	4,7
Café	348,74	337,09	362,08	340,41	-0,2	-2,0	323,82	344,24	318,99	316,50	-0,2	-0,3	294,76	300,32	247,24	281,54	-0,4	4,4	241,35	267,10	193,87	222,80	-0,7	4,7
Cana-de-açúcar	413,54	445,15	438,30	458,64	0,9	1,5	394,42	372,88	296,88	334,93	-1,4	4,1	338,05	339,33	361,56	399,94	1,4	3,4	231,60	274,40	229,36	278,29	1,5	6,7
Mandioca	219,77	306,80	229,64	236,04	0,6	0,9	173,09	189,20	241,03	213,34	1,8	-4,0	198,94	174,60	178,91	219,37	0,8	7,0	146,01	144,88	130,13	152,72	0,4	5,5
Milho	353,53	273,86	282,06	358,83	0,1	8,4	223,00	252,01	268,27	257,57	1,2	-1,3	223,03	225,79	193,11	219,71	-0,1	4,4	175,46	179,35	142,81	158,86	-0,8	3,6
Soja	517,27	446,23	525,23	745,79	3,1	12,4	469,15	710,48	570,29	590,16	1,9	1,1	365,93	324,85	424,94	370,05	0,1	-4,5	248,35	319,75	231,14	279,86	1,0	6,6

Fonte: Elaboração do autor a partir dos microdados da Pnad.
Nota: (1) Taxa geométrica de crescimento, em % a.a.

Tabela 4.5. Evolução do indicador de empregados com oito anos ou mais de estudo (Indesc2), em porcentagem. Brasil, Grandes Regiões e culturas selecionadas, 1992-2004

Brasil, Regiões e Culturas	Empregado permanente														Empregado temporário													
	Urbano					Taxa de crescimento (1)		Rural					Taxa de crescimento (1)		Urbano					Taxa de crescimento (1)		Rural					Taxa de crescimento (1)	
	1992	1995	1998	2001	2004	1992-2004	2001-2004	1992	1995	1998	2001	2004	1992-2004	2001-2004	1992	1995	1998	2001	2004	1992-2004	2001-2004	1992	1995	1998	2001	2004	1992-2004	2001-2004
Brasil Grandes Regiões	**4,1**	**4,8**	**7,1**	**7,7**	**13,3**	**10,4**	**20,0**	**2,0**	**2,5**	**3,0**	**5,1**	**6,6**	**10,7**	**9,2**	**1,3**	**2,0**	**2,8**	**3,6**	**5,9**	**13,8**	**18,2**	**1,4**	**1,9**	**2,1**	**3,9**	**5,0**	**11,1**	**8,4**
Norte Urbano	3,3	3,4	9,0	6,9	13,3	12,3	24,4	–	–	–	–	–	–	–	0,8	0,0	0,7	1,3	6,6	19,3	70,2	–	–	–	–	–	–	–
Nordeste	2,5	2,3	4,1	4,3	9,8	12,2	31,8	1,1	0,6	0,9	1,7	2,9	8,2	20,1	0,5	1,1	0,8	1,0	3,1	17,1	47,9	0,1	0,5	1,0	1,2	2,0	29,6	20,5
Centro-Oeste	4,5	3,5	6,8	8,4	10,3	7,1	6,9	2,3	2,7	3,4	6,2	9,0	12,1	13,1	1,4	2,0	2,9	4,5	2,7	5,6	-15,5	0,9	0,7	0,7	4,8	3,8	12,3	-7,6
Sudeste	4,0	4,5	5,0	8,4	13,7	10,8	17,5	2,8	2,7	4,4	5,6	6,8	7,8	6,8	1,2	1,7	3,0	6,0	7,3	16,3	6,7	0,4	1,2	2,4	3,8	5,5	24,4	12,5
Sul	4,3	8,1	10,4	10,5	19,6	13,4	22,9	1,6	3,5	3,3	6,8	7,7	14,0	4,4	1,1	2,7	4,6	4,3	7,8	17,7	22,3	2,6	2,4	3,5	5,9	8,3	10,1	11,8
Culturas																												
Arroz	4,2	3,2	8,4	2,6	5,1	1,7	26,0	1,3	3,7	0,0	2,5	4,4	11,0	21,1	0,0	1,5	0,0	0,0	4,6	–	–	0,0	0,0	0,0	0,0	0,0	–	–
Café	3,4	6,1	0,0	5,0	10,7	10,0	28,6	2,6	0,6	3,0	3,7	7,0	8,6	24,3	0,7	1,4	1,3	2,1	8,6	–	60,7	0,7	0,7	1,3	3,7	6,9	21,8	23,5
Cana-de-açúcar	1,5	1,2	2,5	6,6	11,3	18,3	19,8	1,9	4,4	3,3	2,8	5,5	9,4	25,8	0,3	1,3	3,6	2,9	5,4	34,0	22,9	0,3	2,0	1,9	2,0	3,6	23,2	21,2
Mandioca	0,0	2,9	15,2	0,0	14,3	–	–	0,0	0,0	0,0	3,7	10,1	–	39,3	0,7	3,9	2,9	4,9	7,2	22,1	14,2	0,0	1,3	2,3	1,2	1,4	–	4,2
Milho	1,9	2,3	0,0	9,0	6,7	11,0	-11,5	1,6	0,7	1,2	1,0	0,0	–	–	0,3	2,1	0,9	2,9	2,6	-1,9	-3,6	0,3	0,4	0,6	3,4	2,7	19,6	-8,1
Soja	1,3	13,3	15,9	5,0	15,1	22,8	44,7	4,4	2,1	9,8	8,8	15,2	10,9	19,9	0,0	4,5	6,2	4,9	10,0	–	26,9	5,7	9,4	3,9	0,0	21,9	11,9	–

Fonte: Elaboração do autor a partir dos microdados da Pnad.
Nota: (1) Taxa geométrica de crescimento, em % a.a.

Tabela 4.6. Evolução do índice parcial de auxílios recebidos pelos empregados (Indaux). Brasil, Grandes Regiões e culturas selecionadas, 1992-2004

Brasil, Regiões e Culturas	Empregado permanente										Empregado temporário									
	Urbano					Rural					Urbano					Rural				
	1992	1995	1998	2001	2004	1992	1995	1998	2001	2004	1992	1995	1998	2001	2004	1992	1995	1998	2001	2004
Brasil Grandes Regiões	20,0	20,5	20,8	21,2	22,4	27,1	29,6	27,4	28,0	28,1	12,6	14,5	13,8	13,6	13,4	8,9	9,0	9,3	9,3	9,5
Norte Urbano	27,2	25,9	29,8	26,0	28,0	–	–	–	–	–	18,0	22,9	23,8	21,0	18,9	–	–	–	–	–
Nordeste	8,2	10,6	12,4	14,8	13,1	18,6	21,0	21,6	20,7	19,9	6,3	6,9	5,8	7,6	8,6	5,6	6,4	4,7	6,5	6,8
Centro-Oeste	26,4	27,5	26,9	26,6	28,8	37,9	36,8	36,1	36,6	36,7	18,6	18,9	16,0	19,0	16,4	13,6	11,6	13,5	15,1	12,8
Sudeste	17,4	17,6	16,3	15,8	19,8	24,1	27,3	23,5	28,1	25,7	10,2	11,7	11,7	10,7	12,6	8,0	6,2	7,5	6,9	9,0
Sul	20,2	20,9	18,1	22,7	22,0	27,7	33,0	28,5	26,5	29,8	9,9	11,9	11,3	9,6	10,3	8,4	11,5	11,3	8,7	9,1
Culturas																				
Arroz	24,8	16,2	15,2	19,4	28,2	23,2	25,8	25,0	22,5	27,1	10,2	12,6	11,5	15,4	15,8	8,5	9,6	10,6	8,1	11,1
Café	8,7	12,8	13,6	11,7	14,0	22,5	22,9	24,5	28,0	25,6	9,1	9,5	12,9	8,5	10,1	7,6	10,0	9,1	8,7	7,7
Cana-de-açúcar	13,3	18,9	16,0	16,5	22,5	21,4	27,2	27,2	21,6	23,8	13,7	16,5	14,5	16,1	14,0	12,4	12,1	12,6	10,9	14,2
Mandioca	6,8	12,1	11,0	19,8	14,6	16,4	18,7	13,7	14,5	9,7	9,6	5,5	6,4	7,0	6,3	2,9	5,4	3,4	4,3	3,0
Milho	8,5	12,0	14,5	14,3	19,5	20,6	21,3	19,4	17,8	21,2	6,9	7,7	9,5	7,5	7,0	7,6	5,4	5,9	5,2	7,4
Soja	27,2	23,4	25,7	27,6	26,5	36,0	34,1	36,7	33,4	33,9	13,8	12,6	18,2	15,0	24,0	22,2	10,8	12,8	19,7	14,3

Fonte: Elaboração do autor a partir dos microdados da Pnad.
Nota: (1) Taxa geométrica de crescimento, em % a.a.

No Nordeste, além do fato de os indicadores estarem bem abaixo das médias nacional e regionais, chama a atenção o fato de a participação dos empregados permanentes urbanos com oito anos ou mais de estudo ser três vezes ou mais superior que as demais categorias. Já na região Centro-Oeste, as participações dos empregados permanentes (rurais e urbanos) foram se aproximando ao longo do período 1992-2004, e elas continuam bem acima das observadas para os empregados temporários urbanos e rurais.

Quanto às culturas selecionadas, é importante dizer que o comportamento do indicador ao longo do período 1992-2004 foi muito oscilante para algumas atividades, talvez em função do número de casos das pessoas sorteadas para a amostragem da Pnad. Mas o fato concreto é que os dados para 2004 mostram, na grande maioria dos casos, uma situação bem mais favorável em relação àquela observada no início dos anos noventa. Na cultura do arroz, com exceção dos empregados temporários rurais, para os quais não foi captado nenhum trabalhador com a escolaridade igual ou superior aos oito anos, as participações das demais categorias eram muito próximas (ao redor de 5,0%, em 2004).

O café e a cana tiveram um comportamento semelhante ao que foi relatado para o total de Brasil, com participações relativamente próximas das categorias dos permanentes rurais e dos temporários (urbanos e rurais) e um valor maior para os permanentes urbanos (que foi de cerca de 11,0%, em 2004).

As culturas da mandioca e da soja foram as que apresentaram os dados mais oscilantes e sem uma tendência muito clara, com alguns valores até mesmo surpreendentes e inesperados quando comparados com as demais atividades. No entanto, para finalizar este item, é importante dizer que, em que pesem os dados observados para os empregados permanentes ocupados na cultura da mandioca em 2004 e para os empregados temporários ocupados na cultura da soja neste mesmo ano, a tendência mais coerente seria no sentido de que as participações relevantes dos empregados com maior escolaridade ocorreram nas culturas mais dinâmicas (café, cana e soja) para os seus trabalhadores permanentes.

A polarização nos auxílios recebidos

Neste item optou-se por trabalhar com o conjunto dos auxílios recebidos e não com um indicador em separado como foi feito nos tópicos anteriores. Com isto, fica melhor a visualização a partir do índice parcial de auxílios recebidos, que foi calculado como um dos componentes do Índice de Qualidade do Emprego (IQE).

Como foi abordado no capítulo anterior, o índice de auxílios recebidos foi o que menos contribuiu para a melhoria no IQE dos empregados na agricultura brasileira no período 1992-2004 (os de formalidade e de rendimentos foram os mais importantes, seguidos de longe pelo grau de escolaridade). Em função disto, a situação dos empregados permanentes (rurais e urbanos), que já era mais favorável no início dos anos noventa, continuou melhor no ano de 2004.

Pelos dados da Tabela 4.6, pode-se perceber que o índice parcial calculado para o total de Brasil foi ligeiramente superior no último ano da série, comparativamente ao seu início. Os empregados permanentes com residência rural apresentaram o maior valor, um pouco superior ao dos empregados permanentes urbanos. No entanto, ambos os valores estavam bem acima daqueles calculados para os empregados temporários. Este foi o comportamento-padrão para as regiões e culturas selecionadas. Novamente, a região Nordeste e as culturas de mandioca e milho foram as que apresentaram os menores índices de auxílios recebidos (além do café, em algumas situações, principalmente para os residentes rurais).

Este comportamento é coerente com o que foi visto no enfraquecimento dos movimentos sindicais, quando muitas cláusulas tidas como sociais foram suprimidas dos contratos coletivos de trabalho. Assim, os empregados permanentes, que possuem um maior nível de formalidade do emprego, conseguiram manter os benefícios, ao passo que os temporários tiveram muita dificuldade em ampliá-los.

É sempre bom lembrar que: o auxílio-moradia é o mais relevante para os empregados permanentes com residência rural, seguido pelo auxílio-alimentação; os auxílios-alimentação, transporte e moradia, têm participações relativamente próximas para os permanentes urbanos, com maior destaque para o primeiro; os auxílios alimentação e transporte são os mais relevantes para os temporários urbanos; o auxílio-alimentação é, destacadamente, o mais importante para os temporários rurais; o auxílio-educação é inexpressivo em todas as categorias; e o auxílio-saúde tem maior relevância para os empregados permanentes urbanos e rurais, principalmente para aqueles ocupados nas culturas da cana, da soja e do café.

O *Ranking* para o Índice de Qualidade do Emprego (IQE)

Após as análises para o total de Brasil, para as cinco Grandes Regiões e para as seis culturas selecionadas, apresentadas no capítulo anterior e nos itens acima, pode-se fazer um *ranking* dos índices obtidos, de modo a se saber qual categoria de empregado, em qual região e qual cultura, apresentou, dentro dos limites metodológicos adotados, a melhor qualidade do emprego agrícola. Este *ranking*, feito com base no ano de 2004, é apresentado na Tabela 4.7.

Pode-se observar que a região Centro-Oeste apresentou os dois melhores IQEs regionais, com os empregados permanentes rurais, em primeiro, e os empregados permanentes urbanos, em segundo. A seguir vieram os empregados permanentes urbanos da região Sul, os empregados permanentes urbanos da região Sudeste e os empregados permanentes rurais da região Sul. Estas cinco categorias tiveram IQE acima do melhor IQE calculado para o total de Brasil, que foi o dos empregados permanentes urbanos.

Por outro lado, a região Nordeste apresentou os dois piores IQEs, obtidos para os empregados temporários urbanos e para os empregados temporários rurais. É interessante notar que o melhor IQE da região Nordeste, dos empregados permanentes urbanos, só é maior que o IQE das categorias de empregados temporários das demais regiões e culturas (as exceções são os permanentes rurais empregados na cultura do milho e os permanentes urbanos e rurais empregados na cultura da mandioca, além dos próprios permanentes rurais da região Nordeste). Ou seja, na média, a melhor condição de emprego no Nordeste é relativamente próxima às piores condição de emprego nas demais regiões e culturas, o que ainda mantém aceso o debate sobre a urgente necessidade de políticas para a redução das desigualdades regionais.

Entre as culturas selecionadas, é possível perceber que a soja foi a que apresentou os melhores IQEs, com os empregados permanentes urbanos e rurais. A seguir vieram os empregados permanentes rurais ocupados na cultura do arroz, os empregados permanentes urbanos ocupados na cultura da cana-de-açúcar e os empregados permanentes urbanos ocupados na cultura do arroz. Estas cinco categorias também ficaram acima do melhor IQE agregado para o Brasil, que foi o dos empregados permanentes urbanos.

No outro extremo, as seis categorias com IQE abaixo do pior IQE agregado para o Brasil, que foi para os empregados temporários rurais, foram as seguintes: empregado temporário urbano ocupado na cultura do arroz; empregado permanente rural ocupado na cultura da mandioca; empregado temporário urbano ocupado na cultura da mandioca; empregado temporário rural ocupado na cultura do arroz; empregado temporário rural ocupado na cultura do milho; e empregado temporário rural ocupado na cultura da mandioca. E o IQE destas categorias está muito distante dos melhores IQEs (quando muito, chegam à metade do valor, como é o caso dos temporários rurais ocupados no arroz, em relação aos permanentes urbanos ocupados nesta mesma cultura).

Ou seja, os dados obtidos para o IQE mostram claramente que as melhores condições de emprego estavam, de forma geral, nas culturas mais dinâmicas e de comércio exterior e para os empregados permanentes, em 2004 e ao longo de, praticamente, todo o período. Entre os dez melhores IQEs (excluindo-se os valores agregados para o total de Brasil e Grandes Regiões — ou seja, ficando-se apenas com as culturas), oito são para empregados permanentes (quatro urbanos e quatro rurais) e apenas dois para empregados temporários (ambos urbanos), três são para a cultura da soja, três também para a cultura da cana-de-açúcar, dois para o café e dois para o arroz.

Por outro lado, entre os dez piores IQEs, oito são para empregados temporários (cinco rurais e três urbanos) e apenas dois para empregados permanentes (um rural e um urbano), quatro são para a cultura da mandioca, dois para o arroz, dois para o milho, um para o café e um para a cultura da soja.

Tabela 4.7. Índice de qualidade do emprego (IQE) e progresso relativo dos empregados permanentes e dos temporários. Brasil, Grandes Regiões e culturas, 1992-2004

Categorias	IQE					Progresso relativo 1992-2004 (%)
	1992	1995	1998	2001	2004	
Empregado permanente urbano — soja	49,6	57,2	54,1	53,5	64,8	30,2
Empregado permanente rural — soja	56,9	55,6	66,7	61,0	60,9	9,4
Empregado permanente rural — arroz	43,2	43,1	52,1	42,9	59,5	28,7
Empregado permanente urbano — cana	47,4	53,0	55,7	57,4	58,4	21,0
Empregado permanente rural — Centro-Oeste	43,5	47,1	52,7	55,8	58,1	25,9
Empregado permanente urbano — Centro-Oeste	40,6	46,8	50,3	52,3	56,0	25,9
Empregado permanente urbano — Sul	50,3	49,5	51,1	47,7	54,0	7,5
Empregado permanente urbano — Sudeste	45,1	49,0	49,5	51,4	52,8	14,0
Empregado permanente rural — Sul	45,3	49,4	51,3	49,1	52,4	13,0
Empregado permanente urbano — arroz	45,2	48,7	49,8	48,0	50,2	9,1
Empregado permanente urbano — Brasil	**38,8**	**42,5**	**45,2**	44,9	48,3	15,6
Empregado temporário urbano — cana	38,0	45,1	44,2	46,5	47,5	15,3
Empregado permanente urbano — café	29,3	40,7	44,1	43,6	46,2	24,0
Empregado permanente rural — Brasil	**36,9**	**42,5**	44,6	44,8	46,0	14,4
Empregado permanente urbano — Norte	31,6	38,7	41,3	40,3	45,8	20,7
Empregado permanente rural — Sudeste	37,8	45,5	45,6	46,5	45,3	12,1
Empregado permanente rural — cana	38,5	46,9	46,2	41,7	42,7	6,9
Empregado permanente rural — café	33,8	41,4	43,2	43,1	42,0	12,3
Empregado temporário urbano — Sudeste	29,0	39,2	38,5	36,4	42,0	18,2
Empregado temporário urbano — soja	28,0	35,1	34,1	33,8	39,7	16,3
Empregado permanente urbano — milho	25,4	34,7	33,3	36,4	38,1	17,0
Empregado permanente urbano — Nordeste	25,2	30,2	34,9	33,1	36,0	14,4
Empregado temporário urbano — Centro-Oeste	28,8	33,3	35,1	36,6	36,0	10,1
Empregado temporário urbano — café	20,0	33,2	36,6	28,2	34,6	18,3
Empregado temporário rural — cana	25,6	30,4	35,8	28,5	33,0	9,9
Empregado temporário urbano — Brasil	**25,8**	**32,4**	30,8	29,7	31,5	7,7
Empregado permanente rural — Centro-Oeste	23,6	31,7	29,2	30,1	31,2	10,1
Empregado permanente rural — milho	24,9	29,3	31,3	30,6	31,1	8,3
Empregado permanente rural — Nordeste	23,7	29,3	30,4	30,5	31,1	9,7
Empregado temporário urbano — Norte	26,1	33,3	28,5	30,2	30,6	6,1
Empregado temporário rural — soja	32,0	30,8	29,9	25,6	29,7	-3,5
Empregado temporário rural — café	16,9	31,1	31,1	23,2	28,6	14,0
Empregado temporário rural — Sul	23,0	29,0	28,3	25,7	27,2	5,5
Empregado temporário urbano — Sul	24,2	34,3	32,8	27,1	27,2	3,9
Empregado temporário rural — Sudeste	20,0	26,7	27,7	23,5	26,5	8,1
Empregado permanente urbano — mandioca	22,1	24,1	31,9	29,4	26,1	5,1
Empregado temporário urbano — milho	17,6	25,0	25,6	22,4	25,6	9,7
Empregado temporário rural — Brasil	**19,8**	**25,9**	25,4	23,6	25,2	6,7
Empregado temporário urbano — arroz	21,3	28,0	25,7	22,0	25,0	4,7
Empregado permanente rural — mandioca	17,6	19,1	21,5	27,7	23,4	7,1
Empregado temporário urbano — mandioca	19,1	24,1	20,5	18,9	22,8	4,5
Empregado temporário rural — arroz	18,8	25,1	23,0	21,6	22,2	4,2
Empregado temporário urbano — Nordeste	19,2	22,0	18,6	19,8	22,1	3,6
Empregado temporário rural — Nordeste	15,6	19,0	18,6	17,7	19,7	4,9
Empregado temporário rural — milho	15,5	20,0	20,6	18,9	19,1	4,3
Empregado temporário rural — mandioca	14,5	16,5	17,9	15,9	16,6	2,6

Fonte: Elaboração do autor a partir dos microdados da Pnad.

Considerações finais

O principal objetivo deste capítulo foi tornar mais clara e explícita a hipótese que norteou o presente estudo, ou seja, que o período 1992-2004 foi marcado por uma polarização na qualidade do emprego no mercado de trabalho assalariado agrícola, entre as categorias de empregados permanentes e empregados temporários.

À luz dos estudos e pesquisas realizados por especialistas em mercado de trabalho urbano, desde a primeira metade dos anos noventa, procurou-se mostrar a polarização no mercado de trabalho assalariado agrícola a partir de um conjunto de indicadores selecionados, bem como a partir do próprio Índice de Qualidade do Emprego (IQE) construído. Foi possível concluir que a polarização está presente no agregado de Brasil, entre as regiões, entre as culturas selecionadas e mesmo entre as mesmas categorias de empregados. Ou seja, um empregado permanente ou temporário ocupado em uma *commodity* internacional está em melhores condições do que um ocupado nas culturas mais tradicionais. O *ranking* construído para o IQE foi muito claro e elucidativo neste sentido.

A partir de tais resultados, pode-se levantar a seguinte questão: o que influi na polarização do mercado de trabalho assalariado na agricultura? Ainda à guisa de conclusões mais seguras, poderiam ser elencados, por um lado, os fatores mais abrangentes observados no mercado de trabalho em geral, e, por outro, alguns fatores mais específicos da agricultura brasileira no período. Entre os primeiros, estão: o aumento da heterogeneidade do mercado de trabalho; a tendência à precarização das relações de trabalho, com o aumento das desigualdades entre as categorias de trabalhadores e a dificuldade de expansão das atividades formais *vis-à-vis* as informais; o menor ritmo de crescimento das ocupações melhor remuneradas e mais exigentes em qualificação *vis-à-vis* a forte expansão das ocupações mais precárias, que mesmo fazendo uso de uma mão-de-obra mais escolarizada, normalmente o faz para atividades rotineiras e de pouca criatividade; e a continuidade do processo de reestruturação produtiva e de incorporação de modernas tecnologias, quase sempre poupadoras de força de trabalho, visando ampliar os ganhos de produtividade e aumentar a competitividade.

Dentre os fatores mais específicos da agricultura, poderiam ser citados os seguintes, sem nenhuma pretensão de esgotá-los ou hierarquizá-los:

◇ a crescente especialização na produção das principais *commodities* internacionais, que são componentes importantes da pauta de exportações brasileira;

◇ a marcante diferença de rentabilidade das atividades mais dinâmicas *vis-a-vis* as mais tradicionais, sendo que as últimas têm enormes dificuldades em formalizar e remunerar bem a força de trabalho, tanto a contratada quanto a familiar;

◇ o processo de modernização e mecanização que se aprofundou na agricultura de grande escala, a qual emprega poucos trabalhadores qualificados (quando emprega!) e muitos com baixa qualificação;

◇ a crescente importância do processo de externalização ou terceirização das atividades agrícolas para as empresas prestadoras de serviços na agricultura;

◇ a maior fiscalização por parte dos órgãos nacionais nas empresas agrícolas de maior porte, exportadoras ou não, para evitar abusos e desrespeitos aos direitos sociais, trabalhistas e ambientais, o que as obrigou a melhor cumprir a legislação trabalhista;

◇ a crescente busca por certificações (diversas modalidades da ISO) que garantam uma melhor inserção dos produtos agropecuários em mercados mais exigentes, o que tem efeitos positivos na melhoria da qualidade do trabalho nas atividades econômicas mais sustentáveis;

◇ o aparecimento e/ou expansão de algumas "novas profissões", como é o caso do especialista em manejo integrado de pragas, dos operadores das novas máquinas e implementos agrícolas, do especialista em produção agroecológica, do especialista em inseminação artificial e reprodução animal, do especialista em qualidade do produto nas fases de colheita e pós-colheita, entre outras — vale dizer que estas "profissões" contrastam com a grande maioria da força de trabalho utilizada nas tradicionais atividades ligadas aos tratos culturais e à colheita, por exemplo, tanto em termos de formalidade quanto de remuneração;

◇ a grande importância que ainda tem a mão-de-obra temporária nas atividades agropecuárias, especialmente na colheita de algumas grandes culturas (cana, laranja, café, mandioca, para citar algumas) — em muitas atividades ela é muito superior à mão-de-obra permanente;

◇ a fraca representação e organização sindical desta categoria de trabalhadores temporários, com exceção de algumas culturas em algumas regiões produtoras.

Estes dois últimos fatores reforçam e tornam muito atual o argumento defendido por Graziano da Silva (1996) de que a formação e a estruturação dos sindicatos específicos de assalariados agrícolas são muito importantes para o fortalecimento de todas as categorias de trabalhadores na agricultura. Se os empregados permanentes estão em situação mais favorável, é inexorável admitir que ainda são necessárias políticas públicas e ações dos trabalhadores e dos agricultores no sentido de se proporcionar melhores condições de trabalho para os empregados temporários, os quais possuem níveis muito elevados de precarização.

No entanto, as lutas para melhorar a qualidade do emprego na agricultura brasileira, principalmente para os empregados temporários, para os residentes nas regiões menos desenvolvidas e para os ocupados nas tradicionais atividades agropecuárias ainda terão que enfrentar difíceis embates. Isto porque o pensamento dominante é aquele que preconiza e defende a necessidade de flexibilizar e desregulamentar ainda mais a legislação trabalhista, de forma a aproximar as condições e a qualidade dos postos de trabalho dos empregados permanentes e dos temporários.

Esta visão, claramente, enfatiza que, para uma maior aproximação ou redução da polarização entre o mercado de trabalho formal e o informal é preciso flexibilizar mais o primeiro. Ou seja, ao invés de ampliar a qualidade do emprego para todos os trabalhadores, particularmente dos temporários e dos informais, apregoa-se um certo nivelamento por baixo para todas as categorias. Além de ser expressa por intelectuais e especialistas brasileiros ligados ao tema, esta idéia também ganha força nos órgãos internacionais, como o Banco Mundial, por exemplo.

Apesar disto, é importante registrar a existência de um conjunto expressivo de pensadores e formuladores de políticas públicas que ainda acreditam nas políticas pró-emprego e de recomposição do mercado de trabalho formal. Para isto, defendem um Estado mais pró-ativo, de forma a contrapor a tendência fortemente excludente das livres forças do mercado. E os dados de geração de empregos com carteira assinada na agricultura no período 2001-04 (e também na economia como um todo) reforçam que de fato há espaços e margem de manobra para a geração de ocupações com maior qualidade no mercado de trabalho assalariado brasileiro.

A maior atuação do Estado, nos seus três níveis de governo (federal, estadual e municipal) seria marcada pelo desenho e implantação de políticas de desenvolvimento local/regional que priorizem a geração de empregos, de políticas de apoio efetivo às atividades tradicionais para que possam aumentar a sua produtividade e rentabilidade e com isto oferecer melhores condições de emprego, de políticas sérias de qualificação e requalificação profissional, de políticas de financiamento para os excluídos pelas reestruturações produtivas, por meio do microcrédito e da economia solidária, de políticas de fortalecimento da representação sindical, etc. Obviamente, que todas estas políticas devem ser potencializadas por um contexto macroeconômico favorável ao crescimento econômico e ao desenvolvimento com distribuição de renda.

Ou seja, uma maior participação do Estado nos seus diferentes níveis, pois, deixando o mercado operar livremente, muito provavelmente haverá um aprofundamento do processo de polarização aqui abordado, dificultando um desenvolvimento mais eqüitativo, porque tenderão a aumentar e não diminuir as diferenças entre a qualidade do emprego das categorias mais estruturadas em relação às menos estruturadas no mercado de trabalho assalariado.

Se a participação do Estado é desejável e importante na formulação e na implantação de políticas públicas que possam gerar mais empregos e postos de trabalho com melhor qualidade, o mesmo ocorre para a promoção da melhoria das condições de vida da população, em geral, e das famílias dos empregados na agricultura brasileira, em particular. Por meio de políticas educacionais, de saúde, de habitação e de infra-estrutura social básica, entre outras, o Estado brasileiro tem logrado relativo sucesso em prover melhores condições de vida para a população. Como parte deste contexto, a evolução das condições de vida das famílias dos empregados com vínculo à atividade agropecuária no período mais recente é o tema do capítulo seguinte.

Capítulo 5
Condições de vida das famílias dos empregados

ESTE CAPÍTULO ocupa-se da análise da evolução das condições de vida das famílias dos empregados agrícolas no período 1992-2004, com base no Índice de Condições de Vida (ICV), que foi construído com base em dezessete indicadores selecionados, de forma a captar-se quatro dimensões de grande relevância no cotidiano das famílias: as características do domicílio; o acesso aos serviços públicos; o acesso aos bens duráveis; e a renda média familiar. O ICV foi calculado para as famílias dos empregados permanentes e temporários, segundo o local de residência (rural e urbano). Por uma questão didática, os dados serão apresentados inicialmente para o total de Brasil e, na seqüência, para as Grandes Regiões. Ao final, será feita uma breve comparação do ICV entre as famílias agrícolas e as famílias pluriativas. As análises a seguir estão baseadas nas Tabelas de números A25 a A36 contidas no Anexo Estatístico.

Além das quatro dimensões tratadas no ICV, será abordada, em item separado, a situação da chamada inclusão digital das famílias dos empregados na agricultura. Para isto, serão apresentadas as informações sobre a existência de microcomputador e acesso à Internet nos domicílios, coletadas pela Pnad a partir de 2001.

A metodologia de construção do ICV

Para a construção do ICV, os passos são os mesmos do IQE: obtenção dos indicadores simples; construção dos índices parciais, a partir das médias ponderadas dos indicadores simples, no sentido de captar as dimensões das condições de vida; cálculo do ICV a partir das médias ponderadas dos índices parciais (Balsadi, 2006).

O conceito de família utilizado é o mesmo conceito de família extensa adotado no Projeto Rurbano. Ou seja, as famílias extensas agregam, além da família nuclear, os parentes e os agregados que vivem no mesmo domicílio particular permanente.[1] Trata-se, portanto, de uma unidade de consumo e renda das pessoas que vivem sob um mesmo teto e que partilham entre si um fundo comum de recursos monetários e não monetários.

O IBGE considera como domicílio, nas pesquisas da Pnad, o local de moradia, estruturalmente separado e independente, constituído por um ou mais cômodos. "A separação fica caracterizada quando o local de moradia é limitado por paredes, muros, cercas, etc., coberto por um teto, e permite que seus moradores se isolem, arcando com parte ou todas as suas despesas de alimentação ou moradia. A independência fica caracterizada quando o local de moradia tem acesso direto, permitindo que seus moradores possam entrar e sair sem passar por local de moradia de outras pessoas" (IBGE, 2004, p. 4).

Os domicílios podem ser classificados como coletivos ou particulares. Os domicílios particulares são aqueles destinados à habitação de uma pessoa ou de um grupo de pessoas cujo relacionamento é ditado por laços de parentesco, dependência doméstica ou, ainda, normas de convivência. Os domicílios particulares ainda são classificados em improvisados ou permanentes. Os domicílios particulares permanentes são aqueles localizados em casas, apartamentos ou cômodos e destinados à moradia (IBGE, 2004).

Para a classificação das famílias extensas, utilizou-se a mesma tipologia de Graziano da Silva & Del Grossi (2000), também desenvolvida no âmbito do Projeto Rurbano, com alguns adendos: conceito amplo de PEA (ao invés do restrito)[2] e abertura para as cinco Grandes Regiões brasileiras.

A tipologia utilizada classifica as famílias extensas segundo a posição

---

[1] Para efeito de cálculo da renda familiar foram excluídos os pensionistas (que pagam pensão ao responsável pelo domicílio), os empregados domésticos e seus parentes.

[2] O conceito de PEA restrita, no qual são excluídas as pessoas não remuneradas ocupadas menos de quinze horas na semana e as pessoas dedicadas exclusivamente às atividades de autoconsumo e autoconstrução, foi utilizado nas pesquisas do Projeto Rurbano para compatibilização das séries das Pnads dos anos oitenta com as séries dos anos noventa (Del Grossi, 1999; Campanhola & Graziano da Silva, 2000). Isto porque, a partir de 1992, foi alterado o conceito de trabalho na Pnad e incluídas duas novas categorias de trabalhadores (autoconsumo e autoconstrução).

na ocupação (empregadores, conta própria, empregados e autoconsumo)[3] e por local do domicílio (urbano ou rural). As famílias com pelo menos uma pessoa ocupada são classificadas em agrícolas, não agrícolas ou pluriativas, de acordo com a atividade exercida pelos seus membros na semana de referência da Pnad. Foram consideradas famílias agrícolas aquelas em que todos os membros exerceram atividades na agricultura como ocupação principal na semana de referência. No caso oposto, foram consideradas não agrícolas. E, foram consideradas famílias pluriativas aquelas em que pelo menos um membro exerceu uma ocupação agrícola e outro, uma não agrícola.

Vale a pena reforçar que o interesse deste livro é analisar as condições de vida das famílias de empregados[4] que têm relação (parcial ou exclusiva) com a agricultura (famílias extensas agrícolas e pluriativas). Por isso, não serão explorados os dados relativos às famílias não agrícolas, nem tampouco às de autoconsumo.

Segundo Graziano da Silva & Del Grossi (2000), o fato de se utilizar o período da última ou da penúltima semana de setembro (período de referência da Pnad), que é o período usualmente adotado na definição da PEA pelo IBGE, ao invés do ano anterior, tende a subestimar o número de famílias agrícolas.[5]

---

[3] Se um dos membros da família declarou ser empregador, a família foi classificada como tal, independentemente da posição na ocupação dos demais membros. Isto porque a posição de empregador de um de seus membros constitui uma boa *proxy* da posição social da família. Na falta de um empregador, a família foi classificada como de conta própria, se um dos membros ativos declarou-se como tal, independente da posição na ocupação dos demais membros. Em caso de não haver nem um empregador e nem um conta própria, a família foi classificada como de empregados, se pelo menos um dos seus membros declarou exercer uma atividade agrícola na semana de referência. Em caso de não haver nem um empregador, nem um conta própria e nem um empregado, a família é classificada como de autoconsumo, se pelo menos um dos seus membros declarou exercer trabalho na produção para o próprio consumo na semana de referência.

[4] Especificamente na família de empregados, se um dos membros com ocupação na semana de referência declarou ser empregado permanente, a mesma foi classificada como família de empregado permanente, independentemente da condição dos demais. Na ausência de empregados permanentes, a família foi considerada como de empregado temporário.

[5] A PEA varia conforme o período de referência que se considera para definição da atividade principal da pessoa entrevistada, dada a variação sazonal típica das atividades agrícolas. Ocorre que a última ou a penúltima semana de setembro é uma época de safras nas regiões Sudeste, Sul e Centro-Oeste, que concentram a maior parte da produção do país. Supõe-se, portanto, que nestas semanas, um número

A construção do Índice de Condições de Vida (ICV) das famílias dos empregados levou em consideração quatro dimensões principais da vida delas: características do domicílio; acesso aos serviços públicos; acesso aos bens duráveis; e renda média familiar.

Para analisar as características dos domicílios foram selecionados os seguintes indicadores: porcentagem de domicílios cujo material de construção é alvenaria (MAT); porcentagem de domicílios cujo material que predomina na cobertura é telha ou laje de concreto (Telha); porcentagem de domicílios com banheiro ou sanitário (BAN); e porcentagem de domicílios próprios (Prop). Com o auxílio de técnicas de multicritério, o índice parcial de domicílios foi calculado da seguinte forma: Inddom = 0,34 Prop + 0,28 BAN + 0,22 MAT + 0,16 Telha.

No acesso aos serviços básicos, foram selecionados: porcentagem de domicílios com água canalizada (Aguac); porcentagem de domicílios com coleta de lixo (Colix); porcentagem de domicílios com energia elétrica (Enel); e porcentagem de domicílios com rede coletora de esgoto (Colesg). Assim, o índice parcial de acesso aos erviços foi calculado da seguinte maneira: Indserv = 0,34 Enel + 0,28 Aguac + 0,21 Colesg + 0,17 Colix.

No acesso aos bens duráveis, foram selecionados: porcentagem de domicílios com telefone fixo ou celular (TEL); porcentagem de domicílios com fogão de duas ou mais bocas (FOG); porcentagem de domicílios com filtro de água (FIL); porcentagem de domicílios com rádio (RAD); porcentagem de domicílios com televisão à cores (TV); porcentagem de domicílios com geladeira (GEL); porcentagem de domicílios com *freezer* (FRE); e porcentagem de domicílios com máquina de lavar roupa (MAQ). O índice parcial de bens duráveis foi calculado da seguinte forma: Indbens = 0,17 TEL + 0,16 TV + 0,16 GEL + 0,15 FOG + 0,11 RAD + 0,10 FIL + 0,08 MAQ + 0,07 FRE.

Para análise da renda familiar foi selecionado o indicador relacionado à renda média familiar. Como o índice parcial de renda familiar só tem um indicador simples, não foi necessário realizar o procedimento de

---

maior de pessoas estejam ocupadas em atividades agrícolas que em outras épocas do ano. O inverso, porém, ocorre nas regiões Norte e Nordeste, onde é tempo de seca, o que reduz as atividades agrícolas ao mínimo necessário para a manutenção das criações e dos tratos culturais.

ponderação. Feita a ponderação nos índices parciais, o passo seguinte é fazer o mesmo processo para o ICV. Dos quatro índices parciais, foi feita a seguinte ordem decrescente de importância: índice de renda, índice de domicílios, índice de acesso aos serviços e índice de bens duráveis.

O critério para esta seqüência foi motivado, primeiramente, pelo fato de as famílias viverem numa economia monetária, na qual a renda é essencial para a compra de bens e serviços no mercado, que influenciam diretamente as condições de vida. A seguir, vieram as condições de habitabilidade e o acesso aos serviços básicos para uma vida minimamente digna, em situações muito próximas na determinação do ICV. Finalmente, preenchidas as condições de renda, moradia e serviços sociais básicos, consideradas fundamentais, aparecem os bens duráveis, que numa sociedade de consumo também cumprem seu papel na qualidade de vida das famílias dos empregados. Assim, o ICV foi calculado da seguinte forma: ICV = 0,33 Indrenda + 0,27 Inddom + 0,23 Indserv + 0,17 Indbens.

De forma similar ao IQE, de todos os indicadores selecionados, apenas a renda média familiar precisou ser padronizada para variar de 0 a 100, segundo o método do valores máximo e mínimo. Antes de ser feita a padronização, a renda média também foi corrigida para dezembro de 2005, por meio do INPC, do IBGE. Os ICVs obtidos também são passíveis de comparação intertemporal, que é feita de acordo com a idéia de progresso relativo, já exposta na metodologia de cálculo do IQE.

Evolução das condições de vida das famílias dos empregados agrícolas

Os dados da Tabela 5.1 mostram o universo das famílias agrícolas dos empregados permanentes e temporários para o qual é feita a análise do ICV.

Os dados para o total de Brasil

De acordo com os dados das Tabelas A25 e A26 do Anexo Estatístico é possível perceber que todos os tipos de famílias tiveram uma evolução bem favorável do seu ICV. Um detalhe que chama a atenção é que o local de moradia tem mais relevância nas condições de vida do que a categoria dos empregados.[6] Isto porque os residentes urbanos tendem a ter os maiores ICVs. Obviamente, dentro de um mesmo local de residência, as famílias dos empregados permanentes tendem a possuir melhores condições de vida do que as famílias dos empregados temporários. Como foi salientado no primeiro capítulo, o local de residência das pessoas e das famílias não só é resultado, mas também influencia e determina suas condições de vida. Entre as famílias urbanas e rurais, em linhas gerais, as diferenças no ICV são proporcionadas, principalmente, pelo rendimento médio familiar e pelo acesso aos serviços sociais básicos.[7]

Tabela 5.1. Famílias agrícolas extensas de empregados permanentes na semana de referência, segundo a área. Brasil e Grandes Regiões, 1992-2004

Brasil e Grandes Regiões	Famílias agrícolas extensas de empregados permanentes									
	Urbano					Rural				
	1992	1995	1998	2001	2004	1992	1995	1998	2001	2004
Centro-Oeste	31.904	37.535	34.704	43.485	41.429	133.245	138.837	145.794	113.992	122.240
Nordeste	106.601	111.976	74.519	105.891	107.360	381.143	326.365	280.310	293.263	292.870
Norte Urbano	8.136	10.970	8.720	16.697	16.652	–	–	–	–	–
Sudeste	174.842	148.099	157.601	126.447	151.250	389.912	377.586	358.273	335.512	289.130
Sul	42.194	39.684	34.860	38.243	36.985	142.792	145.848	139.643	115.569	114.390
Total de Brasil	363.677	348.264	310.404	330.763	353.676	1.047.092	988.636	924.020	858.336	818.630
	Famílias agrícolas extensas de empregados temporários									
Centro-Oeste	28.998	26.803	27.176	33.687	36.739	23.597	18.790	19.852	21.001	25.897
Nordeste	86.857	77.168	76.380	135.594	161.380	265.766	267.728	232.774	266.198	337.420
Norte Urbano	15.677	17.953	14.556	29.484	35.285	–	–	–	–	–
Sudeste	131.319	118.319	121.079	131.885	173.550	97.864	102.040	108.735	114.569	115.750
Sul	60.142	55.757	59.550	36.357	42.980	47.214	37.476	54.300	36.993	43.252
Total de Brasil	322.993	296.268	298.741	367.007	449.934	434.441	426.034	415.661	438.761	522.319

Fonte: Elaboração do autor com base nos microdados da Pnad.

No período 1992-2004, o ICV das famílias agrícolas dos empregados permanentes com residência urbana, que é o maior, apresentou um progresso relativo de 38,3%, com desempenho bastante significativo de todos os índices parciais. Olhando-se para os subperíodos, é possível notar

---

[6] A constatação sobre a grande relevância do local de residência nas condições de vida das famílias também está presente no trabalho de Kageyama & Hoffmann (2000). Ao invés de urbano e rural, os autores estudaram a importância da região na determinação da renda e das condições de vida das famílias agrícolas e pluriativas.

[7] A situação mais desfavorável das áreas rurais em relação às urbanas, no tocante ao acesso aos serviços sociais e infra-estrutura básicos, e seus reflexos nas condições e qualidade de vida das pessoas e das famílias também é corroborada pelos trabalhos de Beltrão & Sugahara (2005) e Silva & Resende (2005).

que os mais favoráveis foram os de 1992-95, com progresso relativo de 24,8%, e de 2001-04, com progresso relativo de 19,2%.

No índice parcial de condições do domicílio, que apresentou progresso de 34,0%, os principais avanços ocorreram nos indicadores de material de construção e de existência de banheiro, embora os demais também tivessem registrado crescimento. Em 1992, 59,0% dos domicílios eram de alvenaria e 75,5% tinham banheiro. Já em 2004, esses valores subiram para 71,3% e 93,4%, respectivamente. Já o acesso aos serviços sociais básicos, em que pese o fato de a energia elétrica estar quase universalizada em 2004 (96,5% dos domicílios), os principais avanços verificaram-se na ampliação dos serviços de água canalizada e coleta de lixo. Em 2004, 80,9% dos domicílios tinham tais benefícios, contra 52,1% (água) e 45,7% (coleta de lixo), em 1992. Apesar destes importantes resultados, a grande deficiência continua sendo o serviço de coleta de esgoto, que atendia apenas 25,2% dos domicílios, em 2004 (ou seja, só um em cada quatro domicílios).

No tocante ao acesso aos bens duráveis, cujo índice teve progresso relativo de 31,7%, os principais destaques foram para os expressivos aumentos das participações das famílias que possuíam telefone, televisão à cores e geladeira. Em 2004, 24,2%, 73,4% e 75,5%, respectivamente, das famílias tinham acesso a estes bens. Para se ter uma idéia mais clara da evolução, basta dizer que, em 1992, esses valores eram, respectivamente, 2,8%, 14,2% e 40,5%. O maior acesso aos bens duráveis certamente tem relação com o aumento real dos rendimentos, que foi de 28,2% no período analisado (Tabelas A25 e A26 do Anexo Estatístico).

As famílias agrícolas dos empregados temporários com residência urbana, que possuíam o segundo melhor ICV, registraram um progresso relativo de 23,1% do mesmo, cujo desempenho foi bastante influenciado pelos índices parciais de condições do domicílio, acesso aos serviços básicos e acesso aos bens duráveis, pois o ganho real do rendimento médio familiar foi de apenas 3,4% (embora deva ser dito que no período 1995-2004 houve pequena queda real deste indicador).

É importante salientar que nestes três índices parciais (domicílio, serviços e bens duráveis) todos os indicadores simples, sem exceção, apresentaram desempenho positivo. Dentre eles, podem ser destacados: aumento da participação dos domicílios feitos de alvenaria, de 57,9%, em 1992, para 68,8%, em 2004; aumento da participação dos domicílios com banheiro, de 69,4%, em 1992, para 91,0%, em 2004; ampliação muito expressiva dos domicílios com água canalizada e coleta de lixo, de 40,4%, em 1992, para 72,5% (água) e 83,7% (coleta de lixo), em 2004; ampliação da cobertura de energia elétrica e de coleta de esgoto, de, respectivamente, 76,2% e 16,3%, em 1992, para 94,9% e 23,5%, em 2004; crescimento expressivo e contínuo das participações das famílias que possuíam telefone, televisão em cores e geladeira, de, respectivamente, 0,4%, 4,5% e 21,6%, em 1992, para 10,6%, 57,9% e 61,3%, em 2004.

Entre as famílias agrícolas com residência no meio rural, os progressos relativos do ICV foram de 22,0% para as dos empregados permanentes e de 18,8% para as dos empregados temporários. Apesar dos importantes avanços, suas condições de vida continuam relativamente distantes das verificadas para as famílias urbanas, sobretudo daquelas dos empregados permanentes.

A melhoria nas condições dos domicílios das famílias dos empregados permanentes rurais foi proporcionada, principalmente, pela maior presença de domicílios com banheiro (85,4%, em 2004, contra 65,0%, em 1992), além do crescimento dos domicílios construídos com alvenaria e dos domicílios próprios. No entanto, apesar deste aumento, em 2004, apenas 20,9% dos domicílios pertenciam às famílias dos empregados (em 1992, eram 14,2%). Isso deve-se ao fato bastante comum de as famílias residirem no próprio estabelecimento agropecuário onde trabalham, em casas de propriedade do empregador. Vale lembrar que o auxílio-moradia é, disparado, o principal auxílio recebido pelos empregados permanentes rurais, como foi visto nos capítulos anteriores.

Os principais serviços a que as famílias têm acesso nas áreas rurais brasileiras são a água canalizada e a energia elétrica, pois a cobertura das coletas de lixo e de esgoto é bastante limitada. Em 2004, a água canalizada e a energia elétrica estavam presentes em 75,3% e 89,2%, respectivamente, dos domicílios dos empregados permanentes rurais. Já a coleta de lixo era feita em apenas 11,6% dos domicílios e a coleta de esgoto em somente 1,5%.

Dos bens duráveis, os maiores progressos também foram na ampliação das famílias com telefone (27,4%, em 2004, contra apenas 1,4%, em 1992), com televisão em cores (68,5%, em 2004, contra apenas 8,3%, em 1992) e com geladeira (70,6%, em 2004, contra 35,6%, em 1992). Também chama a atenção o crescimento das famílias que tinham *freezer* (20,7%, em 2004, contra 8,0%, em 1992). Isso, provavelmente, deve-se ao fato de as famílias terem a maior necessidade de conservarem os alimentos produzidos e processados no próprio estabelecimento agropecuário, seja para consumo próprio ou para comercialização visando a complementação de renda. Certamente, esse maior acesso aos bens duráveis foi influenciado pelo aumento real de 24,3% no rendimento médio familiar (Tabelas A25 e A26 do Anexo Estatístico).

Para as famílias agrícolas dos empregados temporários rurais vale dizer que têm o mais baixo ICV. Com exceção do índice parcial de condições de domicílio, que está relativamente mais próximo do registrado para as demais categorias, todos os demais estão bem aquém, notadamente os de rendimento médio familiar e de acesso aos serviços. Em 2004, o rendimento médio destas famílias correspondia a 51,2% do rendimento médio das famílias dos empregados permanentes urbanos, a 84,8% do rendimento médio das famílias dos empregados permanentes rurais e a 74,4% do rendimento médio das famílias dos empregados temporários urbanos. Nesse mesmo ano, apenas 12,7% dos domicílios tinham coleta de lixo, só 2,2% tinham coleta de esgoto e 7,0% das famílias possuíam telefone.

Entre os principais aspectos positivos, que contribuíram para a melhoria das condições de vida das famílias dos empregados temporários rurais, podem ser destacdos: maior participação dos domicílios com banheiro (66,5%, em 2004, contra 38,9%, em 1992); maior participação dos domicílios com água canalizada e com energia elétrica (48,7% e 70,9%, respectivamente, em 2004, contra 17,6% e 35,5%, em 1992); maior participação das famílias que tinham rádio, televisão em cores e geladeira (77,9%, 40,8% e 45,3%, respectivamente, em 2004, contra 59,1%, 2,4% e 12,1%, em 1992), que foi influenciada pelo aumento real de 10,2% no rendimento médio mensal no período (que também sofreu perdas reais entre 1995 e 2004).

Como o comportamento do ICV não foi homogêneo para todas as categorias de famílias, o intuito agora é trazer alguns comentários sobre as condições de vida das famílias dos empregados na agricultura nas cinco Grandes Regiões brasileiras, de modo a captar-se as mais relevantes diferenciações regionais.

Os dados para as Grandes Regiões

Região Norte Urbano

Os dados das Tabelas A27 e A28 do Anexo Estatístico evidenciam uma substantiva melhora no ICV das famílias agrícolas dos empregados permanentes e dos empregados temporários com residência urbana. Para as primeiras, o progresso relativo no período 1992-2004 foi de 35,7%, enquanto para as outras foi de 19,8%. Quanto aos subperíodos, as famílias dos empregados permanentes só não tiveram desempenho positivo entre 1998 e 2001, ao passo que para as famílias dos empregados temporários o de maior destaque foi o de 1992-95, seguido pelo subperíodo 2001-04.

Pode-se perceber que as principais diferenças nas condições de vida entre as famílias dos empregados permanentes e as famílias dos empregados temporários estão nos indicadores de rendimento médio familiar e de acesso aos bens duráveis. Em 2004, o rendimento médio das famílias dos temporários correspondia a 76,1% do rendimento médio das famílias dos permanentes. Quanto ao acesso aos bens duráveis, as vantagens das famílias dos empregados permanentes eram em todos os itens, com maior destaque para telefone, rádio, televisão em cores, geladeira, *freezer* e máquina de lavar.

No índice parcial de condições do domicílio, nota-se que ficaram muito próximos ao final do período analisado. Em 2004, os valores foram 70,4 e 69,2 para as famílias dos empregados permanentes e para as famílias dos empregados temporários, respectivamente. E no índice de acesso aos serviços, a principal disparidade estava na participação dos domicílios com água canalizada: em 2004, 63,0% dos domicílios dos empregados permanentes tinham essa benfeitoria, contra 35,7% dos domicílios dos empregados temporários. Os demais indicadores não apresentavam diferenças muito elevadas, devendo ser salientado que todos tiveram desempenhos muito relevantes, com exceção da coleta de esgoto, praticamente inexistente nos domicílios urbanos da região Norte.

Região Norte Rural em 2004

Como a Pnad começou a pesquisar toda a área rural da região Norte apenas em 2004, o objetivo aqui é tão-somente deixar um retrato das condições de vida das famílias dos empregados na agricultura, de forma a subsidiar futuros trabalhos de pesquisa. De acordo com os dados da Tabela 5.1, pode-se notar que os indicadores das famílias agrícolas dos empregados permanentes residentes na área rural da região Norte são bem mais favoráveis do que os das famílias agrícolas dos empregados temporários, em todas as dimensões das condições de vida selecionadas.

Nas condições do domicílio, os indicadores ligados ao material de construção, à cobertura com telha e à existência de banheiro são bem superiores nos domicílios dos empregados permanentes. O único indicador favorável aos temporários, como era de se esperar, era aquele relacionado à propriedade do domicílio. Quanto ao acesso aos serviços, as principais diferenças eram relacionadas com a existência de água canalizada (45,9% para os permanentes e 22,5% para os temporários) e de energia elétrica (66,1% para os permanentes e 47,8% para os temporários, em 2004). Os serviços de coleta de lixo e de esgotamento sanitário eram muito pouco expressivos para ambos os tipos de famílias.

Tabela 5.2. Condições de vida das famílias agrícolas e das pluriativas extensas dos empregados permanentes e dos empregados temporários. Região Norte Rural, 2004

Dimensões e indicadores selecionados	Famílias agrícolas dos empregados permanentes	Famílias agrícolas dos empregados temporários	Famílias pluriativas dos empregados permanentes	Famílias pluriativas dos empregados temporários
Condições do domicílio (%)				
Mat	38,0	20,2	43,4	18,7
Telha	87,2	58,9	88,4	59,9
Ban	74,0	52,9	87,6	82,4
Prop	23,8	68,3	42,9	86,4
Acesso a serviços (%)				
Aguac	45,9	22,5	48,0	40,9
Colix	1,0	4,6	2,8	3,6
Enel	66,1	47,8	72,6	88,9
Colesg	2,0	0,7	2,1	0,0
Bens duráveis (%)				
Tel	10,5	3,7	26,1	3,5
Fog	92,7	85,8	97,1	93,1
Fil	51,8	46,1	45,8	33,9
Rad	67,8	51,1	77,0	54,5
TV	40,0	29,7	55,0	68,9
Gel	37,3	29,9	49,4	54,2
Fre	12,4	4,9	12,5	5,4
Maq	1,5	1,2	10,7	1,4
Rendimento familiar				
Renfam (1)	572,34	554,70	929,34	737,69
Renfamc (2)	609,58	590,80	989,82	785,69

Fonte: Elaboração do autor, a partir dos microdados da Pnad.
(1) Rendimento familiar médio mensal, em Reais, em valores correntes.
(2) Rendimento familiar médio mensal, em Reais, corrigido pelo INPC, do IBGE, para dezembro de 2005.

Apesar de a renda média familiar dos empregados permanentes ser somente 3,2% superior à dos empregados temporários, em 2004, o acesso aos bens de consumo durável era mais amplo para as primeiras famílias, comparativamente às segundas, especialmente nos itens telefone, rádio, TV em cores, geladeira e *freezer*.

Da mesma forma, os dados evidenciam as melhores condições de vida das famílias pluriativas dos empregados permanentes rurais em relação aos empregados temporários. Os indicadores mais favoráveis para os empregados permanentes eram aqueles ligados ao material de construção e à cobertura com telha, nas condições do domicílio, ao acesso a todos os bens duráveis, com exceção da TV em cores e da geladeira, e à renda média familiar (26,0% superior à das famílias dos empregados temporários, em 2004). A dimensão de maior proximidade nas condições de vida dos dois tipos de famílias era no acesso aos serviços sociais básicos.

Quando se comparam as condições de vida das famílias agrícolas com as pluriativas, os dados da Tabela 5.2 também confirmam os melhores indicadores para as últimas. Entre os permanentes, a maior proximidade das condições de vida das famílias foi observada no acesso aos serviços sociais básicos. Já para os temporários, os principais indicadores mais favoráveis para as famílias pluriativas eram os de: existência de banheiro no domicílio; propriedade do domicílio; presenças de água canalizada e energia elétrica; e acesso à TV em cores e à geladeira. Chamam a atenção as diferenças no indicador relativo à renda média familiar: 62,4% superior para as famílias pluriativas de empregados permanentes, comparativamente às agrícolas, e 33,0% para as de empregados temporários.

Região Nordeste

Uma primeira constatação para o Nordeste é que ele possui os menores ICVs do Brasil, principalmente para as famílias residentes em áreas rurais. Muitos dos indicadores da região estão bem abaixo da média nacional, com claro destaque para o rendimento médio familiar. No entanto, é preciso salientar que no período 1992-2004 ocorreram muitos progressos nas condições de vida das famílias dos empregados agrícolas, como será visto a seguir.

As famílias agrícolas dos empregados permanentes com residência urbana tiveram um progresso relativo de 28,0% no seu ICV, com desempenho positivo de todos os índices parciais, principalmente nos subperíodos 1992-95 e 2001-04.

No índice de condições do domicílio, os principais avanços foram nos indicadores relacionados ao material de construção (alvenaria) e à existência de banheiro. Este último apresentou variação de 60,2% dos domicílios, em 1992, para 87,5%, em 2004. Em relação aos serviços básicos, deve-se registrar uma melhoria em todos os indicadores. Em 2004, 67,1% dos domicílios tinham água canalizada (eram 42,3%, em 1992), 84,2% tinham coleta de lixo (eram 31,8%, em 1992), 94,8% tinham energia elétrica (eram 83,2%, em 1992) e 20,7% tinham coleta de esgoto (eram somente 6,0%, em 1992).

No período em questão houve um ganho real de 35,0% no rendimento médio familiar, o que contribuiu para o expressivo aumento das participações das famílias que possuíam telefone, fogão, filtro de água, rádio, televisão em cores e geladeira. Mais uma vez, o *boom* de consumo foi registrado para os dois últimos bens citados: em 2004, 63,5% dos domicílios tinham TV em cores, contra apenas 4,9%, em 1992; e 51,3% possuíam geladeira (eram 18,7%, em 1992).

As famílias agrícolas dos empregados temporários urbanos também tiveram importante aumento do ICV, com um progresso relativo de 19,4%. Com exceção do rendimento médio familiar, que sofreu redução de 5,1% em seu valor real, os demais índices parciais registraram comportamentos bastante favoráveis.

Vale dizer que o comportamento dos indicadores nos índices de condição dos domicílios, acesso aos serviços e acesso aos bens duráveis seguiu exatamente a mesma trajetória do que foi comentado para as famílias urbanas dos empregados permanentes (Tabelas A29 e A30 do Anexo Estatístico).

Para as famílias rurais pode-se notar valores do ICV muito próximos entre as categorias de trabalhadores ao longo de toda a série estudada. Em 2004, os valores observados foram 33,8 para as famílias dos empregados permanentes e 33,4 para as famílias dos empregados temporários, confirmando que o local de residência sobressai em relação às categorias de empregados.

As diferenças mais gritantes em relação às condições de vida das famílias urbanas também aparecem nos índices de rendimento e de acesso aos serviços básicos. Em 2004, as famílias agrícolas com residência no rural nordestino tiveram os menores rendimentos médios do Brasil:

R$ 400,04 (valores reais de dezembro de 2005) para os empregados temporários e R$ 414,23 para os empregados permanentes. Quanto aos serviços, os únicos com relevância nas áreas rurais são os de água canalizada, que estava presente em 30,5% dos domicílios dos empregados permanentes e em 19,9% dos domicílios dos empregados temporários, em 2004, e o de energia elétrica, presente em 75,3% e 69,1%, respectivamente, dos domicílios dos empregados permanentes e dos temporários.

Região Centro-Oeste

O Centro-Oeste apresenta índices de condições de vida para as famílias urbanas e rurais que estão entre os mais elevados do Brasil, comparando-se os ICVs segundo o local de moradia. Nesta região, também são claramente perceptíveis as melhores condições das famílias que residem nas cidades em relação às residentes no meio rural, com destaque para as famílias dos empregados permanentes, cujo ICV de 2004 (81,3), que foi o maior do Brasil, chega a ser quase o dobro do valor encontrado para as famílias agrícolas dos empregados temporários rurais (ICV igual a 43,1).

As famílias agrícolas dos empregados permanentes urbanos, além de possuírem o maior ICV, também apresentaram o maior progresso relativo no período 1992-2004 (52,2%). Este comportamento foi possível graças ao ganho real de 33,4% no rendimento médio familiar, cujo valor de R$ 1.455,75 (valor real de dezembro de 2005) foi o mais elevado do Brasil, em 2004, e ao desempenho muito favorável dos índices parciais de condições do domicílio, de acesso aos serviços e de acesso aos principais bens de consumo durável.

Em relação às famílias dos empregados temporários urbanos, as principais discrepâncias no ICV referem-se aos índices de renda e de acesso aos bens duráveis, pois nas condições dos domicílios e nos serviços sociais básicos o padrão das condições de vida são muito semelhantes (em 2004, os valores foram de 81,2 e 74,6 para as famílias dos empregados permanentes e 82,5 e 73,6 para as famílias dos empregados temporários, respectivamente, para estes dois índices).

No índice de renda, o valor médio de R$ 870,43, em 2004, ficou bem abaixo do registrado para as famílias dos empregados permanentes, também pelo fato de que para as famílias dos empregados temporários houve perda real de 11,9% no período em questão, principalmente após 1995. Quanto à posse dos principais bens de consumo durável, as diferenças mais marcantes em favor das famílias dos empregados permanentes foram observadas para telefone (31,5% dos domicílios contra 18,3% dos temporários), TV em cores (80,7% dos domicílios contra 68,9% dos temporários), e geladeira (80,9% dos domicílios contra 65,2% dos temporários), estes três com um *boom* de consumo no período, além do *freezer* e da máquina de lavar (Tabelas A31 e A32 do Anexo Estatístico).

As famílias rurais, apesar dos menores ICVs, registraram igualmente importantes avanços e tiveram progressos relativos de 29,7% para as de empregados permanentes e de 16,9% para as de empregados temporários.

Nas famílias de empregados permanentes, os indicadores simples que tiveram as maiores transformações foram os seguintes: existência de banheiro (93,2% dos domicílios, em 2004, contra 72,7%, em 1992), no índice parcial de condições do domicílio; água canalizada e energia elétrica (86,5% e 89,6%, respectivamente, em 2004, contra 59,2% e 57,5%, em 1992), no índice de acesso aos serviços; famílias que possuíam telefone (35,1%, em 2004, contra somente 1,6%, em 1992), TV em cores (71,5%, em 2004, contra apenas 10,3%, em 1992), geladeira (74,2%, em 2004, contra 37,4%, em 1992), *freezer* (28,2%, em 2004, contra 6,7%, em 1992) e máquina de lavar (12,8%, em 2004, contra 8,2%, em 1992), no índice dos bens duráveis; e ganho real de 47,2% no rendimento médio familiar.

Já para as famílias de empregados temporários, os principais avanços ocorreram em todos os indicadores do índice de condições do domicílio, na maior cobertura dos serviços de água canalizada, coleta de lixo e energia elétrica, dentro do índice de serviços, e na maior participação das famílias com telefone, rádio, TV em cores e geladeira, nos bens duráveis. Quanto ao rendimento médio familiar houve perda real de 1,6% no período 1992-2004 (Tabelas A31 e A32 do Anexo Estatístico).

Região Sudeste

Os dados das Tabelas A33 e A34 do Anexo Estatístico mostram dois resultados interessantes para o Sudeste: primeiro, o ICV das famílias agrícolas, em 2004, era muito próximo para as famílias de empregados permanentes e de temporários com residência na mesma situação de domicílio, ou seja, os ICVs das famílias urbanas eram muito parecidos, independentemente da categoria dos empregados, fato também verificado para as famílias rurais; segundo, o maior progresso relativo no período 1992-2004 foi registrado para as famílias dos empregados temporários urbanos (33,0%), seguido de perto pelos empregados permanentes urbanos (32,2%).

O principal fator responsável por esse desempenho do ICV das famílias dos empregados temporários urbanos foi a evolução dos indicadores que compõem o índice parcial de acesso aos serviços, cujo progresso foi de 80,5%. Em 2004, 94,9% dos domicílios tinham água canalizada, 94,0% eram atendidos pela coleta de lixo, 98,3% tinham energia elétrica e 85,9% eram beneficiados pela coleta de esgoto (Tabela A33 do Anexo Estatístico). Este último indicador mostra que somente nas áreas urbanas do Sudeste são expressivos os investimentos em saneamento básico.

Além dos avanços no acesso aos serviços, também houve crescimento das participações das famílias com telefone, de 0,4%, em 1992, para 10,4%, em 2004, com TV em cores, de 8,5% para 77,7%, e com geladeira, de 38,5% para 83,9% no mesmo período. Apesar disso, o índice parcial de acesso aos bens duráveis era o principal diferenciador do ICV das famílias de empregados temporários daquele verificado para as famílias de empregados permanentes urbanos, em 2004. Os outros três índices parciais eram muito semelhantes: nas condições dos domicílios, os valores foram de 85,0 para as famílias dos empregados permanentes e de 85,6 para as famílias dos empregados temporários; no acesso aos serviços, os valores foram 93,0 e 94,0, respectivamente; e, no tocante aos rendimentos, o rendimento médio familiar dos temporários correspondia a 95,9% daquele observado para os permanentes.

Quanto às famílias rurais, também houve redução das diferenças do ICV entre os empregados temporários e permanentes no período analisado. Ambos os tipos de famílias tiveram importantes progressos: 23,6% para os temporários e 20,6% para os permanentes. No entanto, suas condições de vida, medidas pelo ICV, continuam bem distantes das verificadas para as famílias urbanas.

Os principais indicadores que ainda fazem o ICV das famílias dos empregados permanentes ser ligeiramente superior ao das famílias dos temporários são aqueles ligados aos serviços e aos bens de consumo durável, mais especificamente os de água canalizada, energia elétrica, telefone, TV em cores, geladeira e *freezer*. O rendimento médio para os dois tipos de família foi bastante semelhante em 2004, devido ao ganho real de 31,8% registrado para as famílias dos empregados temporários no período 1992-2004, contra 12,4% das famílias dos empregados permanentes (embora deva ser observado que ambos os tipos de famílias tiveram queda real neste indicador no período 1995-2004). A principal vantagem dos temporários refere-se ao fato de 69,7% terem domicílio próprio (um ativo), contra 20,2% dos permanentes, que normalmente residem no próprio estabelecimento agropecuário, em casas pertencentes aos empregadores.

Região Sul

Um primeiro resultado que chama a atenção é o ICV das famílias dos empregados permanentes com residência urbana, que ficou bem acima e destacado dos demais. Pode-se perceber que os valores dos ICVs dos demais tipos de famílias registrados em 2004 ainda eram inferiores ao observado para as famílias dos empregados permanentes urbanos no ano de 1992.

No período 1992-2004, o ICV das famílias dos empregados permanentes urbanos, apesar das oscilações, registrou um progresso relativo de 51,8% (mais que o dobro do verificado para os outros três tipos de famílias). E os avanços foram mais relevantes nos subperíodos 1992-95 e 2001-04. Este comportamento foi determinado pelo ganho real de 33,0% no rendimento médio familiar no período como um todo (mas que sofreu redução entre 1995 e 2004) e pelo desempenho positivo de quase todos os indicadores nos índices de condições do domicílio, de acesso aos serviços e de acesso aos bens duráveis, com destaque para o material de construção (alvenaria), serviços de água canalizada, coleta de lixo, energia elétrica e coleta de esgoto, e maior consumo de telefone, TV em cores, geladeira, *freezer* e máquina de lavar (Tabelas A35 e A36 do Anexo Estatístico).

O outro tipo de família com residência urbana, dos empregados temporários, apresentou um progresso de 26,1% no seu ICV. Os índices parciais com maior proximidade das famílias dos empregados permanentes eram os de condições do domicílio e de acesso aos serviços sociais básicos. No entanto, em que pese o aumento real de 36,9% no rendimento médio familiar no período 1992-2004, neste último ano o valor observado para as famílias dos empregados temporários era, praticamente, a metade do verificado para as famílias dos empregados permanentes. Com isso, o acesso aos bens de consumo durável era mais restrito para aquelas famílias, principalmente nos indicadores relacionados ao telefone, TV em cores, geladeira, *freezer* e máquina de lavar.

Entre as famílias rurais, os progressos foram de 22,3% para as de empregados permanentes e de 21,2% para aquelas de empregados temporários. Pode-se notar que no período em questão houve uma importante redução na diferença entre as condições de vida dos dois tipos de famílias. O maior ICV das famílias dos empregados permanentes ainda prevalecente em 2004 era devido aos indicadores ligados ao rendimento médio familiar (R$ 807,75 contra R$ 628,79, em valores reais de dezembro de 2005), à cobertura dos serviços básicos, especialmente água canalizada e energia elétrica, e ao acesso aos bens duráveis, principalmente telefone, televisão, geladeira, *freezer* e máquina de lavar.

Entre os bens duráveis, chama atenção o elevado percentual de domicílios que possuíam *freezer*: 40,6% das famílias de empregados permanentes e 16,8% das famílias de empregados temporários, que são valores muito acima das médias nacionais. Isso deve estar ligado ao fato já abordado da importância que assume na região a produção e o processamento de alimentos no próprio estabelecimento, tanto para consumo próprio como para vendas nos mercados de proximidade, de forma a obter-se uma ampliação da renda familiar.

O *Ranking* para o ICV

Feitas as análises para o Brasil e para as cinco Grandes Regiões é possível elaborar o *ranking* com os ICVs, de modo que se conheça qual tipo de família agrícola, em qual região, apresentou as melhores condições de vida, dadas as limitações inerentes ao índice sintético proposto. O *ranking*, com base no ano de 2004, está contido na Tabela 5.3.

É possível notar que, de fato, as famílias agrícolas com residência urbana apresentam índices de condições de vida bem mais favoráveis do que as famílias com residência no meio rural. Isso pode ser confirmado pela observação de que os dez maiores ICVs (incluindo as médias nacionais) eram de famílias urbanas, em 2004, enquanto os seis piores eram de famílias rurais. Vale dizer que para um mesmo local de residência, as famílias dos empregados permanentes tendem a ter maiores ICVs do que as famílias de empregados temporários.

Em 2004, os maiores ICVs foram registrados para as famílias de empregados permanentes com residência urbana na região Centro-Oeste, seguidas pelas famílias de empregados permanentes urbanos da região Sul, famílias de empregados permanentes urbanos da região Sudeste e famílias de empregados temporários urbanos da região Sudeste, cujos valores ficaram acima da melhor média nacional, que foi a das famílias de empregados permanentes com residência urbana.

Já os piores ICVs, da mesma forma do que foi verificado para o IQE, ocorreram para a região Nordeste, com as famílias rurais dos empregados permanentes e dos temporários (as únicas abaixo da pior média nacional, que foi para as famílias dos empregados temporários rurais). Isso reforça a observação recorrente de que as condições mais desfavoráveis, tanto em termos de qualidade do emprego como de qualidade vida, estão nas áreas rurais nordestinas. A falta de infra-estrutura, de serviços sociais básicos e de atividades econômicas que gerem níveis mais elevados de ganhos monetários são fatores determinantes deste quadro de desigualdades sociais.

Mas também é preciso dizer que mesmo nas regiões mais desenvolvidas do país (Sudeste, Sul e Centro-Oeste) as condições de vida nas áreas rurais estão muito aquém das observadas para as áreas urbanas, o que mostra um "certo descaso" com as primeiras e reforça um forte viés urbano nas políticas de desenvolvimento regional. Em 2004, as famílias de empregados temporários rurais destas três regiões apresentaram ICVs que as colocaram entre as seis categorias com as condições de vida mais desfavoráveis em todo o Brasil.

Tabela 5.3. Índice de condições de vida (ICV) e progresso relativo das famílias agrícolas dos empregados permanentes e dos empregados temporários. Brasil e Grandes Regiões, 1992-2004

Categorias	ICV					Progresso relativo 1992-2004 (%)
	1992	1995	1998	2001	2004	
Empregado permanente urbano — Centro-Oeste	60,9	75,1	76,0	81,1	81,3	52,2
Empregado permanente urbano — Sul	57,8	78,1	66,5	59,9	79,6	51,8
Empregado permanente urbano — Sudeste	64,4	72,0	70,7	75,0	75,8	32,2
Empregado temporário urbano — Sudeste	61,0	69,0	64,6	62,9	73,9	33,0
Empregado permanente urbano — Brasil	**53,2**	**64,8**	**65,5**	**64,3**	**71,1**	**38,3**
Empregado temporário urbano — Centro-Oeste	52,7	64,6	56,7	62,4	63,1	21,9
Empregado permanente urbano — Norte	40,1	59,0	63,2	55,2	61,5	35,7
Empregado temporário urbano — Brasil	**46,1**	**53,0**	**51,9**	**54,3**	**58,5**	**23,1**
Empregado permanente urbano — Nordeste	40,6	48,2	51,0	50,1	57,2	28,0
Empregado temporário urbano — Sul	42,0	48,3	48,3	54,5	57,1	26,1
Empregado permanente rural — Centro-Oeste	36,1	40,7	46,0	49,5	55,1	29,7
Empregado permanente rural — Sul	40,1	41,7	45,9	47,3	53,5	22,3
Empregado permanente rural — Sudeste	38,5	47,1	48,8	48,6	51,1	20,6
Empregado temporário urbano — Norte	38,1	47,2	47,8	47,9	50,4	19,8
Empregado permanente rural — Brasil	**33,9**	**37,6**	**42,2**	**44,2**	**48,4**	**22,0**
Empregado permanente rural — Nordeste	35,5	47,0	40,6	42,5	48,0	19,4
Empregado temporário rural — Sudeste	31,7	42,8	44,3	42,8	47,8	23,6
Empregado temporário rural — Sul	29,6	41,6	35,9	42,8	44,5	21,2
Empregado temporário rural — Centro-Oeste	31,5	41,3	40,4	37,1	43,1	16,9
Empregado temporário rural — Brasil	**29,0**	**35,7**	**37,8**	**37,9**	**42,3**	**18,8**
Empregado permanente rural — Nordeste	20,6	28,2	28,1	31,2	33,8	16,6
Empregado temporário rural — Nordeste	22,7	26,5	29,3	28,6	33,4	13,9

Fonte: Elaboração do autor a partir dos microdados da Pnad.

Comparação das condições de vida das famílias agrícolas com as pluriativas

Antes de fazer a comparação propriamente dita, vale destacar que os dados da Tabela 5.4 mostram o universo das famílias pluriativas dos empregados permanentes e dos temporários para o qual foi construído o ICV.

Neste item, serão feitos dois tipos de comparação entre as condições de vida das famílias agrícolas e das pluriativas: *a*) primeiramente, será construído um *ranking* para o total de Brasil, com o intuito de mostrar as diferenças de ICV entre todos os tipos de famílias agrícolas e pluriativas; *b*) depois, será feita uma comparação entre o ICV das famílias pluriativas e das agrícolas, mediante a relação (divisão) simples entre ambos, para cada tipo de família, em cada região e total de Brasil. Como será visto adiante, os resultados encontrados corroboram e vão na mesma direção daqueles obtidos por Nascimento (2005), Kageyama & Hoffmann (2000) e Kageyama (1999), ou seja, de que as famílias pluriativas tendem a ter índices de condições de vida bem melhores do que as famílias agrícolas.

Tabela 5.4. Famílias pluriativas extensas de empregados permanentes e temporários na semana de referência, segundo a área. Brasil e Grandes Regiões, 1992-2004

Brasil e Grandes Regiões	Famílias pluriativas extensas de empregados permanentes								
	Urbano					Rural			
	1992	1995	1998	2001	2004	1992	1995	1998	2001	2004
Centro-Oeste	43.254	50.958	47.381	50.034	46.826	27.261	22.318	33.383	31.125	37.264
Nordeste	79.856	83.216	51.523	60.276	75.061	74.720	67.076	66.259	62.835	53.312
Norte Urbano	9.987	14.281	14.414	16.541	17.827	–	–	–	–	–
Sudeste	154.180	147.390	150.170	152.550	166.800	91.862	103.820	86.416	71.355	77.909
Sul	41.875	41.875	39.148	34.408	45.490	28.993	22.643	28.497	25.384	30.190
Total de Brasil	329.152	329.152	302.636	313.809	352.004	222.836	215.857	214.555	190.699	198.675
	Famílias pluriativas extensas de empregados temporários									
Centro-Oeste	39.405	37.564	27.571	37.381	33.668	8.839	5.788	5.289	4.843	8.505
Nordeste	80.446	72.714	49.958	79.060	115.570	70.064	75.360	91.113	72.081	82.124
Norte Urbano	18.552	19.797	21.694	28.691	36.228	–	–	–	–	–
Sudeste	147.540	97.644	81.266	98.174	151.380	33.646	35.346	32.835	35.138	33.450
Sul	37.041	37.457	25.506	34.569	38.642	17.273	15.528	13.524	15.475	10.147
Total de Brasil	322.984	265.176	205.995	277.875	375.488	129.822	132.022	142.761	127.537	134.226

Fonte: Elaboração do autor com base nos microdados da Pnad.

Em função do exposto, também é importante que se façam dois comentários de caráter metodológico antes das comparações. O primeiro é que, para se fazer a comparação entre as famílias agrícolas e pluriativas, ao longo do período 1992-2004, por meio do *ranking* para o total de Brasil, é necessário que sejam recalculados os índices parciais ligados ao rendimento médio familiar. Para que se tenha a comparabilidade intertemporal, os valores máximo e mínimo do rendimento médio familiar (em Reais de dezembro de 2005) no período 1992-2004 devem ser buscados entre todas as categorias de famílias envolvidas.

Com isto, há mudanças nos valores dos índices das famílias agrícolas dos empregados permanentes e dos temporários, em relação aos que foram analisados anteriormente.[8] Estas mudanças ocorrem tanto no índice parcial de rendimento médio familiar quanto no próprio ICV, que

---

[8] Nas seções anteriores do presente capítulo, todas as análises estão baseadas nos cálculos do ICV feitos para as comparações entre as famílias agrícolas apenas (total de Brasil e Grandes Regiões).

tende a ser menor do que o calculado antes pelo fato de os rendimentos das famílias pluriativas serem, no geral, mais elevados que os das famílias agrícolas. Os demais índices parciais (condições do domicílio, acesso aos serviços e acesso aos bens duráveis) não sofrem nenhuma alteração, pois são construídos a partir das médias dos indicadores simples selecionados. Para eles, não há necessidade de padronização dos valores para que variem entre zero e um, pelo método dos valores máximo e mínimo.

A partir destes procedimentos foram feitos novos cálculos para o ICV, visando a comparação das condições de vida entre as famílias agrícolas e pluriativas pela construção de um *ranking* para o total de Brasil, cujos resultados estão apresentados na Tabela 5.5 e na Tabela A37 do Anexo Estatístico.

O segundo comentário refere-se à comparação dos ICVs dentro de cada uma das Grandes Regiões e também dentro do agregado de total do Brasil. Da mesma forma, houve a necessidade de se fazer a padronização dos rendimentos médios familiares em cada um dos seis agregados e de se recalcular os índices. Com isto, também há novas alterações nos índices parciais e no ICV das famílias agrícolas e pluriativas, em relação aos calculados anteriormente. As relações entre os ICVs das famílias pluriativas e das agrícolas, que expressam estes novos cálculos, estão apresentadas nas Tabelas 5.6 a 5.11 e o objetivo é mostrar para cada região e tipo de família em que índices parciais (condições do domicílio, acesso aos serviços, acesso aos bens duráveis e rendimento médio familiar) ocorrem as maiores diferenças e proximidades.

Com relação ao *ranking* para o total de Brasil, os dados da Tabela 5.5 confirmam as condições mais favoráveis das famílias pluriativas. Mas também reforçam que o local de moradia é extremamente relevante na obtenção dos melhores ICVs e que, para um mesmo tipo de família em um mesmo local de residência, a posição na ocupação de empregados permanentes é mais favorável. Ou seja, as situações de residência urbana, de pluriatividade e de empregado permanente conferem às famílias nela enquadradas melhores condições de vida em relação às demais. Na outra extremidade, com os menores ICVs aparecem as famílias rurais, agrícolas e de empregados temporários. Outro dado relevante, que reforça a predominância do local de residência nas melhores condições de vida, é que as famílias urbanas agrícolas têm maiores ICVs do que as famílias rurais pluriativas.

Condições de vida das famílias dos empregados

Tabela 5.5. Índice de condições de vida (ICV) das famílias agrícolas e pluriativas dos empregados permanentes e dos empregados temporários. Brasil e Grandes Regiões, 1992-2004

Categorias de famílias agrícolas e pluriativas	ICV				
	1992	1995	1998	2001	2004
Empregado permanente urbano — Sul (pluriativa)	95	101	98	97	100
Empregado permanente urbano — Centro-Oeste (pluriativa)	90	101	99	99	98
Empregado permanente urbano — Sudeste (pluriativa)	90	90	98	103	96
Empregado permanente urbano — Brasil (pluriativa)	**83**	**90**	**91**	**93**	**95**
Empregado temporário urbano — Sudeste (pluriativa)	77	85	95	91	94
Empregado temporário urbano — Sul (pluriativa)	66	72	80	77	93
Empregado permanente urbano — Nordeste (pluriativa)	68	75	75	81	89
Empregado temporário urbano — Centro-Oeste (pluriativa)	71	84	95	87	87
Empregado temporário urbano — Brasil (pluriativa)	**66**	**74**	**82**	**78**	**85**
Empregado permanente urbano — Sudeste (agrícola)	66	73	74	76	79
Empregado temporário urbano — Sudeste (agrícola)	63	72	70	71	78
Empregado temporário urbano — Nordeste (pluriativa)	59	64	67	67	77
Empregado permanente urbano — Centro-Oeste (agrícola)	60	71	72	75	77
Empregado permanente urbano — Sul (agrícola)	56	72	66	64	75
Empregado permanente urbano — Brasil (agrícola)	**55**	**64**	**66**	**66**	**71**
Empregado permanente urbano — Norte (pluriativa)	49	54	59	62	70
Empregado temporário urbano — Centro-Oeste (agrícola)	52	63	60	65	68
Empregado permanente rural — Sul (pluriativa)	53	56	59	60	67
Empregado temporário rural — Sudeste (pluriativa)	53	59	67	63	67
Empregado permanente rural — Centro-Oeste (pluriativa)	48	52	61	65	67
Empregado permanente rural — Sudeste (pluriativa)	60	61	63	64	66
Empregado permanente urbano — Nordeste (agrícola)	48	56	58	59	65
Empregado temporário urbano — Brasil (agrícola)	**49**	**55**	**57**	**60**	**64**
Empregado temporário rural — Sul (pluriativa)	48	51	68	58	64
Empregado permanente rural — Brasil (pluriativa)	**50**	**53**	**58**	**60**	**64**
Empregado temporário rural — Centro-Oeste (pluriativa)	43	50	41	65	64
Empregado temporário urbano — Sul (agrícola)	49	55	58	61	63
Empregado permanente urbano — Norte (agrícola)	41	57	58	56	61
Empregado temporário urbano — Norte (pluriativa)	43	50	53	57	61
Empregado temporário rural — Brasil (pluriativa)	**45**	**50**	**55**	**59**	**61**
Empregado temporário rural — Nordeste (agrícola)	42	51	50	53	59
Empregado permanente rural — Sudeste (agrícola)	44	53	55	56	59
Empregado permanente rural — Sul (agrícola)	43	47	51	52	57
Empregado permanente rural — Centro-Oeste (agrícola)	40	45	49	51	57
Empregado permanente rural — Nordeste (pluriativa)	40	44	50	53	56
Empregado temporário rural — Sudeste (agrícola)	37	47	48	49	54
Empregado permanente rural — Brasil (agrícola)	**38**	**43**	**47**	**49**	**54**
Empregado temporário urbano — Norte (agrícola)	38	48	45	50	53
Empregado temporário rural — Sul (agrícola)	31	43	41	49	50
Empregado temporário rural — Nordeste (pluriativa)	36	38	45	48	49
Empregado temporário rural — Brasil (agrícola)	**33**	**38**	**42**	**45**	**48**
Empregado temporário rural — Centro-Oeste (agrícola)	32	41	42	43	47
Empregado permanente rural — Nordeste (agrícola)	26	35	35	38	42
Empregado temporário rural — Nordeste (agrícola)	29	32	35	36	42

Fonte: Elaboração do autor a partir dos microdados da Pnad.

As observações anteriores são ilustradas pelo fato de que, dos nove melhores ICVs em 2004, todos são de famílias urbanas e pluriativas. E, dentre eles, cinco são para empregados permanentes e quatro para temporários. Excluindo-se os dois ICVs calculados para as médias nacionais (famílias pluriativas de empregados permanentes e de empregados temporários com residência urbana), seis dos sete melhores índices estão nas regiões Sul, Centro-Oeste e Sudeste.

No outro extremo, dos oito piores ICVs, sete são para famílias rurais, sete são para famílias agrícolas e seis são para famílias de empregados temporários. Também fazendo a exclusão dos dois índices que medem as médias nacionais (famílias agrícolas de empregados permanentes e de empregados temporários rurais), dos seis piores ICVs, três estão na região Nordeste.

Passando-se agora para os comentários sobre as relações entre os ICVs das famílias pluriativas e das agrícolas, pode-se perceber, inicialmente, que no agregado de Brasil há uma tendência observada ao longo do período 1992-2004 de redução das diferenças nas condições de vida (Tabela 5.6). Em 1992, o ICV das famílias pluriativas dos empregados permanentes urbanos era 57,0% superior ao ICV das famílias agrícolas dos empregados permanentes urbanos. Já em 2004, a diferença era de 35,0%, motivada pelas aproximações nos índices parciais de condições do domicílio, de acesso aos serviços básicos e de rendimento médio familiar. No entanto, deve ser destacado que neste último ano, o índice de rendimento ainda era mais que o dobro em favor das famílias pluriativas, sendo a principal fonte de discrepâncias nos ICVs dos dois tipos de famílias.

Em relação às famílias dos empregados permanentes com residência rural, o comportamento foi semelhante. Em 1992, o ICV das famílias pluriativas era 37,0% superior ao das agrícolas, sendo que esta diferença caiu para 23,0%, em 2004. As maiores aproximações ocorreram nos índices parciais de acesso aos serviços sociais básicos e de condições dos domicílios. Os demais permaneceram em patamares muito semelhantes ao que eram no início e no final do período analisado, de tal forma que, em 2004, o índice de acesso aos bens duráveis das famílias pluriativas era 12,0% superior ao das agrícolas, enquanto o rendimento médio familiar era 57,0% maior.

Já para as famílias dos empregados temporários, a maior aproximação dos ICVs ocorreu entre os residentes rurais. Em 1992, o ICV das famílias pluriativas era 49,0% superior ao das famílias agrícolas, caindo para 31,0%, em 2004. Este comportamento foi possível pela significativa redução das disparidades verificadas no índice parcial de acesso aos serviços básicos (a queda foi de 1,98, em 1992, para 1,30, em 2004), seguida pela pequena redução no índice parcial de condições dos domicílios. Praticamente, não houve mudanças nas relações entre os índices de acesso aos bens duráveis para os dois tipos de família. No entanto, aumentou a diferença no rendimento médio familiar, de tal forma que, em 2004, as famílias pluriativas tinham rendimento 51,0% superior ao das famílias agrícolas.

Para as famílias urbanas, em que pesem maiores aproximações nos índices de acesso aos serviços e acesso aos bens duráveis, o crescimento das diferenças entre os rendimentos médios familiares fez a relação entre os ICVs das famílias pluriativas e das agrícolas cairsomente de 1,40 para 1,37 no período em questão, tendo um comportamento muito oscilante.

Tabela 5.6. Relação entre o índice de condições de vida (ICV) das famílias pluriativas e das famílias agrícolas dos empregados permanentes e dos empregados temporários. Brasil, 1992-2004

Índices parciais e ICV	Famílias dos empregados permanentes									
	Urbano					Rural				
	1992	1995	1998	2001	2004	1992	1995	1998	2001	2004
Inddom	1,14	1,07	1,08	1,07	1,06	1,19	1,16	1,16	1,12	1,10
Indserv	1,17	1,05	1,08	1,10	1,07	1,31	1,13	1,12	1,14	1,14
Indbens	1,20	1,09	1,17	1,18	1,18	1,15	1,16	1,18	1,19	1,12
Indrenda (1)	3,02	2,70	2,54	2,79	2,33	1,60	1,68	1,53	1,59	1,57
ICV	1,57	1,44	1,41	1,43	1,35	1,37	1,30	1,27	1,27	1,23
	Famílias dos empregados temporários									
Inddom	1,09	1,08	1,10	1,05	1,06	1,17	1,14	1,13	1,15	1,12
Indserv	1,24	1,14	1,16	1,10	1,07	1,98	1,73	1,35	1,35	1,30
Indbens	1,33	1,23	1,33	1,24	1,24	1,32	1,33	1,25	1,25	1,31
Indrenda (1)	2,08	2,08	3,02	2,49	2,73	1,43	1,35	1,67	1,78	1,51
ICV	1,40	1,39	1,49	1,34	1,37	1,49	1,40	1,36	1,38	1,31

Fonte: Elaboração do autor com base nos microdados da Pnad.
(1) Neste caso, foi utilizado o próprio valor do rendimento médio familiar.

Analisando-se com mais detalhes as diferenças regionais, valem duas importantes observações para a região Norte Urbano: a primeira é que se trata da única região do país onde os ICVs das famílias pluriativas e das agrícolas eram muito semelhantes; e a segunda é que, em alguns anos da série, as condições das famílias agrícolas foram mais favoráveis.

Para as famílias dos empregados permanentes, o período começou ligeiramente mais favorável às famílias pluriativas. No momento posterior, a situação inverteu-se em favor das famílias agrícolas pelas melhorias verificadas em todos os índices, principalmente no de rendimento médio familiar, que foi superior ao das famílias pluriativas em 1995 e 1998. No entanto, as condições de vida voltaram a ser mais favoráveis para as famílias pluriativas no período 2001-04, mas com um ICV somente 6,0% superior ao registrado para as famílias agrícolas.

Para as famílias dos empregados temporários, o ICV das agrícolas foi superior ao das pluriativas em todo o período dos anos noventa, principalmente pelo fato de possuírem maior rendimento médio familiar. A situação mudou nos primeiros anos do século XXI. Além de manterem índices mais favoráveis nas condições do domicílio, no acesso aos serviços básicos e no acesso aos bens duráveis em todo o período, houve uma melhora no comportamento do rendimento médio familiar em favor das famílias pluriativas (em 2004, era praticamente o mesmo das famílias agrícolas). Com isso, em 2004, o ICV das famílias pluriativas superava em 11,0% o das agrícolas (Tabela 5.7).

Tabela 5.7. Relação entre o índice de condições de vida (ICV) das famílias pluriativas e das famílias agrícolas dos empregados permanentes e dos empregados temporários. Região Norte Urbano, 1992-2004

Índices parciais e ICV	Famílias do empregados permanentes					Famílias do empregados temporários				
	1992	1995	1998	2001	2004	1992	1995	1998	2001	2004
Inddom	1,19	1,05	1,11	1,05	1,17	1,05	1,02	1,18	1,07	1,12
Indserv	1,40	0,98	1,16	1,15	1,16	1,49	1,14	1,39	1,20	1,15
Indbens	1,36	0,93	1,21	1,21	1,22	1,53	1,18	1,62	1,30	1,34
Indrenda (1)	0,83	0,77	0,60	1,01	0,93	0,86	0,91	0,67	1,06	0,97
ICV	1,03	0,79	0,70	1,09	1,06	0,98	0,97	0,83	1,17	1,11

Fonte: Elaboração do autor com base nos microdados da Pnad.
(1) Neste caso, foi utilizado o próprio valor do rendimento médio familiar.

Na região Nordeste, apesar de fortes oscilações, o movimento geral observado no período 1992-2004 também foi de tendência de redução nas diferenças dos ICVs entre as famílias pluriativas e as agrícolas, tal como verificado para o total de Brasil. No entanto, as condições permanecem bem mais favoráveis para as famílias que se dedicam à pluriatividade (Tabela 5.8).

Para as famílias dos empregados permanentes com residência urbana, o ICV das pluriativas fechou o período com um valor 59,0% superior ao das agrícolas (era 66,0%, em 1992). As principais diferenças que permaneciam dizem respeito ao rendimento médio familiar, que é mais de três vezes superior, e, conseqüentemente, ao acesso aos bens duráveis, cujo índice parcial das famílias pluriativas era 27,0% maior do que o observado para as famílias agrícolas, em 2004.

A distância entre os ICVs das famílias pluriativas e das famílias agrícolas dos empregados permanentes com residência nas áreas rurais nordestinas foi reduzida de 64,0%, em 1992, para 48,0%, em 2004, graças às aproximações verificadas nos índices parciais de condições do domicílio e de acesso aos serviços públicos, principalmente. O comportamento do índice parcial de acesso aos bens de consumo durável, apesar das variações, mostrou valores próximos no início e no fim do período analisado, enquanto o rendimento médio das famílias pluriativas foi bem superior ao das agrícolas (em 2004, era 2,4 vezes mais elevado). Pode-se notar que a diferença nos rendimentos auferidos pelas famílias apresentou tendência de aumento no período após 1998, evidenciando que a pluriatividade, mesmo ocorrendo em atividades de caráter precário, como a prestação de serviços, constitui-se em fator da maior relevância para a ampliação da renda familiar.

Para as famílias de empregados temporários, a menor diferença entre os ICVs, em 2004, foi observada para os residentes rurais (24,0% a favor das famílias pluriativas, depois de atingir um máximo de 45,0%, em 2001). Neste ano, a principal diferença entre os índices parciais também era no rendimento médio familiar, 63,0% superior nas famílias pluriativas. Outro movimento semelhante ao verificado nos outros agregados foi a sensível redução na disparidade do acesso aos serviços sociais básicos. Em 2004, esse índice parcial para as famílias pluriativas era somente 10,0% maior que o das famílias agrícolas, sendo que, em 1992, tal diferença era de 66,0%.

O crescimento da diferença nos rendimentos médios auferidos pelas famílias no período após 1998 também foi o principal motivo da relação entre os ICVs das famílias pluriativas e agrícolas dos empregados temporários com residência urbana ter apresentado pequena redução, de 59,0%, em 1992, para 51,0%, em 2004. Isto porque os demais índices tiveram grande aproximação, especialmente os de condições do domicílio e de acesso aos serviços básicos (somente 3,0% e 9,0%, respectivamente, mais elevados para as famílias pluriativas, em 2004).

No Centro-Oeste, talvez o que chame mais a atenção é o fato de as reduções nas diferenças do ICV entre as famílias pluriativas e agrícolas terem sido mais relevantes nas cidades. Para os residentes rurais, tomando-se os anos inicial e final da série analisada, a situação pouco se alterou, como pode ser visto pelos dados da Tabela 5.9.

Tabela 5.8. Relação entre o índice de condições de vida (ICV) das famílias pluriativas e das famílias agrícolas dos empregados permanentes e dos empregados temporários. Região Nordeste, 1992-2004

Índices parciais e ICV	Famílias dos empregados permanentes									
	Urbano					Rural				
	1992	1995	1998	2001	2004	1992	1995	1998	2001	2004
Inddom	1,06	1,04	1,06	1,05	1,03	1,26	1,12	1,27	1,16	1,11
Indserv	1,16	1,06	1,08	1,11	1,09	1,72	1,25	1,30	1,30	1,32
Indbens	1,22	1,13	1,17	1,15	1,27	1,27	1,20	1,28	1,32	1,22
Indrenda (1)	3,45	3,37	2,69	3,59	3,27	2,05	1,94	2,27	2,28	2,40
ICV	1,66	1,59	1,46	1,58	1,59	1,64	1,39	1,58	1,52	1,48
	Famílias dos empregados temporários									
Inddom	1,09	1,04	1,11	1,04	1,03	1,06	1,05	1,14	1,14	1,07
Indserv	1,27	1,05	1,26	1,05	1,09	1,66	1,16	1,44	1,34	1,10
Indbens	1,34	1,19	1,25	1,22	1,20	1,29	1,17	1,26	1,34	1,27
Indrenda (1)	2,75	2,18	2,65	3,30	3,51	1,55	1,73	1,55	2,07	1,63
ICV	1,59	1,38	1,49	1,46	1,51	1,32	1,29	1,35	1,45	1,24

Fonte: Elaboração do autor com base nos microdados da Pnad.
(1) Neste caso, foi utilizado o próprio valor do rendimento médio familiar.

Tabela 5.9. Relação entre o índice de condições de vida (ICV) das famílias pluriativas e das famílias agrícolas dos empregados permanentes e dos empregados temporários. Região Centro-Oeste, 1992-2004

Índices parciais e ICV	Famílias dos empregados permanentes									
	Urbano					Rural				
	1992	1995	1998	2001	2004	1992	1995	1998	2001	2004
Inddom	1,21	1,00	1,08	1,09	1,06	1,14	1,05	1,19	1,15	1,10
Indserv	1,13	0,99	1,04	1,05	1,04	1,24	1,00	1,20	1,20	1,12
Indbens	1,06	0,99	1,18	1,13	1,12	1,13	1,18	1,18	1,21	1,11
Indrenda (1)	2,80	2,90	2,38	2,06	2,03	1,34	1,58	1,35	1,55	1,43
ICV	1,55	1,46	1,40	1,33	1,30	1,23	1,17	1,25	1,28	1,19
	Famílias dos empregados temporários									
Inddom	1,15	1,04	1,14	1,05	1,07	1,23	1,21	0,94	1,37	1,23
Indserv	1,30	1,05	1,08	1,17	1,02	2,18	1,44	0,87	1,73	1,44
Indbens	1,25	1,06	1,39	1,17	1,23	1,35	1,20	0,90	1,35	1,37
Indrenda (1)	1,89	2,37	3,68	2,42	2,37	1,08	1,00	1,21	1,62	1,40
ICV	1,40	1,36	1,63	1,36	1,30	1,39	1,23	0,97	1,55	1,38

Fonte: Elaboração do autor com base nos microdados da Pnad.
(1) Neste caso, foi utilizado o próprio valor do rendimento médio familiar.

Em 2004, o ICV das famílias pluriativas dos empregados permanentes urbanos era 30,0% maior que o registrado para as famílias agrícolas (em 1992, a diferença era de 55,0%). Pode-se notar que a principal diferença, embora declinante no período, era, no rendimento médio, o dobro em favor das famílias pluriativas. Os demais índices parciais eram muito próximos. Quanto às famílias dos empregados temporários, o comportamento foi bastante semelhante. Em 2004, o ICV das famílias pluriativas também era 30,0% superior ao das agrícolas (era 40,0%, em 1992) e as principais diferenças estavam no rendimento médio familiar, com tendência de aumento em quase todo o período, e no acesso aos bens de consumo durável.

Olhando-se para as famílias rurais, é possível perceber que a diferença entre os ICVs das pluriativas e das agrícolas dos empregados permanentes era de 19,0%, em 2004 (contra 23,0%, em 1992). Para os empregados temporários, a diferença foi de 38,0% (contra 39,0%, em 1992). Vale dizer que, para estas famílias, se por um lado houve grande redução nas disparidades referentes ao acesso aos serviços básicos, por outro, aumentou a diferença no rendimento médio em favor das pluriativas no período pós 1998, o que teve reflexos nos demais índices parciais.

Para o Sudeste, com o intuito de não tornar a análise muito repetitiva, serão feitos quatro breves comentários gerais, com base nos dados da Tabela 5.10: *a*) com exceção das famílias dos empregados temporários urbanos, para todas as demais houve uma clara tendência de redução das diferenças entre os ICVs das famílias pluriativas e das agrícolas; *b*) para todos os tipos de famílias, as principais diferenças foram observadas no rendimento médio, sempre mais favorável para as famílias pluriativas; *c*) para todos os tipos de famílias, os índices parciais mais próximos, em 2004, foram os de condições do domicílio e de acesso aos serviços sociais básicos; *d*) a maior diferença entre os ICVs das famílias pluriativas e das agrícolas, em 2004, foi de 31,0% (empregados permanentes urbanos) e a menor foi de 16,0% (empregados permanentes rurais).

Finalmente, para a região Sul vale a pena fazer as seguintes observações, tendo como referência os dados da Tabela 5.11: *a*) somente para as famílias dos empregados temporários urbanos houve aumento da relação entre os ICVs das famílias pluriativas e agrícolas, pois para as demais houve tendência de queda no período 1992-2004; *b*) ainda para as famílias dos empregados temporários urbanos, é importante mencionar que houve aumento da relação entre os rendimentos médios das famílias pluriativas e agrícolas, sendo este o principal responsável pelo aumento da discrepância entre os ICVs; *c*) a maior diferença entre os ICVs das famílias pluriativas e das agrícolas, em 2004, foi de 52,0% (empregados temporários urbanos) e a menor foi de 19,0% (empregados permanentes rurais); para as famílias dos empregados temporários rurais chama a aten-

Tabela 5.10. Relação entre o índice de condições de vida (ICV) das famílias pluriativas e das famílias agrícolas dos empregados permanentes e dos empregados temporários. Região Sudeste, 1992-2004

Índices parciais e ICV	Famílias dos empregados permanentes								
	Urbano					Rural			
	1992	1995	1998	2001	2004	1992	1995	1998	2001	2004
Inddom	1,08	1,02	1,06	1,10	1,02	1,15	1,06	1,06	1,06	1,04
Indserv	1,17	1,03	1,04	1,06	1,02	1,31	1,02	1,03	1,09	1,05
Indbens	1,23	1,11	1,11	1,19	1,12	1,21	1,14	1,11	1,12	1,09
Indrenda (1)	2,40	2,13	2,70	2,50	2,16	2,08	1,72	1,61	1,56	1,55
ICV	1,48	1,33	1,45	1,47	1,31	1,45	1,22	1,19	1,19	1,16
	Famílias dos empregados temporários								
Inddom	1,10	1,01	1,07	1,05	1,02	1,20	1,09	1,18	1,10	1,07
Indserv	1,22	1,03	1,08	1,05	1,02	1,68	1,26	1,32	1,16	1,18
Indbens	1,27	1,08	1,24	1,21	1,12	1,18	1,18	1,20	1,12	1,23
Indrenda (1)	1,47	1,95	2,81	2,70	2,13	1,88	1,83	2,12	2,23	1,87
ICV	1,27	1,25	1,47	1,38	1,29	1,50	1,35	1,48	1,37	1,30

Fonte: Elaboração do autor com base nos microdados da Pnad.
(1) Neste caso, foi utilizado o próprio valor do rendimento médio familiar.

ção a superioridade de todos os índices parciais das famílias pluriativas, principalmente o de acesso aos serviços sociais, que ainda era 38,0% maior para estas famílias, em 2004, contrariando as tendências de aproximação verificadas para os outros tipos de famílias, não só no Sul mas também nas demais regiões brasileiras.

Tabela 5.11. Relação entre o índice de condições de vida (ICV) das famílias pluriativas e das famílias agrícolas dos empregados permanentes e dos empregados temporários. Região Sul, 1992-2004

Índices parciais e ICV	Famílias dos empregados permanentes								
	Urbano					Rural			
	1992	1995	1998	2001	2004	1992	1995	1998	2001	2004
Inddom	1,20	1,01	1,09	1,07	1,03	1,23	1,12	1,14	1,11	1,16
Indserv	1,20	1,01	1,10	1,05	1,09	1,14	1,02	1,05	1,06	1,11
Indbens	1,24	1,06	1,20	1,24	1,19	1,04	1,03	1,16	1,17	1,09
Indrenda (1)	3,30	2,62	2,97	3,71	2,16	1,56	1,76	1,47	1,36	1,42
ICV	1,75	1,44	1,54	1,57	1,36	1,27	1,19	1,19	1,17	3,19
	Famílias dos empregados temporários								
Inddom	1,04	1,06	1,03	1,03	1,04	1,18	1,08	1,25	1,02	1,10
Indserv	1,09	1,05	1,03	1,10	1,12	2,32	1,19	1,68	1,23	1,38
Indbens	1,34	1,16	1,24	1,32	1,35	1,42	1,30	1,61	1,20	1,36
Indrenda (1)	3,05	2,84	4,18	2,19	3,55	1,51	1,26	2,42	1,38	1,34
ICV	1,41	1,36	1,44	1,28	1,52	1,58	1,20	1,69	1,18	1,29

Fonte: Elaboração do autor com base nos microdados da Pnad.
(1) Neste caso, foi utilizado o próprio valor do rendimento médio familiar.

Principais aspectos da inclusão digital

A partir da segunda metade dos anos noventa começou a ganhar mais espaço entre os formuladores de políticas públicas a questão do acesso da população à informação por meio da rede mundial de computadores, a Internet. Desde então, várias ações, com predomínio da instalação dos chamados telecentros, foram feitas no sentido de ampliar o acesso da população, especialmente da parcela de menor poder aquisitivo, aos meios digitais de comunicação.

Dados recém-divulgados pela Organização das Nações Unidas (ONU) mostram que aumentou significativamente o número de computadores e de pessoas conectadas à Internet no Brasil no período 2000-04. Neste último ano, segundo a ONU, existiam 19,0 milhões de computadores no Brasil. Apesar de terem, praticamente, duplicado em números absolutos, apenas 8,9% da população tinha acesso a eles. Quanto ao acesso à rede mundial de computadores, os dados apontaram crescimento de 2,9% da população, em 2000, para, 12,2%, em 2004.[9] Com isto, o Brasil teria 22,0 milhões de pessoas conectadas à Internet, o que o colocaria em décimo lugar entre os países com maior número de internautas. Os Estados Unidos, a China, o Japão e a Alemanha são os países líderes no acesso. Juntos concentraram 45,2% do total de 875,6 milhões de internautas do mundo todo, em 2004.

Se os dados agregados para o total da população brasileira evidenciam que nove em cada cem pessoas têm acesso ao computador, e que doze em cada cem têm acesso à Internet, quando se olha para as famílias de empregados agrícolas,[10] a situação é bem mais crítica. Embora os dados das Tabelas 5.12 e 5.13 estejam agregados por famílias, e não por pessoas, pode-se notar que, em 2004, somente 0,6% das famílias puramente

---

[9] Com relação à disponibilidade de banda larga para o acesso à Internet, apenas 1,2% da população brasileira tinha acesso a esta tecnologia, em 2004, segundo dados da ONU.

[10] Famílias nas quais todas as pessoas ocupadas estavam na condição de empregados agrícolas, sendo que, de acordo com a definição do IBGE) é considerado empregado (permanente ou temporário) a pessoa que trabalha para um empregador (pessoa física ou jurídica), geralmente obrigando-se ao cumprimento de uma jornada de trabalho e recebendo em contrapartida remuneração em dinheiro, mercadorias, produtos ou benefícios (moradia, alimentação, roupas, etc.).

agrícolas (agregando-se as famílias de empregados permanentes e temporários) tinham computador em sua residência (13.526 famílias de um total de 2,1 milhões). Para as famílias pluriativas,[11] a situação era um pouco melhor, mas ainda assim muito baixa a participação das que possuíam computador (2,7% ou 28.776 famílias de um total de 1,1 milhão).

Tabela 5.12. Quantidade de famílias agrícolas dos empregados permanentes e temporários que têm microcomputador e acesso à Internet. Brasil e Grandes Regiões, 2001-2004

Brasil e Grandes Regiões	Empregado permanente				Empregado temporário			
	Computador		Internet		Computador		Internet	
	2001	2004	2001	2004	2001	2004	2001	2004
Centro-Oeste	1.967	2.216	640	1.967	0	0	0	0
Nordeste	1.996	495	0	0	2.016	505	0	0
Norte Urbano	386	0	0	0	144	0	0	0
Sudeste	4.818	5.619	1.409	2.298	0	0	0	0
Sul	983	4.691	0	1.164	0	0	0	0
Total de Brasil	10.150	13.021	2.049	4.695	2.160	505	0	0

Fonte: Elaboração do Autor a partir dos microdados da Pnad.

Dois aspectos merecem ser destacados na questão do acesso aos computadores: nas famílias puramente agrícolas, a concentração dos computadores se dá em função da categoria dos empregados. Ou seja, em 2004, 96,3% das famílias que tinham computador eram de empregados permanentes, as quais estavam divididas proporcionalmente entre as áreas rurais e urbanas. Já para as famílias pluriativas, a concentração dos computadores ocorre em função do local de residência. Isto é, em 2004, 90,0% das famílias que possuíam computador residiam nas cidades. Embora deva ser ressaltado que a participação das famílias de empregados permanentes era bem superior à das famílias de empregados temporários.

---

[11] Famílias nas quais as pessoas ocupadas na condição de empregados combinam atividades agrícolas com atividades não agrícolas, desenvolvidas tanto no meio rural quanto no urbano.

Condições de vida das famílias dos empregados

Tabela 5.13. Quantidade de famílias pluriativas dos empregados permanentes e temporários que têm microcomputador e acesso à Internet. Brasil e Grandes Regiões, 2001-2004

Brasil e Grandes Regiões	Empregado permanente				Empregado temporário			
	Computador		Internet		Computador		Internet	
	2001	2004	2001	2004	2001	2004	2001	2004
Centro-Oeste	3.571	3.206	1.920	1.929	519	0	519	0
Nordeste	957	3.160	0	2.170	730	0	0	0
Norte Urbano	145	454	145	454	0	0	0	0
Sudeste	5.936	8.212	1.700	5.056	843	7.051	0	1.436
Sul	207	5.499	207	1.774	1.159	1.194	570	0
Total de Brasil	10.816	20.531	3.972	11.383	3.251	8.245	1.089	1.436

Fonte: Elaboração do Autor a partir dos microdados da Pnad.

Quando o tema é o acesso à Internet, a concentração torna-se mais explícita. Em 2004, 100,0% das famílias puramente agrícolas que tiveram acesso à rede mundial de computadores eram famílias de empregados permanentes. E 100,0% das famílias pluriativas que se conectaram à Internet eram residentes em áreas urbanas, com claro predomínio dos empregados permanentes, de acordo com os dados coletados pela Pesquisa Nacional por Amostra de Domicílios (Pnad). Neste mesmo ano, apenas 0,2% das famílias agrícolas (4.695 famílias num total de 2,1 milhões) e 1,2% das famílias pluriativas (12.819 famílias num total de 1,1 milhão) tiveram acesso à Internet de suas residências, indicando que muito ainda precisa ser feito para a real e efetiva inclusão social e digital desses milhões de brasileiros.

Os dados também mostram que permanecem claras desigualdades regionais no acesso à rede mundial de computadores. Com raras exceções, as regiões Norte e Nordeste são as que possuem os piores indicadores, independentemente da categoria de trabalhadores e do local de moradia. Neste quesito, aliás, os residentes rurais continuam em situação mais desfavorável ainda.

Os dados agregados da Pnad, compilados pelo Instituto de Pesquisa Econômica Aplicada (Ipea) no seu *Boletim de Políticas Sociais* (Tabela 5.14) também evidenciam que, qualquer política pública ou ação empresarial em associação com o terceiro setor que tenha por objetivo ampliar o acesso da população mais carente ao computador e à Internet não pode deixar de levar em consideração os seguintes critérios mínimos para, de fato, lograr sucesso na inclusão social e digital: as regiões Norte e Nordeste são as mais carentes; as áreas rurais são muito mais carentes que as urbanas; os trabalhadores assalariados das classes de renda mais baixas são os mais excluídos; e a população negra é muito mais excluída do que a branca.

Tabela 5.14. Proporção da população residente em domicílios particulares permanentes com acesso ao computador e à Internet, em porcentagem. Brasil, Grandes Regiões e raça ou cor, 2001-2004

Brasil, Grandes Regiões e raça ou cor	Acesso ao computador		Acesso à Internet	
	2001	2004	2001	2004
Brasil	12,5	16,2	8,3	12,0
Norte (1)	6,2	6,4	3,7	3,8
Nordeste	5,1	6,5	3,4	4,7
Centro-Oeste	11,0	15,6	7,6	11,4
Sudeste	17,8	22,9	12,1	17,2
Sul	14,3	20,9	8,8	15,3
Brancos	18,6	24,0	12,8	18,2
Negros	5,0	7,7	2,8	5,0

Fonte: Ipea - Boletim de Políticas Sociais n.12.
Nota: (1) Em 2001, somente a área urbana.

Como conclusão, vale reforçar que os dados evidenciaram a magnitude do problema a ser enfrentado: em 2004, somente 0,6% das famílias de empregados puramente agrícolas e 2,7% das famílias pluriativas tinham computador em suas residências. Neste mesmo ano, apenas 0,2% das famílias de empregados agrícolas e 1,2% das famílias pluriativas tiveram acesso à Internet de suas residências. Estes valores estão muito abaixo das médias nacional e regionais para o conjunto da população brasileira.

Como a exclusão digital segue os mesmos contornos da exclusão social, as políticas públicas e ações da sociedade civil organizada voltadas para esta temática devem estar atentas para o fato de que os trabalhadores das famílias das classes de rendimento mais baixo, normalmente residentes nas áreas rurais de regiões menos favorecidas, são os mais necessitados e, portanto, devem ser o público prioritário para os investimentos sociais. Num contexto de constantes avanços tecnológicos no processo produtivo, é preciso maior atenção para os empregados agrícolas e seus familiares no tocante às tecnologias digitais.

Considerações finais

Este capítulo analisou as condições de vida das famílias dos empregados agrícolas no período 1992-2004, com base no Índice de Condições de Vida que foi construído para captar quatro dimensões do cotidiano das famílias: as características do domicílio; o acesso aos serviços públicos; o acesso aos bens duráveis; e a renda média familiar. O ICV foi calculado para as famílias dos empregados permanentes e temporários, segundo o local de residência (rural e urbano). Além disto, foi feita uma breve comparação do ICV entre as famílias agrícolas e as famílias pluriativas. Para completar o quadro das condições de vida foi abordada a temática da inclusão digital das famílias dos empregados na agricultura, com base nas informações sobre a existência de microcomputador e acesso à Internet nos domicílios, coletadas pela Pnad a partir de 2001.

Os principais resultados para as famílias dos empregados agrícolas mostraram que: *a*) todos os tipos de famílias tiveram uma evolução bem favorável do seu ICV; *b*) o local de moradia teve mais relevância nas condições de vida do que a categoria dos empregados, pois os residentes urbanos tiveram os maiores ICVs (obviamente, para uma mesma situação de residência, as famílias dos empregados permanentes tinham melhores condições de vida do que as famílias dos empregados temporários); *c*) entre as famílias urbanas e rurais, as principais diferenças no ICV foram proporcionadas pelo rendimento médio familiar e pelo acesso aos serviços sociais básicos, mais favoráveis aos residentes urbanos; *d*) os indicadores que apresentaram desempenhos francamente favoráveis para todos os tipos de famílias, obviamente com diferenças de magnitude, foram os de material de construção do domicílio, de existência de banheiro no domicílio, de acesso ao serviço de água canalizada, de acesso ao serviço de energia elétrica, de acesso ao telefone e de posse dos bens duráveis que tiveram *boom* de consumo, no caso a TV em cores e a geladeira.

Da mesma forma como ocorreu para a qualidade do emprego, a evolução das condições de vida das famílias dos empregados agrícolas não foi homogênea em todas as regiões brasileiras. Foi possível perceber um maior favorecimento das famílias dos empregados permanentes residentes nas áreas urbanas das regiões mais desenvolvidas. Em 2004, os maiores ICVs foram registrados para as famílias de empregados permanentes com residência urbana na região Centro-Oeste, seguidos pelos ICVs das famílias de empregados permanentes urbanos da região Sul, famílias de empregados permanentes urbanos da região Sudeste e famílias de empregados temporários urbanos da região Sudeste. Já os piores ICVs ocorreram para a região Nordeste, com as famílias rurais dos empregados permanentes e dos temporários.

Na comparação entre as condições de vida das famílias agrícolas e das pluriativas dos empregados ocupados na agricultura brasileira, os dois principais resultados foram os seguintes: *a*) corroborando as conclusões de outros estudos sobre o tema, foram observadas melhores condições para as famílias pluriativas; *b*) houve uma tendência de aproximação (ou de redução das distâncias) do ICV das famílias agrícolas do ICV das famílias pluriativas em todas as regiões, principalmente pelo desempenho dos indicadores ligados às condições do domicílio e ao acesso aos serviços sociais básicos, evidenciando a importância do Estado e das políticas públicas na melhoria das condições de vida e no desenvolvimento humano.

Se é verdade que as famílias pluriativas possuem melhores condições de vida, os dados também reforçaram que o local de moradia é extremamente relevante na obtenção dos melhores ICVs e que, para um mesmo tipo de família em um mesmo local de residência, a posição na ocupação de empregados permanentes é mais favorável. Ou seja, as situações de residência urbana, de pluriatividade e de empregado permanente conferem às famílias melhores condições de vida em relação às demais. Na outra extremidade, aparecem as famílias rurais, agrícolas e de empregados temporários. Outro dado que sustenta a predominância do local de residência nas melhores condições de vida, é que as famílias urbanas agrícolas têm maiores ICVs do que as famílias rurais pluriativas.

No tocante à inclusão digital, os dados evidenciaram a magnitude do problema a ser enfrentado e resolvido: em 2004, somente 0,63% das famílias puramente agrícolas e 2,71% das famílias pluriativas tinham computador em suas residências. Neste mesmo ano, apenas 0,22% das famílias agrícolas e 1,21% das famílias pluriativas tiveram acesso à Internet de suas residências.

Como a exclusão digital segue os mesmos contornos da exclusão social, qualquer política pública ou ação da sociedade civil organizada voltada para esta temática deve estar atenta para o fato de que os trabalhadores e as famílias das classes de rendimento mais baixo, normalmente residentes nas áreas rurais de regiões menos favorecidas, são os mais atingidos e, portanto, devem ser os públicos prioritários para os investimentos sociais.

Conclusões

O PRESENTE ESTUDO teve por objetivo analisar a evolução das ocupações, em geral, e do emprego, em particular, na agricultura brasileira no período 1992-2004, bem como mensurar a qualidade do emprego no mercado de trabalho assalariado agrícola e as condições de vida das famílias dos empregados neste importante setor econômico, com enfoque nas diferenciações regionais e por culturas selecionadas.

No período em questão, a agricultura alternou momentos de grande euforia com momentos de forte crise, sendo o período pós-1999 o mais favorável, pela ocorrência simultânea de vários fatores: a desvalorização do Real permitiu a recuperação e a ampliação das exportações brasileiras, sobretudo as do agronegócio, que cresceram 90,2% no período 1999-2004; os aumentos expressivos da área cultivada e da quantidade produzida de grãos e oleaginosas fizeram a safra brasileira ultrapassar a barreira dos 100 milhões de toneladas; os ganhos de produtividade em todos os fatores de produção propiciaram maior eficiência e eficácia nos sistemas produtivos; a recuperação dos preços internacionais de algumas *commodities* fez aumentar a renda do setor; o incremento real no volume de recursos destinados ao crédito rural, especialmente os do Programa Nacional de Fortalecimento da Agricultura Familiar, cujo aumento foi de 64,5% entre 1999 e 2004; e o crescimento real de 36,4% do PIB da agropecuária no período fez saltar de 8,3% para 10,1% sua participação no PIB total.

Se há bons motivos para comemoração, o mesmo não ocorre quando se olha a evolução das ocupações na agricultura. Entre 1992 e 2004, cerca de 2,0 milhões de pessoas deixaram de estar ocupadas nas atividades agrícolas e pecuárias, sendo as categorias de membros não remunerados da família, de conta própria e de empregados as mais atingidas (responderam por uma redução de 1,9 milhão de pessoas). Especificamente na categoria de empregados, houve redução de 342,7 mil pessoas no período em questão.

Ainda em relação aos empregados, vale dizer que, desde 2001, eles são a categoria mais relevante de ocupados. E que, entre 2001 e 2004 houve um movimento inédito, pelo menos desde o início dos anos noventa: a criação de cerca de 445 mil novos empregos. Juntamente com esta expansão, também melhorou o grau de formalidade na agricultura nacional: em 2001, 28,1% dos empregados tinham carteira assinada, valor que subiu para 32,3%, em 2004.

Tendo este cenário como pano de fundo, buscou-se avançar na análise da evolução da qualidade do emprego e das condições de vida das famílias dos empregados, utilizando-se como ferramenta a construção de dois índices sintéticos, com base nos microdados da Pesquisa Nacional por Amostra de Domicílios (Pnad).

Os índices foram calculados para os empregados permanentes e empregados temporários, e respectivas famílias, residentes nas áreas rurais e urbanas das Grandes Regiões do Brasil. O Índice de Qualidade do Emprego (IQE), que também foi calculado para seis culturas selecionadas, foi elaborado a partir de um conjunto de catorze indicadores, agregados em quatro dimensões: nível educacional dos empregados; grau de formalidade do emprego; rendimento obtido no trabalho principal; e auxílios recebidos pelos empregados.

O Índice de Condições de Vida (ICV) foi elaborado a partir de dezessete indicadores selecionados, de forma a captar-se quatro dimensões de grande relevância no cotidiano das famílias: as características do domicílio; o acesso aos serviços públicos; o acesso aos bens duráveis; e a renda média familiar.

Os resultados evidenciaram um quadro de importantes melhorias. No entanto, os avanços verificados não foram homogêneos para todas as regiões, culturas selecionadas, categorias de trabalhadores e tipos de famílias. Além disso, no geral, os maiores progressos relativos foram verificados nas categorias, regiões e culturas que já possuíam os índices mais elevados, contribuindo para aumentar as discrepâncias entre os núcleos mais e menos estruturados do mercado de trabalho assalariado agrícola.

Na qualidade do emprego, apesar de aumentos no IQE de, praticamente, todas as categorias de empregados, a principal constatação foi a tendência de polarização no mercado de trabalho assalariado agrícola. Em 2004, as melhores condições de emprego ocorreram na região Centro-Oeste, enquanto as piores foram verificadas no Nordeste. Apesar dos importantes avanços na categoria dos empregados temporários, o IQE dos permanentes ainda era muito mais elevado. No tocante às culturas selecionadas, os dados mostraram melhores condições de emprego nas *commodities* internacionais *vis-à-vis* as tradicionais culturas domésticas. Os índices parciais de rendimento no trabalho principal e de grau de formalidade, que compõem o IQE, foram os que mais contribuíram para os avanços em todas as categorias de empregados. Os principais indicadores responsáveis por este desempenho foram os relacionados à participação dos empregados que recebiam mais de um salário mínimo, ao ganho real registrado no rendimento médio mensal, à participação dos empregados com registro em carteira e à participação dos empregados contribuintes da Previdência Social.

Também é importante destacar que melhorou o nível educacional dos empregados na agricultura brasileira. Houve aumento da participação dos empregados alfabetizados ou com mais de um ano de estudo em todas as categorias (em 2004, a menor participação dos empregados alfabetizados foi observada entre os temporários rurais, com 73,0%, contra 58,8%, em 1992) e aumento da participação dos empregados com oito anos ou mais de estudo em todas as categorias, também, com destaque para os permanentes urbanos (em 2004, 13,3% tinham este nível de escolaridade, contra apenas 4,1%, em 1992).

As melhores condições de emprego foram registradas no Centro-Oeste, com os empregados permanentes rurais, em primeiro, e os empregados permanentes urbanos, em segundo. Na seqüência, vieram os empregados permanentes urbanos da região Sul, os empregados permanentes urbanos da região Sudeste e os empregados permanentes rurais da região Sul. As cinco categorias tiveram IQE acima do melhor IQE calculado para o total de Brasil, que foi o dos empregados permanentes urbanos.

Já as piores ocorreram no Nordeste: os dois IQEs mais baixos foram obtidos para os empregados temporários urbanos e para os empregados temporários rurais nordestinos. Quanto às categorias de trabalhadores, em que pesem os avanços verificados para os empregados temporários, o quadro continuou muito mais favorável para os empregados permanentes. E as *commodities* internacionais proporcionaram melhores condições de emprego *vis-à-vis* as tradicionais culturas domésticas. Os melhores IQEs foram para a soja, enquanto os piores foram para a mandioca.

Em 2004, dentre os dez melhores IQEs (excluindo-se os valores agregados para o total de Brasil e Grandes Regiões e ficando-se apenas com as culturas), oito foram obtidos para os empregados permanentes (quatro urbanos e quatro rurais) e apenas dois para os empregados temporários (ambos urbanos). Deste total de IQEs, três foram para a cultura da soja, três para a cultura da cana-de-açúcar, dois para o café e dois para o arroz. No outro extremo, entre os dez piores IQEs, oito foram para os empregados temporários (cinco rurais e três urbanos) e apenas dois para os empregados permanentes (um rural e um urbano). Deste total, quatro IQEs foram para a cultura da mandioca, dois para o arroz, dois para o milho, um para o café e um para a cultura da soja.

A dimensão da saúde dos empregados na agricultura brasileira foi tratada em separado do IQE pelo fato de se contar com apenas dois levantamentos ao longo do período analisado. Os dados do suplemento específico de saúde, realizado pela Pnad, evidenciaram alguns pontos positivos, principalmente os relacionados ao bom estado de saúde dos empregados, ao seu baixo grau de internação e à cobertura do atendimento do SUS, que se constitui na principal fonte de assistência médica e hospitalar para os trabalhadores.

Em 2003, para o total de Brasil, a menor participação de empregados que declararam possuir um estado de saúde bom ou ótimo foi de 72,3% para os temporários com residência urbana. Quanto às Grandes Regiões, entre os empregados com residência rural não há grandes diferenças nos valores relativos observados, comparativamente às médias nacionais. Já entre os residentes urbanos, as regiões Norte e Nordeste ficaram em situação um pouco mais desfavorável do que as demais. Já as internações não ultrapassaram o nível de 10,0% dos empregados em todas as regiões brasileiras. E o SUS foi responsável pelo atendimento de mais de 70,0% dos empregados na agricultura, chegando a quase 100,0% em algumas situações.

No entanto, os dados de cobertura dos planos de saúde ou odontológico e de saúde bucal deixam preocupações. Vale reforçar que, em 2003, apenas 8,8% dos empregados permanentes urbanos tinham plano de saúde. Para as demais categorias a situação era bem mais dramática, pois os valores observados foram 3,7%, 1,9% e 1,0%, respectivamente, para os permanentes rurais, temporários urbanos e temporários rurais. As regiões com maior destaque na cobertura dos planos de saúde para os empregados agrícolas eram o Centro-Oeste, o Sul e o Sudeste.

Também chama a atenção que, em 2003, para o total de Brasil, 23,1% dos empregados temporários residentes em áreas rurais disseram que nunca tinham ido ao dentista. No Nordeste, a porcentagem foi de 29,0%. Muito semelhante foi a situação observada para os permanentes rurais e para os temporários urbanos: no mesmo ano, 13,2% e 14,1%, respectivamente, dos trabalhadores destas categorias declararam que jamais foram atendidos por um dentista. Novamente, o Nordeste registrou os piores valores, superiores a 20,0%.

Somando-se todas as categorias de trabalhadores e regiões, obteve-se, em 2003, um contingente de 655,6 mil pessoas que nunca foram atendidas por um dentista em toda a vida, o que não deixa de ser um alerta em termos de saúde pública. Finalmente, na dimensão da saúde foi identificado que as cinco doenças, entre as pesquisadas pela Pnad, que mais atingem os empregados são as de: coluna ou costas; artrite ou reumatismo; hipertensão; doença renal crônica; e bronquite ou asma.

No tocante à evolução das condições de vida das famílias dos empregados também houve avanços em praticamente todos os tipos de famílias agrícolas e pluriativas, em todas as regiões, embora as últimas continuem com valores do ICV bem mais elevados, principalmente pelas disparidades no rendimento médio familiar.

Um dado importante é que, com raras exceções, houve sensíveis reduções nas diferenças de ICV entre as famílias pluriativas e as agrícolas, especialmente nos índices parciais ligados às condições do domicílio e ao acesso aos serviços sociais básicos. A ampliação dos serviços de água canalizada, energia elétrica, coleta de lixo e coleta de esgoto mostram o quão importante são as políticas públicas de investimento na infra-estrutura na melhoria das condições de vida da população.

Os maiores ICVs foram registrados, no geral, para as famílias urbanas, pluriativas e de empregados permanentes. Em oposição, os ICVs mais baixos eram os das famílias rurais, agrícolas e de empregados temporários.

Ou seja, o local de moradia e a presença da pluriatividade são condições que propiciam condições de vida significativamente melhores para as famílias com vínculo à agricultura.

Em 2004, dos nove melhores ICVs, todos foram para famílias urbanas e pluriativas. Dentre eles, cinco são para empregados permanentes e quatro para temporários. Excluindo-se os ICVs calculados para as médias nacionais, seis dos sete melhores índices foram obtidos para as regiões Sul, Centro-Oeste e Sudeste. No outro extremo, dos oito piores ICVs, sete foram para famílias rurais, sete para famílias agrícolas e seis são para famílias de empregados temporários. Com a exclusão dos índices que medem as médias nacionais, dos seis piores ICVs, três estavam na região Nordeste.

Alguns indicadores chamaram a atenção na melhoria dos resultados verificados tanto nos índices parciais quanto no próprio ICV ao longo do período 1992-2004: a existência de banheiro ou sanitário, no índice parcial de condições do domicílio; a ampliação dos serviços de água canalizada e de energia elétrica, no índice parcial de acesso aos serviços sociais; a participação das famílias que possuíam telefone, TV em cores, geladeira e *freezer* (em algumas regiões rurais), no índice parcial de acesso aos bens de consumo durável; e o ganho real observado no rendimento médio familiar de quase todos os tipos de família analisado nas diversas regiões brasileiras.

Outro fato que merece ser mencionado é que tanto para o IQE quanto para o ICV, os subperíodos 1992-95, com o início do Plano Real, e 2001-04, de forte expansão do agronegócio, foram os mais favoráveis, registrando os maiores progressos relativos nos índices e indicadores utilizados. De forma geral, os resultados do IQE e do ICV mostraram uma importante combinação dos resultados favoráveis da agricultura com a ação do Estado na garantia de alguns direitos sociais básicos na elevação do patamar médio de qualidade de vida dos empregados e de suas famílias. Ou seja, além do aumento dos ganhos monetários com as atividades econômicas, a melhoria dos níveis de educação, de saúde, de acesso aos serviços sociais, de acesso ao mercado formal de trabalho, etc., são fatores cruciais para a melhoria do bem-estar da população.

Uma outra dimensão foi tratada à parte do ICV: a inclusão digital. E os dados mostraram que ainda há muito o que fazer para inserir as famílias dos empregados. Em 2004, somente 0,6% das famílias puramente agrícolas tinham computador em sua residência. Para as famílias pluriativas, a situação era um pouco melhor, mas ainda muito baixa a participação das que possuíam computador (2,7%). Neste mesmo ano, apenas 0,2% das famílias agrícolas e 1,2% das famílias pluriativas tiveram acesso à Internet de suas residências. As maiores deficiências, complementadas pelos dados do Ipea, foram observadas para as áreas rurais, para as regiões Norte e Nordeste e para a população negra, evidenciando que são públicos prioritários para as políticas de inclusão digital.

Os resultados obtidos no presente estudo reforçam que há, de fato, segmentos sociais e regiões mais fragilizados e ainda pouco receptores dos benefícios advindos do crescimento econômico. O estereótipo do emprego precário e das condições de vida mais desfavoráveis seria representado pela família agrícola de empregado temporário dedicada às culturas tradicionais nas áreas rurais da região Nordeste, contraposto ao da família urbana pluriativa de empregado permanente dedicada às *commodities* nas regiões do Centro-Sul, cujos indicadores são muito superiores, evidenciando a polarização no mercado de trabalho assalariado agrícola.

Isto traz à tona o relevante papel do Estado, das políticas públicas e das ações coordenadas das organizações dos trabalhadores e dos produtores no sentido de fomentar: os investimentos em infra-estrutura básica nas regiões mais pobres;[1] a pluriatividade no interior das famílias;[2] a maior organização dos trabalhadores temporários na busca por contratos de trabalho mais dignos, pois continuam com níveis muito elevados de precarização; os incentivos e investimentos em atividades agrícolas e não agrícolas mais dinâmicas nas regiões menos favorecidas, de modo a gerar empregos de melhor qualidade e ampliar os ganhos monetários das pessoas e das famílias; a ampliação do acesso dos trabalhadores agrícolas aos planos de saúde e odontológicos; a orientação de políticas de saúde bucal e atendimento odontológico para os trabalhadores das regiões mais desfavorecidas; as políticas de desenvolvimento local/regional que visem a redução das disparidades e das desigualdades sociais, objetivando a inclusão

---

[1] Este tema é de consenso e vem sendo discutido há muito tempo. Para uma análise da importância dos serviços de infra-estrutura social básica no desenvolvimento da população rural brasileira, ver o trabalho de Graziano da Silva (1999).

[2] Para uma abordagem detalhada e profunda da importância da pluriatividade nas estratégias de reprodução familiar e nas políticas de desenvolvimento rural, ver o trabalho de Schneider (2005).

e a sustentabilidade; a eliminação dos viés agrícola e urbano que está fortemente impregnado nas políticas macroeconômicas e setoriais no Brasil desde há muitíssimo tempo.

Como é possível perceber, as ações e diretrizes listadas para a formulação e execução das políticas públicas atuam tanto na promoção de melhores condições de vida para a população quanto na dinamização e na regulamentação do mercado de trabalho.

Quando se fala em fomentar os investimentos em infra-estrutura básica nas regiões mais pobres é porque os dados evidenciaram e reforçaram o fato já conhecido de que as condições de vida nas áreas rurais brasileiras, principalmente nas regiões Norte e Nordeste, ainda estão bem distantes daquelas observadas para os residentes urbanos. Como o acesso aos serviços públicos básicos (água canalizada, energia elétrica, coleta de lixo e de esgoto, saúde, educação, habitação, lazer, documentação básica, etc.) constitui-se em ponto fundamental para o desenvolvimento humano, é imperioso um maior investimento público neles, especialmente nos pequenos e médios municípios brasileiros. Isto é apontado por especialistas como uma das formas mais eficientes e eficazes de se manter a população nos seus locais de origem, evitando-se a migração para os grandes centros urbanos e metropolitanos e ao mesmo tempo contribuindo para a retenção de uma mão-de-obra adequada para as atividades agrícolas e não agrícolas desenvolvidas nas áreas urbanas e rurais destas localidades (Graziano da Silva, 1999).

Apenas como exemplo ilustrativo de uma recente política pública de investimento em infra-estrutura básica que acerta nos seus objetivos e no público beneficiário, no sentido de elevar o padrão de vida da população rural de pequenos e médios municípios brasileiros, pode ser citado o Programa Luz Para Todos, o qual é um programa de eletrificação rural do Governo Federal que tem como meta levar energia elétrica a 10 milhões de pessoas até o ano de 2008 e acabar com a exclusão elétrica no meio rural.[3]

---

[3] Segundo dados divulgados pelo Governo Federal, as obras do Programa, em outubro de 2006, estavam em andamento em quase todos os estados e mais de 4,3 milhões de pessoas já foram beneficiadas. As instalações elétricas nas moradias são gratuitas e incluem um *kit* com três pontos de luz e duas tomadas. O Luz para Todos é coordenado pelo Ministério de Minas e Energia e pela Eletrobrás e desenvolvido em parceria com concessionárias de energia elétrica, cooperativas de eletrificação rural e governos estaduais. Para atingir seu objetivo, serão investidos R$ 12,7

O principal objetivo do Programa é reduzir a pobreza e a fome utilizando a energia elétrica como vetor de desenvolvimento econômico das comunidades rurais. A chegada da luz pode, de fato, mudar a vida das famílias beneficiadas, com o uso produtivo da eletricidade, dada a possibilidade de se ter máquinas elétricas para facilitar o trabalho agrícola, ampliar a produção rural e, conseqüentemente, aumentar a renda. Também é importante registrar que os serviços básicos de saúde, de educação, de abastecimento de água e de telecomunicações são potencializados e viabilizados com a energia elétrica.

Um dos fatores de sucesso do Programa é que ele respeita as seguintes prioridades: projetos de eletrificação rural paralisados por falta de recursos, que atendam comunidades e povoados rurais; municípios com índice de atendimento a domicílios inferior a 85%, calculado com base no Censo 2000; municípios com Índice de Desenvolvimento Humano inferior à média estadual; comunidades atingidas por barragens de usinas hidrelétricas ou por obras do sistema elétrico; projetos que enfoquem o uso produtivo da energia elétrica e que fomentem o desenvolvimento local integrado; escolas públicas, postos de saúde e poços de abastecimento d'água; assentamentos rurais; projetos para o desenvolvimento da agricultura familiar ou de atividades de artesanato de base familiar; atendimento de pequenos e médios agricultores; populações do entorno de Unidades de Conservação da Natureza; e populações em áreas de uso específico de comunidades especiais, tais como minorias raciais, comunidades remanescentes de quilombos e comunidades extrativistas.

A pluriatividade no interior das famílias deve ser fomentada porque, inequivocamente, ela promove uma melhoria substancial no índice de condições de vida. De acordo com Schneider (2005), as políticas públicas devem incentivar o desenvolvimento da pluriatividade pelo fato de ela se apresentar como importante alternativa para um conjunto de problemas das populações urbanas e rurais ao: elevar a renda familiar; estabilizar a renda familiar e reduzir a sazonalidade dos ingressos; diversificar as fontes de renda familiar; contribuir para a geração de empregos agrícolas

---

bilhões até o final de 2008, dos quais R$ 9,1 bilhões serão repassados pelo Governo Federal. Os recursos federais são oriundos da Conta de Desenvolvimento Energético (CDE) e da Reserva Global de Reversão (RGR) e repassados por meio de subvenção (fundo perdido) e financiamento, respectivamente.

e não agrícolas; gerar externalidades, diversificar as economias locais e desenvolver os territórios rurais; reduzir as migrações campo—cidade; estimular mudanças nas relações de poder e de gênero no interior das famílias; e apoiar a multifuncionalidade do meio rural. Segundo o autor, ao cumprir tais papéis, a pluriatividade também se constitui em importante instrumento de combate e erradicação da fome e da pobreza, principalmente nas áreas rurais.

Ao enfatizar a relevância da pluriatividade para a promoção do desenvolvimento rural sustentável,[4] Schneider (2005, p. 18) enfatiza que ela "poderia ser o elo de ligação entre as políticas agrícolas (crédito, assistência técnica, sanitárias e de abastecimento) e as políticas de desenvolvimento rural, tais como o beneficiamento e a transformação da produção (agregação de valor via agroindustrialização), a geração de empregos não agrícolas, a habitação rural, o turismo rural, o artesanato, a preservação ambiental, etc.[5] Estimular esta complementariedade poderia contribuir para se desconstruir o maniqueísmo político e ideológico entre o agrícola e o rural, entre a agricultura familiar e o agronegócio, entre a produção para o mercado e para o autoprovimento dos agricultores, entre outros. Até porque, o mais importante não é saber qual a atividade que gera mais renda ou qual produto é mais aceito pelos compradores, pois o essencial está em dominar conhecimentos que permitam aos agricultores e aos habitantes do rural lograrem a sua reprodução e manterem-se como atores integrantes deste espaço por meio de mecanismos que sejam sustentáveis em todos os sentidos, independentemente de serem agrícolas ou não agrícolas".

Se é fato que o desenvolvimento das atividades não agrícolas dinamiza as economias locais, diversifica as atividades econômicas e amplia os potenciais de geração de emprego e renda, potencializa o avanço da pluriatividade no interior das famílias, entre outros aspectos positivos, a

---

[4] Há algum tempo, Graziano da Silva (1999, p. 125) dizia que "infelizmente, o Brasil ainda não possui nenhum programa que estimule a pluriatividade no meio rural e muito menos programas de incentivo às atividades não agrícolas ou pagamentos diretos a famílias rurais que habitam regiões desfavorecidas". Pelas constatações de Schneider (2005), o quadro não sofreu muitas mudanças até o presente momento.

[5] Também poderia ser inserida a articulação da pluriatividade com as políticas de reordenamento fundiário (reforma agrária, crédito fundiário, entre outras).

verdade é que para as áreas rurais, especificamente, onde as condições de vida da população brasileira ainda são mais precárias, as políticas públicas ainda estão devendo uma contribuição mais efetiva para o tema. De acordo com Graziano da Silva (1999, p. 126), "pode-se dizer que as políticas públicas não só não estimulam o crescimento das atividades não agrícolas no meio rural, como se pode encontrar ainda várias restrições a elas que só podem ser atribuídas aos vieses urbano e agrícola com que as políticas rurais vêm sendo implantadas no país". Entre tais restrições, são apresentadas as seguintes:

◇ existência de área mínima de fracionamento das terras rurais, definida pelo módulo rural, que seria a área mínima capaz de prover a subsistência e o progresso social de uma família quando explorada dentro da tecnologia agrícola usual;

◇ restrição às atividades não agrícolas em programas de assentamento de famílias rurais;

◇ exclusão, desde 1978, da classificação de chácaras de recreio no Cadastro de Imóveis Rurais para efeito de incidência do Imposto Territorial Rural (ITR);

◇ falta de legislação específica para disciplinar as construções em loteamentos rurais e áreas de lazer e recreação;

◇ conflitos entre a legislação ambiental e a exploração de novas atividades agrícolas e criação de animais silvestres e as atividades não agrícolas de lazer e de turismo rural, como no caso dos pesque-pagues, das fazendas-hotel, etc.;

◇ conflitos entre a legislação sanitária e a indústria doméstica rural;

◇ inexistência de política de incentivo à habitação rural;

◇ restrições ao acesso ao crédito rural do Pronaf por parte de pequenos agricultores que possuem mais de 20,0% de sua renda total proveniente de atividades não agrícolas;

◇ restrições burocráticas à concessão de benefícios permanentes tais como pensões e aposentadorias a trabalhadores rurais, especialmente quando já existe outro benefício na família;

◇ restrições aos domicílios rurais que não são de produtores agrícolas nos programas de eletrificação rural.

Quanto aos incentivos para o desenvolvimento de atividades agrícolas mais dinâmicas nas regiões onde a qualidade do emprego e as condições de vida são mais precárias deve-se ter em conta que, se por um lado, uma agricultura dinâmica pode prover empregos de melhor qualidade e estimular o desenvolvimento local/regional pelos estímulos à formação de setores e atividades não agrícolas ligados aos serviços, ao comércio e à indústria de transformação (agroindústria incluída), por outro lado é preciso tomar um certo cuidado com a tendência verificada na agricultura brasileira nos últimos anos de um crescimento preocupante das áreas de monocultura, impulsionadas pela expansão das exportações e pela recuperação dos preços internacionais de algumas *commodities*.

O crescimento das culturas da cana-de-açúcar e da soja para novas áreas de produção no período recente são bastante ilustrativos deste fenômeno. Se é verdade que estas culturas apresentaram os melhores IQEs dentre as culturas selecionadas no presente estudo, não se pode negar que em várias regiões brasileiras onde elas estão em franco processo de expansão já se verificam problemas ligados à destruição de matas nativas (inclusive de áreas na floresta amazônica), à concentração fundiária, à exclusão da agricultura de base familiar e à redução das ocupações agrícolas, o que repõe novamente os conhecidos efeitos perversos do processo de modernização dolorosa da agricultura brasileira.

Por isso, quando se advoga que são necessários investimentos em atividades agrícolas mais dinâmicas nas regiões menos favorecidas, de modo a gerar empregos de melhor qualidade e ampliar os ganhos monetários das pessoas e das famílias, com conseqüente elevação do padrão de vida da população, não se pode fechar os olhos para temas que, atualmente, são muito caros para os que defendem um modelo de desenvolvimento includente e sustentável: o respeito ao meio ambiente, com o incentivo à diversificação da produção, ao uso de técnicas agroecológicas e à conservação dos nossos principais biomas; o respeito aos direitos sociais básicos, incluindo o emprego digno e de qualidade; e a inclusão social dos atores locais mais fragilizados, como é o caso das comunidades tradicionais (indígenas, quilombolas, ribeirinhos, agroextrativistas, etc.), dos trabalhadores menos qualificados e da agricultura de base familiar, que devem ser atores relevantes e beneficiários do processo de desenvolvimento.

A constatação de que o fenômeno da precarização das condições de trabalho, evidenciada pelos menores IQEs, é bem mais agudo para os empregados temporários na agricultura brasileira recoloca a necessidade de criação e organização de sindicatos fortes e atuantes para esta categoria específica. Este tema já foi exaustivamente abordado por Graziano da Silva (1996) no início dos anos noventa e parece continuar extremamente atual. O agravante é que, no próprio estado de São Paulo, berço dos sindicatos de trabalhadores assalariados na agricultura, houve um certo arrefecimento destas organizações, o que coloca desafios muito grandes quando se tem em conta as necessidades regionais e nacional. Certamente, este é um assunto que deveria ganhar espaço nas propostas para a Reforma Sindical, que está em negociação. Também é preciso mencionar a importância da fiscalização exercida pelos órgãos federais, estaduais e municipais para coibir e eliminar os abusos cometidos contra os trabalhadores.

Para concluir e retomar ao tema central deste livro, vale reforçar que uma das características marcantes do mercado de trabalho contemporâneo, com os novos paradigmas tecnológicos e organizacionais, é o fenômeno da polarização. E não são poucos os especialistas a afirmar que a polarização tenderá a aumentar caso as forças de mercado fiquem livres para atuar. Por isso, o Estado, nos seus diferentes níveis e por meio das instâncias competentes, precisa atuar de forma ativa e propositiva. Há fortes evidências de que somente o discurso pela flexibilização e pela desregulamentação da legislação trabalhista não resolverão os problemas do desemprego e da melhor qualidade dos postos de trabalho.

Como já se salientou ao longo do presente estudo, a atuação do Estado, nos seus três níveis de governo, seria pautada pelo desenho e implantação de políticas de desenvolvimento local/regional que priorizem a geração de empregos, de políticas de apoio efetivo às atividades tradicionais para que possam aumentar sua produtividade e rentabilidade e com isto oferecer melhores condições de emprego, de políticas conseqüentes de qualificação e requalificação profissional, de políticas de financiamento (microcrédito e economia solidária) para os excluídos pelas reestruturações produtivas, de políticas de fortalecimento da representação sindical, entre outras.

Em trabalho recente, Salm (2004) apresenta as seguintes recomendações para uma política efetiva de emprego no Brasil:

◇ recuperar o papel de coordenação e fomento das agências de desenvolvimento local e regional;

◇ redirecionar e concentrar os recursos do Fundo de Amparo ao Trabalhador (FAT) nas linhas de ação que privilegiam o desenvolvimento econômico;

◇ integrar projetos de interesse local aos investimentos em infraestrutura de apoio à agroindústria, especialmente aos investimentos em transporte;

◇ incentivar a formalização das médias e pequenas empresas (MPE) por meio da adequação da estrutura tributária e das legislações trabalhista e previdenciária;

◇ induzir e apoiar a formação de Arranjos Produtivos Locais (APL) capazes de competir nos cenários nacional e mundial;

◇ estimular o aumento da produtividade e da demanda de produtos de consumo popular por meio de medidas redistributivas (aumento real do salário mínimo, transferência direta de renda, gastos assistenciais, estrutura tributária, etc.);

◇ diminuir, por meio da transferência de renda, a pressão da oferta de mão-de-obra não qualificada sobre o mercado de trabalho, principalmente aquela exercida por jovens subescolarizados e mães que são chefes de família.

No desenho das políticas públicas pró-emprego é importante levar em consideração as lúcidas palavras de um sindicalista espanhol acerca do mundo do trabalho nos dias atuais: "una serie de transformaciones socioeconomicas han desplazado el papel del trabajo a un lugar secundario, subsidiario e irrelevante en la escala social de valores. La doctrina neoliberal de la competitividad ha situado las necessidades de las empresas en un plano social hegemónico. El paro masivo ha justificado cualquer agresión y degradación del empleo. La dignidad del trabajo cuenta hoy poco: en nombre del empleo se puede hacer hoy cualquer cosa. Los trabajadores son sujetos en el trabajo, pero objetos en el empleo".

"El derecho al trabajo se quiere identificar con trabajar sin derechos. Las sucesivas reformas laborales han supuesto cambios reales para la vida concreta de los trabajadores: precarización generalizada; abaratamiento de custos; aumento de los trabajadores pobres; dobles escalas salariales; falsos autónomos; discriminación y desigualdad de trato; dificultades de acceso a la formación; polarización en el mercado de trabajo y otras más. Éste es el desorden de cosas al que hoy asistimos, que implican el reto de recuperar la centralidad del trabajo, situándolo como núcleo central de las preocupaciones y valores sociales" (Trevilla, 2006).

Finalmente, vale dizer que o tema da polarização no mercado de trabalho agrícola merece mais estudos aprofundados, de preferência com pesquisas de campo. Os primeiros passos percorridos neste livro, que enfocou o mercado de trabalho assalariado na agricultura brasileira no período 1992-2004, podem ser bastante úteis na identificação de novos estudos numa temática em que as pesquisas acadêmicas são absolutamente raras.

Referências

ANDRADE, A. S. de C. de C. Trabalho feminino e desvantagem social: diferenciais de raça/cor no emprego doméstico. In: ENCONTRO NACIONAL DE ESTUDOS POPULACIONAIS, 14, 2004, Caxambu. Caxambu, Anpocs, 2004. 17 p.

ARAÚJO, M. de F. I. Reestruturação produtiva e transformações econômicas: região metropolitana de São Paulo. São Paulo em Perspectiva, São Paulo, Seade, v. 15, n. 1, p. 20-30, jan./mar. 2001.

BACHA, C. J. C. Economia e política agrícola no Brasil. São Paulo, Atlas, 2004. 226 p.

BACHA, E. L. O Plano Real: uma avaliação. In: MERCADANTE, A. (Org.). O Brasil pós-Real: a política econômica em debate. Campinas, IE-Unicamp, 1998. p. 11-69.

BALSADI, O. V. O mercado de trabalho assalariado na agricultura brasileira no período 1992-2004 e suas diferenciações regionais. 2006. Tese (Doutorado). Instituto de Economia, Universidade Estadual de Campinas.

BALSADI, O . V. Comportamento das ocupações na agropecuária brasileira no período 1999-2003. Informações Econômicas, IEA, São Paulo, v. 35, n. 9, p. 38-49, set. 2005.

BALSADI, O. V. O Programa de Aquisição de Alimentos da Agri~ ~~ra Familiar em 2003. Cadernos do Ceam, UNB, Brasília. ~~ n. 14, pç 51, p. 51-71, ago. 2004.

BALSADI, O . V. Características do emprego ~~ ~~do de São Paulo nos anos 90. 2000. Dissertação (Mestr~ ~amp, Campinas, 2000.

BALSADI, O. V.; BORIN, M. R ~~ agricultura brasileira no período tecnológicas e a for~~ Paulo, São Paulo, v. 49, n. 1, p. 23-40, 1990-2000. ~~
2002.

BALSADI, O. V.; GRAZIANO DA SILVA, J. Melhora a qualidade do emprego na agricultura brasileira. Agroanalysis, São Paulo, v. 26, n. 3, p. 36-37, mar. 2006.

BARRETO, R. C. S.; KHAN, A. S.; LIMA, P. V. P. S. Sustentabilidade dos assentamentos no município de Caucaia — CE. Revista de Economia e Sociologia Rural, Brasília, DF, v. 43, n. 2, p. 225-247, abr/jun. 2005.

BARROS, R. P. de; CARVALHO, M. de; FRANCO, S. O índice de desenvolvimento da família (IDF). Rio de Janeiro, Ipea, out. 2003. 19 p. (Texto para Discussão, n. 986).

BELIK, W.; BALSADI, O. V.; DEL GROSSI, M. E.; BORIN, M. R.; CAMPANHOLA, C.; GRAZIANO DA SILVA, J. O emprego rural nos anos 90. In: PRONI, M. W.; HENRIQUE, W. (Org.). Trabalho, mercado e sociedade: o Brasil nos anos noventa. São Paulo, Ed. Unesp, Instituto de Economia da Unicamp, 2003.

BELTRÃO, K. I.; SUGAHARA, S. Infra-estrutura dos domicílios brasileiros: uma análise para o período 1981-2002. Rio de Janeiro, Ipea, 2005. 67 p. (Texto para Discussão, n. 1077).

BOTELHO FILHO, F. B. Considerações sobre a PNAD. Campinas, Unicamp, Projeto Rurbano, 1999. 13 p. Mimeografado.

BOSTON, T. D. Environment matters: the effect of mixed-income revitalization on the socio-economic status of public housing residents — a case estudy of Atlanta. Atlanta, Georgia Institute of Technology, Working Paper 1, Jan. 2005. Disponível em: <http://www.econ.gatech.edu/people/faculty/Boston.htm>. Acesso em: 9 fev. 2006.

BRANDÃO, A. S. P.; REZENDE, G. C. de; MARQUES, R. W. da C. Crescimento agrícola no período 1999-2004, explosão da área plantada com soja e meio ambiente no Brasil. Rio de Janeiro, Ipea, 2005. 21 p. (Texto para Discussão, n. 1062).

BUANAIN, A. M. Trajetória recente da política agrícola brasileira — da intervenção planejada à intervenção caótica. 2005. Tese (Doutorado). IE-Unicamp, Campinas, 2005.

CAMPANHOLA, C.; GRAZIANO DA SILVA, J. (Ed.). O novo rural brasileiro: uma análise nacional e regional. Jaguariúna: Embrapa Meio Ambiente, 2000. v. 1.

CAMPOS, A.; HMANN, M.; AMORIM, R.; SILVA, R. (Org.). Atlas da exclusão social: Brasil: dinâmica e manifestação territorial. São Paulo, Cortez, 2003. v. 2.

CARDOSO JUNIOR, J. Brasil: trajetória recente e economia e mercado de trabalho no 36 p. Mimeografado. rente. Brasília, DF, Ipea, 2006.

CARDOSO JUNIOR, J. C.; JACCOUD, L. Políticas sociais no Brasil: organização, abrangência e tensões da ação estatal. In: JACCOUD, L. (Org.). Questão social e políticas sociais no Brasil contemporâneo. Brasília, DF, Ipea, 2005. Cap. 5, p. 181-260.

CARNEIRO, R. Desenvolvimento em crise: a economia brasileira no último quarto do século XX. São Paulo, Ed. Unesp/Instituto de Economia da Unicamp, 2002. 423 p.

CASTRO, J. A. de; CARDOSO JUNIOR, J. C. Políticas sociais no Brasil: gasto social do governo federal de 1988 a 2002. In: JACCOUD, L. (Org.). Questão social e políticas sociais no Brasil contemporâneo. Brasília, DF, Ipea, 2005. Cap. 6, p. 262-318.

CASTRO, J. A. de; CARDOSO JUNIOR, J. C. Políticas sociais no Brasil: restrições macroeconômicas ao financiamento social no âmbito federal entre 1995 e 2002. In: JACCOUD, L. (Org.). Questão social e políticas sociais no Brasil contemporâneo. Brasília, DF, Ipea, 2005. Cap. 7, p. 320-371.

CENTRO BRASILEIRO DE ANÁLISES E PESQUISAS. Reestruturação produtiva e mercado de trabalho. Cadernos de Pesquisa, São Paulo, Cebrap, n.1, p. 29-59, jun. 1994.

COELHO, C. N. 70 anos de Política Agrícola no Brasil (1931-2001). Revista de Política Agrícola, Brasília, DF, ano 10, n.3, jul/ago/set 2001. 58 p.

CONCEIÇÃO, J. C. P. R. da. Política de preços mínimos e a questão do abastecimento alimentar. Brasília, DF, Ipea, 2003. 25 p. (Texto para Discussão, n. 993).

CONTINI, E.; GASQUES, J. G.; LEONARDI, R. B. de A.; BASTOS, E. T. Evolução recente e tendências do agronegócio. Revista de Política Agrícola, Brasília, DF, ano 15, n. 1, p. 5-28, jan/fev/mar, 2006.

DEDECCA. C. S. O desemprego é um problema específico das grandes metrópoles? Como ele pode ser contornado? DiverCidade (Revista Eletrônica do Centro de Estudos da Metrópole), n. 4, p. 1-2. Disponível em: <http://www.centrodametropole.org.br/divercidade/numero4/> Acesso em: 1 set. 2006.

DEDECCA, C. S.; ROSANDISKI, E. N. Recuperação econômica e a geração de empregos formais. Campinas, IE-Unicamp, 2006. 20 p. Mimeografado.

DELFIM NETTO, A. O. Plano Real e a armadilha do crescimento econômico. In: MERCADANTE, A. (Org.). O Brasil pós-Real: a política econômica em debate. Campinas: IE-Unicamp, 1998. p. 89-100.

DELGADO, G. C. Previdência rural: relatório de avaliação socioeconômica. Brasília, DF: Ipea, 1997. 66 p. (Texto para Discussão, n. 477).

DELGADO, G. C.; CARDOSO JÚNIOR, J. C. O. Idoso e a previdência rural no Brasil: a experiência recente da universalização. Rio de Janeiro, Ipea, 1999. 23 p. (Texto para Discussão, n. 688).

DEL GROSSI, M. E. Evolução das ocupações não agrícolas no meio rural brasileiro 1981-1995. 1999. Tese (Doutorado). IE-Unicamp, Campinas, 1999.

DEL GROSSI, M. E.; GRAZIANO DA SILVA, J. Movimento recente da agricultura familiar. Brasília, DF, Assessoria Especial da Presidência da República, 2006. 10 p. Mimeografado.

FAGNANI, E. Política social no Brasil (1964-2002): entre a cidadania e a caridade. 2005. Tese (Doutorado). IE-Unicamp, Campinas, 2005.

FAVARETO, A. Agricultores, trabalhadores — os trinta anos do novo sindicalismo rural e a representação política da agricultura familiar no Brasil. In: ENCONTRO NACIONAL DA ASSOCIAÇÃO NACIONAL DE PÓS-GRADUAÇÃO E PESQUISA EM CIÊNCIAS SOCIAIS, 28, 2004, Caxambu. 28 p. Caxambu, Anpocs, 2004.

FERREIRA, B.; BALSADI, O. V.; FREITAS, R. E.; ALMEIDA, A. N. de. Ocupações agrícolas e não-agrícolas: trajetória e rendimentos no meio rural brasileiro. In: DE NEGRI, J. A.; DE NEGRI, F.; COELHO, D. (Org.). Tecnologia, exportação e emprego. Brasília, DF, Ipea, 2006. Cap. 15, p. 445-488.

FERREIRA FILHO, J. B. de S. Mudança tecnológica e a estrutura da demanda por trabalho na agricultura brasileira. In: WORKSHOP MERCADO DE TRABALHO DO SETOR SUCROALCOOLEIRO — DESAFIOS E PERSPECTIVAS FUTURAS, 2004, Piracicaba. Piracicaba: ESALQ/USP, 2004, 13 p.

FIGUEIREDO, N. M. S. de; CORRÊA, A. M. C. J. Tecnologia na agricultura brasileira: indicadores de modernização no início dos anos 2000. Brasília, DF, Ipea, 2006. 32 p. (Texto para Discussão, n. 1163).

FUNDAÇÃO SISTEMA ESTADUAL DE ANÁLISE DE DADOS. Índice paulista de vulnerabilidade social. São Paulo: SEADE, 2006. Disponível em: <http://www.seade.gov.br/produtos/ipvs/> Acesso em: 8 mar. 2006.

FUNDAÇÃO SISTEMA ESTADUAL DE ANÁLISE DE DADOS. Índice paulista de responsabilidade social. São Paulo: SEADE, 2001. 212 p.

FUNDAÇÃO SISTEMA ESTADUAL DE ANÁLISE DE DADOS. Pesquisa de condições de vida. São Paulo, SEADE, 2006. Disponível em: <http://www.seade.gov.br/produtos/pcv/> Acesso em: 8 mar. 2006.

FUNDAÇÃO SISTEMA ESTADUAL DE ANÁLISE DE DADOS. Índice de vulnerabilidade juvenil. São Paulo, SEADE, 2006. Disponível em: <http://www.seade.gov.br/produtos/ivj/> Acesso em: 16 mar. 2006.

GASQUES, J. G.; BASTOS, E. T.; BACCHI, M. P. R.; CONCEIÇÃO, J. C. P. R. Condicionantes da produtividade da agropecuária brasileira. Brasília, DF, Ipea, 2004. 30 p. (Texto para Discussão, n.1017).

GASQUES, J. G.; REZENDE, G. C. de; VILLA VERDE, C. M.; SALERNO, M. S.; CONCEIÇÃO, J. C. P. R.; CARVALHO, J. C. de S. Desempenho e crescimento do agronegócio no Brasil. Brasília, DF, Ipea, 2004. 40 p. (Texto para Discussão, n. 1009).

GASQUES, J. G.; SPOLADOR, H. F. S. Taxa de juros e políticas de apoio interno à agricultura. Brasília, DF, Ipea, 2003. 29 p. (Texto para Discussão, n. 952).

GASQUES, J. G.; VILLA VERDE, C. M. Gastos públicos na agricultura, evolução e mudanças. Brasília, DF, Ipea, 2003. 31 p. (Texto para Discussão, n. 948).

GARCIA, R. C. Iniqüidade social no Brasil: uma aproximação e uma tentativa de dimensionamento. Brasília, DF, Ipea, 2003. 37 p. (Texto para Discussão, n. 971).

GODOY, A. M. G. Reestruturação produtiva e polarização do mercado de trabalho em Paranaguá. Revista Paranaense de Desenvolvimento, Curitiba, n. 99, p. 5-25, jul/dez. 2000.

GRAZIANO DA SILVA, J. De bóias-frias a empregados rurais — as greves dos canavieiros paulistas de Guariba e de Leme. Alagoas, EDUFAL, 1997.

GRAZIANO DA SILVA, J. O novo rural brasileiro. Campinas, Unicamp/IE, 1999. (Coleção Pesquisas, n. 1).

GRAZIANO DA SILVA, J.; BALSADI, O. V. Commodities internacionais e o emprego na agricultura. Valor Econômico, São Paulo, 6 fev. 2006.

GRAZIANO DA SILVA, J.; DEL GROSSI, M. E. A evolução da agricultura familiar e do agribusiness nos anos 90. Campinas, IE-Unicamp, Projeto Rurbano, 2000, 19 p. Mimeografado.

GUILHOTO, J. J. M.; SILVEIRA, F. G.; AZZONI, C. PIB das cadeias produtivas da agricultura familiar. Brasília, DF, NEAD/MDA/FIPE, 2004. 32 p. Mimeografado.

HOFFMANN, R. O rendimento das pessoas ocupadas na agroindústria canavieira no Brasil. In: WORKSHOP MERCADO DE TRABALHO DO SETOR SUCROALCOOLEIRO — DESAFIOS E PERSPECTIVAS FUTURAS, 2004, Piracicaba. Piracicaba, ESALQ/USP, 2004. 13 p.

HOFFMANN, R.; KAGEYAMA, A. A dupla natureza da pobreza no Brasil e sua trajetória na última década. Campinas, IE-Unicamp, Relatório de Pesquisa, jun. 2005. 105 p.

INSTITUTO BRASILEIRO DE GEOGRAFIA E ESTATÍSTICA. Pesquisa Nacional por Amostra de Domicílios, Rio de Janeiro, v. 24, 2004. 27 p.

INSTITUTO DE PESQUISA ECONÔMICA APLICADA. Boletim de Políticas Sociais, Brasília, DF, Ipea, n. 6, 2003.

INSTITUTO DE PESQUISA ECONÔMICA APLICADA. Boletim de Políticas Sociais, Brasília, DF, Ipea, n.12, 2006.

INSTITUTO DE PESQUISA ECONÔMICA APLICADA. Radar Social 2006. Brasília, DF, Ipea, 2006.

KAGEYAMA, A. Características dos domicílios agrícolas no Brasil em 1992 e 1997. Campinas, IE-Unicamp, Projeto Rurbano, 1999. 24 p. Mimeografado.

KAGEYAMA, A.; HOFFMANN, R. Determinantes da renda e condições de vida das famílias agrícolas no Brasil. Economia, Curitiba, v. 1, n. 2, p. 147-183, 2000.

KAGEYAMA, A.; REHDER, P. O bem-estar rural no Brasil na década de oitenta. Revista de Economia e Sociologia Rural, Brasília, DF, v. 31, n. 1, jan/mar. 1993, p:23-44.

KASSOUF, A.L. Acesso aos serviços de saúde nas áreas urbana e rural do Brasil. Revista de Economia e Sociologia Rural, Brasília, DF, v. 43, n. 1, p. 29-44, jan/mar. 2005.

LEONE, E. T. Famílias agrícolas no meio urbano: inserção nas cidades das famílias que continuam vinculadas à agricultura. In: RAMOS, P.; REYDON, B. P. (Org). Agropecuária e Agroindústria no Brasil: ajuste, situação atual e perspectivas. Campinas, ABRA, 1995.

MEDEIROS, E. A. de et al. Prioridades estratégicas do Mapa 2005-2006. Revista de Política Agrícola, Brasília, DF, ano 14, n. 3, p. 5-13, jul/ago/set 2005.

MEDEIROS, L. S. de. Trabalhadores rurais, agricultura familiar e organização sindical. São Paulo em Perspectiva, São Paulo, Seade, v. 11, n. 2, p. 65-72, abr./jun. 1997.

MEDEIROS, E. J. R. de; CAMPOS, R. T. Avaliação socioeconômica do Programa Reforma Agrária Solidária nos Municípios de Iguatu e Quixeramobim – Estado do Ceará. Revista de Economia e Sociologia Rural, Brasília, DF, v. 40, n. 4, p. 823-850, out/dez. 2002.

MINISTÉRIO DA AGRICULTURA PECUÁRIA E ABASTECIMENTO. Plano Agrícola e Pecuário 2004-2005. Revista de Política Agrícola, Brasília, DF, ano 13, n. 2, p. 3-16, abr/mai/jun. 2004.

MORAES, M. A. F. D de. Mercado de trabalho do setor de açúcar e álcool: desafios atuais e perspectivas futuras. In: WORKSHOP MERCADO DE TRABALHO DO SETOR SUCROALCOOLEIRO — DESAFIOS E PERSPECTIVAS FUTURAS, 2004, Piracicaba. Piracicaba: ESALQ/USP, 2004. 11 p.

MORAES, M. A. F. D de. Análise do mercado de trabalho formal do setor sucroalcooleiro no Brasil. In: CONGRESSO BRASILEIRO DE ECONOMIA E SOCIOLOGIA RURAL, 43, 2005, Ribeirão Preto. Anais... Ribeirão Preto: Sober, 2005.

MUELLER, C. C. Agricultura e desenvolvimento agrário e o Governo Lula. Brasília, DF, Departamento de Economia/UNB, 2005. 24 p. Mimeografado.

NASCIMENTO, C. A. do. Pluriatividade, pobreza rural e políticas públicas. 2005. Tese (Doutorado). IE-Unicamp, Campinas, 2005.

O ESTADO DE SÃO PAULO. Brasil tem a 10ª população de internautas do mundo. São Paulo, 2005. Disponível em: <http://www.estadao.com.br/tecnologia/internet/2005/nov/10/133.htm> Acesso em: 10 nov. 2005.

OLIVEIRA, A. A. et al. Índice de desenvolvimento econômico e social: ranking dos municípios — 1991. Fortaleza, Iplance, 1995. 42 p. Mimeografado.

OLIVEIRA, F. C. de; CORRÊA, A. M. C. J. Condições e acesso à saúde entre os ocupados nos setores agrícola, industrial e serviços: uma análise regional em anos recentes, 1998 e 2003. In: CONGRESSO BRASILEIRO DE ECONOMIA E SOCIOLOGIA RURAL, 44, 2006, Fortaleza. Anais... Fortaleza, Sober, 2006.

PEREIRA, J. K. C. Análise socioeconômica em assentamento de reforma agrária no Ceará: o caso São Joaquim. 2000. Dissertação (Mestrado). Fortaleza, UFC/Departamento de Economia Agrícola, 2000.

PINHEIRO, A. C.; GIAMBIAGI, F.; GOSTKORZEWICZ, J. O desempenho macroeconômico do Brasil nos anos 90. In: GIAMBIAGI, F.; MOREIRA, M. M. A economia brasileira nos anos 90. Rio de Janeiro, BNDES, 1999. p. 11-41.

POCHMANN, M.; AMORIM, R. (Org.). Atlas da exclusão social no Brasil. São Paulo: Cortez, 2003.

RAMOS, P. A queima de cana: uma prática indefensável. Jornal de Piracicaba, Piracicaba, 15/8/2006, p. A3.

REZENDE. G. C. de. Estado, macroeconomia e agricultura no Brasil. Porto Alegre, Ed. da UFRGS/IPEA, 2003. 246 p.

REZENDE, G. C. de. Políticas trabalhista e fundiária e seus efeitos adversos sobre o emprego agrícola, a estrutura agrária e o desenvolvimento territorial rural no Brasil. Rio de Janeiro, Ipea, 2005. 31 p. (Texto para Discussão, n. 1108).

REZENDE, G. C. de. Políticas trabalhista, fundiária e de crédito agrícola e pobreza no Brasil. In: CONGRESSO BRASILEIRO DE ECONOMIA E

SOCIOLOGIA RURAL, 44, Fortaleza, 2006. Anais. . . Fortaleza, Sober, 2006.

RODRIGUES, R. Mapa moderniza estrutura interna para apoiar crescimento do agronegócio. Revista de Política Agrícola, Brasília, DF, ano 14, n.1, p. 3-5, jan/fev/mar 2005.

RODRIGUES, M. C. P. O desenvolvimento social nos estados brasileiros. Conjuntura Econômica, Rio de Janeiro, v. 48, n. 3, p. 52-56, mar.1994.

RODRIGUES, M. C. P. O índice de desenvolvimento social (IDS). Conjuntura Econômica, Rio de Janeiro, v. 47, n.2, p. 45-51, fev. 1993.

RODRIGUES, M. C. P. O índice de desenvolvimento social. Conjuntura Econômica, Rio de Janeiro, v. 45, n. 1, p. 73-77, jan. 1991.

SALM, C. Crescimento sustentado e política de emprego. Rio de Janeiro, Instituto Nacional de Altos Estudos (Inae), 2004. 10p. (Estudos e Pesquisas, n. 65).

SAYAD, J. Observações sobre o Plano Real. In: MERCADANTE, A. (Org.). O Brasil pós-Real: a política econômica em debate. Campinas, IE-Unicamp, 1998. p. 71-88.

SCARAMUZZO, M. Sotaque guarani na nova fronteira da cana. Valor Econômico, São Paulo, 18 out. 2006.

SCHMITT, C. J. Aquisição de alimentos da agricultura familiar — integração entre política agrícola e segurança alimentar e nutricional. Revista de Política Agrícola, Brasília, DF, ano 14, n. 2, p. 78-88, abr/mai/jun. 2005.

SCHNEIDER, S. O papel da pluriatividade numa estratégia de desenvolvimento rural. In: SEMINÁRIO NACIONAL DE DESENVOLVIMENTO RURAL SUSTENTÁVEL, 2005, Brasília, DF. Brasília, DF, MDA/SAF/SDT, 2005. 23 p.

SEN, A. Desenvolvimento como liberdade. São Paulo, Companhia das Letras, 2000. 409 p.

SENA e SILVA, M. V. de; NONNENBERG, M. J. B. A participação do agronegócio no PIB brasileiro: controvérsias conceituais e propostas metodológicas. In: CONGRESSO BRASILEIRO DE ECONOMIA E SOCIOLOGIA RURAL, 44, Fortaleza, 2006. Anais. . . Fortaleza, Sober, 2006.

SILVA, A. M. A. da; RESENDE, G. M. A importância do acesso aos serviços públicos na renda por habitante dos municípios nordestinos. Brasília, DF, Ipea, 2005. 21 p. (Texto para Discussão, n.1132).

SILVA, E. R. A. da. Programa Nacional de Fortalecimento da Agricultura Familiar — relatório técnico das ações desenvolvidas no período 1995/1998. Brasília, DF, Ipea, 1999. 46 p. (Texto para Discussão, n.664).

SOJA, E. W. Tensões urbanas: globalização, reestruturação industrial e a transição pós-metropolitana. Belo Horizonte, Escola de Governo Prof. Paulo Neves de Carvalho, 2001. 7 p. Mimeografado.

SPOSATI, A. Mapa da exclusão/inclusão social da cidade de São Paulo 2000. São Paulo, PUC/Pólis, 2001.

TAKAGI, M. A implantação da Política de Segurança Alimentar e Nutricional no Brasil: seus limites e desafios. 2006. Tese (Doutorado). IE-Unicamp, Campinas, 2006.

TAKAGI, M.; DEL GROSSI, M. E.; GRAZIANO DA SILVA, J. Pobreza e fome: em busca de uma metodologia para quantificação do problema no Brasil. Campinas, IE-Unicamp, 2001. 58 p. (Texto para Discussão, n.101).

TAPIA, J. R. B.; GOMES, E. R. Concertações sociais, integração européia e a reforma da regulação social: redefinindo a agenda clássica do neocorporativismo. In: ENCONTRO DA ASSOCIAÇÃO BRASILEIRA DE CIÊNCIA POLÍTICA, 3., Niterói, 2002. Niterói, ABCP, 2002. 43 p.

TAVARES, M. da C. A economia política do Real. In: MERCADANTE, A. (Org.). O Brasil pós-Real: a política econômica em debate. Campinas, IE-Unicamp, 1998. p.101-129.

TAVARES, M. da C.; BELLUZZO, L. G. de M. Desenvolvimento no Brasil, relembrando um velho tema. Campinas, IE-Unicamp, s.d. Mimeografado.

TOMAZELA, J. M. Canavial faz 13ª vítima em Guariba. O Estado de S. Paulo, São Paulo, 25 nov. 2005. p. B7.

TREVILLA, C. Trabajo decente, sociedad decente. El País, País Basco, Edición del jueves, 1 mayo 2003.

WEDEKIN, I. A política agrícola brasileira em perspectiva. Revista de Política Agrícola, Brasília, DF, ano 14, ed. especial, p. 17-32, out. 2005.

VIALLI, A. O maior desafio está no campo social. O Estado de S. Paulo, São Paulo, 8 nov. 200. p.H7. Especial Proálcool 30 anos.

Anexo estatístico

O ANEXO ESTATÍSTICO contém as tabelas com os dados primários da Pesquisa Nacional por Amostra de Domicílios (Pnad) que foram utilizados para as análises do Capítulo 3: Evolução das Ocupações e do Emprego na Agricultura Brasileira e do Capítulo 5: Condições de Vida das Famílias dos Empregados.

Ele contém os dados de todos os indicadores simples e dos índices parciais que foram utilizados na construção do Índice de Qualidade do Emprego (IQE) e do Índice de Condições de Vida (ICV). Os dados referem-se aos anos de 1992, 1995, 1998, 2001 e 2004, estando abertos por categoria de empregados (permanentes e temporários), segundo o local de moradia (rural e urbano). O IQE e o ICV estão agregados para o total do Brasil e das cinco Grandes Regiões (Norte Urbano, Nordeste, Centro-Oeste, Sudeste e Sul). No caso específico do IQE, os dados ainda estão abertos para as seis culturas selecionadas (arroz, café, cana-de-açúcar, mandioca, milho e soja).

É oportuno recordar que, para as atividades selecionadas, os dados referem-se ao trabalho único ou principal que as pessoas de dez anos ou mais de idade tinham na semana de referência da pesquisa, normalmente a última ou a penúltima do mês de setembro. Por PEA ocupada entende-se o conjunto de pessoas que tinham trabalho durante todo ou parte do período da semana de referência. Também fazem parte da PEA ocupada as pessoas que não exerceram o trabalho remunerado que tinham no período especificado por motivo de férias, licenças, greves, entre outros motivos (IBGE, 2004).

Nas Pnads realizadas a partir de 1992 considera-se trabalho em atividade econômica o exercício de: *a*) ocupação remunerada em dinheiro, produtos, mercadorias ou benefícios (moradia, alimentação, roupas, etc.)

na produção de bens e serviços; *b*) ocupação sem remuneração na produção de bens e serviços, desenvolvida durante pelo menos uma hora na semana (em ajuda a membro da unidade domiciliar que tivesse trabalho como conta própria, empregador ou empregado na produção de bens primários, que compreende as atividades da agricultura, silvicultura, pecuária, extração vegetal ou mineral, caça, pesca e piscicultura; como aprendiz ou estagiário ou em ajuda a instituição religiosa, beneficente ou de cooperativismo); *c*) ocupação desenvolvida, durante pelo menos uma hora na semana, na produção de bens do ramo que compreende as atividades da agricultura, silvicultura, pecuária, extração vegetal, pesca e piscicultura, para a própria alimentação de pelo menos um membro da unidade domiciliar (IBGE, 2004).

Tabela A1. Índice de qualidade de emprego (IQE) dos empregados permanentes e dos empregados temporários. Brasil, 1992-2004

Índices parciais e IQE	Empregado permanente											Empregado temporário									
	Urbano					Rural					Urbano					Rural					
	1992	1995	1998	2001	2004	1992	1995	1998	2001	2004	1992	1995	1998	2001	2004	1992	1995	1998	2001	2004
Indalf	68,9	68,0	71,9	73,2	77,7	61,1	65,2	70,2	73,2	76,4	61,1	64,3	63,9	65,8	73,1	58,8	61,8	65,4	69,3	73,0
Indesc 1	49,3	43,6	44,7	44,9	39,6	47,4	49,1	49,7	47,7	45,4	49,4	48,7	46,0	44,2	42,7	49,1	50,5	50,2	50,0	44,0
Indesc 2	4,1	4,8	7,1	7,7	13,3	2,0	2,5	3,0	5,1	6,6	1,3	2,0	2,8	3,6	5,9	1,4	1,9	2,1	3,9	5,0
INDEDUC	32,6	30,8	32,9	33,5	35,0	29,6	31,2	32,6	33,4	33,8	29,9	30,7	30,0	30,0	31,9	29,5	30,8	31,4	32,9	32,0
Ninf	94,2	94,8	96,7	98,0	98,0	95,1	95,8	96,7	97,6	98,6	89,8	92,1	94,9	96,1	96,3	89,0	87,7	92,7	93,9	95,9
Jorn	33,3	33,2	30,0	32,1	37,3	31,9	32,3	31,7	32,1	34,6	37,6	35,9	35,2	38,4	45,7	40,9	47,6	48,1	50,0	51,8
Cart	35,0	34,9	38,4	41,2	50,0	36,8	40,8	43,7	44,9	49,6	10,6	11,5	8,0	11,1	14,2	2,7	5,0	4,1	2,9	4,8
Prev	32,1	33,9	39,5	41,7	50,6	34,5	39,3	44,3	46,1	50,4	10,3	11,5	8,4	11,7	14,6	2,5	5,2	3,4	3,3	5,2
INDFORMAL	48,2	48,8	51,7	53,9	60,2	49,5	52,5	55,2	56,4	59,8	32,8	33,8	32,2	34,9	37,8	27,9	30,0	30,4	30,5	32,4
Npob	46,8	61,5	66,0	60,0	62,4	40,2	55,8	59,0	57,2	56,1	26,3	48,7	45,6	38,6	38,2	15,9	35,8	32,2	24,2	27,7
Rend (1)	0,24	176,83	224,40	280,50	405,69	0,20	148,74	196,89	240,72	342,26	0,16	131,58	153,35	174,57	265,78	0,11	91,80	110,40	120,88	185,20
Rendc (2)	345,85	378,19	397,01	406,06	432,09	285,72	318,11	348,34	348,47	364,53	229,88	281,41	271,31	252,71	283,08	151,52	196,33	195,32	174,99	197,25
Rendp (3)	36,9	42,0	45,0	46,4	50,5	27,4	32,5	37,3	37,3	39,9	18,6	26,7	25,2	22,2	27,0	6,3	13,3	13,2	10,0	13,5
INDRENDA	42,8	53,7	57,6	54,6	57,6	35,1	46,5	50,3	49,2	49,6	23,2	39,9	37,4	32,1	33,7	12,0	26,8	24,6	18,5	22,0
Auxmor	24,6	22,3	26,7	26,6	26,3	71,0	74,0	70,9	71,5	68,6	10,1	9,5	13,0	12,3	10,7	14,8	12,3	14,6	12,7	13,4
Auxalim	38,3	36,1	38,6	38,3	40,4	27,2	32,5	27,0	29,9	31,8	25,1	30,4	27,7	25,8	26,7	18,1	23,6	22,3	27,0	23,3
Auxtrans	25,3	31,4	29,6	27,0	33,9	5,0	6,6	9,3	8,1	10,1	27,1	31,9	26,4	27,9	28,5	10,6	9,7	9,5	6,2	9,1
Auxeduc	0,7	1,3	1,1	1,0	0,9	0,6	0,4	1,0	0,5	1,1	0,2	0,4	0,4	0,3	0,2	0,0	0,8	0,4	0,2	0,2
Auxau	6,5	8,6	4,1	8,1	6,9	5,2	7,9	4,2	5,1	6,1	1,5	2,1	1,3	2,0	1,6	1,2	0,8	0,5	1,1	2,3
INDAUX	20,0	20,5	20,8	21,2	22,4	27,1	29,6	27,4	28,0	28,1	12,6	14,5	13,8	13,6	13,4	8,9	9,0	9,3	9,3	9,5
IQE	38,8	42,5	45,2	44,9	48,3	36,9	42,5	44,6	44,8	46,0	25,8	32,4	30,8	29,7	31,5	19,8	25,9	25,4	23,6	25,2

Fonte: Elaboração do Autor a partir dos microdados da Pnad.
(1) Rendimento médio mensal, em Reais, valores correntes.
(2) Rendimento médio mensal, corrigido pelo INPC, do IBGE, para dezembro de 2005.
(3) Rendimento médio mensal padronizado pelo método dos valores máximos e mínimos.

Tabela A2. Progresso relativo do IQE dos empregados permanentes e dos empregados temporários, em porcentagem. Brasil, 1992-2004

Índices parciais e IQE	Empregado permanente									Empregado temporário								
	Urbano				Rural				Urbano				Rural			
	1992-95	1995-98	2001-04	1992-04	1992-95	1995-98	2001-04	1992-04	1992-95	1995-98	2001-04	1992-04	1992-95	1995-98	2001-04	1992-04
Indalf	-2,6	12,2	17,0	28,4	10,4	14,5	11,7	39,2	8,3	-1,1	21,5	30,9	7,4	9,3	12,2	34,5
Indesc 1	-11,2	2,0	-9,7	-19,2	3,3	1,0	-4,6	-3,9	-1,3	-5,4	-2,6	-13,1	2,7	-0,6	-11,9	-10,0
Indesc 2	0,7	2,4	6,1	9,7	0,6	0,5	1,6	4,7	0,8	0,8	2,4	4,7	0,5	0,2	1,1	3,7
INDEDUC	-2,8	3,1	2,2	3,5	2,3	2,0	0,6	6,0	1,0	-1,0	2,8	2,8	1,8	0,9	-1,4	3,5
Ninf	10,7	37,1	4,4	66,3	13,7	22,0	40,3	71,2	22,4	35,5	4,6	63,5	-12,4	40,9	32,2	62,4
Jorn	-0,2	-4,7	7,7	6,1	0,6	-1,0	3,6	3,9	-2,8	-1,2	11,9	12,9	11,3	1,1	3,5	18,4
Cart	0,0	5,4	14,9	23,1	6,3	4,9	8,5	20,2	1,1	-4,0	3,6	4,1	2,4	-0,9	2,0	2,2
Prev	2,6	8,6	15,2	27,2	7,3	8,3	7,9	24,2	1,3	-3,5	3,3	4,8	2,8	-2,0	1,9	2,7
INDFORMAL	1,2	5,8	13,6	23,2	5,9	5,5	7,8	20,3	1,5	-2,4	4,4	7,5	2,9	0,6	2,8	6,2
Npob	27,7	11,6	5,9	29,3	26,1	7,2	-2,6	26,6	30,4	-6,0	-0,6	16,2	23,7	-5,7	4,5	14,0
Rend	8,1	5,1	7,7	21,6	7,0	7,1	4,0	17,1	10,0	-2,2	6,2	10,3	7,5	-0,2	3,9	7,7
INDRENDA	19,0	8,3	6,7	25,9	17,6	7,2	0,7	22,4	21,7	-4,1	2,5	13,7	16,8	-3,1	4,3	11,3
Auxmor	-3,1	5,7	-0,4	2,2	10,2	-11,7	-10,2	-8,4	-0,7	3,9	-1,8	0,7	-2,9	2,5	0,8	-1,7
Auxalim	-3,6	3,9	3,5	3,4	7,3	-8,1	2,7	6,3	7,1	-4,0	1,2	2,2	6,7	-1,7	-5,1	6,3
Auxtrans	8,2	-2,7	9,4	11,5	1,7	2,9	2,2	5,3	6,6	-8,1	0,7	1,8	-1,1	-0,2	3,0	-1,8
Auxeduc	0,6	-0,2	-0,1	0,2	-0,2	0,6	0,6	0,4	0,3	-0,1	-0,1	0,0	0,5	-0,1	0,0	0,2
Auxau	2,2	-5,0	-1,3	0,4	2,8	-3,9	1,1	1,0	0,6	-0,7	-0,4	0,2	-0,4	-0,2	1,2	1,2
INDAUX	0,7	0,3	1,5	3,0	3,4	-3,1	0,1	1,3	2,2	-0,9	-0,3	0,9	0,1	0,4	0,2	0,6
IQE	6,0	4,7	6,1	15,6	8,9	3,6	2,2	14,4	8,9	-2,3	2,5	7,7	7,6	-0,6	2,1	6,7

Fonte: Elaboração do Autor a partir dos microdados da Pnad.

Tabela A3. Índice de qualidade do emprego (IQE) dos empregados permanentes e dos empregados temporários. Região Norte Urbano, 1992-2004

Índices parciais e IQE	Empregado permanente					Empregado temporário				
	1992	1995	1998	2001	2004	1992	1995	1998	2001	2004
Indalf	72,6	72,8	70,3	73,9	75,2	56,8	70,6	58,4	61,0	69,8
Indesc1	56,0	40,8	48,2	47,9	36,4	45,6	48,5	43,0	40,2	44,2
Indesc2	3,3	3,4	9,0	6,9	13,3	0,8	0,0	0,7	1,3	6,6
INDEDUC	35,5	30,0	34,7	34,4	33,4	27,6	30,9	26,9	26,7	32,1
Ninf	92,7	95,4	97,5	97,0	99,6	93,3	93,0	94,4	96,3	97,8
Jorn	28,3	31,5	20,7	34,9	40,5	33,5	33,1	25,8	32,0	42,6
Cart	7,6	10,2	13,1	20,3	35,5	0,0	1,5	0,6	0,8	3,9
Prev	7,6	9,0	14,6	20,7	35,5	0,0	0,8	0,6	1,0	4,2
INDFORMAL	30,5	32,9	34,7	40,6	51,4	26,4	27,1	26,1	27,5	31,2
Npob	37,3	61,8	61,8	55,4	59,4	32,4	51,9	39,2	44,7	37,7
Rend (1)	0,19	180,16	229,63	258,81	410,17	0,18	150,58	152,75	204,11	279,26
Rendc (2)	264,50	385,31	406,26	374,66	436,86	255,05	322,05	270,25	295,48	297,43
Rendp (3)	24,1	43,1	46,4	41,5	51,3	22,6	33,2	25,0	29,0	29,3
INDRENDA	32,0	54,3	55,7	49,8	56,1	28,4	44,4	33,5	38,4	34,3
Auxmor	35,4	39,7	51,4	44,7	49,9	23,8	23,2	39,7	29,9	25,5
Auxalim	63,2	49,9	60,5	49,7	53,6	50,7	59,7	57,3	47,6	48,6
Auxtrans	25,1	26,3	20,3	14,1	21,4	8,8	27,7	11,1	20,8	13,8
Auxeduc	0,0	1,1	0,0	1,1	0,0	0,0	0,0	0,0	0,0	0,0
Auxsau	4,7	4,3	4,0	8,4	2,9	0,7	0,8	0,7	0,7	0,9
INDAUX	27,2	25,9	29,8	26,0	28,0	18,0	22,9	23,8	21,0	18,9
IQE	31,6	38,7	41,3	40,3	45,8	26,1	33,3	28,5	30,2	30,6

Fonte: Elaboração do Autor a partir dos microdados da Pnad.
(1) Rendimento médio mensal em Reais, em valores correntes.
(2) Rendimento médio mensal, em Reais, corrigido pelo INPC, do IBGE, para dezembro de 2005.
(3) Rendimento médio mensal padronizado pelo método dos valores máximos e mínimos.

Tabela A4. Progresso relativo do IQE dos empregados permanentes e dos empregados temporários, em porcentagem. Região Norte Urbano, 1992-2004

Índices parciais e IQE	Empregado permanente				Empregado temporário			
	1992-95	1995-98	2001-04	1992-04	1992-95	1995-98	2001-04	1992-04
Indalf	0,5	−9,2	5,3	9,5	32,0	−41,6	22,6	30,1
Indesc1	−34,7	12,4	−22,1	−44,8	5,3	−10,7	6,6	−2,6
Indesc2	0,0	5,9	6,9	10,4	−0,8	0,7	5,3	5,8
INDEDUC	**−8,4**	**6,7**	**−1,5**	**−3,2**	**4,6**	**−5,8**	**7,4**	**6,3**
Ninf	37,4	44,3	85,0	93,9	−4,6	19,7	39,7	66,8
Jorn	4,5	−15,9	8,6	17,0	−0,5	−10,9	15,6	13,8
Cart	2,8	3,2	19,0	30,1	1,5	−0,9	3,2	3,9
Prev	1,5	6,2	18,6	30,1	0,8	−0,2	3,3	4,2
INDFORMAL	**3,4**	**2,7**	**18,3**	**30,1**	**0,9**	**−1,3**	**5,1**	**6,5**
Npob	39,1	0,1	8,9	35,2	29,0	−26,5	−12,8	7,9
Rend	25,1	5,8	16,8	35,8	13,7	−12,2	0,4	8,6
INDRENDA	**32,8**	**2,9**	**12,6**	**35,5**	**22,3**	**−19,6**	**−6,7**	**8,2**
Auxmor	6,7	19,4	9,5	22,5	−0,8	21,4	−6,2	2,2
Auxalim	−36,4	21,2	7,8	−26,2	18,3	−5,9	1,9	−4,1
Auxtrans	1,6	−8,1	8,5	−5,0	20,7	−22,9	−8,8	5,6
Auxeduc	1,1	−1,1	−1,1	0,0	0,0	0,0	0,0	0,0
Auxsau	−0,5	−0,3	−6,0	−1,9	0,2	−0,1	0,2	0,3
INDAUX	**−1,8**	**5,3**	**2,7**	**1,1**	**6,0**	**1,3**	**−2,6**	**1,2**
IQE	**10,5**	**4,2**	**9,1**	**20,7**	**9,8**	**−7,2**	**0,7**	**6,1**

Fonte: Elaboração do Autor a partir dos microdados da Pnad.

Tabela 5. Índice de qualidade do emprego (IQE) dos empregados permanentes e dos empregados temporários. Região Nordeste, 1992-2004

| | Empregado permanente | | | | | | | | | | Empregado temporário | | | | | | | | | |
| | Urbano | | | | | Rural | | | | | Urbano | | | | | Rural | | | | |
Índices parciais e IQE	1992	1995	1998	2001	2004	1992	1995	1998	2001	2004	1992	1995	1998	2001	2004	1992	1995	1998	2001	2004
Indalf	34,2	38,7	47,0	52,6	64,0	30,8	36,3	44,5	47,6	53,2	40,1	42,9	45,3	53,4	65,6	34,6	39,5	48,3	51,3	60,3
Indesc 1	26,4	28,8	31,7	36,1	36,0	26,9	30,7	37,3	37,3	37,6	35,3	35,9	36,7	40,7	41,1	31,6	35,4	42,0	42,4	41,5
Indesc 2	2,5	2,3	4,1	4,3	9,8	1,1	0,6	0,9	1,7	2,9	0,5	1,1	0,8	1,0	3,1	0,1	0,5	1,0	1,2	2,0
INDEDUC	17,1	18,8	22,2	24,9	29,5	16,0	18,2	22,3	23,2	24,9	20,5	21,6	22,1	25,2	28,7	18,0	20,5	24,8	25,5	27,3
Ninf	94,4	94,7	96,2	97,3	97,8	94,6	94,7	95,5	97,5	97,8	90,9	89,9	93,0	94,2	96,3	87,6	90,0	93,0	92,9	95,8
Jom	51,0	48,7	41,6	41,8	48,5	51,6	45,5	45,7	45,9	49,5	56,1	60,2	58,1	63,9	63,0	67,1	72,9	70,8	72,8	74,8
Cart	27,5	32,3	41,1	36,6	43,0	22,2	26,4	28,0	29,1	33,4	8,5	4,6	4,2	5,6	9,7	3,1	3,3	2,9	2,6	5,7
Prev	23,7	30,6	41,8	37,4	43,5	17,7	25,1	28,4	29,3	33,8	7,7	4,7	4,4	6,3	10,2	3,2	3,2	2,9	2,8	6,0
INDFORMAL	45,3	48,8	54,6	52,0	57,0	41,8	44,7	46,4	47,6	50,9	33,7	31,8	32,0	34,0	37,0	31,1	32,4	32,7	32,7	35,7
Npob	24,2	36,7	40,1	32,0	31,9	17,6	32,7	31,2	27,2	23,1	14,6	24,8	11,6	10,1	11,5	7,7	14,6	10,0	4,9	6,5
Rend (1)	0,15	111,11	169,30	197,07	301,70	0,13	105,36	127,32	171,43	244,77	0,11	95,77	97,18	120,03	176,39	0,09	77,90	91,36	102,99	158,58
Rendc (2)	210,32	237,63	299,53	285,28	321,33	191,29	225,33	225,26	248,17	260,70	161,44	204,82	171,93	173,76	187,87	126,70	166,61	161,64	149,09	168,90
Rendp (3)	15,5	19,8	29,6	27,4	33,0	12,5	17,9	17,9	21,5	23,5	7,8	14,7	9,5	9,8	12,0	2,3	8,6	7,8	5,9	9,0
INDRENDA	20,7	29,9	35,9	30,1	32,4	15,6	26,8	25,9	24,9	23,2	11,9	20,7	10,7	10,0	11,7	5,5	12,2	9,1	5,3	7,5
Auxmor	12,3	12,0	20,0	20,0	14,2	56,2	60,8	58,8	55,8	50,5	5,9	3,2	4,0	7,0	7,0	9,1	10,2	6,1	10,1	9,6
Auxalim	10,3	11,6	15,3	22,4	20,8	8,1	11,2	12,3	17,6	15,5	11,6	18,0	14,4	16,1	19,1	13,6	17,7	14,5	17,5	17,4
Auxtrans	13,6	26,3	22,9	21,4	26,0	3,4	7,7	11,6	9,0	12,6	13,1	13,6	10,6	13,0	15,9	4,9	3,4	3,2	4,1	8,4
Auxeduc	0,3	0,3	0,0	1,5	0,5	0,1	0,0	1,5	0,3	0,3	0,0	0,0	0,3	0,3	0,2	0,0	0,0	0,0	0,1	0,0
Auxau	2,8	3,0	1,2	5,4	3,3	2,2	2,6	3,3	1,9	4,7	0,9	0,7	0,3	1,1	0,9	0,4	0,3	0,4	0,4	0,3
INDAUX	8,2	10,6	12,4	14,8	13,1	18,6	21,0	21,6	20,7	19,9	6,3	6,9	5,8	7,6	8,6	5,6	6,4	4,7	6,5	6,8
IQE	25,2	30,2	34,9	33,1	36,0	23,7	29,3	30,4	30,5	31,1	19,2	22,0	18,6	19,8	22,1	15,6	19,0	18,6	17,7	19,7

Fonte: Elaboração do Autor a partir dos microdados da Pnad.
(1) Rendimento médio mensal, em Reais, valores correntes.
(2) Rendimento médio mensal, corrigido pelo INPC, do IBGE, para dezembro de 2005.
(3) Rendimento médio mensal padronizado pelo método dos valores máximos e mínimos.

Tabela A6. Progresso relativo do IQE dos empregados permanentes e dos empregados temporários em porcentagem. Região Nordeste, 1992-2004

Índices parciais e IQE	Empregado permanente								Empregado temporário							
	Urbano				Rural				Urbano				Rural			
	1992-95	1995-98	2001-04	1992-04	1992-95	1995-98	2001-04	1992-04	1992-95	1995-98	2001-04	1992-04	1992-95	1995-98	2001-04	1995-04
Indalf	6,8	13,5	24,0	45,2	7,8	12,9	10,6	32,3	4,6	4,1	26,2	42,6	7,6	14,6	18,4	39,3
Indesc 1	3,3	4,0	0,0	13,1	5,2	9,5	0,5	14,7	1,0	1,1	0,6	8,9	5,6	10,1	-1,6	14,4
Indesc 2	-0,1	1,8	5,8	7,5	-0,6	0,3	1,3	1,8	0,6	-0,4	2,2	2,7	0,4	0,6	0,9	1,9
INDEDUC	2,0	4,2	6,2	15,0	2,6	5,0	2,2	10,6	1,3	0,7	4,6	10,2	3,0	5,4	2,4	11,3
Ninf	4,7	28,6	16,9	60,3	2,0	14,8	13,9	59,7	-10,5	30,1	36,2	59,1	19,5	29,5	41,4	66,3
Jom	-4,7	-13,9	11,6	-5,1	-12,5	0,3	6,7	-4,3	9,4	-5,3	-2,7	15,7	17,7	-8,0	7,4	23,4
Cart	6,6	13,0	10,1	21,4	5,4	2,1	6,1	14,5	-4,2	-0,5	4,4	1,3	0,2	-0,4	3,2	2,7
Prev	9,1	16,1	9,7	25,9	9,0	4,5	6,3	19,6	-3,2	-0,3	4,2	2,7	0,0	-0,3	3,3	2,9
INDFORMAL	6,3	11,4	10,3	21,3	5,0	3,1	6,4	15,7	-2,9	0,3	4,5	4,9	2,0	0,4	4,4	6,7
Npob	16,4	5,5	-0,1	10,1	18,3	-2,2	-5,6	6,6	12,0	-17,6	1,6	-3,6	7,6	-5,4	1,7	-1,3
Rend	5,1	12,2	7,8	20,7	6,1	0,0	2,5	12,5	7,4	-6,1	2,5	4,5	6,4	-0,9	3,3	6,8
INDRENDA	11,6	8,6	3,2	14,7	13,3	-1,2	-2,2	9,0	10,1	-12,6	1,9	-0,2	7,1	-3,5	2,3	2,1
Auxmor	-0,4	9,1	-7,2	2,2	10,6	-5,2	-12,0	-12,9	-2,8	0,8	-0,1	1,1	1,2	-4,6	-0,6	0,6
Auxalim	1,5	4,2	-2,1	11,7	3,3	1,3	-2,6	8,0	7,2	-4,5	3,5	8,4	4,8	-3,9	-0,1	4,4
Auxtrans	14,7	-4,7	5,8	14,3	4,5	4,2	3,9	9,5	0,6	-3,5	3,3	3,3	-1,5	-0,2	4,5	3,7
Auxeduc	0,1	-0,3	-1,0	0,2	-0,1	1,5	0,0	0,3	0,0	0,3	-0,1	0,2	0,0	0,0	-0,1	0,0
Auxau	0,2	-1,8	-2,3	0,5	0,4	0,7	2,8	2,5	-0,2	-0,4	-0,3	0,0	-0,1	0,1	-0,1	-0,1
INDAUX	2,6	2,0	-2,0	5,3	3,0	0,7	-1,1	1,6	0,7	-1,2	1,1	2,4	0,9	-1,9	0,3	1,3
IQE	6,6	6,8	4,4	14,4	7,3	1,6	0,9	9,7	3,5	-4,5	2,9	3,6	4,0	-0,5	2,5	4,9

Fonte: Elaboração do Autor a partir dos microdados da Pnad.

Tabela A7. Índice de qualidade de emprego (IQE) dos empregados permanentes e dos empregados temporários. Região Centro-Oeste, 1992-2004

Índices parciais e IQE	Empregado permanente													Empregado temporário												
	Urbano						Rural						Urbano						Rural					
	1992	1995	1998	2001	2004		1992	1995	1998	2001	2004		1992	1995	1998	2001	2004		1992	1995	1998	2001	2004
Indalf	75,4	73,7	79,0	75,0	80,7		69,3	71,8	77,4	80,9	84,0		64,3	67,8	74,0	68,5	73,7		66,3	68,0	65,2	68,6	69,4
Indesc 1	50,7	51,3	50,5	45,4	42,0		52,2	51,4	52,2	48,3	45,2		50,8	51,3	54,4	46,1	42,4		52,3	54,2	48,6	45,0	40,7
Indesc 2	4,5	3,5	6,8	8,4	10,3		2,3	2,7	3,4	6,2	9,0		1,4	2,0	2,9	4,5	2,7		0,9	0,7	0,7	4,8	3,8
INDEDUC	34,6	34,0	36,2	34,4	35,1		33,0	33,3	35,1	35,5	36,3		31,1	32,2	34,9	31,6	30,5		31,8	32,7	30,2	31,4	29,5
Ninf	93,2	96,4	97,4	98,4	98,0		97,6	96,7	97,9	97,9	99,2		88,7	92,0	93,7	98,2	94,2		93,9	89,0	93,0	99,2	96,3
Jom	12,8	15,4	15,0	19,1	21,7		19,6	21,8	13,9	19,5	19,1		17,0	17,5	16,5	17,3	25,4		14,2	22,7	21,3	29,1	29,3
Cart	26,0	27,1	31,8	38,9	49,2		34,5	36,2	43,5	48,6	56,8		5,5	2,7	1,4	13,2	10,7		0,8	0,7	0,0	1,6	0,6
Prev	24,2	24,7	32,5	39,5	49,9		32,9	35,2	43,6	49,3	57,6		7,0	2,7	1,9	13,9	11,1		1,3	1,3	0,7	2,4	0,6
INDFORMAL	40,0	41,6	45,7	51,0	57,8		47,4	48,7	53,0	57,1	62,7		27,3	25,9	25,5	34,3	32,6		24,9	24,7	25,1	28,6	27,0
Npob	56,9	73,9	79,3	77,5	82,4		52,4	67,7	78,8	81,6	82,4		36,8	56,5	63,1	58,3	58,7		23,5	56,4	47,2	45,2	51,6
Rend (1)	0,26	220,30	287,32	391,63	539,23		0,28	183,42	267,11	361,75	510,05		0,20	142,59	184,28	230,30	331,37		0,16	139,44	157,17	187,36	294,49
Rendc (2)	374,28	471,16	508,33	566,93	574,32		390,42	392,28	472,57	523,68	543,24		284,83	304,96	326,03	333,39	352,93		233,68	298,22	278,07	271,23	313,65
Rendp (3)	41,4	56,7	62,5	71,8	73,0		43,9	44,2	56,9	65,0	68,0		27,3	30,5	33,8	34,9	38,0		19,2	29,4	26,2	25,1	31,8
INDRENDA	50,7	67,0	72,6	75,2	78,6		49,0	58,3	70,0	74,9	76,7		33,0	46,1	51,4	49,0	50,4		21,8	45,6	38,8	37,2	43,7
Auxmor	38,0	28,2	34,1	37,3	35,9		91,1	87,7	88,2	87,1	86,2		13,6	13,3	11,0	12,5	13,6		21,4	15,9	19,1	16,3	15,6
Auxalim	59,3	60,3	61,0	53,6	56,7		49,6	51,0	46,4	44,3	45,2		48,0	47,5	43,3	43,0	38,3		32,9	36,1	41,4	54,8	40,8
Auxtrans	23,0	29,3	28,0	29,2	36,9		6,3	5,0	11,3	12,1	17,2		30,0	32,8	24,6	39,4	27,2		12,1	5,5	6,3	7,3	9,3
Auxeduc	0,0	0,9	1,8	0,6	0,6		2,0	0,5	0,8	0,8	1,0		0,0	0,0	0,5	0,0	0,0		0,0	0,0	0,0	0,0	0,0
Auxau	3,4	12,8	3,6	4,8	7,6		8,6	9,1	4,9	10,1	7,7		1,6	1,6	1,0	2,1	2,3		1,4	0,6	0,7	0,8	1,2
INDAUX	26,4	27,5	26,9	26,6	28,8		37,9	36,8	36,1	36,6	36,7		18,6	18,9	16,0	19,0	16,4		13,6	11,6	13,5	15,1	12,8
IQE	40,6	46,8	50,3	52,3	56,0		43,5	47,1	52,7	55,8	58,1		28,8	33,3	35,1	36,6	36,0		23,6	31,7	29,2	30,1	31,2

Fonte: Elaboração do Autor a partir dos microdados da Pnad.
(1) Rendimento médio mensal, em Reais, valores correntes.
(2) Rendimento médio mensal, corrigido pelo INPC, do IBGE, para dezembro de 2005.
(3) Rendimento médio mensal padronizado pelo método dos valores máximos e mínimos.

Tabela A8. Progresso relativo do IQE dos empregados permanentes e dos empregados temporários em porcentagem. Região Centro-Oeste, 1992-2004

Índices parciais e IQE	Empregado permanente									Empregado temporário								
	Urbano				Rural				Urbano				Rural			
	1992-95	1995-98	2001-04	1992-04	1992-95	1995-98	2001-04	1992-04	1992-95	1995-98	2001-04	1992-04	1992-95	1995-98	2001-04	1992-04
Indalf	-6,9	20,2	22,8	21,7	8,1	19,9	16,4	48,1	9,9	19,4	16,4	26,3	5,0	-8,7	2,8	9,3
Indesc 1	1,2	-1,6	-6,2	-17,6	-1,7	1,7	-6,0	-14,8	0,9	6,4	-6,9	-17,2	3,9	-12,1	-7,8	-24,4
Indesc 2	-1,1	3,4	2,0	6,1	0,4	0,8	3,0	6,8	0,6	0,9	-1,9	1,3	-0,3	0,0	-1,1	2,9
INDEDUC	**-0,9**	**3,4**	**1,1**	**0,7**	**0,5**	**2,6**	**1,1**	**4,9**	**1,6**	**4,0**	**-1,7**	**-1,0**	**1,3**	**-3,8**	**-2,7**	**-3,4**
Ninf	47,9	26,9	-27,6	70,9	-38,2	34,7	60,8	65,5	29,7	21,4	-216,5	49,2	-79,7	36,6	-360,0	39,9
Jorn	3,0	-0,6	3,3	10,2	2,7	-10,0	-0,5	-0,6	0,5	-1,2	9,8	10,1	9,9	-1,7	0,4	17,6
Cart	1,5	6,5	16,9	31,4	2,7	11,4	16,0	34,1	-2,9	-1,3	-2,8	5,5	-0,1	-0,7	-1,0	-0,2
Prev	0,6	10,4	17,2	33,9	3,5	13,0	16,4	36,8	-4,6	-0,8	-3,2	4,4	0,1	-0,7	-1,8	-0,6
INDFORMAL	**2,7**	**7,0**	**14,0**	**29,7**	**2,5**	**8,4**	**12,9**	**29,1**	**-1,8**	**-0,5**	**-2,5**	**7,4**	**-0,2**	**0,5**	**-2,1**	**2,9**
Npob	39,5	20,5	21,6	59,0	32,1	34,3	4,5	63,1	31,3	15,1	0,9	34,7	43,0	-20,9	11,7	36,7
Rend	26,1	13,5	4,1	53,8	0,5	22,7	8,8	43,0	4,4	4,8	4,7	14,8	12,6	-4,5	8,9	15,6
INDRENDA	**33,1**	**16,9**	**13,6**	**56,6**	**18,2**	**28,1**	**6,9**	**54,3**	**19,6**	**9,8**	**2,9**	**26,0**	**30,4**	**-12,4**	**10,4**	**28,0**
Auxmor	-15,7	8,2	-2,2	-3,3	-39,0	4,7	-6,8	-55,7	-0,4	-2,7	1,3	0,0	-7,0	3,8	-0,9	-7,4
Auxalim	2,3	1,8	6,7	-6,6	2,8	-9,4	1,7	-8,6	-1,1	-8,0	-8,1	-18,6	4,9	8,2	-30,9	11,8
Auxtrans	8,2	-1,9	11,0	18,1	-1,4	6,7	5,8	11,6	4,0	-12,1	-20,1	-3,9	-7,5	0,8	2,1	-3,2
Auxeduc	0,9	0,8	0,0	0,6	-1,5	0,2	0,3	-1,0	0,0	0,5	0,0	0,0	0,0	0,0	0,0	0,0
Auxau	9,8	-10,6	3,0	4,4	0,5	-4,6	-2,6	-1,0	0,0	-0,6	0,2	0,7	-0,8	0,1	0,4	-0,2
INDAUX	**1,4**	**-0,8**	**3,1**	**3,2**	**-1,8**	**-1,2**	**0,1**	**-2,0**	**0,3**	**-3,6**	**-3,3**	**-2,8**	**-2,3**	**2,2**	**-2,7**	**-0,8**
IQE	**10,5**	**6,6**	**7,7**	**25,9**	**6,3**	**10,6**	**5,4**	**25,9**	**6,3**	**2,8**	**-0,9**	**10,1**	**10,7**	**-3,7**	**1,6**	**10,1**

Fonte: Elaboração do Autor a partir dos microdados da Pnad.

Tabela A9. Índice de qualidade de emprego (IQE) dos empregados permanentes e dos empregados temporários. Região Sudeste, 1992-2004

| Índices parciais e IQE | Empregado permanente ||||||||||| Empregado temporário |||||||||||
| | Urbano |||||| Rural |||||| Urbano |||||| Rural ||||||
	1992	1995	1998	2001	2004		1992	1995	1998	2001	2004		1992	1995	1998	2001	2004		1992	1995	1998	2001	2004
Indalf	76,7	76,7	80,4	82,6	83,7		70,8	72,0	75,8	77,6	79,2		70,3	72,1	72,0	78,3	82,4		65,4	68,3	73,0	73,0	80,9
Indesc 1	54,7	54,0	51,7	51,6	43,7		57,7	56,8	54,9	53,4	52,0		54,2	52,9	51,6	49,1	46,4		59,1	59,7	55,9	53,6	49,9
Indesc 2	4,0	4,5	5,0	8,4	13,7		2,8	2,7	4,4	5,6	6,8		1,2	1,7	3,0	6,0	7,3		0,4	1,2	2,4	3,8	5,5
INDEDUC	36,0	36,1	36,1	38,0	37,8		35,5	35,3	36,2	36,5	36,9		33,4	33,5	33,6	35,2	35,6		33,9	35,0	35,1	34,9	35,8
Ninf	93,4	94,3	97,4	98,8	98,8		93,7	95,2	96,6	97,9	98,4		88,5	93,7	95,3	97,7	97,9		88,4	88,4	92,2	92,8	95,1
Jorn	35,7	36,0	34,2	34,0	40,6		30,3	35,2	31,9	31,6	36,6		33,0	33,6	37,8	35,3	45,9		37,7	48,7	44,5	53,9	55,7
Cart	55,0	54,1	54,1	62,8	66,5		38,9	45,4	44,8	51,0	52,0		20,6	24,3	16,6	29,0	44,0		2,3	5,2	6,4	4,4	9,5
Prev	51,8	55,2	55,5	63,5	67,7		38,5	45,7	46,4	52,7	53,0		20,4	25,2	17,7	29,4	44,7		2,5	5,5	6,8	4,7	9,9
INDFORMAL	61,0	61,9	62,5	68,2	71,5		50,9	56,2	56,1	60,4	61,6		38,3	42,4	38,4	46,4	57,4		27,3	30,5	31,7	31,6	35,7
Npob	52,1	65,9	71,2	67,4	67,4		36,5	58,3	58,8	54,4	49,4		29,1	63,4	65,2	46,1	51,2		11,6	32,8	34,0	18,6	21,8
Rend (1)	0,28	199,94	226,13	300,67	403,79		0,22	167,96	214,19	254,00	337,65		0,18	153,64	188,75	210,17	326,43		0,12	108,54	136,50	141,58	217,38
Rendc (2)	398,42	427,61	400,07	435,26	430,07		305,90	359,22	378,95	367,70	359,62		260,17	328,57	333,94	304,25	347,67		170,79	232,14	241,50	204,96	231,53
Rendp (3)	45,2	49,8	45,5	51,0	50,2		30,6	39,0	42,1	40,4	39,1		23,4	34,2	35,0	30,3	37,2		9,3	19,0	20,4	14,7	18,9
INDRENDA	49,3	59,5	60,9	60,9	60,5		34,1	50,6	52,1	48,8	45,2		26,8	51,7	53,1	39,8	45,6		10,7	27,3	28,6	17,1	20,6
Auxmor	14,9	13,5	10,9	6,2	9,5		65,8	71,2	64,3	74,7	67,5		1,4	3,3	2,2	2,6	2,6		16,1	10,7	14,6	12,4	14,7
Auxalim	20,9	22,1	24,4	24,9	33,4		18,6	25,6	20,9	29,0	28,9		6,0	7,3	13,9	6,6	9,1		12,0	11,8	11,2	12,9	16,6
Auxtrans	39,5	40,2	43,5	41,7	47,8		5,7	4,7	2,9	5,6	4,6		48,0	48,5	45,8	47,4	54,8		9,6	8,9	10,1	5,9	8,0
Auxeduc	1,2	0,9	0,2	0,4	1,6		0,1	0,2	0,4	0,1	0,0		0,2	0,0	0,3	0,0	0,0		0,0	0,0	0,4	0,4	0,2
Auxau	10,8	11,7	5,1	8,9	10,0		5,3	7,9	3,9	3,9	3,2		1,9	5,1	2,1	2,8	3,4		0,7	0,3	0,5	1,3	4,2
INDAUX	17,4	17,6	16,3	15,8	19,8		24,1	27,3	23,5	28,1	25,7		10,2	11,7	11,7	10,7	12,6		8,0	6,2	7,5	6,9	9,0
IQE	45,1	49,0	49,5	51,4	52,8		37,8	45,5	45,6	46,5	45,3		29,0	39,2	38,5	36,4	42,0		20,0	26,7	27,7	23,5	26,5

Fonte: Elaboração do Autor a partir dos microdados da Pnad.
(1) Rendimento médio mensal, em Reais, valores correntes.
(2) Rendimento médio mensal, corrigido pelo INPC, do IBGE, para dezembro de 2005.
(3) Rendimento médio mensal padronizado pelo método dos valores máximos e mínimos.

Tabela A10. Progresso relativo do IQE dos empregados permanentes e dos empregados temporários, em porcentagem. Região Sudeste, 1992-2004

Índices Parciais e IQE	Empregado permanente									Empregado temporário								
	Urbano				Rural				Urbano				Rural			
	1992-95	1995-98	2001-04	1992-04	1992-95	1995-98	2001-04	1992-04	1992-95	1995-98	2001-04	1992-04	1992-95	1995-98	2001-04	1992-04
Indalf	0,2	15,8	6,7	30,2	3,8	13,6	7,0	28,7	5,9	-0,2	18,8	40,6	8,4	14,9	29,0	44,7
Indesc 1	-1,4	-5,0	-16,2	-24,1	-2,3	-4,3	-2,9	-13,5	-2,8	-2,8	-5,4	-17,0	1,6	-9,4	-7,8	-22,3
Indesc 2	0,6	0,5	5,7	10,1	-0,1	1,8	1,3	4,2	0,6	1,3	1,4	6,1	0,8	1,3	1,7	5,1
INDEDUC	0,0	0,1	-0,4	2,8	-0,3	1,3	0,6	2,1	0,2	0,1	0,6	3,3	1,7	0,2	1,4	2,9
Ninf	13,4	53,9	2,5	82,4	23,2	29,1	25,6	74,6	45,2	25,2	9,4	81,6	0,5	32,2	31,8	58,0
Jorn	0,6	-2,8	10,0	7,7	7,0	-5,1	7,3	9,0	0,9	6,3	16,3	19,2	17,6	-8,1	4,0	28,9
Cart	-1,8	0,0	10,1	25,7	10,6	-1,1	2,0	21,5	4,7	-10,2	21,1	29,4	3,0	1,3	5,4	7,4
Prev	7,0	0,6	11,5	32,8	11,8	1,2	0,7	23,7	6,1	-10,1	21,7	30,5	3,0	1,4	5,4	7,5
INDFORMAL	2,4	1,6	10,5	27,0	10,8	-0,2	3,0	21,8	6,5	-6,9	20,5	30,8	4,4	1,7	5,9	11,6
Npob	28,8	15,6	-0,2	31,9	34,2	1,2	-11,1	20,2	48,4	4,9	9,4	31,2	23,9	1,8	3,9	11,5
Rend	8,4	-8,7	-1,7	9,1	12,1	5,1	-2,1	12,2	14,1	1,3	9,8	18,0	10,7	1,8	4,9	10,6
INDRENDA	20,0	3,6	-0,9	22,0	24,9	3,1	-6,9	16,8	34,0	2,9	9,6	25,7	18,5	1,8	4,3	11,1
Auxmor	-1,6	-3,1	3,5	-6,4	15,7	-23,8	-28,6	4,9	1,9	-1,1	-0,1	1,2	-6,4	4,3	2,7	-1,6
Auxalim	1,5	2,9	11,3	15,8	8,6	-6,4	-0,1	12,6	1,4	7,1	2,7	3,3	-0,3	-0,6	4,3	5,3
Auxtrans	1,1	5,6	10,4	13,7	-1,0	-2,0	-1,0	-1,2	1,0	-5,1	14,0	13,1	-0,8	1,3	2,2	-1,7
Auxeduc	-0,3	-0,7	1,2	0,4	0,0	0,2	-0,1	-0,1	-0,2	0,3	0,0	-0,2	0,0	0,4	-0,2	0,2
Auxau	1,0	-7,5	1,2	-0,9	2,7	-4,3	-0,7	-2,2	3,2	-3,1	0,7	1,5	-0,4	0,2	2,9	3,5
INDAUX	0,2	-1,6	4,8	2,9	4,2	-5,3	-3,3	2,1	1,7	-0,1	2,1	2,7	-1,9	1,4	2,3	1,1
IQE	7,0	1,0	2,9	14,0	12,4	0,2	-2,2	12,1	14,3	-1,1	8,8	18,2	8,4	1,4	3,9	8,1

Fonte: Elaboração do Autor a partir dos microdados da Pnad.

Tabela A11. Índice de qualidade de emprego (IQE) dos empregados permanentes e dos empregados temporários. Região Sul, 1992-2004

| Índices parciais e IQE | Empregado permanente ||||||||||| Empregado temporário |||||||||||
| | Urbano ||||| Rural ||||| Urbano ||||| Rural |||||
	1992	1995	1998	2001	2004	1992	1995	1998	2001	2004	1992	1995	1998	2001	2004	1992	1995	1998	2001	2004
Indalf	85,4	78,3	83,1	81,7	84,9	73,6	80,7	83,2	86,7	89,1	74,0	68,3	69,9	67,6	74,2	69,0	71,6	75,0	84,2	81,6
Indesc 1	58,6	43,0	41,4	43,6	39,6	52,8	57,7	54,3	52,0	46,6	60,9	55,0	44,2	44,8	39,7	53,3	52,5	54,1	58,9	44,0
Indesc 2	4,3	8,1	10,4	10,5	19,6	1,6	3,5	3,3	6,8	7,7	1,1	2,7	4,6	4,3	7,8	2,6	2,4	3,5	5,9	8,3
INDEDUC	39,3	34,0	35,4	36,0	39,2	33,7	37,7	36,8	38,2	37,2	36,5	34,0	31,3	30,9	31,9	33,5	33,6	35,3	39,9	35,1
Ninf	97,2	93,2	95,3	98,2	96,0	94,5	96,5	96,9	97,3	98,9	87,4	91,6	98,0	94,1	95,1	86,3	83,3	92,7	90,8	96,3
Jorn	38,6	34,1	38,8	30,9	35,3	26,3	26,-9	35,3	31,6	33,2	48,7	35,2	37,6	43,4	51,7	44,6	46,0	56,0	44,4	47,3
Cart	58,7	51,0	52,0	47,5	55,5	51,6	55,1	58,6	50,9	56,0	7,7	24,4	17,2	6,9	2,9	4,8	10,9	3,0	0,0	3,5
Prev	53,3	49,9	53,3	47,5	56,4	49,1	51,2	58,9	53,2	57,0	6,2	24,0	17,2	8,2	2,9	3,0	10,9	3,0	0,0	4,1
INDFORMAL	64,0	58,8	61,2	57,6	63,1	58,1	60,5	65,1	60,4	63,9	31,3	41,7	39,0	32,6	30,9	28,6	32,5	30,9	27,1	31,2
Npob	63,4	69,3	77,3	67,7	70,9	54,1	64,5	67,2	65,7	69,6	18,7	46,7	49,0	34,0	32,1	20,8	39,6	37,6	28,1	30,7
Rend (1)	0,31	213,12	241,73	259,22	500,64	0,27	167,60	223,40	259,20	404,24	0,14	126,05	138,00	158,29	242,73	0,14	105,18	123,38	146,19	231,99
Rendc (2)	436,23	455,80	427,67	375,25	533,22	377,70	358,45	395,24	375,23	430,55	205,41	269,58	244,15	229,15	258,53	203,65	224,95	218,29	211,63	247,09
Rendp (3)	51,2	54,3	49,8	41,5	66,5	41,9	38,9	44,7	41,5	50,3	14,8	24,9	20,9	18,5	23,1	14,5	17,8	16,8	15,7	21,3
INDRENDA	58,5	63,3	66,3	57,2	69,1	49,2	54,3	58,2	56,0	61,9	17,1	38,0	37,7	27,8	28,5	18,3	30,9	29,3	23,2	27,0
Auxmor	22,4	17,9	17,2	24,8	21,8	7,1,0	76,2	72,3	68,4	70,2	5,7	19,6	8,1	9,5	4,8	12,6	12,5	18,4	12,1	13,6
Auxalim	37,9	36,6	31,8	40,9	37,6	32,5	42,3	28,5	28,7	37,7	9,0	19,6	9,5	15,7	18,4	13,9	28,7	21,9	22,8	18,2
Auxtrans	25,0	34,8	33,1	28,8	37,2	4,6	9,0	11,5	5,7	6,0	35,8	37,1	39,7	19,0	30,5	16,0	20,8	18,3	7,5	10,6
Auxeduc	0,0	3,2	1,4	1,4	0,0	0,2	0,5	1,4	0,7	1,8	0,0	0,0	0,4	0,0	0,0	0,0	0,0	0,5	0,0	0,0
Auxau	11,0	11,3	6,3	13,0	10,8	4,6	11,8	4,8	4,4	8,9	2,2	2,2	2,6	3,2	0,7	2,2	1,9	0,0	2,0	3,5
INDAUX	20,2	20,9	18,1	22,7	22,0	27,7	33,0	28,5	26,5	29,8	9,9	11,9	11,3	9,6	10,3	8,4	11,5	11,3	8,7	9,1
IQE	50,3	49,5	51,1	47,7	54,0	45,3	49,4	51,3	49,1	52,4	24,2	34,3	32,8	27,1	27,2	23,0	29,0	28,3	25,7	27,2

Fonte: Elaboração do Autor a partir dos microdados da Pnad.
(1) Rendimento médio mensal, em Reais, valores correntes.
(2) Rendimento médio mensal, corrigido pelo INPC, do IBGE, para dezembro de 2005.
(3) Rendimento médio mensal padronizado pelo método dos valores máximos e mínimos.

Tabela A12. Progresso relativo do IQE dos empregados permanentes e dos empregados temporários, em porcentagem. Região Sul, 1992-2004

Índices Parciais e IQE	Empregado permanente							Empregado temporário						
	Urbano				Rural			Urbano				Rural		
	1992-95	1995-98	2001-04	1992-04	1992-95	1995-98	2001-04	1992-04	1992-95	1995-98	2001-04	1992-04	1992-95	1995-98	2001-04	1992-04
Indalf	-48,0	21,9	17,4	-3,0	27,0	13,0	17,6	58,6	-21,9	5,1	20,4	0,8	8,4	12,1	-16,6	40,6
Indesc 1	-37,7	-2,8	-6,9	-45,9	10,4	-8,2	-11,3	-13,0	-15,1	-24,0	-9,2	-54,3	-1,8	3,3	-36,3	-20,1
Indesc 2	3,9	2,5	10,1	15,9	1,9	-0,2	1,0	6,2	1,6	2,0	3,7	6,8	-0,2	1,1	2,5	5,8
INDEDUC	-8,6	2,1	5,1	-0,1	6,0	-1,4	-1,8	5,2	-3,9	-4,1	1,5	-7,2	0,1	2,6	-8,0	2,4
Ninf	-145,2	30,6	-119,1	-43,7	36,4	10,9	60,3	80,6	33,1	76,2	17,7	61,3	-22,3	56,6	59,4	72,6
Jorn	-7,4	7,0	6,4	-5,5	0,8	11,5	2,4	9,5	-26,2	3,7	14,6	5,9	2,6	18,4	5,2	5,0
Cart	-18,8	2,2	15,4	-7,7	7,2	7,8	10,4	9,0	18,1	-9,6	-4,3	-5,2	6,4	-8,9	3,5	-1,3
Prev	-7,2	6,7	17,0	6,7	4,1	15,8	8,2	15,7	18,9	-9,0	-5,7	-3,5	8,1	-8,9	4,1	1,2
INDFORMAL	-14,4	5,8	12,8	-2,5	5,7	11,6	8,8	13,7	15,1	-4,6	-2,5	-0,6	5,4	-2,4	5,6	3,7
Npob	16,2	26,1	9,8	20,5	22,7	7,5	11,4	33,7	34,5	4,2	-2,7	16,6	23,6	-3,2	3,6	12,5
Rend	6,3	-9,7	42,6	31,3	-5,2	9,5	14,9	14,4	11,9	-5,3	5,7	9,8	3,9	-1,3	6,6	8,0
INDRENDA	11,5	8,3	27,7	25,6	9,9	8,6	13,3	24,9	25,2	-0,4	1,1	13,8	15,4	-2,3	4,9	10,6
Auxmor	-5,8	-0,8	-4,0	-0,7	18,0	-16,4	5,5	-2,8	-1,4	3,8	-5,2	-1,0	-0,2	6,8	1,8	1,1
Auxalim	-2,0	-7,6	-5,5	-0,4	14,5	-23,8	12,5	7,6	11,6	-12,6	3,2	10,3	17,2	-9,5	-5,9	5,0
Auxtrans	13,0	-2,7	11,9	16,3	4,6	2,8	0,3	1,4	1,9	4,2	14,2	-8,2	5,7	-3,1	3,3	-6,5
Auxeduc	3,2	-1,8	-1,4	0,0	0,3	0,9	1,1	1,5	0,4	-0,4	0,0	0,0	0,5	-0,5	0,0	0,0
Auxau	0,4	-5,6	-2,5	-0,2	7,6	-7,9	4,6	4,5	0,0	0,4	-2,6	-1,5	-0,3	-1,9	1,5	1,4
INDAUX	0,9	-3,6	-0,9	2,3	7,4	-6,8	4,4	2,8	2,3	-0,7	0,8	0,4	3,4	-0,3	0,4	0,7
IQE	-1,7	3,2	12,1	7,5	7,5	3,6	6,5	13,0	13,3	-2,3	0,2	3,9	7,8	-1,0	2,1	5,5

Fonte: Elaboração do Autor a partir dos microdados da Pnad.

Tabela A13. Índice de qualidade de emprego (IQE) dos empregados permanentes e dos empregados temporários. Cultura de arroz, Brasil, 1992-2004

Índices parciais e IQE	Empregado permanente												Empregado temporário												
	Urbano					Rural							Urbano					Rural							
	1992	1995	1998	2001	2004		1992	1995	1998	2001	2004		1992	1995	1998	2001	2004		1992	1995	1998	2001	2004		
Indalf	72,0	75,9	54,1	91,9	84,8		71,3	65,5	78,5	66,2	94,3		57,7	58,0	55,4	53,6	66,2		51,4	66,3	54,5	63,9	72,5		
Indesc 1	46,9	44,9	35,1	39,1	52,0		50,7	44,0	51,6	42,6	32,8		50,0	46,4	40,7	37,0	36,9		39,8	50,3	44,8	58,9	48,3		
Indesc 2	4,2	3,2	8,4	2,6	5,1		1,3	3,7	0,0	2,5	4,4		0,0	1,5	0,0	0,0	4,6		0,0	0,0	0,0	0,0	0,0		
INDEDUC	32,5	32,0	26,7	32,7	37,1		32,4	30,0	33,5	29,0	31,7		28,9	28,4	25,2	23,5	27,9		24,1	30,7	26,5	33,3	31,2		
Ninf	98,6	98,7	100,0	100,0	100,0		98,7	100,0	100,0	97,5	100,0		87,1	93,3	95,1	100,0	96,0		90,0	90,3	94,5	100,0	95,5		
Jorn	11,5	21,4	9,9	18,0	33,8		25,6	26,6	23,8	27,4	25,2		42,4	30,2	41,1	60,3	58,0		46,2	39,8	23,8	82,7	69,4		
Cart	38,0	42,7	41,4	44,5	45,9		39,2	43,9	70,3	34,3	57,1		0,0	4,4	1,8	5,9	1,7		5,1	2,5	2,1	0,0	4,8		
Prev	40,5	42,7	41,4	44,5	45,9		39,1	40,3	70,3	34,3	59,9		0,7	7,1	1,8	5,9	1,7		5,1	2,5	2,1	0,0	4,8		
INDFORMAL	50,1	53,6	51,7	55,6	57,4		51,8	54,3	71,8	48,7	64,4		26,2	29,6	28,9	35,0	31,1		30,4	28,0	26,8	33,9	34,3		
Npob	61,2	77,8	86,7	72,2	70,6		56,8	60,7	71,4	60,9	86,1		21,1	41,2	36,8	16,7	27,8		12,9	32,6	30,2	15,0	15,2		
Rend (1)	0,31	214,54	285,96	301,75	389,50		0,27	147,95	203,29	282,60	616,45		0,13	113,42	129,01	112,17	186,93		0,11	99,28	107,63	91,01	142,03		
Rendc (2)	442,00	458,84	505,92	436,82	414,85		379,85	316,42	359,66	409,10	656,56		189,07	242,57	228,25	162,38	199,09		154,53	212,33	190,42	131,75	151,27		
Rendp (3)	52,1	54,7	62,2	51,3	47,8		42,3	32,3	39,1	46,9	85,9		12,2	20,6	18,4	8,0	13,8		6,7	15,8	12,4	3,1	6,2		
INDRENDA	57,6	68,6	76,9	63,8	61,5		51,0	49,3	58,5	55,3	86,0		17,5	33,0	29,4	13,2	22,2		10,4	25,9	23,1	10,3	11,6		
Auxmor	38,3	12,3	20,4	32,7	52,7		60,5	66,4	62,8	53,8	62,4		9,2	14,1	15,1	16,5	19,2		6,2	11,1	10,6	9,6	11,3		
Auxalim	53,0	37,4	42,5	36,7	39,4		30,3	34,7	26,5	37,1	42,1		27,2	31,3	32,7	43,7	45,2		33,9	34,8	42,3	27,7	38,8		
Auxtrans	25,1	23,0	8,3	21,0	29,7		2,8	1,9	18,8	4,9	9,5		14,2	16,1	6,2	14,0	9,5		8,1	3,5	2,4	5,0	4,4		
Auxeduc	0,0	0,0	0,0	0,0	2,2		0,7	1,9	0,0	0,0	0,0		0,0	0,0	0,0	0,0	0,7		0,0	0,0	0,0	0,0	0,0		
Auxau	0,0	7,0	0,0	0,0	5,7		0,7	1,9	0,0	0,0	3,2		0,0	0,0	0,0	0,0	0,0		0,0	0,0	0,0	0,0	3,2		
INDAUX	24,8	16,2	15,2	19,4	28,2		23,2	25,8	25,0	22,5	27,1		10,2	12,6	11,5	15,4	15,8		8,5	9,6	10,6	8,1	11,1		
IQE	45,2	48,7	49,8	48,0	50,2		43,2	43,1	52,1	42,9	59,5		21,3	28,0	25,7	22,0	25,0		18,8	25,1	23,0	21,6	22,2		

Fonte: Elaboração do Autor a partir dos microdados da Pnad.
(1) Rendimento médio mensal, em Reais, valores correntes.
(2) Rendimento médio mensal, corrigido pelo INPC, do IBGE, para dezembro de 2005.
(3) Rendimento médio mensal padronizado pelo método dos valores máximos e mínimos.

Tabela A14. Progresso relativo do IQE dos empregados permanentes e dos empregados temporários, em porcentagem. Cultura do arroz, Brasil, 1992-2004

Índices parciais e IQE	Empregado permanente									Empregado temporário								
	Urbano				Rural				Urbano				Rural			
	1992-95	1995-98	2001-04	1992-04	1992-95	1995-98	2001-04	1992-04	1992-95	1995-98	2001-04	1992-04	1992-95	1995-98	2001-04	1992-04
Indalf	13,7	-90,1	-87,8	45,5	-20,3	37,6	83,1	80,1	0,7	-6,3	27,2	20,1	30,6	-34,8	24,0	43,6
Indesc 1	-3,7	-18,0	21,2	9,6	-13,7	13,6	-17,1	-36,5	-7,0	-10,7	-0,2	-26,1	17,5	-11,0	-25,7	14,2
Indesc 2	-1,0	5,3	2,6	1,0	2,5	-3,9	2,0	3,2	1,5	-1,5	4,6	4,6	0,0	0,0	0,0	0,0
INDEDUC	**-0,6**	**-7,9**	**6,6**	**6,9**	**-3,6**	**5,0**	**3,8**	**-1,0**	**-0,8**	**-4,5**	**5,8**	**-1,5**	**8,7**	**-6,1**	**-3,2**	**9,4**
Ninf	11,9	100,0	–	100,0	100,0	–	100,0	100,0	47,9	26,4	–	69,0	3,3	42,8	–	55,2
Jorn	11,2	-14,6	19,2	25,2	1,3	-3,9	-2,9	-0,6	-21,2	15,6	-5,8	27,0	-11,9	-26,6	-77,3	43,0
Cart	7,6	-2,2	2,6	12,7	7,7	47,1	34,7	29,4	4,4	-2,7	-4,4	1,7	-2,7	-0,4	4,8	-0,3
Prev	3,6	-2,2	2,6	9,0	2,1	50,2	38,9	34,2	6,5	-5,7	-4,4	1,0	-2,7	-0,4	4,8	-0,3
INDFORMAL	**7,0**	**-4,1**	**6,2**	**14,7**	**5,1**	**38,5**	**30,6**	**26,1**	**4,6**	**-1,0**	**-6,0**	**6,6**	**-3,4**	**-1,7**	**0,6**	**5,7**
Npob	42,7	40,0	-5,9	24,2	8,9	27,4	64,3	67,7	25,4	-7,4	13,3	13,3	22,6	-3,6	0,2	2,5
Rend	5,5	16,4	-7,1	-8,9	-17,3	10,1	73,5	75,6	9,6	-2,8	6,3	1,8	9,8	-4,1	3,2	-0,6
INDRENDA	**25,9**	**26,4**	**-6,5**	**9,2**	**-3,5**	**18,1**	**68,7**	**74,1**	**18,7**	**-5,2**	**10,3**	**5,6**	**17,3**	**-3,8**	**1,5**	**1,3**
Auxmor	-42,3	9,3	29,7	23,3	14,9	-10,6	18,6	4,9	5,3	1,2	3,1	10,9	5,3	-0,6	1,8	5,4
Auxalim	-33,2	8,1	4,3	-28,9	6,3	-12,6	7,8	16,8	5,7	2,1	2,6	24,8	1,3	11,5	15,3	7,4
Auxtrans	-2,7	-19,0	11,1	6,2	-0,9	17,2	4,8	7,0	2,2	-11,8	-5,3	-5,5	-5,0	-1,2	-0,6	-4,0
Auxeduc	0,0	0,0	2,2	2,2	0,0	0,0	0,0	0,0	0,0	0,0	0,0	0,0	0,0	0,0	0,0	0,0
Auxau	7,0	-7,5	5,7	5,7	1,1	-1,9	3,2	2,5	2,7	0,0	0,7	0,7	-0,0	0,0	3,2	3,2
INDAUX	**-11,5**	**-1,1**	**11,0**	**4,5**	**3,4**	**-1,1**	**5,9**	**5,1**	**2,7**	**-1,3**	**0,4**	**6,2**	**1,1**	**1,1**	**3,3**	**2,8**
IQE	**6,4**	**2,1**	**4,3**	**9,1**	**0,0**	**15,7**	**29,0**	**28,7**	**8,4**	**-3,2**	**3,8**	**4,7**	**7,7**	**-2,8**	**0,7**	**4,2**

Fonte: Elaboração do Autor a partir dos microdados da Pnad.

Tabela A15. Índice de qualidade de emprego (IQE) dos empregados permanentes e dos empregados temporários. Cultura do café, Brasil, 1992-2004

| Índices parciais e IQE | Empregado permanente ||||||||||||| Empregado temporário |||||||||||||
| | Urbano |||||| Rural |||||| Urbano |||||| Rural ||||||
	1992	1995	1998	2001	2004	1992	1995	1998	2001	2004	1992	1995	1998	2001	2004	1992	1995	1998	2001	2004
Indalf	50,0	47,0	67,9	73,4	77,8	66,0	69,8	72,5	77,7	79,9	63,9	61,2	67,6	69,5	81,1	57,0	70,4	75,3	68,2	77,6
Indesc 1	37,2	35,1	48,9	51,0	44,5	56,4	64,2	59,2	57,6	48,1	56,1	45,7	51,4	50,0	44,1	53,0	67,0	61,1	51,0	48,4
Indesc 2	3,4	6,1	0,0	5,0	10,7	2,6	0,6	3,0	3,7	7,0	0,0	1,4	1,3	2,1	8,6	0,7	0,7	1,3	3,7	6,9
INDEDUC	**24,4**	**24,3**	**30,5**	**34,6**	**35,6**	**34,0**	**36,6**	**36,4**	**37,1**	**35,7**	**32,3**	**28,7**	**31,9**	**32,1**	**35,1**	**30,2**	**37,8**	**36,9**	**33,0**	**35,3**
Ninf	97,1	94,7	98,8	100,0	99,2	93,0	96,3	95,8	98,7	98,1	88,1	83,3	96,6	96,4	98,6	81,0	87,4	88,7	92,8	98,6
Jom	50,1	56,0	25,8	41,7	51,3	45,7	40,8	37,6	46,1	46,9	36,6	45,2	42,9	43,7	54,8	46,8	53,9	50,1	75,3	68,5
Cart	29,0	43,1	44,3	54,3	63,2	27,0	30,8	37,8	43,5	46,0	2,6	13,6	13,3	14,3	32,6	0,7	11,5	11,1	3,8	12,7
Prev–	26,2	42,5	46,2	54,3	63,2	25,3	31,0	38,1	45,8	46,9	1,5	14,2	13,7	14,5	32,6	0,0	12,1	12,1	3,8	12,7
INDFORMAL	**47,0**	**56,8**	**55,7**	**63,8**	**70,4**	**44,6**	**47,8**	**51,8**	**57,7**	**58,9**	**26,9**	**35,5**	**37,0**	**37,6**	**51,1**	**25,3**	**35,0**	**34,7**	**33,7**	**40,0**
Npob	25,0	57,0	69,2	50,5	53,3	32,7	56,1	55,8	46,5	43,2	12,1	54,4	62,5	29,7	34,2	6,4	42,1	39,7	12,5	22,6
Rend (1)	0,21	163,06	190,53	250,12	319,61	0,19	151,41	194,57	220,35	297,16	0,13	137,82	169,75	170,79	264,34	0,10	108,29	155,10	158,44	261,29
Rendc (2)	291,04	348,74	337,09	362,08	340,41	271,94	323,82	344,24	318,99	316,50	180,63	294,76	300,32	247,24	281,54	146,60	231,60	274,40	229,36	278,29
Rendp (3)	28,3	37,4	35,5	39,5	36,1	25,2	33,4	36,7	32,7	32,3	10,8	28,8	29,7	21,4	26,8	5,5	18,9	25,6	18,5	26,3
INDRENDA	**26,3**	**49,1**	**55,7**	**46,1**	**46,4**	**29,7**	**47,1**	**48,1**	**40,9**	**38,8**	**11,6**	**44,1**	**49,4**	**26,4**	**31,2**	**6,0**	**32,8**	**34,1**	**14,9**	**24,1**
Auxmor	6,1	7,2	13,3	6,8	11,4	69,0	66,8	71,6	79,5	68,7	5,4	2,9	9,0	2,7	3,5	20,9	23,9	17,9	21,4	15,8
Auxalim	3,4	10,8	16,5	16,2	14,7	11,4	12,9	15,7	20,5	26,8	3,4	3,9	6,1	5,2	3,3	3,8	8,9	7,1	6,4	6,0
Auxtrans	37,9	49,4	39,0	34,0	38,1	4,1	8,4	3,1	6,9	2,3	41,4	45,9	53,6	38,4	49,7	7,8	12,7	17,7	8,0	17,0
Auxeduc	0,0	0,0	0,0	0,0	0,0	0,0	0,0	0,3	0,0	0,0	0,0	1,2	0,0	0,0	0,0	0,0	0,0	1,0	1,0	0,0
Auxau	0,0	1,6	1,2	4,0	7,1	0,3	1,4	3,0	3,1	3,7	0,0	0,0	1,2	1,1	0,6	0,0	0,0	1,8	1,0	0,0
INDAUX	**8,7**	**12,8**	**13,6**	**11,7**	**14,0**	**22,5**	**22,9**	**24,5**	**28,0**	**25,6**	**9,1**	**9,5**	**12,9**	**8,5**	**10,1**	**7,6**	**10,0**	**9,1**	**8,7**	**7,7**
IQE	**29,3**	**40,7**	**44,1**	**43,6**	**46,2**	**33,8**	**41,4**	**43,2**	**43,1**	**42,0**	**20,0**	**33,2**	**36,6**	**28,2**	**34,6**	**16,9**	**31,1**	**31,1**	**23,2**	**28,6**

Fonte: Elaboração do Autor a partir dos microdados da Pnad.
(1) Rendimento médio mensal, em Reais, valores correntes.
(2) Rendimento médio mensal, corrigido pelo INPC, do IBGE, para dezembro de 2005.
(3) Rendimento médio mensal padronizado pelo método dos valores máximos e mínimos.

Tabela A16. Progresso relativo do IQE dos empregados permanentes e dos empregados temporários, em porcentagem. Cultura do café, Brasil. 1992-2004

Índices parciais e IQE	Empregado Permanente								Empregado Temporário							
	Urbano				Rural				Urbano				Rural			
	1992-95	1995-98	2001-04	1992-04	1992-95	1995-98	2001-04	1992-04	1992-95	1995-98	2001-04	1992-04	1992-95	1995-98	2001-04	1992-04
Indalf	-5,9	39,5	16,5	55,7	11,2	8,8	10,0	41,0	-7,4	16,5	37,9	47,5	31,3	16,6	29,6	48,0
Indesc 1	-3,4	21,2	-13,4	11,5	17,8	-13,8	-22,4	-19,2	-23,6	10,5	-11,8	-27,2	29,7	-17,8	-5,4	-9,9
Indesc 2	2,8	-6,5	6,0	7,6	-2,1	2,4	3,5	4,5	1,4	-0,2	6,6	8,6	0,1	0,6	3,4	6,3
INDEDUC	-0,2	8,2	1,6	14,8	3,9	-0,3	-2,3	2,5	-5,3	4,5	4,4	4,1	10,9	-1,5	3,4	7,3
Ninf	-81,6	78,0	—	71,3	46,8	-12,9	-45,7	73,0	1,9	70,8	59,7	87,8	33,8	9,9	80,6	92,6
Jorn	11,8	-68,7	16,5	2,5	-9,0	-5,4	1,6	2,3	13,5	-4,2	19,7	28,7	13,4	-8,4	-27,6	40,8
Cart	19,9	2,2	19,4	48,2	5,3	10,1	4,5	26,0	11,3	-0,3	21,3	30,8	10,8	-0,4	9,2	12,1
Prev	22,1	6,4	19,4	50,1	7,7	10,3	2,0	28,9	12,9	-0,6	21,1	31,5	12,1	0,0	9,2	12,7
INDFORMAL	18,5	-2,6	18,3	44,1	5,8	7,7	2,7	25,8	11,8	2,3	21,6	33,1	12,9	-0,5	9,5	19,7
Npob	42,7	28,5	5,8	37,8	34,9	-0,8	-6,1	15,6	48,1	17,7	6,4	25,2	38,1	-4,1	11,5	17,3
Rend	12,7	-2,9	-5,6	10,9	10,9	4,8	-0,6	9,4	20,2	1,2	6,9	17,9	14,2	8,3	9,5	22,0
INDRENDA	31,0	13,0	0,6	27,3	24,7	2,1	-3,6	13,0	36,6	9,3	6,6	22,2	28,5	1,9	10,8	19,2
Auxmor	1,2	6,5	5,0	5,7	-7,2	14,4	-52,3	-1,0	-2,6	6,3	0,8	-2,0	3,9	-7,9	-7,1	-6,4
Auxalim	7,6	6,4	-1,7	11,7	1,6	3,2	7,9	17,4	0,5	2,3	-2,0	-0,1	5,3	-2,0	-0,4	2,3
Auxtrans	18,4	-20,6	6,2	0,3	4,5	-5,8	-5,0	-1,9	7,6	14,2	18,3	14,1	5,4	5,6	9,8	10,0
Auxeduc	0,0	0,0	0,0	0,0	0,0	0,3	0,0	0,0	1,2	-1,2	0,0	0,0	0,0	1,0	-1,1	0,0
Auxau	1,6	-0,5	3,2	7,1	1,1	1,6	0,7	3,4	0,0	1,2	-0,5	0,6	0,0	1,8	-1,1	0,0
INDAUX	4,5	1,0	2,6	5,8	0,5	2,1	-3,4	4,0	0,4	3,8	1,8	1,1	2,5	-1,0	-1,1	0,0
IQE	16,2	5,8	4,6	24,0	11,5	3,0	-1,9	12,3	16,5	5,1	9,0	18,3	17,0	0,1	7,0	14,0

Fonte: Elaboração do Autor a partir dos microdados da Pnad.

Tabela A17. Índice de qualidade de emprego (IQE) dos empregados permanentes e dos empregados temporários. Cultura da cana-de-açúcar, Brasil, 1992-2004

| Índices parciais e IQE | Empregado permanente ||||||||||||| Empregado temporário |||||||||||||
| | Urbano |||||| Rural |||||| Urbano |||||| Rural ||||||
	1992	1995	1998	2001	2004	1992	1995	1998	2001	2004	1992	1995	1998	2001	2004	1992	1995	1998	2001	2004
Indalf	61,7	64,8	70,8	74,1	75,4	43,9	48,2	57,6	45,9	50,4	62,8	64,7	65,4	70,6	76,0	43,0	44,9	56,9	55,8	61,2
Indesc 1	43,3	43,1	48,7	49,8	40,5	35,7	34,8	41,0	31,8	33,6	48,3	48,8	47,4	48,1	46,6	37,6	39,7	47,4	43,3	36,3
Indesc 2	1,5	1,2	2,5	6,6	11,3	1,9	4,4	3,3	2,8	5,5	0,2	1,3	3,6	2,9	5,4	0,3	2,0	1,9	2,0	3,6
INDEDUC	28,0	28,4	32,1	35,0	33,9	22,0	23,6	27,2	21,4	24,2	29,4	30,4	31,1	32,0	33,6	21,8	23,8	28,7	27,1	26,3
Ninf	96,3	95,8	99,5	99,2	100,0	91,4	94,4	96,9	98,6	99,6	89,2	94,1	97,1	98,4	98,8	85,3	87,2	94,9	95,1	99,2
Jorn	37,3	37,3	37,1	37,3	40,6	36,2	28,3	42,8	48,7	41,0	40,0	32,0	36,6	35,8	38,9	45,5	54,0	54,8	56,9	47,7
Cart	75,3	78,5	82,6	90,5	93,0	60,3	66,0	64,6	65,4	64,9	47,9	59,2	57,1	63,8	66,8	19,3	31,3	34,9	26,8	39,7
Prev–	65,0	76,2	84,0	91,4	93,4	48,9	65,2	65,4	66,0	65,3	45,9	58,7	57,1	64,8	68,8	18,8	30,2	34,9	28,2	42,8
INDFORMAL	72,8	77,0	81,6	86,4	88,5	61,6	68,0	69,9	71,5	70,5	56,3	64,1	64,2	69,0	71,7	38,1	47,1	51,7	47,2	55,9
Npob	57,6	72,2	74,0	73,1	69,6	41,8	56,6	49,3	43,4	41,6	44,9	60,1	56,5	56,3	53,3	26,7	34,6	44,1	23,2	26,0
Rend (1)	0,28	193,36	251,61	302,77	430,62	0,21	184,42	210,76	205,08	314,47	0,21	158,06	191,80	249,76	375,50	0,16	108,29	155,10	158,44	261,29
Rendc (2)	399,37	413,54	445,15	438,30	458,64	294,98	394,42	372,88	296,88	334,93	295,79	338,05	339,33	361,56	399,94	225,85	231,60	274,40	229,36	278,29
Rendp (3)	45,4	47,6	52,6	51,5	54,7	28,9	44,6	41,2	29,2	35,2	29,0	35,7	35,9	39,4	45,4	18,0	18,9	25,6	18,5	26,3
INDRENDA	52,7	62,3	65,4	64,4	63,7	36,6	51,8	46,1	37,7	39,1	38,5	50,3	48,2	49,5	50,2	23,2	28,3	36,7	21,3	26,1
Auxmor	8,8	4,9	3,5	3,3	4,8	60,6	69,7	63,8	58,7	56,8	4,5	1,9	0,6	4,8	1,0	22,5	15,1	21,0	20,8	28,1
Auxalim	4,8	10,6	16,7	12,3	26,6	3,4	9,1	8,7	2,8	10,2	1,8	9,5	8,1	9,6	7,1	5,5	16,8	11,3	6,3	8,2
Auxtrans	41,6	62,4	63,1	58,7	66,1	11,2	20,1	32,2	27,6	29,6	63,1	65,0	61,1	65,1	58,0	36,4	34,8	35,2	21,3	37,4
Auxeduc	0,5	0,0	0,0	0,5	2,2	0,3	0,0	4,7	1,0	0,9	0,0	0,0	1,0	0,4	0,0	0,0	0,0	0,0	0,0	0,0
Auxau	12,8	21,4	4,6	13,5	18,8	8,3	13,8	11,1	2,6	8,3	6,5	13,4	9,6	8,0	10,6	2,7	3,1	1,6	5,7	0,9
INDAUX	13,3	18,9	16,0	16,5	22,5	21,4	27,2	27,2	21,6	23,8	13,7	16,5	14,5	16,1	14,0	12,4	12,1	12,6	10,9	14,2
IQE	47,4	53,0	55,7	57,4	58,4	38,5	46,9	46,2	41,7	42,7	38,0	45,1	44,2	46,5	47,5	25,6	30,4	35,8	28,5	33,0

Fonte: Elaboração do Autor a partir dos microdados da Pnad.
(1) Rendimento médio mensal, em Reais, valores correntes.
(2) Rendimento médio mensal, corrigido pelo INPC, do IBGE, para dezembro de 2005.
(3) Rendimento médio mensal padronizado pelo método dos valores máximos e mínimos.

Tabela A18. Progresso relativo do IQE dos empregados permanentes e dos empregados temporários, em porcentagem. Cultura da cana-de-açúcar, Brasil. 1992-2004

Índices parciais e IQE	Empregado permanente								Empregado temporário							
	Urbano				Rural				Urbano				Rural			
	1992-95	1995-98	2001-04	1992-04	1992-95	1995-98	2001-04	1992-04	1992-95	1995-98	2001-04	1992-04	1992-95	1995-98	2001-04	1992-04
Indalf	8,1	17,0	4,9	35,7	7,7	18,2	8,3	11,6	4,9	2,1	18,4	35,5	3,4	21,7	12,3	31,9
Indesc 1	-0,4	9,8	-18,6	-5,1	-1,4	9,6	2,6	-3,2	0,9	-2,7	-3,0	-3,4	3,4	12,8	-12,4	-2,2
Indesc 2	-0,3	1,3	5,0	9,9	2,5	-1,2	2,8	3,7	1,1	2,3	2,6	5,2	1,8	-0,2	1,6	3,3
INDEDUC	**0,5**	**5,2**	**-1,6**	**8,3**	**2,1**	**4,6**	**3,5**	**2,7**	**1,4**	**1,0**	**2,3**	**6,0**	**2,4**	**6,5**	**-1,1**	**5,7**
Ninf	-13,3	87,1	100,0	100,0	34,0	45,1	67,4	94,7	44,7	51,1	23,7	88,9	13,2	59,7	84,2	94,8
Jom	-0,1	-0,3	5,2	5,2	-12,3	20,2	-15,0	7,6	-13,3	6,8	4,9	-1,8	15,6	1,6	-21,5	3,9
Cart	13,1	18,9	26,7	71,9	14,3	-4,2	-1,6	11,5	21,5	-5,0	8,4	36,3	14,8	5,4	17,7	25,3
Prev	32,0	32,9	23,3	81,1	31,9	0,5	-1,9	32,1	23,6	-3,8	11,4	42,4	14,0	6,9	20,4	29,6
INDFORMAL	**15,7**	**19,8**	**15,2**	**57,8**	**16,8**	**6,0**	**-3,8**	**23,1**	**17,9**	**0,3**	**8,7**	**35,3**	**14,5**	**8,7**	**16,4**	**28,7**
Npob	34,4	6,6	-12,8	28,4	25,4	-16,6	-3,2	-0,2	27,6	-9,0	-6,7	15,4	10,9	14,5	3,6	-1,0
Rend	4,1	9,5	6,6	17,1	22,1	-6,1	8,5	8,9	9,4	0,3	10,0	23,1	1,1	8,3	9,5	10,1
INDRENDA	**20,4**	**8,2**	**-2,2**	**23,2**	**23,9**	**-11,8**	**2,1**	**3,9**	**19,2**	**-4,2**	**1,3**	**19,0**	**6,7**	**11,7**	**6,0**	**3,7**
Auxmor	-4,3	-1,5	1,6	-4,3	23,0	-19,3	-4,4	-9,5	-2,7	-1,3	-3,9	-3,6	-9,4	6,9	9,2	7,3
Auxalim	6,2	6,8	16,3	22,9	5,8	-0,4	7,6	7,0	7,9	-1,6	-2,8	5,4	12,0	-6,6	2,0	2,9
Auxtrans	35,6	1,9	18,1	42,1	10,0	15,2	2,7	20,7	5,1	-11,0	-20,1	-13,7	-2,5	0,6	20,4	1,5
Auxeduc	-0,5	0,0	1,8	1,7	-0,3	4,7	-0,1	0,6	0,0	1,0	-0,4	0,0	0,0	0,0	0,0	0,0
Auxau	9,9	-21,4	6,1	6,9	6,0	-3,1	5,8	0,0	7,3	-4,3	2,8	4,3	0,4	-1,6	-5,1	-1,9
INDAUX	**6,5**	**-3,6**	**7,2**	**10,5**	**7,4**	**0,1**	**2,8**	**3,0**	**3,2**	**-2,4**	**-2,6**	**0,3**	**-0,3**	**0,5**	**3,7**	**2,1**
IQE	**10,5**	**5,8**	**2,4**	**21,0**	**13,7**	**-1,3**	**1,8**	**6,9**	**11,3**	**-1,5**	**1,9**	**15,3**	**6,4**	**7,7**	**6,3**	**9,9**

Fonte: Elaboração do Autor a partir dos microdados da Pnad.

Tabela A19. Índice de qualidade de emprego (IQE) dos empregados permanentes e dos empregados temporários. Cultura da mandioca, Brasil, 1992-2004

| Índices parciais e IQE | Empregado permanente ||||||||||||| Empregado temporário |||||||||||||
| | Urbano |||||| Rural |||||| Urbano |||||| Rural ||||||
	1992	1995	1998	2001	2004	1992	1995	1998	2001	2004	1992	1995	1998	2001	2004	1992	1995	1998	2001	2004
Indalf	51,2	34,3	45,0	72,9	61,2	26,5	35,0	29,1	55,7	59,1	57,9	58,7	48,7	55,9	74,6	40,6	37,8	49,1	47,0	54,5
Indesc 1	44,4	22,0	18,8	42,5	32,8	23,2	24,7	22,9	43,0	41,6	48,7	46,4	34,1	31,2	42,1	38,0	32,7	42,3	41,3	40,2
Indesc 2	0,0	2,9	15,2	0,0	14,3	0,0	0,0	0,0	3,7	10,1	0,7	3,9	2,9	4,9	7,2	0,0	1,3	2,3	1,2	1,4
INDEDUC	25,7	15,7	22,1	29,2	29,9	13,4	15,5	13,8	27,7	30,7	28,8	29,6	22,8	24,0	32,6	21,4	19,5	25,6	24,4	25,5
Ninf	89,5	96,8	100,0	94,3	96,5	95,8	86,1	96,8	100,0	99,1	89,2	91,4	93,9	96,2	95,4	93,2	90,8	94,3	93,0	95,1
Jom	59,2	62,5	52,5	44,8	69,6	46,9	59,8	46,0	44,8	65,5	71,7	52,2	45,9	49,2	70,7	70,3	73,6	69,7	71,5	75,3
Cart	8,9	11,6	15,8	0,0	2,1	3,8	0,0	15,1	21,8	8,7	0,0	0,0	0,0	0,0	0,0	0,0	0,0	0,5	0,0	0,0
Prev–	8,9	11,6	15,8	0,0	2,1	3,8	0,0	15,1	21,8	8,7	0,0	0,0	0,0	0,0	0,0	0,0	0,0	0,5	0,0	0,0
INDFORMAL	34,3	38,2	40,4	28,0	32,8	31,0	27,8	38,4	43,3	37,2	30,0	28,2	28,0	29,0	31,4	30,8	30,6	31,3	30,9	31,9
Npob	20,0	26,1	45,5	45,8	25,6	10,9	17,1	17,7	20,6	11,8	7,5	33,3	25,0	13,8	16,8	2,8	9,4	10,4	3,9	3,4
Rend (1)	0,13	102,76	173,41	158,63	221,62	0,11	80,93	106,94	166,50	200,31	0,12	93,02	98,69	123,59	205,97	0,08	68,27	81,89	89,89	143,39
Rendc (2)	181,89	219,77	306,80	229,64	236,04	156,25	173,09	189,20	241,03	213,34	172,89	198,94	174,60	178,91	219,37	111,88	146,01	144,88	130,13	152,72
Rendp (3)	11,0	17,0	30,7	18,6	19,6	7,0	9,7	12,2	20,4	16,0	9,6	13,7	9,9	10,6	17,0	0,0	5,4	5,2	2,9	6,4
INDRENDA	16,4	22,5	39,6	34,9	23,2	9,4	14,1	15,5	20,5	13,5	8,3	25,5	19,0	12,5	16,9	1,7	7,8	8,3	3,5	4,6
Auxmor	6,0	9,6	6,4	22,4	16,0	42,7	51,3	38,8	43,2	22,3	1,3	1,6	3,9	7,3	3,3	2,8	4,4	3,0	3,5	2,2
Auxalim	20,9	41,2	29,0	33,2	41,8	19,0	22,2	12,5	8,6	16,1	15,7	11,2	12,5	14,6	13,4	11,2	23,6	14,1	18,3	13,6
Auxtrans	6,2	7,9	20,9	23,2	12,4	0,0	0,0	2,9	4,4	0,0	36,2	16,6	17,2	12,9	16,1	1,4	0,0	1,4	1,4	0,0
Auxeduc	0,0	0,0	0,0	9,3	0,0	0,0	0,0	0,0	0,0	2,6	0,0	0,0	0,0	0,0	0,0	0,0	0,0	0,0	0,0	0,0
Auxau	0,0	0,0	0,0	9,3	0,0	3,7	0,0	0,0	0,0	0,0	9,6	0,0	0,0	0,0	0,0	0,0	0,0	0,5	0,0	0,0
INDAUX	6,8	12,1	11,0	19,8	14,6	16,4	18,7	13,7	14,5	9,7	9,6	5,5	6,4	7,0	6,3	2,9	5,4	3,4	4,3	3,0
IQE	22,1	24,1	31,9	29,4	26,1	17,6	19,1	21,5	27,7	23,4	19,1	24,1	20,5	18,9	22,8	14,5	16,5	17,9	15,9	16,6

Fonte: Elaboração do Autor a partir dos microdados da Pnad.
(1) Rendimento médio mensal, em Reais, valores correntes.
(2) Rendimento médio mensal, corrigido pelo INPC, do IBGE, para dezembro de 2005.
(3) Rendimento médio mensal padronizado pelo método dos valores máximos e mínimos.

Tabela A20. Progresso relativo do IQE dos empregados permanentes e dos empregados temporários, em porcentagem. Cultura da mandioca, Brasil. 1992-2004

| Índices parciais e IQE | Empregado permanente ||||||||| Empregado temporário |||||||||
| | Urbano |||| Rural |||| Urbano |||| Rural ||||
	1992-95	1995-98	2001-04	1992-04	1992-95	1995-98	2001-04	1992-04	1992-95	1995-98	2001-04	1992-04	1992-95	1995-98	2001-04	1992-04
Indalf	-34,7	16,3	-43,5	20,4	11,5	-9,0	7,5	44,3	2,0	-24,2	42,3	39,7	-4,7	18,2	14,1	23,4
Indesc 1	-40,2	-4,2	-16,9	-20,9	1,9	-2,4	-2,5	23,9	-4,3	-23,0	15,9	-12,7	-8,6	14,3	-1,9	3,6
Indesc 2	2,9	12,6	14,3	14,3	0,0	0,0	6,6	10,1	3,3	-1,1	2,5	6,6	1,3	1,1	0,2	1,4
INDEDUC	**-13,4**	**7,6**	**1,0**	**5,6**	**2,5**	**-2,1**	**4,1**	**20,0**	**1,2**	**-9,7**	**11,3**	**5,3**	**-2,4**	**7,6**	**1,4**	**5,2**
Ninf	69,8	100,0	37,7	66,1	-231,10	76,6	—	78,0	20,2	29,8	-21,1	57,1	-36,0	38,1	30,3	28,5
Jorn	8,0	-26,7	44,8	25,4	24,2	-34,3	37,6	35,1	-68,8	-13,3	42,3	-3,6	10,9	-14,7	13,2	16,6
Cart	3,0	4,7	2,1	-7,5	-3,9	15,1	-16,8	5,2	0,0	0,0	0,0	0,0	0,0	0,5	0,0	0,0
Prev	3,0	4,7	2,1	-7,5	-3,9	15,1	-16,8	5,2	0,0	0,0	0,0	0,0	0,0	0,5	0,0	0,0
INDFORMAL	**5,9**	**3,6**	**6,7**	**-2,2**	**-4,6**	**14,6**	**-10,8**	**9,0**	**-2,6**	**-0,2**	**3,4**	**1,9**	**-0,3**	**1,0**	**1,4**	**1,5**
Npob	7,6	26,2	-37,3	7,1	7,0	0,6	-11,1	0,9	27,9	-12,5	3,5	10,0	6,8	1,0	-0,5	0,6
Rend	6,7	16,5	1,2	9,6	2,9	2,8	-5,5	9,7	4,5	-4,5	7,1	8,1	5,4	-0,2	3,7	6,4
INDRENDA	**7,2**	**22,1**	**-18,0**	**8,1**	**5,3**	**1,5**	**-8,9**	**4,5**	**18,7**	**-8,8**	**5,0**	**9,3**	**6,2**	**0,5**	**1,2**	**3,0**
Auxmor	3,9	-3,6	-8,2	10,6	15,0	-25,7	-36,7	-35,5	0,4	2,3	-4,4	2,0	1,7	-1,4	-1,4	-0,6
Auxalim	25,6	-20,7	12,8	26,4	3,9	-12,5	8,2	-3,6	-5,3	-1,5	-1,3	-2,6	13,9	12,3	-5,7	2,7
Auxtrans	1,8	14,1	-14,1	6,6	0,0	2,9	-4,6	0,0	-30,7	0,7	3,7	-31,5	-1,4	1,4	-1,4	-1,4
Auxeduc	0,0	0,0	0,0	0,0	0,0	0,0	2,6	2,6	0,0	0,0	0,0	0,0	0,0	0,0	0,0	0,0
Auxau	0,0	0,0	-10,2	0,0	-3,8	0,0	0,0	-3,8	-4,6	0,0	0,0	0,0	0,5	-0,5	0,0	0,0
INDAUX	**5,7**	**-1,2**	**-6,5**	**8,4**	**2,7**	**-6,1**	**-5,6**	**-8,0**	**-4,6**	**1,0**	**-0,8**	**-3,7**	**2,6**	**-2,1**	**-1,4**	**0,1**
IQE	2,5	10,3	-4,7	5,1	1,9	3,0	-6,0	7,1	6,2	-4,8	4,8	4,5	2,4	1,6	0,8	2,6

Fonte: Elaboração do Autor a partir dos microdados da Pnad.

Tabela A21. Índice de qualidade de emprego (IQE) dos empregados permanentes e dos empregados temporários. Cultura do milho, Brasil, 1992-2004

Índices parciais e IQE	Empregado permanente												Empregado temporário												
	Urbano					Rural							Urbano					Rural					
	1992	1995	1998	2001	2004	1992	1995	1998	2001	2004			1992	1995	1998	2001	2004	1992	1995	1998	2001	2004			
Indalf	56,3	53,0	68,6	73,6	66,0	49,5	45,8	54,1	69,6	77,1			51,8	42,1	63,6	59,1	70,8	47,8	44,3	58,4	64,5	70,6			
Indesc 1	43,3	39,9	48,0	48,8	43,3	41,2	39,4	44,0	40,8	47,2			39,5	27,9	45,1	48,8	44,6	41,7	38,7	46,1	50,8	49,8			
Indesc 2	1,9	2,3	0,0	9,6	6,7	1,6	0,7	1,2	1,0	0,0			3,2	2,1	0,9	2,9	2,6	0,3	0,4	0,6	3,4	2,7			
INDEDUC	**27,1**	**25,5**	**30,3**	**35,9**	**31,1**	**24,9**	**23,2**	**26,7**	**28,4**	**31,6**			**25,5**	**19,0**	**28,7**	**30,1**	**30,7**	**24,2**	**22,5**	**27,9**	**32,1**	**32,6**			
Ninf	97,0	99,0	98,8	96,1	96,8	95,8	98,3	99,2	95,7	100,0			89,0	97,3	97,4	98,0	98,2	86,1	92,0	93,5	95,8	96,1			
Jom	39,4	45,6	41,3	39,2	42,6	38,4	48,7	41,5	29,8	46,1			39,2	38,6	42,2	48,1	55,1	46,3	57,4	48,8	57,8	72,7			
Cart	16,1	11,8	20,8	31,3	30,5	11,4	13,7	20,5	24,5	20,7			0,0	3,1	0,0	3,4	5,9	0,3	0,0	0,0	0,9	0,4			
Prev–	14,9	13,9	20,8	32,5	33,1	12,3	13,5	20,5	24,5	23,0			0,6	3,1	0,6	5,0	6,6	0,3	0,4	0,0	1,2	0,4			
INDFORMAL	**38,0**	**37,4**	**42,0**	**48,1**	**48,6**	**35,2**	**38,2**	**41,9**	**42,2**	**43,4**			**26,2**	**30,0**	**28,6**	**31,9**	**34,2**	**26,4**	**29,1**	**28,3**	**30,6**	**32,1**			
Npob	25,3	54,3	43,1	42,9	43,2	20,9	36,8	36,1	30,0	26,1			12,0	41,4	34,7	18,6	27,6	5,9	21,8	20,0	8,9	3,7			
Rend (1)	0,15	165,30	154,79	194,84	336,91	0,14	104,27	142,44	185,32	241,83			0,11	104,28	127,62	133,40	206,29	0,09	82,04	101,37	98,65	149,15			
Rendc (2)	208,79	353,53	273,86	282,06	358,83	201,67	223,0	252,01	268,27	257,57			161,02	223,03	225,79	193,11	219,71	127,62	175,46	179,35	142,81	158,86			
Rendp (3)	15,3	38,1	25,6	26,8	39,0	14,2	17,5	22,1	24,7	23,0			7,8	17,5	18,0	12,8	17,0	2,5	10,0	10,6	4,9	7,4			
INDRENDA	**21,3**	**47,8**	**36,1**	**36,5**	**41,5**	**18,2**	**29,1**	**30,5**	**27,9**	**24,8**			**10,3**	**31,9**	**28,0**	**16,3**	**23,3**	**4,5**	**17,1**	**16,3**	**7,3**	**5,2**			
Auxmor	13,4	17,7	12,8	15,2	28,6	54,6	56,5	57,0	46,6	52,7			2,6	2,8	5,8	5,1	2,1	10,4	5,0	5,7	4,5	5,7			
Auxalim	17,7	23,9	34,8	26,5	27,6	19,2	20,1	12,5	20,4	29,9			19,1	22,0	24,9	21,0	24,3	23,6	22,2	23,7	22,4	33,6			
Auxtrans	7,9	12,8	23,0	26,5	28,1	1,5	3,0	1,4	2,0	2,7			14,5	14,6	17,9	9,7	9,5	4,4	1,6	1,4	0,4	0,3			
Auxeduc	0,0	0,0	0,0	0,0	4,8	0,0	0,0	0,0	0,0	0,0			0,0	0,0	0,0	0,0	0,0	0,0	0,0	0,0	0,0	0,0			
Auxau	0,5	1,7	1,1	2,2	4,8	6,0	5,2	2,5	2,7	2,2			0,0	0,6	0,0	1,6	0,0	0,0	0,0	0,0	0,3	0,0			
INDAUX	**8,5**	**12,0**	**14,5**	**14,3**	**19,5**	**20,6**	**21,3**	**19,4**	**17,8**	**21,2**			**6,9**	**7,7**	**9,5**	**7,5**	**7,0**	**7,6**	**5,4**	**5,9**	**5,2**	**7,4**			
IQE	**25,4**	**34,7**	**33,3**	**36,4**	**38,1**	**24,9**	**29,3**	**31,3**	**30,6**	**31,1**			**17,6**	**25,0**	**25,6**	**22,4**	**25,6**	**15,5**	**20,0**	**20,6**	**18,9**	**19,1**			

Fonte: Elaboração do Autor a partir dos microdados da Pnad.
(1) Rendimento médio mensal, em Reais, valores correntes.
(2) Rendimento médio mensal, corrigido pelo INPC, do IBGE, para dezembro de 2005.
(3) Rendimento médio mensal padronizado pelo método dos valores máximos e mínimos.

Tabela A22. Progresso relativo do IQE dos empregados permanentes e dos empregados temporários, em porcentagem. Cultura do milho. Brasil, 1992-2004

Índices parciais e IQE	Empregado permanente								Empregado temporário							
	Urbano				Rural				Urbano				Rural			
	1992-95	1995-98	2001-04	1992-04	1992-95	1995-98	2001-04	1992-04	1992-95	1995-98	2001-04	1992-04	1992-95	1995-98	2001-04	1992-04
Indalf	-7,5	33,2	-28,8	22,3	15,4	24,8	54,7	-20,1	37,1	28,5	39,3	-6,8	25,3	17,1	43,7
Indesc 1	-6,1	13,4	-10,8	-0,1	7,5	10,8	10,1	-19,1	23,8	-8,1	8,5	-5,1	12,0	-2,0	13,9
Indesc 2	0,4	-2,4	-3,3	4,9	0,6	-1,0	-1,6	-1,1	-1,2	-0,3	-0,7	0,1	0,2	-0,8	2,4
INDEDUC	-2,3	6,5	-7,4	5,4	4,5	4,6	8,9	-8,7	12,0	0,8	6,9	-2,2	7,0	0,7	11,0
Ninf	66,6	-20,2	16,9	-9,8	52,1	100,0	100,0	75,4	4,4	10,0	83,5	42,6	18,4	9,0	72,3
Jorn	10,1	-7,7	5,6	5,3	-14,0	23,2	12,5	-1,0	5,8	13,5	26,2	20,7	-20,2	35,4	49,2
Cart	-5,1	10,2	-1,1	17,2	7,9	-5,0	10,5	3,1	-3,2	2,6	5,9	-0,3	0,0	-0,5	0,1
Prev	-1,2	8,0	1,0	21,5	8,1	-2,0	12,1	2,5	-2,6	1,7	6,1	0,1	-0,4	-0,7	0,1
INDFORMAL	-0,9	7,3	0,9	17,2	6,1	2,1	12,7	5,0	-1,9	3,3	10,8	3,6	-1,1	2,2	7,7
Npob	38,8	-24,5	0,7	24,0	-1,1	-5,6	6,5	33,4	-11,4	11,0	17,7	16,9	-2,3	-5,7	-2,3
Rend	27,0	-20,3	16,6	27,9	5,5	-2,2	10,3	10,6	0,5	4,8	10,0	7,7	0,7	2,7	5,1
INDRENDA	33,7	-22,5	8,0	25,7	2,0	-4,2	8,1	24,0	-5,6	8,4	14,5	13,2	-1,0	-2,3	0,7
Auxmor	5,0	-6,0	15,8	17,5	1,2	11,4	-4,0	0,2	3,1	-3,1	-0,4	-6,1	0,7	1,3	-5,2
Auxalim	7,5	14,3	1,5	12,1	-9,4	12,0	13,2	3,6	3,8	4,1	6,4	-1,8	2,0	14,4	13,1
Auxtrans	5,3	11,7	2,1	22,0	-1,6	0,7	1,2	0,0	3,9	-0,2	-5,9	-2,9	-0,2	-0,2	-4,4
Auxeduc	0,0	0,0	4,8	4,8	0,0	0,0	0,0	0,0	0,0	0,0	0,0	0,0	0,0	0,0	0,0
Auxau	1,3	-0,6	2,7	4,4	-2,9	-0,4	-4,0	0,6	-0,6	-1,6	0,0	0,0	0,0	-0,3	0,0
INDAUX	3,8	2,8	6,1	12,1	-2,4	4,1	0,8	0,8	1,9	-0,5	0,1	-2,3	0,5	2,3	-0,2
IQE	12,5	-2,1	2,7	17,0	2,9	0,7	8,3	8,9	0,8	4,1	9,7	5,3	0,9	0,2	4,3

Fonte: Elaboração do Autor a partir dos microdados da Pnad.

Tabela A23. Índice de qualidade de emprego (IQE) dos empregados permanentes e dos empregados temporários. Cultura da soja, Brasil, 1992-2004

Índices parciais e IQE	Empregado permanente										Empregado temporário									
	Urbano					Rural					Urbano					Rural				
	1992	1995	1998	2001	2004	1992	1995	1998	2001	2004	1992	1995	1998	2001	2004	1992	1995	1998	2001	2004
Indalf	87,7	89,9	92,3	74,7	92,6	84,9	87,5	91,9	87,0	88,2	75,3	75,1	71,1	78,3	79,0	88,2	87,8	70,6	50,1	81,4
Indesc 1	57,1	45,7	40,8	45,8	44,5	52,9	55,9	47,1	48,4	39,6	53,2	49,9	37,8	51,7	36,0	59,4	49,9	40,3	33,1	26,6
Indesc 2	1,3	13,3	15,9	5,0	15,1	4,4	2,1	9,8	8,8	15,2	0,0	4,5	6,2	4,9	10,0	5,7	9,4	3,9	0,0	21,9
INDEDUC	37,8	39,5	39,4	32,9	40,4	37,2	37,7	38,8	37,9	37,8	33,4	34,2	29,9	35,7	32,5	40,7	38,9	29,7	21,4	34,9
Ninf	95,5	98,5	100,0	97,7	97,1	97,4	95,0	99,2	99,0	100,0	93,6	94,7	97,9	100,0	98,2	100,0	95,3	90,8	100,0	98,1
Jorn	10,0	15,8	19,4	9,8	22,7	21,8	13,1	16,4	10,2	20,0	35,7	11,7	6,2	22,0	18,9	25,8	49,8	45,4	18,8	26,7
Cart	44,8	59,6	45,6	59,0	62,9	61,8	57,0	75,3	64,8	62,5	5,2	5,5	0,0	7,7	13,0	0,0	0,0	0,0	0,0	0,0
Prev–	44,1	56,6	49,9	59,0	62,9	60,7	55,2	75,3	64,8	62,9	6,1	5,5	0,0	9,5	13,0	0,0	0,0	2,0	0,0	0,0
INDFORMAL	52,6	62,8	56,7	62,4	66,3	65,2	60,3	74,0	66,4	66,5	30,3	27,6	24,2	32,1	34,2	27,1	28,9	27,8	26,3	26,7
Npob	70,7	87,0	86,2	72,6	91,3	69,2	81,9	87,8	88,9	86,0	34,8	59,3	63,6	37,5	65,2	41,7	45,8	43,3	37,5	41,7
Rend (1)	0,32	241,86	252,22	362,82	700,22	0,41	219,36	401,58	393,95	554,10	0,17	171,10	183,61	293,54	347,44	0,19	116,12	180,73	159,67	262,76
Rendc (2)	451,25	517,27	446,23	525,23	745,79	576,02	469,15	710,48	570,29	590,16	240,02	365,93	324,85	424,94	370,05	272,46	248,35	319,75	231,14	279,86
Rendp (3)	53,5	64,0	52,7	65,2	100,0	73,2	56,4	94,4	72,3	75,4	20,2	40,1	33,6	49,4	40,7	25,3	21,5	32,8	18,8	26,5
INDRENDA	63,8	77,8	72,8	69,6	94,8	70,8	71,7	90,4	82,3	81,8	29,0	51,6	51,6	42,3	55,4	35,1	36,1	39,1	30,0	35,6
Auxmor	29,4	17,4	29,3	30,9	26,4	78,2	81,4	84,5	82,8	78,0	12,7	10,9	16,3	19,0	23,8	40,5	28,2	18,5	27,7	23,0
Auxalim	62,0	57,4	54,4	58,9	47,2	52,4	45,1	53,0	35,6	45,3	30,4	20,4	37,7	25,8	48,1	29,2	11,9	29,7	58,2	33,2
Auxtrans	34,2	25,6	42,5	34,4	47,0	8,0	4,0	6,8	12,5	15,9	22,9	29,9	37,7	28,6	41,5	13,4	4,7	20,3	14,8	16,3
Auxeduc	0,0	7,1	0,0	0,0	0,0	1,0	1,3	3,0	1,9	1,2	0,0	4,5	0,0	0,0	0,0	0,0	0,0	0,0	0,0	0,0
Auxau	5,8	9,0	0,0	8,3	9,4	14,8	9,7	8,0	6,5	6,7	2,5	0,0	0,0	0,0	4,9	17,6	0,0	0,0	0,0	0,0
INDAUX	27,2	23,4	25,7	27,6	26,5	36,0	34,1	36,7	33,4	33,9	13,8	12,6	18,2	15,0	24,0	22,2	10,8	12,8	19,7	14,3
IQE	49,6	57,2	54,1	53,5	64,8	56,9	55,6	66,7	61,0	60,9	28,0	35,1	34,1	33,8	39,7	32,0	30,8	29,9	25,6	29,7

Fonte: Elaboração do Autor a partir dos microdados da Pnad.
(1) Rendimento médio mensal, em Reais, valores correntes.
(2) Rendimento médio mensal, corrigido pelo INPC, do IBGE, para dezembro de 2005.
(3) Rendimento médio mensal padronizado pelo método dos valores máximos e mínimos.

Tabela A24. Progresso relativo do IQE dos empregados permanentes e dos empregados temporários, em porcentagem. Cultura da soja. Brasil, 1992-2004

Índices parciais e IQE	Empregado permanente								Empregado temporário							
	Urbano				Rural				Urbano				Rural			
	1992-95	1995-98	2001-04	1992-04	1992-95	1995-98	2001-04	1992-04	1992-95	1995-98	2001-04	1992-04	1992-95	1995-98	2001-04	1992-04
Indalf	17,8	24,0	70,8	39,7	17,2	35,4	9,1	21,5	-0,9	-15,8	3,0	15,0	-3,5	-140,1	62,7	-57,7
Indesc 1	-26,4	-9,0	-2,4	-29,3	6,2	-19,9	-17,1	-28,3	-7,1	-24,1	-32,4	-36,6	-23,5	-19,2	-9,6	-80,9
Indesc 2	12,2	3,0	10,7	14,0	-2,4	7,8	7,0	11,3	4,5	1,7	5,4	10,0	3,9	-6,1	21,9	17,2
INDEDUC	**2,8**	**-0,2**	**11,2**	**4,2**	**0,8**	**1,8**	**-0,1**	**1,1**	**1,2**	**-6,6**	**-5,0**	**-1,5**	**-3,1**	**-15,1**	**17,1**	**-9,8**
Ninf	65,7	100,0	-28,4	35,0	-89,8	83,3	100,0	100,0	17,8	60,4	–	71,3	–	-96,2	–	–
Jorn	6,4	4,3	14,3	14,1	-11,1	3,7	10,9	-2,4	-37,3	-6,3	-4,0	-26,1	32,4	-8,8	9,7	1,1
Cart	26,8	-34,8	9,5	32,7	-12,6	42,5	-6,6	1,6	0,2	-5,8	5,8	8,2	0,0	0,0	0,0	0,0
Prev	22,4	-15,3	9,5	33,6	-14,1	44,9	-5,4	5,6	-0,7	-5,8	3,9	7,4	0,0	2,0	0,0	0,0
INDFORMAL	**21,5**	**-16,2**	**10,3**	**28,8**	**-14,1**	**34,3**	**0,2**	**3,6**	**-3,9**	**-4,7**	**3,1**	**5,5**	**2,4**	**-1,5**	**0,6**	**-0,5**
Npob	55,6	-5,8	68,1	70,2	41,2	32,4	-26,4	54,4	37,5	10,8	44,4	46,7	7,1	-4,6	6,7	0,0
Rend	22,4	-31,1	100,0	100,0	-62,9	87,2	11,3	8,3	24,9	-10,8	-17,1	25,7	-5,1	14,4	9,5	1,6
INDRENDA	**38,5**	**-22,2**	**82,7**	**85,5**	**2,9**	**66,2**	**-2,8**	**37,5**	**31,9**	**0,1**	**22,8**	**37,3**	**1,5**	**4,7**	**8,0**	**0,7**
Auxmor	-17,0	14,4	-6,6	-4,2	14,5	16,6	-28,4	-1,1	-2,0	6,1	5,9	12,8	-20,7	-13,6	-6,5	-29,4
Auxalim	-12,3	-7,0	-28,5	-39,1	-15,2	14,3	15,0	-15,0	-14,3	21,7	30,1	25,5	-24,4	20,2	-59,7	5,6
Auxtrans	-13,1	22,7	19,2	19,4	-4,3	2,9	3,9	8,6	9,1	11,1	18,0	24,2	-10,1	16,4	1,7	3,2
Auxeduc	7,1	-7,6	0,0	0,0	0,3	1,8	-0,7	0,3	4,5	-4,7	0,0	0,0	0,0	0,0	0,0	0,0
Auxau	3,4	-9,8	1,3	3,9	-6,0	-1,8	0,3	-9,4	-2,5	0,0	4,9	2,5	-21,4	0,0	0,0	-21,4
INDAUX	**-5,2**	**3,0**	**-1,5**	**-1,0**	**-2,9**	**3,9**	**0,8**	**-3,2**	**-1,4**	**6,4**	**10,6**	**11,8**	**-14,7**	**2,3**	**-6,8**	**-10,2**
IQE	**15,2**	**-7,4**	**24,4**	**30,2**	**-3,0**	**25,1**	**-0,2**	**9,4**	**9,9**	**-1,6**	**8,9**	**16,3**	**-1,8**	**-1,3**	**5,5**	**-3,5**

Fonte: Elaboração do Autor a partir dos microdados da Pnad.

Tabela A25. Índice de condição de vida (ICV) das famílias agrícolas extensas dos empregados permanentes e dos empregados temporários. Brasil, 1992-2004

| Índices parciais e ICV | Famílias dos empregados permanentes ||||||||||||| Famíloias dos Empregados Temporários |||||||||||||
| | Urbano ||||| Rural ||||| Urbano ||||| Rural |||||
	1992	1995	1998	2001	2004	1992	1995	1998	2001	2004	1992	1995	1998	2001	2004	1992	1995	1998	2001	2004
Mat	59,0	65,6	68,7	70,2	71,3	62,3	67,1	66,3	68,8	69,3	57,9	57,0	63,4	63,1	68,8	50,8	53,0	61,2	62,0	62,5
Telha	90,4	91,3	87,9	94,5	92,5	94,6	95,3	94,6	93,9	94,3	89,4	90,2	90,3	94,0	92,8	86,3	87,6	89,4	93,3	91,7
Ban	75,5	84,7	89,5	88,1	93,4	65,0	71,8	76,8	80,2	85,4	69,4	76,4	80,6	83,9	91,0	38,9	46,0	53,8	59,3	66,5
Prop	63,4	65,7	67,0	65,8	69,7	14,2	15,3	19,1	16,6	20,9	67,1	70,0	70,9	73,0	70,8	60,2	64,6	62,9	65,1	68,7
INDDOM	70,2	75,1	77,0	77,6	80,3	51,8	55,3	57,7	58,2	61,3	69,3	72,2	75,1	77,2	79,5	56,4	60,5	64,2	67,3	70,4
Aguac	52,1	66,4	69,9	70,8	80,9	48,9	56,7	65,0	69,8	75,3	40,4	50,9	58,9	64,2	72,5	17,6	22,5	33,8	44,2	48,7
Colix	45,7	61,7	74,0	77,8	80,9	1,5	3,3	5,4	6,6	11,6	40,4	51,2	63,3	75,5	83,7	2,9	4,5	9,6	6,8	12,7
Enel	83,3	91,8	93,2	94,5	96,5	61,3	72,7	80,0	84,6	89,2	76,2	84,9	87,3	91,0	94,9	35,5	41,9	57,0	66,7	70,9
Colesg	20,8	19,7	19,8	26,6	25,2	1,1	1,5	1,0	0,4	1,5	16,3	20,9	23,1	26,7	23,5	3,2	5,9	8,0	1,2	2,2
INDSERV	55,0	64,4	68,0	70,8	74,5	35,0	41,5	46,5	49,5	53,7	47,5	56,2	61,8	67,3	71,7	18,1	22,5	32,2	36,4	40,3
Tel	2,8	5,3	4,7	6,3	24,2	1,4	2,0	4,2	11,1	27,4	0,4	1,2	1,7	2,6	10,6	0,0	0,2	0,5	4,0	7,0
Fog	90,1	94,3	94,8	96,3	95,6	87,6	89,9	93,0	93,7	93,9	85,2	88,9	91,5	94,3	91,7	81,2	81,9	89,3	92,3	91,2
Fil	37,7	37,9	35,5	36,3	33,9	36,9	37,6	39,2	38,2	37,6	29,5	32,9	33,0	32,8	32,4	32,1	30,4	34,6	40,6	37,5
Rad	66,8	76,9	77,9	75,4	76,1	77,6	82,8	86,7	83,9	84,9	55,5	67,9	68,1	69,3	69,3	59,1	69,7	77,7	75,5	77,9
TV	14,2	33,5	51,7	60,8	73,4	8,3	21,7	48,9	54,8	68,5	4,5	14,2	31,4	42,0	57,9	2,4	6,4	21,0	31,6	40,8
Gel	40,5	52,4	63,1	64,5	75,5	35,6	41,2	58,0	62,3	70,6	21,6	29,1	40,3	52,3	61,3	12,1	18,3	26,6	34,8	45,3
Fre	4,4	7,3	6,2	5,8	7,7	8,0	9,0	14,3	17,0	20,7	0,5	1,7	2,1	3,0	2,0	1,9	4,6	3,8	8,5	5,4
Maq	5,6	8,7	8,9	9,9	9,9	5,7	7,6	10,0	8,9	8,7	1,7	3,7	4,2	4,1	5,5	2,1	1,8	2,1	4,1	2,1
INDBENS	34,6	42,3	46,6	48,7	55,4	33,7	38,0	47,0	49,6	56,2	26,2	31,6	36,7	41,1	46,1	24,5	27,4	33,5	38,4	41,5
Renfam(1)	0,63	528,06	610,69	689,18	1072,22	0,39	269,39	350,30	444,66	647,04	0,54	408,29	413,51	500,98	738,06	0,37	316,01	337,81	352,10	548,96
Renfamc(2)	890,54	1129,37	1080,44	997,68	1141,99	554,23	576,15	619,75	643,70	689,15	760,58	873,22	731,59	725,23	786,09	530,78	675,86	597,66	509,71	584,68
Renfamp(3)	47,6	68,3	64,0	56,9	69,4	18,4	20,3	24,1	26,2	30,1	36,3	46,1	33,8	33,2	33,2	16,4	29,0	29,0	29,0	21,1
INDRENDA	47,6	68,3	64,0	56,9	69,4	18,4	20,3	24,1	26,2	30,1	36,3	46,1	33,8	33,2	38,5	16,4	29,0	22,2	14,6	21,1
ICV	53,2	64,8	65,5	64,3	71,1	33,9	37,6	42,2	44,2	48,4	46,1	53,0	51,9	54,3	58,5	29,0	35,7	37,8	37,9	42,3

Fonte: Elaboração do Autor a partir dos microdados da Pnad.
(1) Rendimento familiar médio mensal, em Reais, valores correntes.
(2) Rendimento familiar médio mensal, corrigido pelo INPC, do IBGE, para dezembro de 2005.
(3) Rendimento familiar médio mensal padronizado pelo método dos valores máximos e mínimos.

Tabela A26. Progresso relativo do ICV das famílias dos empregados permanentes e dos empregados temporários, em porcentagem. Brasil, 1992-2004

| Índices parciais e ICV | Famílias dos empregados permanentes ||||||| Famílias dos empregados temporários |||||||
| | Urbano |||| Rural |||| Urbano |||| Rural ||||
	1992-95	1995-98	2001-04	1992-04	1992-95	1995-98	2001-04	1992-04	1992-95	1995-98	2001-04	1992-04	1992-95	1995-98	2001-04	1992-04
Mat	16,2	9,0	3,8	30,0	12,7	-2,4	1,8	18,6	-2,0	14,9	15,5	25,9	4,4	17,5	1,3	23,8
Telha	9,0	-38,9	-36,3	22,2	13,1	-15,8	6,8	-6,1	7,3	1,0	-20,0	32,1	9,6	14,0	-25,2	39,0
Ban	37,6	31,3	44,4	72,9	19,5	17,8	26,3	58,3	22,7	17,7	43,9	70,5	11,5	14,6	17,6	45,1
Prop	6,3	3,9	11,4	17,1	1,3	4,5	5,1	7,8	8,9	3,1	-8,1	11,4	10,9	-4,7	10,2	21,2
INDDOM	16,6	7,8	12,2	34,0	7,2	5,4	7,4	19,7	9,4	10,4	10,1	33,4	9,5	9,4	9,4	32,1
Aguac	29,8	10,6	34,4	60,0	15,2	19,2	18,1	51,6	17,6	16,3	23,2	53,9	6,0	14,6	8,0	37,7
Colix	29,3	32,2	14,2	64,9	1,8	2,1	5,4	10,3	18,2	24,7	33,7	72,7	1,7	5,3	6,4	10,2
Enel	50,8	17,8	35,7	78,8	29,4	26,9	29,5	72,0	36,3	15,8	43,9	78,7	9,8	26,1	12,5	54,8
Colesc	-1,3	0,1	-1,9	5,5	0,3	-0,5	1,1	0,3	5,4	2,8	-4,4	8,6	2,8	2,3	1,1	-1,0
INDSERV	20,8	10,2	12,7	43,2	9,9	8,7	8,2	28,7	16,5	12,7	13,5	46,2	5,4	12,4	6,1	27,1
Tel	2,6	-0,7	19,1	22,0	0,6	2,2	18,3	26,3	0,8	0,4	8,2	10,3	0,2	0,3	3,2	7,0
Fog	43,0	8,3	-19,1	56,0	18,2	30,9	3,2	51,0	25,1	23,4	-44,9	43,8	3,7	40,9	-15,0	53,1
Fil	0,4	-3,9	-3,7	-6,0	1,1	2,4	-1,0	1,0	4,9	0,0	-0,7	4,1	-2,5	6,0	-5,2	7,9
Rad	30,5	4,3	3,1	28,1	23,1	22,6	5,7	32,2	28,0	0,4	-0,2	30,9	25,8	26,5	10,1	46,0
TV	22,5	27,4	32,0	69,0	14,6	34,8	30,3	65,7	10,2	20,0	27,3	55,9	4,0	15,6	13,5	39,4
Gel	20,0	22,4	31,1	58,8	8,6	28,5	22,0	54,3	9,6	15,8	18,8	50,6	7,1	10,1	16,1	37,7
Fre	3,1	-1,2	2,0	3,4	1,0	5,9	4,4	13,7	1,2	0,5	-1,1	1,5	2,7	-0,8	-3,3	3,6
Maq	3,3	0,2	0,0	4,6	2,0	2,6	-0,2	3,2	2,0	0,6	1,5	3,9	-0,3	0,3	-2,1	0,0
INDBENS	11,7	7,6	13,0	31,7	6,5	14,6	13,1	34,0	7,3	7,5	8,4	26,9	3,9	8,4	5,0	22,5
Renfam	39,5	-13,4	29,0	41,6	2,3	4,7	5,3	14,3	15,3	-22,8	7,9	3,5	15,0	-9,5	7,6	5,6
INDRENDA	39,5	-13,4	29,0	41,6	2,3	4,7	5,3	14,3	15,3	-22,8	7,9	3,5	15,0	-9,5	7,6	5,6
ICV	24,8	2,0	19,2	38,3	5,7	7,4	7,6	22,0	12,8	-2,4	9,2	23,1	9,5	3,2	7,1	18,8

Fonte: Elaboração do Autor a partir dos microdados da Pnad.

Tabela A27. Índice de condição de vida (ICV) das famílias agrícolas extensas dos empregados permanentes e dos empregados temporários. Região Norte Urbano, 1992-2004

Índices parciais e ICV	Famílias dos empregados permanentes					Famílias dos empregados temporários				
	1992	1995	1998	2001	2004	1992	1995	1998	2001	2004
Mat	27,6	33,2	41,3	39,8	33,3	32,2	23,5	30,4	23,9	32,7
Telha	80,1	77,4	67,2	89,9	93,3	63,1	70,7	68,7	81,4	85,9
Ban	60,7	87,8	84,4	85,7	92,0	64,7	80,8	74,7	79,5	85,6
Prop	66,1	81,8	73,3	72,5	65,9	75,4	79,8	68,9	79,8	71,6
INDDOM	58,3	72,1	68,4	71,8	70,4	60,9	66,2	62,0	67,7	69,2
Aguac	19,5	39,4	36,2	40,1	63,0	6,9	28,6	22,2	27,0	35,7
Colix	21,2	45,4	52,1	57,6	59,2	4,3	30,7	29,0	49,9	65,5
Enel	69,9	87,0	85,2	89,5	93,4	60,4	82,3	70,8	84,9	90,7
Colesg	0,0	0,0	5,5	1,2	0,0	0,0	0,0	0,0	0,0	0,0
INDSERV	32,8	48,3	49,1	51,7	59,5	23,2	41,2	35,2	44,9	52,0
Tel	0,0	4,9	3,5	2,3	18,6	0,0	1,0	0,0	0,7	7,4
Fog	83,2	93,6	83,6	93,2	89,9	75,3	84,1	77,7	90,2	85,2
Fil	37,6	32,9	34,8	45,9	29,1	28,1	37,6	32,2	40,5	28,7
Rad	37,4	77,5	68,2	54,7	58,1	33,0	58,6	40,6	46,1	49,3
TV	7,7	31,1	39,3	50,5	68,1	0,0	6,3	11,0	28,7	48,7
Gel	33,2	52,7	53,4	49,4	68,2	6,5	33,7	23,6	41,6	47,8
Fre	4,1	3,1	4,0	3,4	6,4	0,0	1,1	0,0	1,4	1,3
Maq	0,0	3,3	0,0	8,3	6,9	0,0	1,1	2,6	1,3	1,5
INDBENS	27,2	40,6	39,2	41,9	48,8	18,8	29,6	25,1	34,2	38,0
Renfam(1)	0,54	511,51	722,73	643,13	994,91	0,57	401,93	562,34	561,52	757,40
Renfamc(2)	768,51	1.093,97	1.278,66	931,01	1059,65	802,13	859,61	994,90	812,87	806,69
Renfamp(3)	37,0	65,2	81,2	51,1	62,2	39,9	44,9	56,6	40,8	40,3
INDRENDA	37,0	65,2	81,2	51,1	62,2	39,9	44,9	56,6	40,8	40,3
ICV	40,1	59,0	63,2	55,2	61,5	38,1	47,2	47,8	47,9	50,4

Fonte: Elaboração do Autor a partir dos microdados da Pnad.
(1) Rendimento familiar médio mensal, em Reais, valores correntes.
(2) Rendimento familiar médio mensal, corrigido pelo INPC, do IBGE, para dezembro de 2005.
(3) Rendimento familiar médio mensal padronizado pelo método dos valores máximos e mínimos.

Tabela A28. Progresso relativo do ICV das famílias dos empregados permanentes e dos empregados temporários, em porcentagem. Região Norte Urbano, 1992-2004

Índices parciais e ICV	Famílias dos empregados permanentes				Famílias dos empregados temporários			
	1992-95	1995-98	2001-04	1992-04	1992-95	1995-98	2001-04	1992-04
Mat	7,6	12,5	-10,9	7,8	-12,9	9,1	11,6	0,7
Telha	-13,5	-44,9	33,6	66,4	20,7	-6,9	23,9	61,6
Ban	69,1	-28,4	43,6	79,6	45,6	-32,0	29,8	59,1
Prop	46,3	-46,4	-23,6	-0,4	18,0	-54,2	-40,6	-15,4
INDDOM	33,0	-13,2	-4,9	29,0	13,6	-12,5	4,9	21,2
Aguac	24,8	-5,4	38,3	54,1	23,3	-8,9	11,9	30,9
Colix	30,7	12,2	3,8	48,2	27,6	-2,6	31,2	64,0
Enel	56,7	-13,7	37,3	78,2	55,4	-65,4	38,5	76,5
Colesg	0,0	5,5	-1,2	0,0	0,0	0,0	0,0	0,0
INDSERV	23,1	1,5	16,1	39,7	23,5	-10,2	12,8	37,5
Tel	4,9	-1,5	16,7	18,6	1,0	-1,0	6,7	7,4
Fog	61,7	-154,1	-48,9	40,1	35,6	-39,9	-51,7	40,0
Fil	-7,6	2,8	-31,0	-13,7	13,3	-8,7	-19,8	0,9
Rad	64,1	-41,4	7,5	33,1	38,3	-43,7	6,0	24,4
TV	25,4	11,8	35,6	65,5	6,3	5,0	28,0	48,7
Gel	29,1	1,4	37,3	52,4	29,1	-15,2	10,6	44,2
Fre	-1,0	0,9	3,2	2,4	1,1	-1,1	-0,1	1,3
Maq	3,3	-3,4	-1,6	6,9	1,1	1,5	0,2	1,5
INDBENS	18,4	-2,3	11,9	29,6	13,3	-6,4	5,7	23,7
Renfam	44,8	46,0	22,8	40,1	8,3	21,3	-0,9	0,7
INDRENDA	44,8	46,0	22,8	40,1	8,3	21,3	-0,9	0,7
ICV	31,5	10,3	14,0	35,7	14,6	1,1	4,8	19,8

Fonte: Elaboração do Autor a partir dos micodados da Pnad.

Tabela A29. Índice de condições de vida (ICV) das famílias agrícolas dos empregados permanentes e dos empregados temporários. Região Nordeste, 1992-2004

Índices parciais e ICV	Famílias dos empregados permanentes										Famílias dos empregados temporários									
	Urbano					Rural					Urbano					Rural				
	1992	1995	1998	2001	2004	1992	1995	1998	2001	2004	1992	1995	1998	2001	2004	1992	1995	1998	2001	2004
Mat	85,6	84,5	87,7	88,9	92,2	74,2	80,7	76,0	85,3	84,2	68,1	63,1	70,4	70,9	77,8	87,7	96,9	80,3	75,8	83,0
Telha	99,4	96,4	96,8	98,1	97,1	94,5	96,2	95,6	96,5	96,4	92,1	91,0	87,5	94,7	95,0	94,3	95,7	94,3	94,7	96,9
Ban	60,2	75,5	78,0	80,8	87,5	27,6	43,4	43,1	50,6	58,7	16,2	22,2	27,0	30,0	42,4	61,9	65,4	61,9	70,1	80,3
Prop	71,2	68,2	69,3	70,8	74,7	26,5	37,9	31,3	30,0	35,3	77,3	75,9	76,1	73,9	79,7	80,4	75,3	80,4	74,7	75,8
INDDOM	75,8	78,3	80,2	81,9	85,7	48,2	58,2	54,7	58,6	62,4	60,5	60,5	62,9	64,2	71,3	78,5	76,7	77,1	78,5	83,0
Aguac	42,3	59,3	55,4	54,9	67,1	9,2	14,6	18,3	25,2	30,5	4,8	7,1	8,9	10,7	19,9	60,3	47,2	47,5	48,3	60,3
Colix	31,8	59,2	67,1	73,5	84,2	2,5	7,1	2,8	6,6	10,2	2,4	2,7	4,2	5,8	5,8	72,9	42,6	45,6	66,3	72,9
Enel	83,2	92,8	95,0	95,7	94,8	36,9	58,4	61,8	68,9	75,3	31,3	42,0	47,5	59,6	69,1	95,7	82,8	83,3	88,1	95,7
Colesg	6,0	13,9	12,7	20,6	20,7	0,6	2,0	0,5	0,3	0,9	2,8	0,0	0,0	0,6	2,4	20,8	8,2	3,9	13,4	20,8
INDSERV	46,8	61,1	61,9	64,7	69,7	15,7	25,5	26,7	31,7	36,1	12,9	16,7	19,4	24,4	30,6	66,2	50,3	50,2	57,6	66,2
Tel	0,2	1,8	2,4	2,3	9,0	0,2	1,0	1,5	1,1	5,3	0,0	0,0	0,0	0,1	2,5	3,0	0,0	0,0	0,8	3,0
Fog	76,4	89,6	94,8	92,5	92,6	77,6	78,2	87,2	85,2	84,3	66,6	77,0	80,7	81,7	82,9	87,3	80,7	90,4	89,6	87,3
Fil	35,0	48,1	40,1	43,8	46,8	30,0	36,7	34,8	38,6	38,5	23,1	26,1	28,6	32,5	31,8	43,8	34,5	31,1	31,4	43,8
Rad	63,3	76,2	73,5	76,8	74,1	65,1	76,1	73,9	76,4	71,4	49,7	62,6	73,1	69,0	68,0	69,6	65,6	62,0	63,1	69,6
TV	4,9	13,0	42,4	50,9	63,5	0,6	5,4	21,7	29,4	45,4	0,5	1,3	13,0	19,7	31,4	46,1	4,4	20,4	36,5	46,1
Gel	18,7	31,7	39,6	48,8	51,3	8,9	14,8	24,1	29,9	37,9	4,6	3,9	11,6	14,2	24,0	41,2	14,2	22,3	27,5	41,2
Fre	1,1	0,7	1,4	1,8	0,9	0,1	1,0	1,2	2,5	1,7	0,0	0,0	0,2	0,0	0,2	0,3	0,5	0,7	0,4	0,3
Maq	0,6	0,1	1,4	1,8	1,0	0,1	0,0	0,2	0,8	0,4	0,1	0,0	0,4	0,0	0,2	0,5	0,7	0,7	0,5	0,5
INDBENS	25,9	34,1	40,0	43,3	46,8	23,4	27,2	32,4	35,0	38,7	18,6	21,9	27,0	28,6	32,4	39,6	25,8	30,4	34,0	39,6
Renfam (1)	0,36	276,71	356,71	374,71	652,84	0,24	191,93	226,82	288,50	388,92	0,25	202,09	256,98	255,44	375,60	439,25	329,57	254,19	292,59	439,25
Renfamc (2)	514,99	591,80	631,10	542,44	695,32	341,93	410,48	401,29	417,64	414,23	350,73	432,21	454,65	369,78	400,04	467,83	704,86	449,72	423,56	467,83
Renfamp	15,0	21,7	25,1	17,4	30,6	0,0	5,9	5,1	6,6	6,3	0,8	7,8	9,8	2,4	5,0	10,9	31,5	9,3	7,1	10,9
INDRENDA	15,0	21,7	25,1	17,4	30,6	0,0	5,9	5,1	6,6	6,3	0,8	7,8	9,8	2,4	5,0	10,9	31,5	9,3	7,1	10,9
ICV	40,6	48,2	51,0	50,1	57,2	20,6	28,2	28,1	31,2	33,8	22,7	26,5	29,3	28,6	33,4	48,0	47,0	40,6	42,5	48,0

Fonte: Elaboração do Autor a partir dos microdados da Pnad.
(1) Rendimento familiar médio mensal, em Reais, valores correntes.
(2) Rendimento familiar médio mensal, corrigido pelo INPC, do IBGE, para dezembro de 2005.
(3) Rendimento familiar médio mensal padronizado pelo método dos valores máximos e mínimos.

Tabela A30. Progresso relativo do ICV das famílias agrícolas dos empregados permanentes e dos empregados temporários, em porcentagem. Região Nordeste, 1992-2004

Índices parciais e ICV	Famílias dos empregados permanentes									Famílias dos empregados temporários								
	Urbano				Rural					Urbano				Rural				
	1992-95	1995-98	2001-04	1992-04	1992-95	1995-98	2001-04	1992-04	1992-05	1995-98	2001-04	1992-04	1992-05	1995-98	2001-04	1992-04
Mat	-7,9	20,8	29,2	45,5	25,3	-24,9	-7,8	38,7	12,9	-2,9	26,4	48,1	-15,6	19,7	23,6	30,3
Telha	-541,1	11,4	-54,8	-414,3	30,4	-15,6	1,1	37,5	-87,5	-31,5	41,7	-34,1	-13,9	-38,1	6,4	37,2
Ban	38,4	10,1	35,0	68,7	21,8	-0,6	16,4	43,0	30,4	-10,0	33,9	60,3	7,2	6,2	17,7	31,3
Prop	-10,3	3,5	13,4	12,1	15,6	-10,6	7,5	12,0	16,8	20,6	4,3	18,3	-5,8	0,8	22,2	10,6
INDDOM	**10,5**	**8,5**	**20,9**	**41,0**	**19,3**	**-8,3**	**9,2**	**27,5**	**21,2**	**1,8**	**21,1**	**42,7**	**-0,1**	**6,2**	**19,6**	**27,2**
Aguac	29,4	-9,6	27,2	43,0	5,9	4,4	7,0	23,4	23,1	0,6	23,3	42,3	2,4	2,0	10,3	15,9
Colix	40,1	19,4	40,3	76,8	4,7	-4,6	3,9	7,9	20,6	5,3	19,5	62,5	0,3	1,5	0,0	3,5
Enel	57,0	30,7	-21,1	68,9	34,0	8,2	20,8	60,9	41,3	3,0	63,6	85,2	15,7	9,4	23,7	55,1
Colesg	8,4	-1,3	0,1	15,7	1,4	-1,5	0,5	0,3	5,8	-4,7	8,4	18,7	-2,8	0,0	1,8	-0,4
INDSERV	**26,9**	**2,0**	**14,0**	**43,0**	**11,7**	**1,6**	**6,4**	**24,2**	**19,8**	**-0,2**	**20,3**	**45,4**	**4,3**	**3,2**	**8,2**	**20,2**
Tel	1,6	0,6	6,8	8,8	0,8	0,5	4,2	5,1	0,0	0,0	2,2	3,0	0,0	0,0	2,4	2,5
Fog	55,9	49,7	1,9	68,7	2,8	41,2	-6,0	30,0	39,8	50,2	-22,3	60,6	31,1	16,0	6,6	48,8
Fil	20,1	-15,4	5,3	18,0	9,5	-3,0	-0,2	12,1	7,5	-5,1	18,2	20,7	3,8	3,4	-1,1	11,3
Rad	35,0	-10,9	-11,6	29,4	31,7	-9,3	-21,1	18,1	34,6	-10,4	17,5	42,1	25,7	28,0	-3,3	36,5
TV	8,4	33,8	25,7	61,6	4,8	17,2	22,7	45,0	2,9	16,7	15,0	45,2	0,9	11,9	14,5	31,1
Gel	16,0	11,7	5,0	40,1	6,5	10,9	11,5	31,8	6,8	9,5	18,9	36,1	-0,6	7,9	11,3	20,3
Fre	-0,4	0,7	-0,9	-0,2	1,0	0,2	-0,8	1,7	0,1	0,2	-0,1	-0,1	-0,1	0,4	0,2	0,2
Maq	-0,4	1,2	-0,9	0,4	-0,1	0,2	-0,4	0,3	-0,7	0,0	-0,5	-0,7	-0,1	0,0	0,2	0,0
INDBENS	**11,2**	**9,0**	**6,1**	**28,2**	**5,1**	**7,1**	**5,8**	**20,1**	**7,3**	**6,2**	**8,6**	**24,6**	**4,1**	**6,5**	**5,4**	**17,0**
Renfam	7,8	4,4	16,0	18,4	5,9	-0,8	-0,3	6,3	21,1	-32,3	4,1	-2,5	7,1	2,1	2,7	4,3
INDRENDA	**7,8**	**4,4**	**16,0**	**18,4**	**5,9**	**-0,8**	**-0,3**	**6,3**	**21,1**	**-32,3**	**4,1**	**-2,5**	**7,1**	**2,1**	**2,7**	**4,3**
ICV	12,8	5,4	14,3	28,0	9,6	-0,1	3,8	16,6	17,9	-12,2	9,5	19,4	4,9	3,8	6,8	13,9

Fonte: Elaboração do Autor a partir dos microdados da Pnad.

Tabela A31. Índice de condições de vida (ICV) das famílias agrícolas extensas dos empregados permanentes e dos empregados temporários. Região Centro-Oeste, 1992-2004

| Índices parciais e ICV | Famílias dos empregados permanentes ||||||||||| Famílias dos empregados temporários |||||||||||
| | Urbano ||||| Rural ||||| Urbano ||||| Rural |||||
	1992	1995	1998	2001	2004	1992	1995	1998	2001	2004	1992	1995	1998	2001	2004	1992	1995	1998	2001	2004
Mat	63,1	78,8	75,6	81,4	85,2	64,7	70,5	69,5	61,3	65,3	63,4	71,4	71,6	71,0	85,0	55,7	54,2	69,5	69,9	62,3
Telha	93,9	97,4	93,0	97,1	96,9	93,7	95,2	94,4	94,4	96,2	93,3	97,7	94,9	99,0	97,3	79,7	78,6	86,6	89,0	92,2
Ban	83,3	90,8	92,3	90,1	91,9	72,7	79,3	83,2	86,7	93,2	73,7	78,2	82,4	93,1	96,4	45,3	55,9	60,2	64,6	63,8
Prop	54,4	67,6	65,4	62,1	62,5	3,1	6,9	5,1	6,3	6,7	59,4	74,0	65,4	69,8	62,6	41,8	51,6	49,9	49,0	58,2
INDDOM	70,7	81,3	79,6	79,8	81,2	50,6	55,3	55,4	55,0	58,1	69,7	78,4	76,2	81,2	82,5	51,9	57,7	63,0	64,4	66,1
Aguac	60,6	75,6	81,6	83,8	88,0	59,2	70,4	72,9	76,2	86,5	35,2	58,7	64,2	68,5	85,4	18,4	30,4	33,5	39,5	47,7
Colix	52,2	66,9	87,2	84,7	86,5	0,6	1,2	2,0	4,1	8,4	39,5	57,5	73,1	84,3	90,9	1,3	5,2	8,2	4,6	17,8
Enel	88,8	97,8	95,0	97,7	97,7	57,5	72,6	79,0	83,8	89,6	80,0	93,8	95,2	89,0	98,2	25,1	45,7	46,6	59,4	59,9
Colesg	6,0	7,0	7,8	16,4	9,8	0,0	0,0	0,5	0,3	0,0	4,4	4,8	11,7	6,2	3,9	0,0	0,0	0,0	0,0	0,0
INDSERV	57,3	67,3	71,6	74,6	74,6	36,2	44,6	47,7	50,6	56,1	44,7	59,1	65,2	65,1	73,6	13,9	24,9	26,6	32,0	36,8
Tel	5,0	4,6	5,4	14,3	31,5	1,6	3,1	4,6	13,2	35,1	0,0	1,1	0,0	5,7	18,3	0,0	0,0	0,0	6,1	8,8
Fog	96,9	97,4	97,4	99,3	98,4	89,3	92,1	91,8	94,8	94,2	96,7	96,7	96,3	97,1	95,3	81,2	94,7	93,0	95,4	89,7
Fil	60,9	56,0	48,7	43,8	47,1	60,7	59,2	65,3	53,4	54,2	47,3	50,2	54,9	47,7	44,8	55,5	63,5	54,9	65,6	54,8
Rad	70,8	78,0	75,7	69,3	77,7	78,3	82,9	85,2	78,3	85,8	57,3	73,2	75,8	73,7	66,0	50,2	81,8	78,3	73,8	75,4
TV	25,8	40,6	62,5	72,4	80,7	10,3	24,5	55,7	57,3	71,5	3,4	21,4	34,6	50,2	68,9	1,3	10,3	23,3	33,3	37,3
Gel	47,3	65,9	71,0	76,2	80,9	37,4	42,4	59,7	62,7	74,2	25,2	49,4	37,4	56,1	65,2	10,8	23,1	33,3	28,7	45,7
Fre	8,0	10,0	9,8	11,5	13,5	6,7	9,7	14,4	20,4	28,2	0,0	2,2	3,5	7,0	3,7	1,4	0,0	1,6	4,7	3,9
Maq	9,8	13,6	12,1	15,4	8,8	8,2	5,8	10,4	8,5	12,8	0,0	1,7	3,8	6,8	5,5	4,1	0,0	1,8	1,5	0,0
INDBENS	42,3	48,4	51,7	55,1	60,9	37,1	41,2	50,8	51,7	61,3	30,1	39,4	40,3	46,4	51,3	25,6	34,9	37,4	40,4	42,3
Renfam (1)	0,77	641,42	771,31	1.032,76	1.366,80	0,43	299,18	419,82	580,12	847,22	0,70	537,41	474,32	661,91	817,25	0,49	390,18	408,59	368,71	635,88
Renfamc (2)	1.091,52	1.371,81	1.364,61	1.495,05	1.455,75	612,93	639,86	742,75	839,80	902,35	988,18	1.149,37	839,17	958,20	870,43	688,05	834,48	722,88	533,76	677,26
Renfamp(3)	65,0	89,3	88,7	100,0	96,6	23,5	25,8	34,8	43,2	48,6	56,0	70,0	43,1	53,4	45,8	30,0	42,7	33,0	16,6	29,1
INDRENDA	65,0	89,3	88,7	100,0	96,6	23,5	25,8	34,6	43,2	48,6	56,0	70,0	43,1	53,4	45,8	30,0	42,7	33,0	16,6	29,1
ICV	60,9	75,1	76,0	81,1	81,3	36,1	40,7	46,0	49,5	55,1	52,7	64,6	56,7	62,4	63,1	31,5	41,3	40,4	37,1	43,1

Fonte: Elaboração do Autor a partir dos microdados da Pnad.
(1) Rendimento familiar médio mensal, em Reais, valores correntes.
(2) Rendimento familiar médio mensal, em Reais, corrigido pelo INPC, do IBGE, para dezembro de 2005.
(3) Rendimento familiar médio mensal padronizado pelo método dos valores máximos e mínimos.

Tabela A32. Progresso relativo do ICV das famílias dos empregados permanentes e dos empregados temporários, em porcentagem. Região Centro-Oeste, 1992-2004

Índices parciais e ICV	Famílias dos empregados permanentes									Famílias dos empregados temporários						
	Urbano				Rural				Urbano				Rural			
	1992-95	1995-98	2001-04	1992-04	1992-95	1995-98	2001-04	1992-04	1992-05	1995-98	2001-04	1992-04	1992-05	1995-98	2001-04	1992-04
Mat	42,5	-14,9	20,4	59,9	16,6	-3,7	10,4	1,9	21,8	0,9	48,3	59,0	-3,6	33,4	-25,1	14,9
Telha	56,8	-163,6	-6,4	48,6	23,2	-15,1	32,6	40,2	65,9	-125,0	-162,7	59,9	-5,5	37,3	29,7	61,8
Ban	44,9	17,0	18,3	51,9	24,1	19,2	48,9	75,0	16,8	19,5	48,6	86,4	19,5	9,7	-2,4	33,8
Prop	28,8	-6,7	1,0	17,8	3,9	-1,9	0,4	3,7	35,9	-33,2	-23,7	7,7	16,7	-3,4	18,0	28,0
INDDOM	36,1	-9,0	7,1	35,9	9,4	0,3	7,0	15,2	28,6	-9,9	7,0	42,3	12,0	12,5	4,9	29,5
Aguac	38,0	24,5	25,8	69,5	27,5	8,2	43,2	66,9	36,3	13,5	53,5	77,4	14,7	4,5	13,6	36,0
Colix	30,7	61,4	11,7	71,8	0,5	0,8	4,5	7,9	29,8	36,8	41,7	84,9	3,9	3,2	13,8	16,7
Enel	80,4	-126,5	-3,1	79,1	35,4	23,6	36,2	75,6	68,7	23,4	83,9	91,1	27,6	1,5	1,4	46,5
Colesg	1,1	0,8	-7,9	4,1	0,0	0,5	-0,3	0,0	0,4	7,2	-2,4	-0,5	0,0	0,0	0,0	0,0
INDSERV	23,3	13,3	0,2	40,6	13,1	5,7	11,2	31,2	26,0	15,0	24,3	52,2	12,8	2,2	7,0	26,6
Tel	-0,5	0,9	20,2	27,9	1,5	1,6	25,2	34,0	1,1	-1,1	13,3	18,3	0,0	0,0	2,9	8,8
Fog	16,3	-0,8	-114,9	48,0	26,1	-3,9	-12,1	45,2	-0,3	-9,9	-64,3	-41,6	71,5	-31,0	-124,6	45,1
Fil	-12,6	-16,6	5,9	-35,3	-3,9	14,8	1,8	-16,6	5,4	9,4	-5,4	-4,7	17,8	-23,6	-31,4	-1,6
Rad	24,8	-10,6	27,5	23,8	20,9	13,8	34,7	34,6	37,1	9,9	-29,1	20,4	63,5	-19,0	6,0	50,5
TV	19,9	37,0	29,9	74,0	15,8	41,3	33,2	68,2	18,6	16,9	37,5	67,8	9,1	14,5	6,1	36,4
Gel	35,3	15,1	19,9	63,8	7,9	30,0	30,9	58,8	32,4	-23,9	20,9	53,5	13,8	13,2	23,8	39,1
Fre	2,2	-0,3	2,2	6,0	3,2	5,2	9,8	23,0	2,2	1,3	-3,5	3,7	-1,4	1,6	-0,9	2,5
Maq	4,3	-1,8	-7,8	-1,1	-2,6	4,9	4,7	5,0	1,7	2,2	-1,4	5,5	-4,2	1,8	-1,5	-4,2
INDBENS	10,6	6,5	12,8	32,2	6,5	16,2	19,8	38,4	13,3	1,6	9,1	30,3	12,5	3,8	3,2	22,4
Renfam	69,5	-5,8	–	90,3	3,1	12,0	9,5	32,8	31,8	-89,7	-16,3	-23,2	18,1	-16,9	14,9	-1,3
INDRENDA	69,5	-5,8	–	90,3	3,1	12,0	9,5	32,8	31,8	-89,7	-16,3	-23,2	18,1	-16,9	14,9	-1,3
ICV	36,4	3,7	1,3	52,2	7,3	9,0	11,0	29,7	25,0	-22,2	1,7	21,9	14,4	-1,6	9,5	16,9

Fonte: Elaboração do Autor a partir dos microdados da P'nad.

Tabela A33. Índice de condições de vida (ICV) das famílias agrícolas extensas dos empregados permanentes e dos empregados temporários. Região Sudeste, 1992-2004

Índices parciais e ICV	Famílias dos empregados permanentes													Famílias dos empregados temporários												
	Urbano						Rural						Urbano						Rural					
	1992	1995	1998	2001	2004		1992	1995	1998	2001	2004		1992	1995	1998	2001	2004		1992	1995	1998	2001	2004
Mat	89,4	92,8	93,6	91,5	93,0		84,2	93,3	91,4	95,4	95,3		85,8	95,6	96,1	94,4	96,7		73,4	83,9	87,7	85,7	89,1
Telha	96,6	90,7	96,4	94,0	87,6		96,9	97,5	95,4	96,3	97,0		95,7	93,8	96,5	96,5	90,7		95,1	92,3	93,0	95,8	97,0
Ban	91,2	95,8	96,7	94,2	99,1		77,2	87,1	89,4	90,8	93,5		81,5	92,1	90,8	91,4	95,3		46,4	54,0	52,7	58,3	73,4
Prop	61,0	62,9	59,6	56,6	67,1		14,3	19,6	20,8	13,6	20,2		64,3	70,0	65,7	65,0	68,1		59,0	66,4	67,4	69,2	69,7
INDDOM	**81,4**	**83,1**	**83,3**	**80,8**	**85,0**		**60,5**	**67,2**	**67,4**	**66,4**	**69,5**		**78,9**	**85,6**	**84,4**	**83,9**	**85,6**		**64,4**	**70,9**	**71,8**	**74,0**	**79,4**
Aguac	72,2	83,5	91,6	89,6	96,2		58,6	76,3	81,2	87,6	90,3		62,7	82,1	81,3	88,4	94,9		26,2	43,0	43,3	47,8	54,8
Colix	54,0	72,8	77,7	90,4	92,4		1,5	8,0	9,3	6,1	11,6		66,1	78,5	82,1	91,2	94,0		2,9	10,5	12,6	3,3	10,2
Enel	92,5	97,6	99,3	97,0	99,6		72,3	88,3	90,2	93,8	95,3		85,1	95,4	94,2	96,1	98,3		46,5	59,0	62,9	77,2	78,9
Colesg	50,4	62,7	70,8	75,6	78,4		1,7	2,8	2,4	0,5	2,1		55,5	69,1	74,4	79,8	85,9		3,6	8,2	8,0	1,7	2,0
INDSERV	**71,4**	**82,1**	**87,5**	**89,3**	**93,0**		**41,6**	**53,3**	**55,5**	**57,5**	**60,1**		**69,4**	**83,3**	**84,4**	**89,7**	**94,0**		**24,4**	**35,6**	**37,4**	**40,6**	**44,3**
Tel	2,2	5,2	3,0	4,0	21,5		2,0	3,1	4,7	9,5	20,1		0,4	3,7	2,3	2,1	10,4		0,0	0,0	0,5	1,9	3,2
Fog	96,5	100,0	100,0	99,7	98,9		95,3	96,8	98,0	97,9	98,6		98,4	99,7	97,3	99,1	98,8		91,1	96,2	99,1	98,3	97,6
Fil	48,9	54,7	43,2	42,3	43,4		47,8	52,1	51,0	56,2	51,9		39,4	49,2	44,6	43,1	40,4		46,3	44,6	51,6	60,9	58,4
Rad	75,6	89,5	87,3	88,3	86,7		78,1	88,1	91,1	87,3	90,8		72,1	85,8	77,3	82,9	79,3		63,0	72,3	76,9	77,2	81,0
TV	16,3	37,0	69,2	65,4	81,3		10,5	30,3	58,3	68,2	76,9		8,5	28,4	54,7	55,9	77,7		3,1	8,6	30,1	34,9	48,4
Gel	53,8	65,3	78,9	78,4	85,6		40,1	54,9	69,7	76,5	82,1		38,5	60,6	55,3	68,4	83,9		12,2	32,4	31,0	39,2	53,1
Fre	2,3	4,6	2,0	1,7	3,8		3,9	7,1	11,0	9,2	12,1		0,6	2,8	2,3	2,5	1,8		0,0	0,5	0,0	2,6	0,9
Maq	3,2	9,1	9,3	9,2	11,4		5,1	6,8	11,1	8,9	7,3		3,5	3,8	4,1	6,6	5,1		0,0	3,9	1,8	0,4	1,2
INDBENS	**39,7**	**48,6**	**54,0**	**53,4**	**60,2**		**36,8**	**44,6**	**52,7**	**56,0**	**60,3**		**34,5**	**44,7**	**46,0**	**49,3**	**55,7**		**27,7**	**33,7**	**38,5**	**41,7**	**46,3**
Renfam (1)	0,71	525,98	565,83	803,77	1.017,58		0,40	308,06	368,93	427,87	593,62		0,68	472,78	482,35	506,95	966,65		0,34	318,93	386,05	390,69	593,97
Renfamc (2)	1.013,25	1.124,92	1.001,07	1.163,56	1.083,80		562,71	658,85	652,72	619,40	632,25		967,10	1.011,14	853,38	733,88	1.029,55		480,03	682,10	683,00	565,57	632,62
Renfamp(3)	58,2	67,9	57,2	71,3	64,3		19,1	27,5	27,0	24,1	25,2		54,2	58,0	44,4	34,0	59,6		12,0	29,5	29,6	19,4	25,2
INDRENDA	**58,2**	**67,9**	**57,2**	**71,3**	**64,3**		**19,1**	**27,5**	**27,0**	**24,1**	**25,2**		**54,2**	**58,0**	**44,4**	**34,0**	**59,6**		**12,0**	**29,5**	**29,6**	**19,4**	**25,2**
ICV	**64,4**	**72,0**	**70,7**	**75,0**	**75,8**		**38,5**	**47,1**	**48,8**	**48,6**	**51,1**		**61,0**	**69,0**	**64,6**	**62,9**	**73,9**		**31,7**	**42,8**	**42,8**	**42,8**	**47,8**

Fonte: Elaboração do Autor a partir dos microdados da Pnad.
(1) Rendimento familiar médio mensal, em Reais, valores correntes.
(2) Rendimento familiar médio mensal, em Reais, corrigido pelo INPC, do IBGE, para dezembro de 2005.
(3) Rendimento familiar médio mensal padronizado pelo método dos valores máximos e mínimos.

Tabela A34. Progresso relativo do ICV das famílias dos empregados permanentes e dos empregados temporários, em porcentagem. Região Sudeste, 1992-2004

Índices parciais e ICV	Famílias dos empregados permanentes									Famílias dos empregados temporários								
	Urbano				Rural				Urbano				Rural			
	1992-95	1995-98	2001-04	1992-04	1992-95	1995-98	2001-04	1992-04	1992-05	1995-98	2001-04	1992-04	1992-05	1995-98	2001-04	1992-04
Mat	31,9	10,6	17,2	33,5	57,6	-29,0	-1,1	70,4	68,8	12,0	41,3	76,9	39,7	23,5	23,9	59,1
Telha	-170,6	60,8	-107,2	-261,2	19,4	-82,3	20,8	5,7	-43,0	43,6	-163,6	-114,3	-57,1	10,0	27,9	39,0
Ban	52,7	20,8	84,3	89,7	43,5	17,5	29,1	71,4	57,1	-14,4	45,5	74,6	14,3	-3,0	36,1	50,3
Prop	4,8	-9,0	24,2	15,7	6,2	1,4	7,6	6,9	16,1	-14,4	8,8	10,5	18,0	2,9	1,5	26,0
INDDOM	9,4	1,1	22,0	19,6	16,9	0,8	9,3	22,9	32,0	-8,6	10,8	31,9	18,3	3,1	20,5	42,0
Aguac	40,7	49,2	63,7	86,4	42,8	20,5	21,7	76,6	51,9	-4,5	55,7	86,2	22,7	0,6	13,4	38,7
Colix	40,8	17,9	20,3	83,4	6,6	1,4	5,8	10,3	36,5	16,8	32,1	82,4	7,9	2,4	7,1	7,5
Enel	67,4	72,2	87,4	94,9	58,0	15,8	24,0	82,9	69,3	-25,8	57,2	88,8	23,3	9,6	7,2	60,5
Colesg	24,9	21,6	11,5	56,6	1,1	-0,4	1,6	0,4	30,6	17,1	30,3	68,3	4,8	-0,2	0,4	-1,6
INDSERV	37,4	30,1	34,4	75,4	20,1	4,5	6,0	31,7	45,4	6,6	42,0	80,5	14,8	2,8	6,3	26,4
Tel	3,1	-2,3	18,2	19,8	1,2	1,6	11,8	18,5	3,3	-1,5	8,4	10,0	0,0	0,5	1,3	3,2
Fog	100,0		-310,7	67,3	32,6	37,5	31,0	69,1	81,7	-806,7	-34,9	29,3	56,8	77,7	-39,0	73,2
Fil	11,4	-25,3	2,0	-10,7	8,2	-2,4	-9,7	7,8	16,1	-9,1	-4,7	1,6	-3,1	12,5	-6,6	22,4
Rad	57,0	-20,9	-13,0	45,6	45,8	25,0	27,8	58,0	49,0	-59,2	-21,0	25,9	25,1	16,6	16,9	48,7
TV	24,7	51,2	45,9	77,6	22,1	40,1	27,5	74,2	21,7	36,7	49,4	75,6	5,7	23,4	20,8	46,8
Gel	24,9	39,1	33,3	68,8	24,8	32,7	24,1	70,2	35,9	-13,4	49,1	73,9	23,0	-2,0	23,0	46,6
Fre	2,3	-2,7	2,1	1,5	3,3	4,2	3,2	8,5	2,2	-0,5	-0,7	1,2	0,5	-0,5	-1,7	0,9
Maq	6,1	0,2	2,4	8,5	1,9	4,6	-1,7	2,4	0,4	0,3	-1,7	1,7	3,9	-2,2	0,9	1,2
INDBENS	14,8	10,5	14,6	34,1	12,4	14,6	9,7	37,1	15,5	2,5	12,8	32,4	8,4	7,1	8,0	25,8
Renfam	23,2	-33,5	-24,1	14,6	10,3	-0,7	1,5	7,5	8,3	-32,6	38,8	11,8	19,9	0,1	7,2	15,0
INDRENDA	23,2	-33,5	-24,1	14,6	10,3	-0,7	1,5	7,5	8,3	-32,6	38,8	11,8	19,9	0,1	7,2	15,0
ICV	21,4	-4,8	3,4	32,2	14,0	3,3	4,9	20,6	20,5	-14,1	29,7	33,0	16,3	2,6	8,8	23,6

Fonte: Elaboração do Autor a partir dos microdados da Pnad.

Tabela A35. Índice de condições de vida (ICV) das famílias agrícolas extensas dos empregados permanentes e dos empregados temporários. Região Sul, 1992-2004

| Índices parciais e ICV | Famílias dos empregados permanentes ||||||||||||| Famílias dos empregados temporários |||||||||||||
| | Urbano |||||| Rural |||||| Urbano |||||| Rural ||||||
	1992	1995	1998	2001	2004		1992	1995	1998	2001	2004		1992	1995	1998	2001	2004		1992	1995	1998	2001	2004
Mat	29,3	47,0	45,5	49,2	52,8		26,1	28,2	28,4	33,0	32,4		31,7	33,4	40,2	42,7	41,7		6,0	16,4	17,4	21,6	20,8
Telha	82,0	90,9	85,9	93,5	87,8		93,4	92,3	92,9	88,2	87,3		97,2	91,9	97,0	98,4	93,2		78,5	97,9	90,4	93,9	82,4
Ban	82,4	94,3	96,2	89,4	96,3		82,2	94,0	91,5	92,5	96,1		76,8	87,6	92,8	85,5	97,3		47,9	71,1	75,5	84,3	86,4
Prop	64,3	73,9	67,6	66,7	78,1		12,8	22,6	19,4	16,7	21,4		65,8	72,5	74,3	75,8	76,1		62,8	61,5	58,2	68,4	67,2
INDDOM	64,5	76,4	73,7	73,5	79,2		48,1	55,0	53,4	53,0	55,3		66,4	71,2	75,6	74,8	77,2		48,6	60,1	59,2	66,6	64,8
Aguac	65,9	90,3	85,0	85,8	89,9		68,8	82,4	87,7	90,1	93,8		66,1	72,4	79,4	88,7	86,3		20,9	48,6	49,5	78,7	72,2
Colix	69,4	87,1	86,1	82,8	82,5		1,3	5,7	7,4	9,6	16,3		64,3	73,7	86,5	85,5	95,3		4,8	18,8	13,4	13,4	17,2
Enel	82,1	96,3	91,7	92,5	96,8		78,4	87,7	89,1	92,0	96,4		85,0	91,3	92,8	96,8	91,7		39,3	64,6	71,2	70,6	75,5
Colesg	0,0	6,5	2,3	18,8	14,9		0,0	0,0	0,5	0,0	0,0		2,9	5,9	2,2	7,5	6,2		0,0	0,0	0,0	0,0	0,0
INDSERV	58,1	74,2	70,1	73,5	75,2		46,1	53,8	56,2	58,1	61,8		58,9	65,1	69,0	73,9	72,9		20,0	38,8	40,4	48,3	48,8
Tel	3,8	6,3	9,0	8,3	40,1		2,0	1,5	6,0	20,5	49,0		0,0	0,7	1,0	3,7	14,1		0,0	0,0	0,0	7,7	13,5
Fog	97,3	98,0	98,2	97,0	98,4		88,1	95,9	94,9	97,0	98,7		87,8	93,4	95,8	95,1	91,8		85,7	70,7	84,3	93,9	94,5
Fil	5,9	9,6	10,8	5,7	3,2		9,1	7,2	5,6	4,5	5,7		3,6	5,2	2,1	1,6	4,2		3,6	2,9	3,3	3,2	5,0
Rad	86,9	94,0	84,7	87,8	84,0		89,1	93,0	96,6	93,8	91,4		67,7	82,5	84,5	80,7	82,1		73,7	82,5	82,5	81,8	87,3
TV	16,4	45,8	45,1	65,0	73,3		11,6	26,6	60,1	64,4	80,3		4,6	10,6	36,3	38,9	48,1		4,8	5,2	17,6	38,6	46,2
Gel	49,6	71,9	72,6	69,7	91,4		56,1	65,7	78,4	79,9	88,0		29,8	41,5	62,8	67,9	68,3		20,8	33,2	30,5	57,1	58,3
Fre	6,4	18,9	13,8	10,7	13,7		13,4	20,0	30,8	36,1	40,6		0,4	3,0	2,0	3,8	2,7		2,4	8,4	9,7	18,1	16,8
Maq	8,9	15,8	12,7	14,9	21,6		9,5	7,3	18,3	17,5	14,2		1,0	2,2	6,3	5,4	10,1		0,0	10,5	4,3	10,4	5,0
INDBENS	37,1	48,5	47,5	49,7	60,2		36,8	42,3	52,2	55,8	64,6		26,6	32,4	40,6	41,7	45,2		25,6	27,5	30,8	42,1	44,8
Renfam (1)	0,75	684,68	636,87	591,57	1328,95		0,49	278,40	385,63	482,15	758,40		0,39	299,77	294,36	481,92	709,72		0,43	352,84	299,63	393,56	590,37
Renfamc (2)	1064,42	1464,33	1126,76	856,37	1415,43		699,35	595,42	682,26	697,97	807,75		552,31	641,12	520,79	697,64	755,90		604,30	754,62	530,11	569,73	628,79
Renfamp(3)	62,7	97,3	68,1	44,6	93,1		31,0	22,0	29,5	30,9	40,4		18,2	25,9	15,5	30,8	35,9		22,8	35,8	35,8	19,8	24,9
INDRENDA	62,7	97,3	68,1	44,6	93,1		31,0	22,0	29,5	30,9	40,4		18,2	25,9	15,5	30,8	35,9		22,8	35,8	16,3	19,8	24,9
ICV	57,8	78,1	66,5	59,9	79,6		40,1	41,7	45,9	47,3	53,5		42,0	48,3	48,3	54,5	57,1		29,6	41,4	35,9	42,8	44,5

Fonte: Elaboração do Autor a partir dos microdados da Pnad.
(1) Rendimento familiar médio mensal, em Reais, valores correntes.
(2) Rendimento familiar médio mensal, em Reais, corrigido pelo INPC, do IBGE, para dezembro de 2005.
(3) Rendimento familiar médio mensal padronizado pelo método dos valores máximos e mínimos.

Tabela A36. Progresso relativo do ICV das famílias dos empregados permanentes e dos empregados temporários, em porcentagem. Região Sul, 1992-2004

Índices parciais e ICV	Famílias dos empregados permanentes										Famílias dos empregados temporários							
	Urbano				Rural						Urbano				Rural			
	1992-95	1995-98	2001-04	1992-04	1992-95	1995-98	2001-04	1992-04	1992-95	1995-98	2001-04	1992-04	1992-05	1995-98	2001-04	1992-04
Mat	25,0	-2,8	7,2	33,3	2,9	0,3	-0,9	8,6	2,5	10,2	-1,6	14,7	11,1	1,2	-1,1	15,7
Telha	49,6	-55,5	-87,9	31,9	-16,5	8,0	-8,2	-92,1	-188,3	62,3	-336,5	-142,3	90,3	-361,7	-188,5	18,0
Ban	67,4	33,2	65,1	78,9	66,3	-41,4	47,4	77,8	46,7	41,8	81,5	88,4	44,6	15,0	13,1	73,9
Prop	26,9	-24,2	34,1	38,6	11,2	-4,1	5,7	9,8	19,5	6,6	1,0	30,0	-3,5	-8,7	-3,8	11,8
INDDOM	33,5	-11,6	21,4	41,3	13,3	-3,6	4,9	13,9	14,4	15,2	9,3	32,1	22,3	-2,3	-5,6	35,1
Aguac	71,5	-54,1	28,5	70,3	43,6	30,4	37,2	80,2	18,7	25,4	-21,2	59,7	35,1	1,8	-30,9	64,8
Colix	57,8	-8,1	-1,6	42,7	4,4	1,8	7,4	15,1	26,1	48,9	67,8	86,9	14,7	-6,6	4,4	13,0
Enel	79,2	-122,8	57,2	82,0	43,2	10,8	54,8	83,3	42,1	17,1	-154,9	45,0	41,7	18,6	16,6	59,6
Colesg	6,5	-4,5	-4,9	14,9	0,0	0,5	0,0	0,0	3,0	-3,9	-1,4	3,4	0,0	0,0	0,0	0,0
INDSERV	38,3	-15,9	6,5	40,8	14,3	5,1	8,7	29,1	14,9	11,2	-3,8	34,0	23,4	2,6	0,9	36,0
Tel	2,6	2,9	34,6	37,7	-0,5	4,5	35,8	47,9	0,7	0,3	10,8	14,1	0,0	0,0	6,2	13,5
Fog	24,1	13,2	46,5	40,0	65,1	-22,7	55,3	88,6	45,5	37,3	-69,1	32,4	-105,3	46,5	8,9	61,2
Fil	3,8	1,4	-2,7	-2,9	-2,1	-1,8	1,2	-3,8	1,6	-3,2	2,7	0,6	-0,7	0,5	1,9	1,5
Rad	54,2	-154,2	-31,7	-22,1	35,6	51,6	-39,1	21,0	45,7	11,9	7,0	44,6	33,3	0,2	30,0	51,7
TV	35,2	-1,2	23,6	68,0	16,9	45,6	44,6	77,7	6,4	28,7	15,1	45,6	0,5	13,1	12,3	43,5
Gel	44,3	2,3	71,8	83,0	21,7	37,1	40,2	72,6	16,7	36,5	1,1	54,8	15,7	-4,1	2,8	47,3
Fre	13,4	-6,3	3,4	7,9	7,6	13,5	7,1	31,4	2,5	-1,0	-1,1	2,3	6,2	1,4	-1,5	14,8
Maq	7,5	-3,6	8,0	14,0	-2,4	11,8	-4,0	5,2	1,3	4,1	4,9	9,2	10,5	-6,9	-6,1	5,0
INDBENS	18,1	-1,9	20,8	36,7	8,7	17,1	20,0	44,0	8,0	12,0	6,0	25,4	2,6	4,5	4,7	25,9
Renfam	92,9	-1.099,1	87,5	81,5	-13,1	9,7	13,8	13,6	9,4	-14,1	7,3	21,6	16,9	-30,3	6,4	2,7
INDRENDA	92,9	-1.099,1	87,5	81,5	-13,1	9,7	13,8	13,6	9,4	-14,1	7,3	21,6	16,9	-30,3	6,4	2,7
ICV	48,0	-52,5	49,2	51,8	2,7	7,3	11,6	22,3	10,8	0,0	5,9	26,1	17,1	-9,9	3,1	21,2

Fonte: Elaboração do Autor a partir dos microdados da Pnad.

Tabela A37. Índice de condições de vida (ICV) e progresso relativo das famílias agrícolas e pluriativas dos empregados permanentes e dos empregados temporários. Brasil e Grandes Regiões

Categorias de famílias agrícolas	ICV					Prog. rel. 1992-04 (%)
	1992	1995	1998	2001	2004	
Empregado permanente urbano – Sul (pluriativa)	73,6	78,5	76,4	75,3	77,7	15,7
Empregado permanente urbano – Centro-Oeste (pluriativa)	70,1	78,5	77,0	76,8	76,5	21,3
Empregado permanente urbano – Sudeste (pluriativa)	70,2	70,2	76,4	79,7	75,0	15,8
Empregado permanente urbano – Brasil (pluriativa)	**64,9**	**69,6**	**70,4**	**72,2**	**73,5**	**24,5**
Empregado temporário urbano – Sudeste (pluriativa)	60,1	65,9	73,6	70,3	72,8	32,0
Empregado temporário urbano – Sul (pluriativa)	51,6	55,9	62,4	59,6	72,0	42,2
Empregado permanente urbano – Nordeste (pluriativa)	52,5	58,5	58,5	62,7	69,0	34,7
Empregado temporário urbano – Centro-Oeste (pluriativa)	55,2	65,1	74,2	67,5	67,5	27,4
Empregado temporário urbano – Brasil (pluriativa)	**51,1**	**57,6**	**64,1**	**60,8**	**66,4**	**31,3**
Empregado permanente urbano – Sudeste (agrícola)	51,2	56,7	57,8	58,9	61,3	20,7
Empregado temporário urbano – Sudeste (agrícola)	48,8	55,9	54,7	55,2	60,5	22,8
Empregado temporário urbano – Nordeste (pluriativa)	45,5	49,7	51,8	52,4	59,7	26,0
Empregado permanente urbano – Centro-Oeste (agrícola)	46,3	55,0	56,0	58,5	59,5	24,7
Empregado permanente urbano – Sul (agrícola)	43,6	56,1	51,2	49,9	58,6	26,6
Empregado permanente urbano – Brasil (agrícola)	**42,5**	**49,4**	**51,1**	**51,4**	**55,5**	**22,6**
Empregado permanente urbano – Norte (pluriativa)	38,2	42,3	45,6	48,2	54,0	25,6
Empregado temporário urbano – Centro-Oeste (agrícola)	40,1	48,8	47,0	50,4	52,7	21,1
Empregado permanente rural – Sul (pluriativa)	41,3	43,2	46,2	46,7	52,3	18,9
Empregado temporário rural – Sudeste (pluriativa)	41,0	46,2	52,2	49,2	52,2	19,0
Empregado permanente rural – Centro-Oeste (pluriativa)	37,4	40,3	47,0	50,3	51,8	23,0
Empregado permanente rural – Sudeste (pluriativa)	46,4	47,6	48,8	49,8	51,0	8,5
Empregado permanente urbano – Nordeste (agrícola)	37,2	43,3	45,3	46,2	50,3	20,9
Empregado temporário urbano – Brasil (agrícola)	**37,9**	**42,6**	**44,3**	**46,8**	**49,8**	**19,2**
Empregado temporário rural – Sul (pluriativa)	37,4	39,7	52,5	44,7	49,7	19,6
Empregado permanente rural – Brasil (pluriativa)	**38,7**	**41,2**	**44,9**	**46,8**	**49,7**	**17,8**
Empregado temporário rural – Centro-Oeste (pluriativa)	33,7	38,6	31,8	50,6	49,5	23,8
Empregado temporário urbano – Sul (agrícola)	37,9	42,4	44,8	47,5	49,0	17,9
Empregado permanente urbano – Norte (agrícola)	31,8	44,3	44,9	43,7	47,5	23,0
Empregado temporário urbano – Norte (pluriativa)	33,3	39,0	40,9	44,2	47,4	21,2
Empregado temporário rural – Brasil (pluriativa)	**35,3**	**38,9**	**42,6**	**45,6**	**47,4**	**18,7**
Empregado temporário urbano – Nordeste (agrícola)	32,5	39,9	38,5	40,9	45,5	19,3
Empregado permanente rural – Sudeste (agrícola)	34,2	40,9	42,8	43,2	45,5	17,2
Empregado permanente rural – Sul (agrícola)	33,1	36,7	39,3	40,4	44,3	16,8
Empregado permanente rural – Centro-Oeste (agrícola)	30,8	34,9	38,3	39,8	44,1	19,3
Empregado permanente rural – Nordeste (pluriativa)	30,9	34,5	38,9	41,1	43,7	18,6
Empregado temporário rural – Sudeste (agrícola)	29,0	36,2	37,6	38,4	42,1	18,5
Empregado permanente rural – Brasil (agrícola)	**29,7**	**33,1**	**36,8**	**38,3**	**41,6**	**16,9**
Empregado temporário urbano – Norte (agrícola)	29,1	37,1	35,0	38,7	41,3	17,2
Empregado temporário rural – Sul (agrícola)	24,5	33,6	32,2	38,3	38,9	19,2
Empregado temporário rural – Nordeste (pluriativa)	28,2	29,6	34,9	37,7	38,2	13,9
Empregado temporário rural – Brasil (agrícola)	**25,3**	**29,2**	**32,8**	**34,6**	**37,5**	**16,4**
Empregado temporário rural – Centro-Oeste (agrícola)	24,7	31,7	32,9	33,3	36,5	15,7
Empregado temporário rural – Norte (agrícola)	20,6	26,8	27,0	29,7	32,4	14,9
Empregado temporário rural – Nordeste (agrícola)	22,6	24,7	27,1	28,1	32,3	12,6

Fonte: Elaboração do Autor a partir da Pnad.

CTP • Impressão • Acabamento
Com arquivos fornecidos pelo Editor

EDITORA e GRÁFICA
VIDA & CONSCIÊNCIA

R. Agostinho Gomes, 2312 • Ipiranga • SP
Fone/fax: (11) 2061-2739 / 2061-2670
e-mail: grafica@vidaeconsciencia.com.br
site: www.vidaeconsciencia.com.br